Die Sportvereine
Ein Versuch auf empirischer Grundlage

Schriftenreihe des Bundesinstituts für Sportwissenschaft

Band 106

Die Sportvereine

Ein Versuch auf empirischer Grundlage

Eike Emrich
Werner Pitsch
Vassilios Papathanassiou

VERLAG KARL HOFMANN SCHORNDORF

Schriftenreihe des Bundesinstituts für Sportwissenschaft, Band 106

Die Deutsche Bibliothek – CIP-Einheitsaufnahme

Emrich, Eike:
Die Sportvereine : ein Versuch auf empirischer Grundlage / Eike Emrich ; Werner Pitsch ; Vassilios Papathanassiou. – Schorndorf : Hofmann, 2001
   (Schriftenreihe des Bundesinstituts für Sportwissenschaft ; Bd. 106)
   ISBN 3-7780-0906-0

Bestellnummer 0906

1. Auflage 2001
© by Bundesinstitut für Sportwissenschaft, Köln, Carl-Diem-Weg 4
Verlag Karl Hofmann, Schorndorf
Gesamtherstellung in der Hausdruckerei des Verlags
Printed in Germany · ISBN 3-7780-0906-0

Inhaltsverzeichnis

Vorwort des Direktors des Bundesinstituts für Sportwissenschaft 9

Vorwort der Autoren 11

Kurzfassung 13

1 Forschungsstand und Forschungskonzept 29

1.1 Aspekte der Vereins- und Sportvereinsforschung in Deutschland – zum Forschungsstand 29

1.1.1 (Sport-)Vereine als Gegenstand historisch orientierter Sozialforschung 29
– Zur empirischen Sportvereinsforschung in Deutschland 40

1.1.2 Mitglieder und Angebote – innere Struktur und äußere Einflüsse 44
– Organisationsinterne Einflüsse auf das Bindungsverhalten 47
– Organisationsexterne Einflüsse auf das Bindungsverhalten
  – Individualisierung, veränderte Werthaltungen und Wertpräferenzen 51

Exkurs: Frühe Überlegungen zum Phänomen der Individualisierung bei SIMMEL 52

– Themen der Sportvereinsforschung unter dem Blickwinkel der Wechselwirkungsprozesse zwischen innerer Struktur und äußeren Einflüssen 63

1.1.3 Formen des Engagements in Sportvereinen 73
– Die historischen Wurzeln der Abgrenzung zwischen Ehrenamt und Hauptamt 74
– Zur Professionalisierungsthese 79
– Zur ehrenamtlichen Mitarbeit in Sportvereinen 86
– Zur hauptamtlichen Mitarbeit in Sportvereinen 94

1.1.4 Überlegungen zu einer Wirschaftssoziologie der Sportvereine 96
– Strukturelle Besonderheiten von „Nonprofit"-Organisationen 98
– Die soziale Bedingtheit wirtschaftlichen Handelns in Sportvereinen 104

1.2	Forschungskonzept	112
1.2.1	Anlage der empirischen Untersuchung	113
1.2.2	Zur Struktur des Erhebungsinstruments	122

2 Methode, Instrument und Datenaufbereitung ... 127

2.1	Zur Analyse eingesetzte statistische Tests	127
2.2	Zur Deskription eingesetzte Verfahren und Kennwerte	128
	Exkurs: Probleme der einfachen Statistik	129
2.2.1	Kennwerte der Mitgliederdynamik	133
2.2.2	Kennwerte der Heterogenität des Mitgliederbestandes	136
2.2.3	Kategorien zur Analyse von Einnahmen und Ausgaben	138

3 Empirische Bestandsaufnahme ... 141

3.1	Forschungsleitende Überlegungen	141
3.1.1	Die Funktion der Beschreibung der Situation von Sportvereinen	142
3.1.2	Zum Unterschied zwischen Sportvereinen in den neuen und alten Bundesländern: Überlegungen zu Forschungsfragen	142
3.2	Datengestützte Entwicklung begrifflicher Instrumente und spezifischer Parameter	150
3.2.1	Kategorisierung von Sportangeboten	150
	– Strukturen der Kategoriensysteme	151
	– Die empirische Verwendbarkeit der Kategoriensysteme	156
	– Die Vollständigkeit in bezug auf die Angebotsformen	157
	– Vollständigkeit in bezug auf die Angebote	160
	– Abschließende Beurteilung der Kategoriensysteme	162
3.2.2	Zur verwendeten Strukturtypologie der Sportvereine	165
	Exkurs: Zum Einfluß der Wahl unterschiedlicher Klassengrenzen auf das Ergebnis von Analysen	165
3.2.3	Faktorenanalysierte Skalen im FISAS-Fragebogen	171
	– Faktorenanalyse der Selbstdarstellungs-Skala	173
	– Faktorenanalyse der Mitgliedererwartungs-Skala	176
	– Zum Zusammenhang zwischen Selbstdarstellungs- und Mitgliedererwartungs-Skala	180
	– Faktorenanalyse der Aufgaben-Skala	181
3.3	Aspekte der Struktur der Sportvereins-Landschaft	184
3.3.1	Alter der Sportvereine und organisationale Komplexität	184
3.3.2	Mitgliederstrukturen	192
	– Aspekte der Repräsentation der bundesdeutschen Wohnbevölkerung in den Sportvereinen	195

	– Anteile der Mitglieder nach Geschlecht	203
	– Die Dynamik des Mitgliederbestandes der Sportvereine	205
3.3.3	Struktur des sportbezogenen und außersportlichen Angebotes	206
	– Angebotsstruktur und Angebotswahrnehmung	207
	– Das Sportangebot in kategorialer Betrachtung	208
	– Angebotsausrichtung und wahrgenommene Angebotserwartungen	213
	– Zielgruppenspezifik von Sportangeboten	218
	– Das Beispiel des Sports Älterer in den Sportvereinen	218
	– Das Beispiel der Sport-Angebotswahrnehmung durch Kinder und Jugendliche	227
	– Das Beispiel der Sport-Angebotswahrnehmung durch Frauen	231
	– Zur Bindung erfolgreicher Sportler an den Sportverein	236
3.3.4	Strukturelle und angebotsbezogene Heterogenität	240
3.3.5	Ehrenamtliche Mitarbeit in Sportvereinen	245
	– Positionenbündelungen	256
	– Frauen in Ehrenämtern	260
	– Finanzielle Entschädigungen für ehrenamtliche Mitarbeiter	266
	– Ost-West-Unterschiede	268
	– Die Auskunft erteilenden Vertreter der Sportvereine	272
3.3.6	Hauptamtliche Mitarbeit in Sportvereinen	276
	Exkurs: Numerische Peripetien zum „Arbeitsmarkt Sportverein"	280
3.3.7	Sportsysteminterne und -externe Kontakte	281
3.3.8	Merkmale der formalen Vorstandsarbeit	288
3.3.9	Zukunftsaufgaben aus der Sicht der Sportvereine	292
3.3.10	Selbstdarstellung und Mitgliedererwartungen	295
	– Mitgliedererwartungen	296
3.3.11	Gewinnung, Verwaltung und Verwendung finanzieller Ressourcen	298
	– Mitgliedsbeiträge in Sportvereinen	312
	– Abschließende Bemerkungen zu finanzsoziologischen Aspekten von Sportvereinen	324
3.3.12	Sportanlagensituationen	325
4	**Theorieentwicklung**	**331**
4.1	Überprüfung theoriegeleiteter Hypothesen	332
4.1.1	Zur Funktion der Entkoppeltheit von Reden und Handeln in Sportvereinen	332
4.1.2	Die Dimension der Offenheit der Sportvereine in Abhängigkeit vom Umweltbezug	339
	– Offenheit und Geschlossenheit in der Selbstdarstellung der Sportvereine	345

4.1.3	Zu Aspekten der Heterogenität des Mitgliederbestandes	347
	Exkurs: Praxisbezogene Implikationen mit begrenztem unmittelbarem Nutzen für praktisches Handeln	353
4.2	Weiterentwicklung theoretischer Überlegungen	358
4.2.1	Die Unabhängigkeit von zeitgenössischen Ideologien	358
4.2.2	Die substantielle Unabhängigkeit von der jeweiligen Vereinsumwelt ..	359
4.2.3	Stellung der Überlegungen zur Umweltentkoppeltheit von Sportvereinen in der Theorie des Sportvereins	366
5	**Ausblick**	371
5.1	Implikationen für sportwissenschaftliche Forschungsvorhaben	371
5.2	Implikationen für Sportvereine, Sportverbände und Sportpolitik	376

Literatur	381
Anhang	395
Tabellenverzeichnis	395
Abbildungsverzeichnis	401
Regressionsgleichungen	405
Tabellarischer Anhang	406
Fragebögen	435
Version 1	435
Version 2	456

Vorwort des Direktors des Bundesinstituts für Sportwissenschaft

Seit Beginn seiner Arbeit hat sich das Bundesinstitut für Sportwissenschaft um die Basis des tradierten Sports – die Sportvereine – gekümmert. So vergab das Bundesinstitut für Sportwissenschaft bereits im Jahre 1973 einen seiner ersten großen Forschungsaufträge zur Soziologie der Sportvereine an Professor Linde von der Universität Karlsruhe. Die Ergebnisse der damaligen Studie, die eng verbunden sind mit den Namen Schlagenhauf und Timm, haben uns wesentliches Wissen und Erkenntnisse um die Sportvereine gebracht, aber auch die wissenschaftliche Theoriebildung befruchtet. Auf den Erkenntnissen der damaligen Forschungsvorhaben sind dann die weiterführenden Arbeiten zum Sportverein und insbesondere zum Ehrenamt entstanden. Die Ergebnisse wiederum dieser Arbeiten haben erheblich auch die Diskussion um Lage, Probleme und Zukunft der Sportvereine in den 70er und zu Beginn der 80er Jahre beeinflusst. Die hier vorliegende Untersuchung, die aus dem Projekt „Finanz- und Strukturanalyse 1996" (FISAS '96) hervorgegangen ist, reiht sich in die Reihe dieser Untersuchungen zu den Sportvereinen ein.

Nach den ersten Studien Ende der 70er Jahre haben der Deutsche Sportbund und die Landessportbünde gemeinsam mit dem Bundesinstitut für Sportwissenschaft zusammengewirkt, um regelmäßig Daten über die Vereinsstrukturen zu erhalten. Damit war die Finanz- und Strukturanalyse der Sportvereine – FISAS – geboren. In Abständen von rund fünf Jahren wurde diese Finanz- und Strukturanalyse durchgeführt, wobei sich die Beteiligten – Deutscher Sportbund, Landessportbünde und Bundesinstitut für Sportwissenschaft – die nicht unerheblichen Kosten jeweils geteilt haben.

In der vorliegenden Untersuchung wurden im Bereich der Methoden neue Wege beschritten. Dies hat zu neuen Erkenntnissen und zur Relativierung tradierter Meinungen zu den Sportvereinen geführt. Damit werden – wie auch in der Vergangenheit – aus der Sicht der 90er Jahre für die aktuelle sportpolitische Diskussion Erkenntnisse gewonnen, die für die Sportpolitik von Bedeutung sind. So wird auch dieses Mal wiederum hinreichend Datenmaterial für Planungen, Strategiebildung und Aktionsprogramme vorgestellt. Allerdings dürfen bei der so strukturierten Finanz- und Strukturanalyse nicht jene Schwächen ausgeklammert werden, die vergleichende Querschnittsuntersuchungen unmöglich machen. Von daher ist der von den Autoren dieser

Untersuchung gemachte Vorschlag, in kürzerer Zeit als bisher einen standardisierten Mikrozensus des Sports aufzulegen zu prüfen. Diese regelmäßig zu wiederholenden Erhebungen könnten dann Basis für eine Sozialberichterstattung Sport sein, die auch von den Autoren dieses Berichtes angeregt wird (vgl. dazu auch Expertise von Breuer und Rittner: Soziale Bedeutung und Gemeinwohlorientierung des Sports; Wissenschaftliche Berichte und Materialien des Bundesinstituts für Sportwissenschaft 2000/13, Köln 2000).

Auch wenn die Veröffentlichung der Ergebnisse in toto relativ spät zum Erhebungsstichtag am 31. Dezember 1996 erscheint, so sind erhebliche Teilergebnisse von den Autoren bereits während und unmittelbar nach der Projektlaufzeit vorgestellt worden. So wurden den Landessportbünden spezifische Auswertungen zur Verfügung gestellt wie auch bereits anlässlich des DSB-Bundestages in Baden-Baden 1998 über die Ergebnisse referiert.

Zum Vorteil dürfte dieser Studie gereichen, dass die Autoren sich bemüht haben, weitgehend ideologische Einflüsse auf die empirische Sozialforschung auszuschalten. Die strenge Hinterfragung tradierter Muster, die Bewältigung des Spagats zwischen wissenschaftsorientierter Terminologie und einer möglichst allgemein verständlichen Darstellung für die sportpolitisch interessierte Öffentlichkeit haben zudem die Autoren zeitlich arg belastet.

Ich möchte den Autoren für ihr immenses Arbeitspensum, das sich nicht nur auf die Projektlaufzeit beschränkt hat, danken. Sie haben vorbildlich den Auftraggebern wie auch den Adressaten der Ergebnisse frühzeitig Erkenntnisse aus der Befragung verfügbar gemacht. Dabei bin ich sicher, dass die Diskussion zur weiteren Entwicklung der Sportvereine auf einer fundierten empirischen Basis durch die vorliegenden Ergebnisse bereichert wird. Danken möchte ich auch allen Sportvereinen, die sich der Mühe unterzogen haben, den Fragebogen, der die Basis für die gesamte Untersuchung darstellte, auszufüllen und ihn den Autoren der Studie zur Verfügung zu stellen. Zu danken habe ich auch den Mitgliedern des Projektbeirats, die in sehr aufwendigen Diskussionen mit den Autoren wesentliche Fragen des Berichtes während seiner Entstehung erörtert haben.

Ich hoffe und wünsche, dass der jetzt vorliegende Forschungsbericht zum Projekt „FISAS 96" Vereinen und Verbänden Erkenntnisse für ihre Sportentwicklungspolitik bieten wird.

DR. MARTIN-PETER BÜCH

Vorwort der Autoren

Das Staunen weist den Füßen der Erkenntnis ihren Weg. Die Wege der Autoren gingen zu Anfang in die verschiedensten Richtungen, nicht zuletzt, weil in Auseinandersetzungen mit vorherigen FISAS-Untersuchungen zuweilen das Verlassen der Hauptstraße angebracht schien. Mancher Nebenweg hat sich dabei als fruchtbar erwiesen und gegenüber etablierten Pfaden der Sportsoziologie zu neuen Eindrücken von der Forschungslandschaft geführt. Auch bei der Erfassung einer Forschungslandschaft ist zu bedenken, daß die so gezeichnete Landkarte nicht das Gelände ist und daß die eingesetzten wissenschaftlichen Verfahren nicht jedem Leser geläufig sein können. Als Wegweiser im unbekannten Terrain mögen die im Text eingefügten Fallbeispiele Verwendung finden, die den Praktikern unter den Lesern als Orientierungshilfen dienen können.

Die Autoren wissen, daß das Lesen dieses Abschlußberichtes an einzelnen Stellen durchaus mühevoll sein kann. Wie immer erweisen sich dabei empirische Befunde als sperrig und insofern problematisch, da einerseits bei Bestätigung dessen, was man schon immer zu wissen glaubte, die empirische Sozialforschung leicht als überflüssig eingeschätzt wird, andererseits im Falle solcher Befunde, die mit gängigen Meinungen oder eigenen Erfahrungen nicht übereinstimmen, leicht deren Gültigkeit angezweifelt wird.

Unser Dank gilt dem Deutschen Sportbund und seinen Mitgliedsorganisationen, den Landessportbünden, sowie dem Bundesinstitut für Sportwissenschaft für die freundliche Begleitung der Durchführung dieser umfangreichen Untersuchung, bei der wir uns stets bemüht haben, über MORGENSTERNs Sichtweise der Wissenschaftler hinauszukommen. Er meinte: „Ein Kälbchen Wissenschaft genügt, damit wird lebenslang gepflügt".

Ende 1997 und Anfang 1998 wurden die Sportvereine in der Tradition bisheriger FISAS-Studien befragt und schon im November 1998 konnten erste Teilergebnisse der sportinteressierten internen Öffentlichkeit präsentiert werden; für einige deutlich zu spät, für die in der Forschung Bewanderten dagegen erstaunlich früh. Parallel zur Bearbeitung des umfangreichen Datenmaterials wurden in zahlreichen Schritten den Landessportbünden Einblicke in die je spezifischen Strukturen ihrer Sportvereine geboten. Nach nunmehr gut zwei Jahren liegt der Abschlußbericht vor.[1]

---

[1] Auch hier zeigt sich: veritas temporas filia (klassisches lateinische Epigramm)

Vorwort der Autoren

Die Autoren waren in jeder Phase des Forschungsprojektes froh, unbeeinflußt von Erwartungen und Haltungen der Auftraggeber ihrem Untersuchungsauftrag nachgehen zu können und gleichzeitig auf interessierte und gegenüber Diskussionen aufgeschlossene Vertreter der Sportorganisationen zu treffen. Hierbei waren uns die Anregungen der Mitglieder des Projektbeirates für die vorliegende FISAS-Studie überaus hilfreich.

Insgesamt freut uns besonders, daß sich die verschiedentlich skizzierten negativen Entwicklungstendenzen des gesamten Sportvereinswesens nicht bestätigen ließen. Nach wie vor sind bei einer Betrachtung über viele Sportvereine hinweg keine Anzeichen für größere Krisen, sei es im Bereich der Gewinnung ehrenamtlicher Mitarbeiter, sei es im Bereich der Mitgliedergewinnung oder im Bereich der Pflege sogenannter traditioneller Sportarten zu finden.

Unser Vorwort soll mit einer Bemerkung Max PLANCKS *im „Weltbild der Neuen Physik" beschlossen werden, die, so unsere Hoffnung, manchen Leser mit diesem Werk versöhnen möge: „... der Zusammenhang der vorgetragenen Gedanken [dürfte] kaum leiden, wenn der Leser über diejenigen Stellen, welche ihm je nach Einstellung allzu fachwissenschaftlich oder allzu trivial erscheinen, kurz hinweggeht."*

Frankfurt am Main, im September 2000

EIKE EMRICH, WERNER PITSCH, VASSILIOS PAPATHANASSIOU

Kurzfassung

I Zentrale Fragestellung und methodisches Vorgehen

Die hier vorliegende Untersuchung hat den Zweck, Strukturen und Problemlagen der Sportvereine näher zu beschreiben und zu analysieren sowie in einzelnen Aspekten mit vorliegenden Befunden zu vergleichen. Sie soll Sportorganisationen helfen, ihre Aktivitäten auf die Erwartungen der Sportvereine auszurichten und erlaubt darüber hinaus Ableitungen für die künftige Gestaltung der Arbeit der Dachverbände vor allem für die Unterstützung von Landesfachverbänden und Sportvereinen. Das Ziel der Untersuchung war die Erfassung von Informationen bezüglich folgender Aspekte der Situation von Sportvereinen:

- Strukturmerkmale und Mitgliederstruktur
- Angebotsstruktur und Angebotswahrnehmung
- Mitarbeiterstruktur
- Außenkontakte der Sportvereine, und zwar sportsystemintern und sportsystemextern
- Grad der Formalisierung der Ablauforganisation
- Darstellung des Sportvereins durch den jeweiligen Vertreter
- Wahrgenommene Mitgliederinteressen
- Gewinnung, Verwaltung und Verwendung finanzieller Ressourcen
- Beitragsstrukturen
- Anlagensituation und –nutzung.

Zu diesem Zweck wurden im Rahmen einer schriftlichen standardisierten Befragung zwei Teilstichproben von insgesamt 15986 Sportvereinen interviewt. Beide Teilstichproben unterschieden sich hinsichtlich Mitgliederstruktur und Abteilungszahl nicht von der Grundgesamtheit. Dabei kamen zwei teilweise übereinstimmende Instrumente zum Einsatz. Aus dem Rücklauf (n=5477) wurde eine nach den Anteilen der Landessportbünde am DSB repräsentative Stichprobe von insgesamt 3024 Sportvereinen zufällig ausgewählt.

II Kurzfassung ausgewählter Untersuchungsergebnisse

Die Gesamtheit der Sportvereine in Deutschland läßt sich auf der Basis ihrer strukturellen Merkmale wie folgt kennzeichnen: Im Hinblick auf die Dauer ihres Bestehens gibt es wesentlich mehr eher junge als eher alte Sportvereine. Es handelt sich um vorwiegend wenig differenzierte Organisationen, die in der Mehrzahl einspartig sind und nur wenige Mitglieder umfassen. Im Überblick stellt sich dies folgendermaßen dar:

Zur Altersstruktur
- Ein Viertel der Sportvereine wurde vor 1926 gegründet,
- ein Viertel der Sportvereine wurde zwischen 1926 und 1961 gegründet,
- ein Viertel der Sportvereine wurde zwischen 1962 und 1979 gegründet, was auch Ausfluß des sogenannten „Goldenen Planes" sein dürfte, und
- ein Viertel der Sportvereine wurde nach 1979 gegründet, wozu auch der Gründungsboom in den neuen Bundesländern nach 1989 beigetragen hat.

Zur Abteilungsgliederung (s.a. Abbildung 0.1)
- Rund 56% der Sportvereine haben eine Abteilung,
- rund 18% der Sportvereine haben zwei oder drei Abteilungen,
- rund 13% der Sportvereine haben vier bis sechs Abteilungen und
- rund 10% der Sportvereine haben sieben oder mehr Abteilungen.

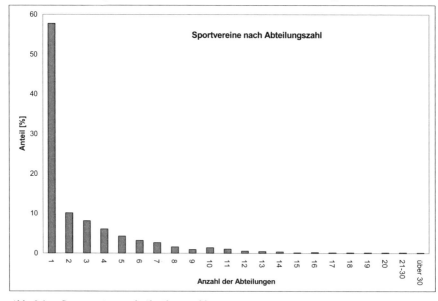

Abb. 0.1: Sportvereine nach Abteilungszahl

Zur Mitgliederzahl
- Ein Viertel der Sportvereine hat bis zu 56 Mitglieder,
- ein Viertel der Sportvereine hat zwischen 57 und 144 Mitgliedern,
- ein Viertel der Sportvereine hat zwischen 145 und 353 Mitgliedern und
- ein Viertel der Sportvereine hat mehr als 353 Mitglieder.

Große, ausdifferenzierte und traditionsreiche Sportvereine, die in Medien und Sportverbänden häufig eine relativ große Beachtung finden, stellen in der Sportvereinslandschaft der Bundesrepublik Deutschland eine deutliche Minderheit dar (s. Abbildung 0.2). In den neuen Bundesländern überwiegen Vereine mit geringen Mitglieder- und Abteilungszahlen noch stärker als in den alten. Insgesamt haben nur rund 0,5% der Sportvereine mehr als 3000 Mitglieder.

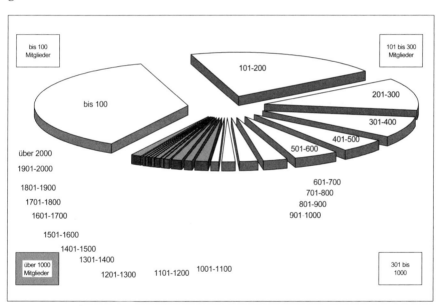

Abb. 0.2: *Sportvereine nach Mitgliederzahl*

Im Mitgliederbestand der Sportvereine sind die 7- bis 14jährigen und die 15- bis 18jährigen gegenüber ihrem jeweiligen Anteil an der Wohnbevölkerung deutlich überrepräsentiert. Sportvereine sind also zumindest zahlenmäßig bedeutende Sozialisationsagenten, die Kinder und Jugendliche zu den Institutionen unserer Kultur hinführen. Dabei ist die Überrepräsentation der weiblichen Jugendlichen unter den Sportvereinsmitgliedern noch wesentlich stärker als diejenige der männlichen Jugendlichen. Typischerweise finden sich auffällig viele Kinder und Jugendliche in den relativ wenigen großen bzw. mittelgroßen und eher alten Sportvereinen, während in den jungen Sportvereinen diese Gruppierungen weniger stark vertreten sind.

In den Sportvereinen, in denen sowohl männliche als auch weibliche Mitglieder zu finden sind, beträgt der durchschnittliche Anteil weiblicher Mitglieder 35%. Ein Viertel aller Sportvereine hat weniger als 18%, ein Viertel hat über 47% weibliche Mitglieder.

Im Mittel wachsen die Mitgliederzahlen der Sportvereine um mehr als 6% pro Jahr. Dabei vermelden 30% der Sportvereine rückläufige Mitgliederzahlen und circa 17% eine stagnierende Mitgliederentwicklung. Rund 53% der Sportvereine verzeichnen wachsende Mitgliederzahlen. Deren Mitgliederwachstum insgesamt gleicht die Mitgliederrückgänge der Sportvereine mit sinkenden Mitgliederzahlen mehr als aus. Darüber hinaus führt das Kommen und Gehen von Mitgliedern dazu, daß Sportvereine im Mittel jährlich circa 9% neu rekrutierte Mitglieder aufweisen. Die Daten zeigen deutlich, daß das Sportvereinssystem im Ganzen eine erfreuliche Offenheit für potentielle neue Mitglieder aufweist. Sportvereine mit ausschließlich weiblichen Mitgliedern sind dabei durch ein stärkeres Kommen und Gehen gekennzeichnet als diejenigen, die ausschließlich aus männlichen Mitgliedern bestehen.

Die Angebote der Sportvereine

In der nachfolgenden Aufstellung sind jene Sportarten dargestellt, die in mehr als 10% der befragten Sportvereine betrieben werden, und zwar zusammengefaßt nach der Zahl der Sportvereine, die die jeweilige Sportart angegeben hatten:

- Fußball (32% der Sportvereine)
- Turnen (32% der Sportvereine)
- Tischtennis (17% der Sportvereine)
- Volleyball (14% der Sportvereine)
- Tennis (12% der Sportvereine)
- Leichtathletik (11% der Sportvereine)

Die befragten 3024 Sportvereine nannten über 8000 Sportangebote, die sich auf über 600 verschiedene Angebotsformen verteilen. Darunter nahmen die wettkampfbezogenen Sportangebote mit rund 85% (hier vor allem Sportspiele) einen dominierenden Platz vor den nicht wettkampfbezogenen Sportangeboten mit rund 12% ein. Unter den nicht wettkampfbezogenen Sportangeboten werden ausschließlich Angebote mit Fitneß-, Wellneß- oder präventivem Gesundheitsaspekt in einer solchen Größenordnung genannt, wie sie auch im Bereich der wettkampfbezogenen Angebote auftritt. Spezifisch interventionistische Sportangebote (wie z. B. Koronarsport) haben dagegen eine zahlenmäßig geringere Bedeutung. Dies deutet darauf hin, daß die Sportvereine keinen präferierten Ort der Behandlung von Krankheiten darstellen. Möglicherweise sind allen Formen eindeutig instrumentalisierten Sporttreibens in den Sportvereinen enge Grenzen gesetzt. Die Funktionalisierung des organisierten Sports zur Behebung gesundheitlicher und anderer Einschränkungen von Minderheiten ist mit der Struktur der Sportvereine und den überwiegenden Interessen ihrer Mitglieder nicht kompatibel. **Die Gemeinwohlorientierung der Sportvereine zeigt sich darin, daß sie selbstorganisiert eine für die Existenz des Gemeinwesens wichtige Funktion ausüben. Sie ist ohnehin eine ihrer Existenz immanente soziale Funktion und bedarf auch keiner expliziten sekundären Legitimation mit Hilfe des Verweises auf sozialkompensatorische Leistungen.**

Neben den regelmäßigen sportlichen Angeboten werden in Sportvereinen mit großer Häufigkeit auch außersportliche und zusätzliche sportliche Angebote organisiert: Insgesamt geben rund 87% der Sportvereine an, außersportliche Angebote zu organisieren; zusätzliche Sportangebote werden in diesem Zusammenhang von rund 52% der Sportvereine genannt.

In der Nutzung der Sportangebote zeigte sich ein interessantes Muster: **So werden in der Regel von den Sportvereinen regelmäßige alltägliche Sportangebote über Alters- und Geschlechtsgrenzen hinweg in ähnlicher Struktur angeboten, also:**

- **Jugendliche treiben den gleichen Sport wie Senioren,**
- **Frauen treiben den gleichen Sport wie Männer.**

Das bedeutet nicht, daß die Angebote nicht den jeweils spezifischen Möglichkeiten und Bedürfnissen der Teilnehmer angepaßt würden, so z. B. durch unterschiedliche Spielzeiten oder Geräteabmessungen und –gewichte. Jugendliche, Senioren und Frauen werden somit nicht als besondere Mängelwesen verstanden, für die jeweils besondere Formen des Sporttreibens eingerichtet werden müßten, sondern als zwar spezifische Gruppierungen, die allerdings den gleichen Sport treiben wie alle anderen auch, also: eine echte Integration.

Zur ehrenamtlichen Mitarbeit in den Sportvereinen
Der weitaus überwiegende Teil der Sportvereine gibt genauso viele ehrenamtliche Mitarbeiter wie ehrenamtlich zu besetzende Positionen an. Es gibt, entgegen verbreiteter Vorstellungen, auch Fälle, in denen mehr ehrenamtliche Mitarbeiter angegeben werden als Positionen (s. Abbildung 0.3). Hierbei handelt es sich vermutlich um die bewußte Gestaltung eines Überganges, indem der Nachfolger im Amt bereits mit in die Arbeit integriert wird; teilweise handelt es sich vielleicht auch um besonders verdiente Personen, deren Engagement man würdigen bzw. deren Willen zum Engagement man durch Kooptation in die Führungsriege entgegenkommen will, ohne dafür gesonderte Positionen zu schaffen.

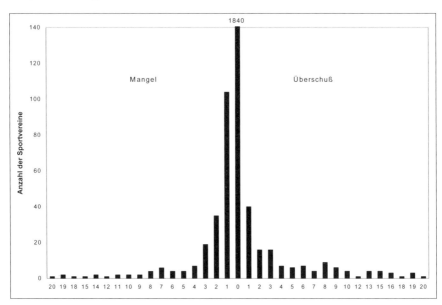

Abb. 0.3: Differenz zwischen der Zahl ehrenamtlich zu besetzender Positionen und der Zahl ehrenamtlicher Mitarbeiter

Insgesamt ergibt sich im Mittel ein Grad der Positionsbesetzung von rund 102%. Dies beruht nicht zuletzt auch darauf, daß die Mehrzahl der Sportvereine (rund

81%) angab, daß im Bezugsjahr der FISAS alle freiwerdenden Positionen auch wieder besetzt werden konnten. Nichtsdestotrotz behaupteten an anderer Stelle des Fragebogens rund 51% der Sportvereinsvertreter, daß in ihrem Sportverein aus Mangel an Bereitschaft zu ehrenamtlicher Mitarbeit Positionen nicht hätten besetzt werden können. Darüber, ob Anteile an dieser Diskrepanz auf eine zeitgenössische Mangelideologie oder auf die Betonung des Themas „Ehrenamt" in Sport- und/oder gesellschaftspolitischen Kampagnen zurückgehen, kann nur spekuliert werden. Ein wesentlicher zahlenmäßiger Mangel konnte jedenfalls, wie in vorhergehenden Studien auch (EMRICH/PAPATHANASSIOU/PITSCH 1998; 1999), nicht belegt werden.

Eine Bündelung von Positionen tritt in 65% der Sportvereine auf. Die Mehrzahl dieser Bündelungen betrifft die Übernahme von Positionen sowohl auf der Ebene der Führung und Verwaltung als auch auf der Ausführungsebene. **Positionenbündelungen sind kein Ausdruck einer weit verbreiteten Oligarchisierung der Führungs- und Verwaltungsebene in den Sportvereinen. Vielmehr deutet die große Zahl der Bündelungen über die Arbeitsebenen hinweg darauf hin, daß die Trennung zwischen diesen Ebenen eine mehr oder weniger analytische Trennung bleibt, die sich im Handeln der ehrenamtlich Tätigen in vielen Sportvereinen nicht widerspiegelt.** Diese Interpretation wird auch gestützt durch die Angaben zu Konsequenzen aus der Bündelung ehrenamtlicher Positionen: Von den Sportvereinen, in denen Positionenbündelungen angegeben worden waren, sieht die überwiegende Mehrzahl darin weder Vor- noch Nachteile. Der Anteil der Sportvereine, der darin Vorteile sieht (rund 22%), liegt deutlich über demjenigen, der darin Nachteile sieht (rund 17%). Die genannten Vorteile liegen dabei vor allem auf der Seite der Organisation (z. B. besserer Informationsfluß, intensivere Kontakte zwischen Vorstand und Mitgliedern), während die Nachteile vor allem auf der Seite der Positionsinhaber gesehen werden (z. B. Überlastung, Zeitmangel).

Der Anteil weiblicher Mitarbeiter auf der Ausführungsebene unterschied sich nicht deutlich von demjenigen weiblicher Mitarbeiter auf der Ebene der Führung und Verwaltung. Innerhalb der Ebenen gab es jedoch deutliche Differenzierungen (s. Tabelle 0.1): So muß man auf der Vorstandsebene im Fall des Vorsitzenden, seines Stellvertreters, sowie des Sportwarts von einer deutlichen Unterrepräsentiertheit weiblicher Sportvereinsmitglieder ausgehen. Die Position des Schriftführers wird häufig von weiblichen Sportvereinsmitgliedern bekleidet, die

Position des Schieds- und Kampfrichters auf der Ausführungsebene dagegen nur selten.

Tab. 0.1: Anteil weiblicher Positionsinhaber in den Sportvereinen, die sowohl männliche als auch weibliche Mitarbeiter auf der jeweiligen Arbeitsebene angeben

	n	Anteil weiblicher Positionsinhaber	
		$\bar{x}$	s
Ebene der Führung und Verwaltung			
Vorsitzender	2131	8,9	34,1
stellvertretender Vorsitzender	2041	16,8	40,8
Geschäftsführer	701	27,8	43,9
Schriftführer	1709	53,3	49,3
Schatzmeister/Kassenwart	2085	35,8	46,5
Sportwart	1471	16,3	35,2
Pressewart	1074	29,7	53,0
Jugendwart	1674	30,2	44,0
Frauenwartin/Frauenbeauftragte	809	95,6	22,2
Seniorenwart	291	25,2	42,7
Ausführungsebene			
Mitglieder in Abteilungsvorständen	581	32,6	29,8
Schieds-/Kampfrichter	822	17,4	26,8
Trainer und Übungsleiter	1292	37,2	32,2

In 44,1% aller Fälle werden ehrenamtlichen Mitarbeitern von den Sportvereinen keine finanziellen Entschädigungen gewährt, was darauf hindeutet, daß das ursprüngliche Honoratiorenprinzip durchaus noch seine Geltung bewahrt hat. Bei der Gewährung von Aufwandsentschädigungen handelt es sich in der weit überwiegenden Mehrzahl um Übungsleiter- und Trainerentgelte, die meist zeit- und/oder aufwandsabhängig (z. B. Fahrtkosten) verrechnet werden, seltener um pauschale Entschädigungen.

In den Sportvereinen der neuen Bundesländer ist die Zahl ehrenamtlicher Mitarbeiter unter Berücksichtigung der Mitgliederzahl vergleichsweise höher als diejenige in den alten Bundesländern, ohne daß sich der Grad der Besetzung ehrenamtlicher Positionen zwischen neuen und alten Bundesländern wesentlich unterscheiden würde. Die stärkere ehrenamtliche Einbindung der Vereinsmitglieder betrifft beide Geschlechter gleichermaßen: **Sportvereine in den neuen Bundesländern haben mehr ehrenamtlich tätige männliche und weibliche Mitglieder als solche in den alten Bundesländern.**

Hauptamtliche Mitarbeiter in den Sportvereinen:

In 12% der Sportvereine wird die Mitarbeit hauptamtlicher Kräfte angegeben, wobei es sich durchschnittlich um zwei Personen pro Verein handelt. In diesen niedrigen Zahlen zeigt sich bereits, daß die in den Sportvereinen anfallenden Aufgaben größtenteils von ehrenamtlichen Mitarbeitern bewältigt werden und daß es sich bei den Sportvereinen bisher um keinen wesentlichen Arbeitsmarktfaktor im Sinne von Vollzeitbeschäftigung handelt. Die direkte arbeitsmarktpolitische Bedeutung des Vereinssports wird nämlich durch die Tatsache geschmälert, daß die Anstellung meist in Form einer geringfügigen Beschäftigung erfolgt. Die verschiedentlich dargestellte und scheinbar große Bedeutung eines Arbeitsmarktes „Vereinssport" geht zum größten Teil darauf zurück, daß nicht nur geringfügig Beschäftigte, sondern auch die große Zahl der mittels Aufwandsentschädigung marginal entgoltenen ehrenamtlichen Trainer und Übungsleiter in die Zahl der in den Sportvereinen Beschäftigten hineingerechnet wurde.

Die Zahl abhängig Beschäftigter unterscheidet sich nicht zwischen Sportvereinen in den neuen und alten Bundesländern. Betrachtet man jedoch die Beschäftigungsstruktur, so zeigen sich deutliche Spezifika: Auf der Ausführungsebene sind in den neuen Bundesländern wesentlich weniger Mitarbeiter im Status geringfügig Beschäftigter tätig als in den alten Bundesländern, dagegen aber wesentlich mehr Personen im Rahmen einer Vollzeit-Beschäftigung. Letzteres ist eine deutlicher Hinweis auf ein Weiterleben alter Muster in den neuen Bundesländern im Bereich der Anstellungsformen hauptamtlicher Mitarbeiter in den Sportvereinen.

Zur Konkurrenz zwischen Sportvereinen und anderen Sportanbietern

Eine mögliche Konkurrenz um infrastrukturelle Ressourcen mit anderen Sportvereinen ist für rund 91% aller Sportvereine gegeben und für rund 64% gibt es eine mögliche Konkurrenz um Zugangschancen zu Sportstätten mit anderen nichtkommerziellen Sportanbietern. Davon ist also offensichtlich ein großer Teil der Sportvereine betroffen. Bei der Frage nach möglichen Konkurrenzsituationen um

Sporttreibende zeigt es sich, daß in nur rund 10% aller Fälle (16% der Sportvereine, die kommerzielle Sportanbieter im Einzugsbereich angegeben hatten) eine solche Konkurrenz mit kommerziellen Sportanbietern möglich scheint und in rund 8% aller Fälle eine solche mit nicht-kommerziellen Sportanbietern. Damit erscheint das Thema „Konkurrenz zwischen Sportvereinen und anderen Sportanbietern", zumindest was die Möglichkeit zur Rekrutierung und Bindung von Mitgliedern angeht, aus Sicht der Befragten von nachrangiger Bedeutung.

Die Hypothese, daß Sportvereine in den neuen Bundesländern auf eine härtere Konkurrenz kommerzieller Sportanbieter träfen, konnte nicht bestätigt werden. Im Gegenteil: **Es werden von den Vertretern der Sportvereine in den neuen Bundesländern deutlich häufiger Kooperationen mit kommerziellen und nicht-kommerziellen Sportanbietern genannt als in den alten Bundesländern.**

Aufgaben der Sportvereine, ihre Selbstdarstellung und die Erwartungen der Mitglieder

Folgende Zukunftsaufgaben wurden von der überwiegenden Mehrheit der Vertreter der Sportvereine als wichtige, zu lösende Aufgaben eingeschätzt:

- den Mitgliederstand zu halten,
- Mitglieder zu bewegen, sich ehrenamtlich zu engagieren,
- die Attraktivität zu erhöhen und
- neue Mitglieder zu gewinnen.

Als für die Mehrzahl der Sportvereine eher unwichtig stellten sich die folgenden Aufgaben heraus:

- die Zusammenarbeit zwischen hauptamtlichen und ehrenamtlichen Mitarbeitern zu verbessern,
- Schulden zu tilgen,
- Ärger mit Wohnanliegern zu vermeiden und
- Umweltauflagen zu erfüllen.

In einer zusammenfassenden Analyse rangierte der Bereich der Mitglieder-Bestandssicherung und -erweiterung vor der Pflege und dem Erhalt von Sportanlagen und Natur. Es folgten mit absteigender Bedeutung die personelle und finanzielle Ressourcenmobilisierung sowie die adressatenbezogene Angebotsentwicklung. Der Schwerpunkt der Aufgabenwahrnehmung in den Vorständen der Sportvereine ist also eher innengerichtet und auf den Mitglieder- und Anlagenbestand bezogen.

In der Selbstdarstellung des Sportvereins ergaben sich mit absteigender Bedeutung die folgenden Prioritäten:

- Solidaritätsdenken,
- Leistungs- und Wettkampfsport,
- innovativer Breiten- und Freizeitsportanbieter sowie
- Gemeinwohlorientierung.

Auch hier rangierten innengerichtete Sichtweisen vor der Orientierung an einer vereinsexternen Öffentlichkeit, wobei die Reihenfolge nicht genau derjenigen der Bedeutung der sinnentsprechenden Dimensionen im Bereich der Mitgliedererwartungen entspricht, nämlich:

- Solidaritätsdenken,
- innovativer Breiten- und Freizeitsportanbieter,
- Leistungs- und Wettkampfsport sowie
- Gemeinwohlorientierung.

Zur Finanzsituation der Sportvereine

Sehr wenigen Sportvereinen mit einem sehr großen Finanzvolumen stehen sehr viele Sportvereine mit eher kleiner Haushaltssumme gegenüber. Während ein Viertel aller Sportvereine eine Haushaltssumme von unter 8700,00 DM ausweisen, haben 10% aller Sportvereine ein jährliches Finanzvolumen von DM 184790,00 und mehr. In Folge der niedrigeren Mitgliederzahl haben Sportvereine in den neuen Bundesländern im Mittel auch eine niedrigere jährliche Haushaltssumme als solche in den alten Bundesländern:

- Ein Viertel der Sportvereine in den neuen Bundesländern hat eine jährliche Haushaltssumme von weniger als DM 4752,00; in den alten Bundesländern liegt diese Grenze bei DM 10000,00.
- In den neuen Bundesländern hat das „reichste" Viertel der Sportvereine pro Jahr DM 30600,00 zur Verfügung, in den alten Bundesländern verfügt dieses „reichste" Viertel jährlich über DM 92787,00 und mehr.

Diese Zahlen belegen deutlich, daß die Haushaltssummen der überwiegenden Mehrheit der Sportvereine sowohl in den neuen als auch in den alten Bundesländern weniger denen von Wirtschaftsbetrieben als denen kleiner, höchstens mittlerer Privathaushalte gleichen. Weitgehend unabhängig von Strukturmerkmalen finanzieren sich Sportvereine vor allem mit steten Einnahmen, die autonom bestimmbar sind und zu mehr als der Hälfte internen Quellen entstammen (s. Abbildung 0.4). Die Mittel der Sportvereine werden vorwiegend zur Begleichung steter und autonom bestimmbarer Ausgaben verwendet. Insgesamt sind sowohl Finanzierungskultur als auch die Mittelverwendung durch eine Vermeidung investiver Risiken und die Orientierung an einer längerfristigen „Sicherheitsstrategie" gekennzeichnet und erinnern eher an familiäres Finanzgebaren denn an erwerbswirtschaftliches Finanzmanagement.

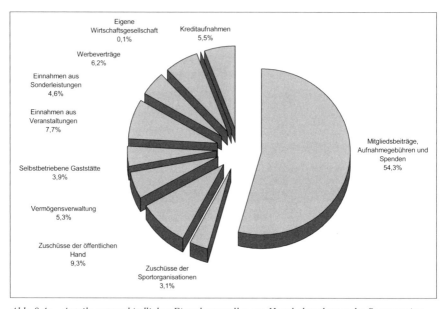

Abb. 0.4: Anteile unterschiedlicher Einnahmequellen am Haushaltsvolumen der Sportvereine

Weitgehend unabhängig von Strukturmerkmalen finanzieren sich Sportvereine vor allem mit steten Einnahmen, die autonom bestimmbar sind und zu mehr als der Hälfte aus internen Quellen stammen. In bezug auf die Finanzierungskultur der Sportvereine scheint Sportvereinen alles möglich.

Die wichtigste Finanzquelle der Sportvereine stellen Mitgliedsbeiträge dar. In der Mehrzahl der Fälle werden die Beiträge altersbezogen (rund 80%) und in rund 69% der Fälle sozialstrukturell gestaffelt. Eine Staffelung nach dem Mitgliederstatus

(z. B. aktive vs. passive Mitglieder) liegt in etwa der Hälfte der Fälle vor, und in rund einem Viertel der Fälle werden Beiträge entsprechend der Berechtigung zum Leistungsbezug gestaffelt, z. B. in Form gesonderter Abteilungsbeiträge. Diese Differenzierung der Beiträge zeigt eine partielle „Verabschiedung" vom Solidarprinzip und die Hinwendung zu Beitragsstrukturen, die das Recht der Mitglieder zur Inanspruchnahme vorgehaltener Leistungen berücksichtigen. Diese Abkehr vom Solidarprinzip ist allerdings zur Zeit nicht das beherrschende Moment in der Kultur der beitragsabhängigen Finanzierung des Sportbetriebs.

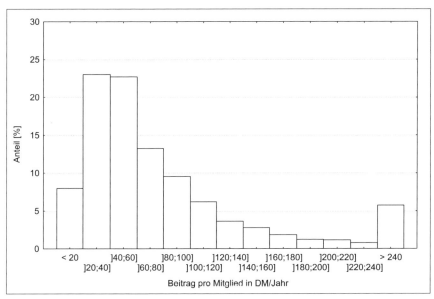

Abb. 0.5: Durchschnittliche jährliche Einnahmen aus Mitgliedsbeiträgen und Aufnahmegebühren pro Mitglied

In der Vielzahl der Sportvereine stellen Mitgliedsbeiträge angesichts ihrer ohnehin geringen Höhe kaum sozialstrukturelle Zugangsbarrieren dar (s. Abbildung 0.5). Folglich sind sie auch kaum als Steuerungsinstrument für die Gewinnung neuer Mitglieder geeignet. Aus dem gleichen Grund eignet sich die Mitgliedschaft in diesen Sportvereinen allerdings auch nicht als Mittel zur Demonstration eines finanzaufwendigen Lebensstiles. **Die mitgliederbezogenen jährlichen Einnahmen der Sportvereine aus Mitgliedsbeiträgen und Aufnahmegebühren beliefen sich im Mittel auf weniger als DM 100,–**, was noch einmal die durchweg moderate Höhe der finanziellen Belastungen für die Mitglieder unterstreicht.

Kurzfassung

Zur Sportanlagensituation

Von rund 64% der Sportvereine können Sportanlagen ohne Entgelt genutzt werden, wobei es sich in der Mehrzahl der Fälle, nämlich in 61%, um kommunale Sportanlagen handelt. Zur Bedarfsdeckung tragen darüber hinaus in rund 47% der Sportvereine vereinseigene Anlagen bei. Gegen Entgelt werden Sportanlagen von 48% der Sportvereine genutzt, wobei es sich auch hier mehrheitlich um kommunale Sportanlagen handelt. Der Anteil der Sportvereine, die private oder gewerbliche Sportanlagen nutzen, macht insgesamt nur einen sehr geringen Teil der Sportvereinslandschaft aus.

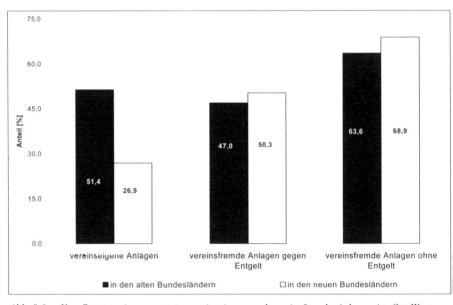

Abb. 0.6: Von Sportvereinen genutzte vereinseigene und vereinsfremde Anlagen im Ost-West-Vergleich

Der Anteil derjenigen, die über vereinseigene Sportanlagen verfügen können, ist in den neuen Bundesländern deutlich niedriger als in den alten Bundesländern (s. Abbildung 0.6). Bei der Nutzung nicht vereinseigener Sportanlagen ist der Anteil derer, die dafür ein Entgelt entrichten müssen, in den neuen und alten Bundesländern annähernd gleich. **Ein Hinweis darauf, daß Unterschiede in der Sportanlagennutzung mit Einschränkungen in den neuen Bundesländern einher-**

gehen, welche die Möglichkeiten zur Mitglieder- und/oder Angebotsentwicklung betreffen, konnte nicht gefunden werden.

III Ausblick

Die einfache Kontrastierung von Sportvereinen (s. Tabelle 0.2) in entweder zukunfts- und dienstleistungsorientierte, hauptamtlich unterstützte größere Gebilde mit „modernen" Sportangeboten oder in traditionsbewußte kleinere Sportvereine mit konservativer Angebotsstruktur erweist sich in der Realität als zu undifferenziert und nicht zutreffend.

Dies spiegelt sich auch im Selbstbild der Sportvereine und in dem wahrgenommenen Aufgabenspektrum eindrucksvoll wider, indem Sportvereine offensichtlich nicht nur eine mittlere Stellung zwischen formalen Großorganisationen und eher familiären Gebilden einnehmen, sondern sich sowohl traditionsbewußt als auch modernitätsorientiert einschätzen. Auch im Leistungsspektrum der Sportvereine wird dies deutlich, wenn etwa außersportliche gesellige Veranstaltungen, die Aufnahme neuer Trendsportarten und das klassische Spektrum der wettkampforientierten Sportarten in einem Verein zu finden sind und dies zeitgemäß im Internet vorgestellt wird.

Tab. 0.2: Stereotype der Sportvereinsentwicklung

	Klassische Sportvereine	**Modernitätsorientierte Sportvereine**
Vereinskonzept	ehrenamtlich geprägte Solidargemeinschaft	professionell geprägte Dienstleistungseinrichtung
Angebotsstruktur	Angebotsorientierung	Nachfrageorientierung
Mitgliederstruktur	traditionelle Vereinsklientel	vielschichtige Klientel
Mitgliederbindung	dauerhaft	häufiges Kommen und Gehen
Zukunftsfähigkeit	Ein überholtes Modell?	Das Modell der Zukunft?

In der Interaktion mit Sportverbänden folgen Sportvereine einem Muster der selektiven Wahrnehmung und Übernahme einschlägiger Empfehlungen. Damit wird eine zentrale Funktion der Sportverbände deutlich, nämlich für mögliche Entwicklungen der Sportvereine immer wieder neue Anregungen zu geben, die vereinsintern die Selbstreflexion anregen. Diese anregende Funktion kann sich wahrscheinlich um so wirkungsvoller entfalten, je offener und toleranter die Sportverbände gegenüber der Vielfalt des Sportvereinssystems sich erweisen.

Zusammenfassend lässt sich die Situation der Sportvereine in Deutschland pointiert so beschreiben: **Der Sportverein, der verschiedentlich als ein von langsamem Siechtum bedrohter Patient etikettiert wurde, erweist sich bei eingehender Betrachtung als kerngesund und als in der präventiven Vorsorge und kurativen Selbstbehandlung wohlerprobt!**

1 Forschungsstand und Forschungskonzept

1.1 Aspekte der Vereins- und Sportvereinsforschung in Deutschland – zum Forschungsstand

Zum Einstieg in das Thema soll im folgenden das Bild der Vereine im allgemeinen sowie der Sportvereine im speziellen, wie es von der historisch orientierten Sozialforschung und von der neueren empirischen Sozialforschung entwickelt wurde, umrissen werden. Unter „Sportverein" wird im folgenden jede, den Mitgliedsverbänden des DSB und dessen Untergliederungen angehörende Vereinigung natürlicher Personen verstanden. Weiterhin wird nur von „Sportvereinen" gesprochen und nicht weiter in „Turn- und Sportvereine" unterschieden. Der besseren Lesbarkeit halber und gemäß dem Grundsatz „Verbum hoc ‚si quis' tam masculos quam feminas complectitur" (Corpus Iuris Civilis) wird bei der Darstellung auf eine explizite Aufführung der jeweils weiblichen Begriffsformen dort verzichtet, wo beide Geschlechter gemeint sind. Im folgenden wird so z. B. immer von „Sportlern" anstatt von „Sportlerinnen und Sportlern" geschrieben.

1.1.1 (Sport-) Vereine als Gegenstand historisch orientierter Sozialforschung

NIPPERDEY (1976, 174 f. unter Bezug auf HUBRIG 1957, 44 ff.) hat auf die vielen Assoziationen als Vorläufer unserer heutigen Vereine hingewiesen. So wurden z. B. 1754 die Patriotische Gesellschaft in Erfurt, 1762 einige landwirtschaftliche und ökonomische Gesellschaften in Weißensee/Thüringen und 1765 die Patriotische Gesellschaft in Hamburg gegründet (vgl. dazu die Übersicht über die Entstehung des modernen Vereinswesens bei BARON 1962, 9 ff.). Bereits vor dieser Zeit entstandene Formen der Vergemeinschaftung, die auch als „Verein" bezeichnet wurden, waren häufig eher religiös-politisch motivierte Gesinnungsassoziationen (vgl. generell zur Soziogenese des Vereinsbegriffs HARDTWIG 1997). Ende des 18. Jahrhunderts und im beginnenden 19. Jahrhundert ist die Zahl der Vereine dann so gewachsen, „daß das Vereinswesen zu einer die sozialen Beziehungen der Menschen organisierenden und prägenden Macht wurde" (ebd., 2). Als Anhaltspunkt für die zahlenmäßige Entwicklung des Vereinswesens in Deutschland in dieser Zeit können die von KLEIN (1913, 53) für Österreich ermittelten Zahlen dienen. Dort ist ein Anwachsen der Gesamtzahl der Vereine von 2234 im Jahre 1856 auf über 85000 im Jahre 1910 festzustellen, seien es Kunst-, Konzert- oder Gesangsvereine, die gelehrt-geselligen Vereine von Wissenschaftlern und „Freunden", Gewerbevereine oder Kriegervereine; „alle bürgerliche Aktivität organisiert sich in Vereinen" (ebd., 3; zur Entfaltung des Vereinswesens in Deutschland während der Industriellen Revolution zwischen 1850 und 1873 vgl. TENFELDE 1984, 55 ff.). Diese Assoziationen wirken ursprünglich wesentlich mit an der aufklärerisch beeinflußten Idee eines neuen, wesentlich durch Bildung bestimmten Bürgertums. Charakteristisch ist neben ihrem bildungsorientierten Selbstverständnis die Vorstellung einer egalitären, alle Volksschichten umfassenden Bewegung, die sich besonders zu Beginn des 19. Jahrhunderts in den Turn- und nachfolgend in den Männergesangvereinen verwirklichte (ebd., 18). Auf dem Plochinger Liederfest 1827 hieß es: „Keine Standesschranken sollen im Kreis der Sänger trennen" (STAUDINGER 1913, 68 f.).

NIPPERDEY (1976, 177 ff.) benennt vier Motiv- und Zielkomplexe der zahlreichen Vereinsgründungen, „verschieden akzentuiert und vielfältig miteinander gekoppelt". Zunächst sieht er das Motiv, sich jenseits „der Beschränkungen von Haus, Stand, Beruf und traditionellem Zeremoniell in freier Geselligkeit zu ‚vergnügter' Unterhaltung zusammenzufinden". Dazu kommt der Wunsch, im aufklärerischen Sinn durch friedfertige gegenseitige Belehrung zum Bau einer neuen und glücklicheren Menschheit beizutragen und weiterhin das Gemeinwohl zu befördern: „Die Vereine wollten die allgemeinen, öffentlichen, gesellschaftlichen Zustände verändern und verbessern" (ebd., 178). Immer handelt es sich dabei um eine freie organisatorische Zusammenschließung von Personen;

„d. h., in ihr besteht Freiheit zum Beitritt, zum Austritt und zur Auflösung; sie ist sodann unabhängig vom rechtlichen Status der Mitglieder und verändert diesen Status auch nicht, sie ist also im Rechtssinne statusneutral; sie ist schließlich dazu begründet, selbst und frei gesetzte und in gewisser Weise spezifizierte Zwecke zu verfolgen" (ebd., 174).

Im weiteren Sinn hierzu hieß es bereits bei VON JHERING (1884, 307):

„Individuum, Verein, Staat – das ist die geschichtliche Stufenleiter der gesellschaftlichen Zwecke. Seine erste Aufnahme findet er [ein gesellschaftlicher Zweck] beim Individuum; ist er größer geworden, so übernimmt ihn der Verein, ist er völlig ausgewachsen, so fällt er dem Staat anheim."

Die erste Rechtsordnung auf deutschem Boden, die das Recht auf Vereinigungsfreiheit garantierte, wenn auch nur mit kurzer Geltungszeit, ist die von der Frankfurter Nationalversammlung beschlossene Verfassung. Dort heißt es: „Die Deutschen haben das Recht, Vereine zu bilden. Dieses Recht soll durch keine vorbeugenden Maßnahmen beschränkt werden" (Stenographische Berichte, Bd. III, 2311 ff., Bd. VI, 4173). Die Formulierung im Grundgesetz der Bundesrepublik Deutschland (Art. 9 Abs. 1 u. 2. GG vom 23. 5. 1949 in der Fassung vom 3. 11. 1995) lehnt sich immer noch daran an:

„(1) Alle Deutschen haben das Recht, Vereine und Gesellschaften zu bilden.

(2) Vereinigungen, deren Zweck oder deren Tätigkeit den Strafgesetzen zuwiderlaufen oder die sich gegen die verfassungsmäßige Ordnung oder gegen den Gedanken der Völkerverständigung richten, sind verboten."

Vereine im Sinne des § 21 BGB [Nichtwirtschaftlicher Verein] sind Vereinigungen mehrerer Personen zur Erreichung ideeller Ziele (vgl. auch BGB §§ 21-79). Sie sind auf längere Dauer angelegt und dabei unabhängig von einem Wechsel der Mitglieder. Sie verfügen über eine Organisation und einen Namen. Rechtlich ist weiterhin zu unterscheiden, ob es sich um einen eingetragenen, das heißt beim zuständigen Amtsgericht im Vereinsregister registrierten oder um einen nicht eingetragenen Verein handelt. Nur der eingetragene Verein ist rechtsfähig. Zum Beispiel haftet im Fall seines Konkurses nicht das einzelne Mitglied, sondern der Verein. Rechtsfähige, das heißt eingetragene Vereine, sind weiterhin danach zu unterscheiden, ob sie als gemeinnützig anerkannt sind oder nicht, was vielfältige Auswirkungen auf verschiedene Steuervergünstigungen hat und die Möglichkeit zur Ausstellung von Spendenbescheinigungen betrifft. Mit der Verfolgung ausschließlich und unmittelbar steuerbegünstigter gemeinnütziger Zwecke im Sinne der §§ 51 ff. AO ist nach § 5 Abs. 1 Nr. 9 KstG eine Befreiung von der Körperschaftssteuer, nach § 3 Nr. 6 GewStG eine Befreiung von der Gewerbesteuer und nach § 3 Abs. 1 Nr. 12 eine Befreiung von der Vermögenssteuer verbunden.

Neben diesen kurz angerissenen juristischen Aspekten interessieren uns hier vorwiegend die soziologischen Überlegungen und Untersuchungen zum Typus der Vereinigung „Verein" bzw. „Sportverein", mit dem sich die Klassiker der Soziologie verschiedentlich befaßt haben. Nachfolgend werden deren Überlegungen, innerhalb derer das Vereinswesen als Reflex auf den sozialen Differenzierungsprozeß der sogenannten „Moderne" betrachtet wurde, skizziert.

Im Zuge einer Aufgliederung der Gesellschaft in immer speziellere Teilgruppierungen mit jeweils spezifischen Funktionen und entsprechend ausgewiesenen Positionen und Rollen kommt Vereinen immer mehr die Funktion einer intermediären Instanz zu, die zwischen Staat, Gesellschaft und Kirche einerseits und Individuum andererseits vermittelt. In Verbindung mit einer steigenden horizontalen und vertikalen Mobilität, also mit Auf- und Abstiegsprozessen und häufigen Ortswechseln, werden die sozialen Beziehungen der Menschen vermehrt über die erweiterte Familie und lokale Gemeinschaft hinaus geknüpft.

Zentral im Sinne eines Forschungsprogramms für eine „Soziologie des Vereinswesens" sind die Überlegungen WEBERs (1924 [1910], 441 f.), die er anläßlich der Verhandlungen des Ersten Deutschen Soziologentages vom 19.–22. Oktober 1910 in Frankfurt am Main vorstellte. Er forderte (ebd.) vor allem:

„eine Soziologie des Vereinswesens im weitesten Sinne des Wortes, vom Kegelklub – sagen wir es ganz drastisch! – angefangen bis zur politischen Partei und zur religiösen oder künstlerischen oder literarischen Sekte."

Er sah einerseits die Aufgabe, die gesellschaftlichen Funktionen des Vereinswesens in einer interkulturell vergleichenden Perspektive herauszuarbeiten (ebd., 442; zu Vereinsbeteiligungen der Bevölkerung in den USA, der Bundesrepublik Deutschland und in Österreich im Vergleich s. RICHTER 1985, 100 ff.; zur historischen Bedeutung der associations in den USA s. TOCQUEVILLE 1987 [1835]), andererseits betrachtete er die Analyse der Funktion der Vereinszugehörigkeit für die Mitglieder als weiteren Forschungsschwerpunkt (ebd., 443 f.). Daneben ging es in seinem Programm um die Analyse der Selektions- und Karrierefunktion des Vereinswesens (ebd., 444) sowie um die weltanschaulichen Bindungen und Funktionen des Vereins. Die Mitgliedschaft in Vereinen kann teilweise auch als Selektionskriterium für Kommunalpolitiker betrachtet werden. Insofern hätte die Vereinsmitgliedschaft karrierefördernde Bedeutung an anderer Stelle (vgl. SIEWERT 1984, 176 ff.; SCHEUCH 1993, 192 ff.). Ein seit WEBER in der Soziologie des Vereinswesens wenig beachtetes Thema stellt die Frage der Spezifik der Herrschaftsverhältnisse in einer solchen Organisation dar. Warum in Vereinen und Klubs in Wirklichkeit die Herrschaft

„stets eine Minoritätsherrschaft, zuweilen eine Diktatur einzelner ist, [warum] die Herrschaft Eines oder einiger irgendwie im Wege der Auslese und der Angepaßtheit an die Aufgaben der Leitung dazu befähigter Personen, in deren Händen die faktische Herrschaft innerhalb eines solchen Vereins liegt" (ebd., 444),

ist eine nach wie vor wenig untersuchte Frage. Ob und inwiefern entsprechende Befunde aus der politischen Soziologie, die vor allem am Beispiel von Parteien und Regierungssystemen gewonnen wurden (vgl. z. B. MICHELS 1957 [1911]; OSTROGORSKIJ 1912 sowie den Sammelband von LIPSET/ROKKAN 1967), auf die Soziologie des Vereins und spezieller, auf eine Soziologie des Sportvereins, transferiert werden können, ist einer genaueren Überprüfung wert. Speziell in der gegenwärtigen Sportsoziologie ist zu konstatieren, daß der Aspekt der Macht bzw. der Herrschaft generell ein nur vereinzelt bearbeiteter Bereich ist (vgl. EMRICH/PAPATHANASSIOU/PITSCH 1996). Ein System, in dem die „Kameradschaftsideologie" starke Wirkung entfaltet, erschwert es zuweilen, diese Fragen in den Blick zu bekommen und zu untersuchen.

Nach TÖNNIES bestimmt das in der Sozialisation im Hinblick auf die tradierte Kultur internalisierte Wollen, der „Wesenwille", die „Gemeinschaft"; der auf die Befriedigung von Interessen ausgerichtete rationale Wille dagegen, der „Kürwille", konstituiert die „Gesellschaft" (TÖNNIES 1972 [1887], 87 ff.). Diese Dichotomie von „Gemeinschaft" und „Gesellschaft" hat lange Zeit das soziologische Denken beeinflußt. Für TÖNNIES ist der Verein

„ein in Gedanken gemachtes oder fingiertes Wesen, welches seinen Urhebern dient, um ihren Kürwillen in irgendwelchen Beziehungen auszudrücken: nach dem Zwecke, wofür er als Mittel und Ursache bestimmt ist, muß hier in erster Linie gefragt werden" (ebd., 195).

ZIEGENFUSS (1956, 168) führt zum Verein unter Bezug auf VON HILDEBRAND wie folgt aus:

„Der Verein ist erlebnisfundiert, Typus einer ausschließlich formalen Gemeinschaft. Er hat die Möglichkeit autoritativer Struktur und gliedert sich äußerlich in Organe und Glieder. Er ist primäre Gemeinschaft, d. h. er setzt keine anderen Gemeinschaften voraus, um sich konstituieren zu können."

Konstitutiv für den Verein ist aber nicht nur der frei bestimmbare Organisationszweck und die Tatsache eines freiwilligen Zusammenschlusses, der auf Dauer angelegt ist, sondern vor allem das Statut. So beruht jeder Verein

„auf einem Komplex von Kontrakten jedes mit jedem Subjekte, und dieser Komplex heißt als Vereinbarung, durch welche die fingierte Person gleichsam ins Leben gerufen wird, ein Statut. Das Statut gibt dem Verein einen Willen durch Ernennung einer bestimmten Vertretung, es gibt ihm einen Zweck; dieser kann aber nur ein Zweck sein, in bezug worauf die Kontrahenten sich einig wissen, und gibt ihm die

Mittel zur Verfolgung oder Erreichung solches Zweckes, welche Mittel aus den Mitteln jener gegeben und zusammengelegt werden müssen" (TÖNNIES 1972 [1887], 196).

Die Satzung regelt somit für die aus freiwilligem Antrieb Mitglieder gewordenen Individuen sowohl den Zweck des Gebildes als auch die Vertretungsfragen sowie die Fragen der Bereitstellung notwendiger Mittel.

WEBER (1980 [1921], 28) hat ebenfalls den Aspekt der Freiwilligkeit des Beitritts und der damit verbundenen Unterordnung unter einen satzungsmäßig verankerten Vereinszweck betont: „Verein soll ein vereinbarter Verband heißen, dessen gesatzte Ordnungen nur für die Kraft persönlichen Eintritts Beteiligten Geltung beanspruchen." Ein vereinbarter Verband in diesem Sinne wiederum grenzt sich gegenüber der Umwelt durch eine spezifische Ordnung ab, deren Innehaltung von eigens bestimmten Personen, wie z. B. spezialisierten Verwaltungskräften, garantiert wird (ebd., 29). Vereinbart in diesem Sinn sind auch die vereins- und ortsübergreifend organisierten Sportverbände (vgl. ANDERS 1984, 837).

GEIGER (1987 [1926], 7) hat darüber hinaus im Hinblick auf diesen Aspekt den nicht ephemeren Charakter und das für Systeme auch definitionsgemäß konstitutive Ziel der Selbsterhaltung herausgestellt, wonach der Verein unabhängig vom Kommen und Gehen seiner Mitglieder existiert:

„Zehn Mitglieder von hundert können im Lauf eines Jahres austreten, dreißig neue können eintreten, ohne daß darum am Verbande selbst, an seinem gesamten Dasein, seinen Tendenzen und seinem Wirken sich etwas anderes ändert, als eben die Mitgliederzahl."[2]

Den Gedanken einer zwischen Gemeinschaft und Gesellschaft anzusiedelnden Position des Vereins in der modernen Gesellschaft, wie er schon bei TÖNNIES und WEBER diskutiert wurde, hat PFLAUM (1954, 151 ff.) erneut aufgegriffen. Sie sieht Vereine als spezifische soziale Organisationsform, die eher auf Spontaneität ge-

---

[2] Diese Überlegungen GEIGERs gehen keineswegs an der Realität vorbei, wie das folgende Beispiel zeigt: In der FISAS 1996 gab ein Vertreter eines 1991 gegründeten Sportvereins mit 15 Mitgliedern am 31. 12. 1996 an, daß im Jahr 1996 die Zahl der Eintritte 21, die der Austritte 6 betrug.

gründete Nachbarschaftsbeziehungen, wie sie für die Gemeinschaft von Menschen wesentlich sind, ergänzen. Vor allem Prozesse sozialer Differenzierung, die den einzelnen in immer spezialisiertere Rollen mit je eigenen Erwartungs- und Zeithorizonten führen, ließen und lassen den Verein generell zu einem Gegengewicht sozialer Differenzierung werden, indem man mit seiner Hilfe die Individuen als Träger vieler verschiedener Rollen wieder in *einem* sozialen Feld, nämlich dem Verein, zeitweise zusammenführen kann.

„Die Vereine sind typische Produkte des sozialen Differenzierungsprozesses [...]. Die Trennung von Arbeitszeit und Freizeit, die Lockerung der Nachbarschaftsverbundenheit und die Unfähigkeit der Nachbarschaft, bestimmte Funktionen z. B. geselliger Art noch heute zu erfüllen und bestimmte neuartige Bedürfnisse z. B. nach einer ausgleichenden Tätigkeit zu befriedigen, und schließlich die Befreiung der Initiative des Einzelnen [...] sind die Voraussetzungen für das Entstehen der Vereine" (ebd., 179 f.).

Wenn Vereine in diesem Sinn zwischen Privatheit bzw. Familie und Öffentlichkeit gewissermaßen eine Mittelstruktur bilden, dann wird auch das in ihnen jeweils organisierte Verhältnis von Privatheit zu Öffentlichkeit wichtig, also die Frage, mit welchen Techniken Menschen in Sportvereinen Vertrautheit und soziale Nähe herstellen und in welchem Umfang dabei soziale Strategien der Inklusion und Exklusion zur Anwendung kommen (vgl. WEITMAN 1970). Eng mit dem Gedanken der Mittelstellung zwischen Privatheit und Öffentlichkeit ist ein Gedanke SIMMELs (1968 [1908], 268 ff.) verbunden, der das Geheimnis und letztlich den Aspekt des gegenseitigen Vertrauens betrifft. Soziale Beziehungen zwischen Menschen beruhen einerseits wesentlich auf einem Minimum an gegenseitigem Wissen von- bzw. übereinander, andererseits sind sie aber gerade auch durch die Tatsache gekennzeichnet, daß wir in gewissem Umfang Dinge voneinander nicht wissen. SIMMEL zufolge lassen sie sich geradezu danach klassifizieren, in welchem Umfang die Persönlichkeit des Interaktionspartners in die Beziehung miteingeht. Was nicht eingebracht wird, bleibt unbekannt, also Geheimnis. Ephemere Bekanntenbeziehungen verlangen ein höheres Maß an gegenseitiger Respektierung des Geheimnisses als etwa Freundschaftsbeziehungen oder verfestigte Beziehungen. Gerade Zweckverbände wie die Vereine gestehen dem einzelnen ein Höchstmaß an Geheimnis zu, vom anderen weiß man eigentlich zwingend nur, daß er seinen Mitgliedsbeitrag zu zahlen hat. Solche Zweckverbände gewinnen hierüber ihre eigentliche Funktion. Wörtlich heißt es bei SIMMEL (1968 [1908], 262 f.):

"Hier [bei der Vereinigung] beruht die Wechselwirksamkeit, der Zusammenhalt, die gemeinsame Zweckverfolgung durchaus nicht darauf, daß einer den anderen psychologisch kenne. Der Einzelne ist als Mitglied der Gruppe ausschließlich der Träger einer bestimmten Leistung, und welche individuellen Motive ihn zu dieser bestimmen oder welche Gesamtpersönlichkeit sein Handeln überhaupt trägt, ist hier völlig gleichgültig. Der Zweckverband ist die schlechthin diskrete soziologische Formung, seine Teilnehmer sind in psychologischer Hinsicht anonym und brauchen, um die Vereinigung zu bilden, voneinander eben nur zu wissen, daß sie sie bilden."

In soziale Beziehungen, wie sie heutige Zweckverbände kennzeichnen, tritt der Mensch somit nicht mehr mit seiner Gesamtpersönlichkeit ein, und von ihm wird auch kein Kennen seines Gegenüber „über den unmittelbaren Sachverhalt der Beziehung hinaus" (ebd., 263) gefordert. Im Alltag tritt der von SIMMEL beobachtete Sachverhalt häufig insofern zutage, als das Mitteilen von privaten Geheimnissen, Kummer und Sorgen häufig gerade gegenüber jenen Personen erfolgt, die man eigentlich eher flüchtig kennt und von denen man keine Geheimnisse kennt. In institutionalisierter Form sind hier Barfrauen und Beichtväter zu nennen. Zu den letztgenannten ist als Sonderfall zu vermerken, daß sie in früheren Fürsten- und Königshäusern der persönliche Beichtvater der Familie des jeweils höchsten Machthabers waren, von dem die Familie auch Kenntnisse besaß. In diesem besonderen Fall wurden eben Geheimnisse gegen Geheimnisse getauscht, wobei jeder sich der Geheimhaltung des jeweiligen Gegenüber sicher sein konnte.

Die Geselligkeit, die das soziale Leben in Zweckverbänden grundlegend prägt, hat übrigens ihr wesentliches Prinzip darin, daß nichts allzu Persönliches thematisiert wird. Das Wissen um die Geheimnisse der Person und allzu Intimes würden sie gefährden und unter Umständen auflösen. Unterschiedlichen Graden der Intimität, also des abgestuften Wissens um andere, entsprechen in Sportvereinen auch unterschiedliche räumliche Abstände zwischen den Körpern der Akteure, was sich auch in jeweils unterschiedlichem sportartenspezifischem Engagement ausdrücken dürfte. Spezifisch orts- und situationsgebunden variieren im Sport darüber hinaus die Intimitäts- und Peinlichkeitsschwellen, z. B. beim Duschen[3]. Deutlich wird aber

---

[3]   Im Sinne der ELIASschen Theorie über den Prozeß der Zivilisation (1991) [1969] wäre der Sport somit ein Sonderbereich, in dem in starker Differenzierung der umgebenden Gesellschaft

auch, daß die bauliche Infrastruktur eines Vereins, also Aspekte seiner ökologischen Dimension, nicht unerheblich in diesem Zusammenhang sein dürfte (vgl. SIMMEL 1968 [1908], 460 ff.). So ist es für das Vereinsleben wichtig, nach Vereinsveranstaltungen informell zusammensitzen zu können, wozu man sogenannte prokommunikative Räumlichkeiten braucht, die ein solches Zusammensitzen ermöglichen. Solche Räume werden als „eigen" aufgefaßt. Man fühlt sich in ihnen sicher, sie gewähren als räumliche Fixpunkte in gewissem Sinn Schutz und haben auch eine Identifikationsfunktion mit ihren unterscheidbaren und leicht wiedererkennbaren Elementen, zu denen auch Abzeichen und Pokale etc. gehören können. SIMMEL ist insofern zuzustimmen, daß jeder Raum unterteilt und in Stücke zerlegt werden kann, menschliches Verhalten aber immer an eine Grenze gebunden ist, die nicht bloß geographisch, sondern „seelisch" ist (ebd., 466 f.). Sportvereine mit eigenem Vereinsheim weisen somit gegenüber solchen ohne diesen räumlichen Kristallisationspunkt sicherlich einige Abweichungen in der „seelischen" Haltung ihrer Mitglieder gegenüber dem Verein auf: „Die räumliche Festgelegtheit eines Interessengegenstandes bewirkt [eben] bestimmte Beziehungsformen, die sich um ihn gruppieren" (ebd., 472 f.).

Einerseits Produkt dieses Differenzierungsprozesses, gleichsam die kulturelle Antwort auf eine spezifische, durch sozialen Wandel bedingte Herausforderung, erweisen sich andererseits Vereine für PFLAUM (1954, 180) als eine in höchstem Maße integrierende Kraft, die konfessionelle, berufliche und andere Unterschiede unter den Mitgliedern überwinde, wobei offenbleibt, ob diese Unterschiede temporär oder dauerhaft überwunden werden. Darüber hinaus stellt sich grundsätzlich die Frage, ob eine erhöhte Akzeptanz der jeweiligen Person als Sportkamerad zur ebenfalls erhöhten Akzeptanz vereinsfremder Angehöriger der gleichen Gruppierung führt, also die Frage, ob das Spielen mit einem Priester als Sportkamerad die

---

schon früh veränderte Scham- und Peinlichkeitsschwellen in bezug auf die Nacktheit und andere Aspekte des eigenen Körpers aufzeigbar sind. Diese veränderten Scham- und Peinlichkeitsschwellen sind häufig unreflektierte implizite Voraussetzung zum Beispiel von Sextests und in den Intimbereich vordringenden Dopingkontrollen. Man stelle sich die öffentlichen Reaktionen auf dort angewandte Techniken im Bereich der Zollkontrollen an Flughäfen zum Zweck der Vermeidung von strafbarem Handeln, z. B. Rauschgiftschmuggel, vor, wenn sie pauschal für alle Reisenden zur Anwendung kämen.

Akzeptanz gegenüber Kirchenvertretern erhöht. PFLAUM übersieht hier offensichtlich, daß die integrative Kraft der Vereine nicht in ihnen selbst, sondern in jenen Merkmalen der Personen liegt, die vorab Anlaß zur Gemeinschaftsbildung sind. Integrationsvehikel in diesem Sinn können, neben dem Vereinszweck (z. B. Sporttreiben), die Religion (siehe z. B. jüdische Sportvereine), die Nationalität (siehe z. B. türkische Fußballvereine), die Klassenlage (siehe z. B. Arbeitersportvereine), das Geschlecht (siehe z. B. Frauensportvereine) sowie verschiedene spezifische Neigungen (siehe z. B. Schwulen- und Lesben-Sportvereine) sein. Die hier aufgezählten besonderen Bezeichnungen von Sportvereinen sind übrigens nicht erfunden, sondern stellen originäre Namensgebungen durch die Mitglieder selbst dar.

Vereine böten darüber hinaus ein soziales Übungsfeld für die Schulung jener Fähigkeiten, „die für ein verantwortliches Handeln für die Gemeinde wesentlich sind" (PFLAUM 1954, 180), also letztendlich ein Übungsfeld für Demokratie[4]. Eigentlich ist der im politikwissenschaftlichen Sinn vorgeprägte Begriff der „Demokratie" hier nicht ganz zutreffend. Es handelt sich vielmehr um Partizipation, also um die Möglichkeit, den Einzelnen wirkungsvoll an Willensbildungs- bzw. Entscheidungsprozessen im sozialen Gebilde „Verein" zu beteiligen (VILMAR 1986, 339 ff.). Trotzdem wird der Begriff „Demokratie" nebst Derivaten beibehalten, da er sich als „wohlklingendes" Synonym für mehrheitsabhängige Partizipationsformen im öffentlichen wie privaten Bereich verfestigt hat.

In den konstitutiven Variablen des Vereins nach HEINEMANN (1979, 112 ff.; vgl. auch HEINEMANN/SCHUBERT 1994, 15), wozu er

„(1.) freiwillige Mitgliedschaft,
(2.) Unabhängigkeit vom Staat,

---

[4] Häufig wird in diesem Zusammenhang nur eine Seite des für die modernen Demokratien notwendigen Verhaltens gesehen. Dagegen bleiben die wesentlichen Aspekte der Kultur des Bluffs, nämlich Techniken der Selbstpräsentation, der Täuschung, der öffentlichen Lüge und instrumentalisierten Gedächtnislücken bis hin zum Täuschungsprivileg unter Ehegatten, kurzum also ein wesentlicher Teil des Spektrums menschlichen sozialen Handelns, unberücksichtigt. Gleichwohl werden auch sie über Sozialisationsleistungen verschiedenster Instanzen vermittelt. Inwieweit allein der Sportverein hier eine Sonderrolle spielt und nur die hehren Tugenden der Demokratie vermittelt, soll hier nicht beurteilt werden.

(3.) Orientierung an den Interessen der Mitglieder,
(4.) demokratische Entscheidungsstrukturen,
(5.) ehrenamtliche Mitarbeit"

zählt, kehren diese schon früh von TÖNNIES und WEBER entwickelten und von PFLAUM teilweise wieder aufgegriffenen Gedanken erneut wieder. Auch SILLS (1968, 362 f.) hat in seinem Beitrag über „voluntary associations" in der Enzyklopädie der Sozialwissenschaften darauf hingewiesen, daß die Mitgliedschaft in einer solchen Vereinigung freiwillig erfolgt, daß sie unabhängig vom Staat existiert und daß ihr Vereinigungszweck die Verfolgung gemeinsamer Interessen ihrer Mitglieder ist. Die häufig zu lesende Übersetzung dieses Begriffs als „freiwillige Vereinigung" scheint bei der Betrachtung von Sportvereinen wenig nützlich, da der Aspekt der Freiwilligkeit nicht zwischen der Großzahl von Vereinen und anderen Organisationsformen differenziert. Selbst die totalen Institutionen nach GOFFMAN (1973) sind zum Teil auch durch Aspekte der Freiwilligkeit gekennzeichnet, wie z. B. im Kloster der Aspekt der Freiwilligkeit des Eintritts. SILLS weist ausdrücklich darauf hin, daß man nur dort von „voluntary associations" sprechen könne, wo die unbezahlten, freiwilligen und, so muß man ergänzen, leistungserbringenden Mitglieder die Mehrheit bilden (über die Problematik der Definition von Freiwilligkeit der Mitgliedschaft vgl. in der deutschsprachigen Literatur z. B. HORCH 1983, 18 ff.).

Gerade der Gedanke der genossenschaftlich-partizipatorischen Entscheidungsstrukturen, also die gleichberechtigte Beteiligung aller Mitglieder an den Willensbildungsprozessen im Verein, wird aber in der Realität zuweilen überlagert durch eine teilweise Abstinenz von Mitgliedern im Zusammenhang mit Partizipationsprozessen. Häufig wird hinter dieser Abstinenz eine Mitgliederapathie vermutet, wobei auch eine Zurückhaltung, verbunden mit einem besonderen Vertrauen in die Führung des Vereins oder eine intendierte Abstinenz nicht auszuschließen sind. Jedenfalls ist eine Ablösung eines Inhabers im Amt ein eher seltenes Ereignis. SCHLAGENHAUF (1977, 106; ausführlicher zu solchen Mustern: EMRICH/PAPATHANASSIOU/ PITSCH i. Dr.) formuliert hierzu wie folgt:

„Gleichwohl gilt die Tendenz zur Dominanz von Minderheiten in freiwilligen Organisationen und die allgemeine Mitgliederapathie nach wie vor als zentrales und erklärungsbedürftiges Phänomen von großer praktischer Bedeutung."

Bereits MICHELS (1957 [1911], 370 f.) hatte bei seiner Untersuchung des Parteiwesens festgestellt, daß sogar in der Sozialdemokratie die gewählte Führerschaft

Macht über die wählenden Massen hatte, die oligarchische Struktur überlagere die demokratische Basis. DUVERGER (1959, 427 und 429) hat dies später für Parteien bestätigt und darauf hingewiesen, daß Parteien im wesentlichen autokratisch geführt und oligarchisch aufgebaut seien. Nach PFLAUM (1954, 174) bedarf ein (Sport-) Verein angesichts einer unzureichenden funktional-spezifischen Strukturierung in besonders hohem Maße eines kompetenten, allerdings im Normalfall, im Gegensatz zu den politischen Parteien, ehrenamtlichen (Sport-) Führers. Damit schlagen demokratische Über- und Unterordnungsmuster um in partiell traditionale Muster, wobei der Führungsanspruch stets neu zu legitimieren ist angesichts der freiwilligen Mitgliedschaft der „Sportkameraden" (vgl. MAYNTZ 1963, 88).

Zur empirischen Sportvereinsforschung in Deutschland

Eine empirische Sportvereinsforschung läßt sich vereinzelt seit Beginn der siebziger Jahre, beginnend mit den „Materialien zur Soziologie des Sportvereins", aufzeigen (LENK 1972 auf der Basis einer 1966 aus Anlaß des 150jährigen Bestehens der Hamburger Turnerschaft verfaßten Festschrift), ist allerdings auch gegenwärtig ein noch eher seltenes Ereignis, überwiegen doch mehrheitlich Studien mit verbandspolitischem oder management- bzw. verwaltungsmäßig geprägtem Schwerpunkt (vgl. SAHNER 1993; AGRICOLA/WEHR 1993) oder mit sozial-integrativem Schwerpunkt (vgl. die Beiträge in dem Sammelband von PILZ 1986). Die erste größere empirische Studie über „Sportvereine in der Bundesrepublik Deutschland" wurde unter der Leitung von LINDE 1972 am Institut für Soziologie der Universität Karlsruhe als Forschungsauftrag des Bundesinstituts für Sportwissenschaft begonnen. 1977 publizierte SCHLAGENHAUF die gewonnenen Ergebnisse in einem ersten Band. Im Rahmen einer bundesweiten, mehrstufigen Untersuchung (vgl. ebd., 22 ff.) wurden z. B. der Umfang von Vereinsmitgliedschaften und damit die Bindungsbereitschaft der Bevölkerung in einer spezifischen freiwilligen Organisationsform, differenziert nach Schicht und Geschlecht (vgl. ebd., 40 ff.), sowie die „evidenten", „reklamierten", „zugeschriebenen" und „akzidentellen" Funktionen der Sportvereine für ihre Mitglieder untersucht. Evidente Funktionen (ebd., 57 ff.) umfassen hier die

„primären, vordergründigen und offensichtlichen Aspekte des Sportvereins [...], nämlich seine Funktion als Ort der sportlichen Aktivität, der Geselligkeit und der sozialen Kontakte, sowie der Organisations- und Betreuungsarbeit."

Im Rahmen dieses Aspektes wird auch die wichtige Frage des Verhältnisses von aktiven zu passiven Mitgliedern im Verein sowie das teilweise deutlich hervortretende Spannungsverhältnis von Breiten- und Leistungssport berührt (zum Verhältnis Breiten- zu Leistungssport in Sportvereinen vgl. ILKER unter Mitarbeit von QUANZ 1988, 136 ff.).

Nach wie vor unerreicht ist in diesem Zusammenhang allerdings SIMMELs (1911, 1 ff.) Analyse von Geselligkeit als soziales Phänomen, das zwischen Intimität und Sachlichkeit (ebd., 5), zwischen Freiheit und Zwang, geregelt durch Takt und Diskretionsgefühl (ebd., 4 f.), angesiedelt und als eine spezifische Spielform der Vergesellschaftung zu betrachten ist, in der Menschen gewissermaßen als Gleiche unter Gleichen (ebd., 8) handeln. „Schmuggelt" man „das Objektive, das um die Persönlichkeit herum ist", nämlich z. B. „Reichtum und gesellschaftliche Stellung, Gelehrsamkeit und Berühmtheit" (ebd., 5) in diese spezifische Atmosphäre mit hinein, beginnen diese Aspekte die Geselligkeit zu überlagern.

Die reklamierten, zugeschriebenen und akzidentellen Funktionen von Sportvereinen für ihre jeweiligen Mitglieder umfassen jene Funktionen, die gemäß der gesellschaftspolitischen Selbstdarstellung der Sportorganisationen in den Vordergrund gerückt werden (SCHLAGENHAUF 1977, 111 ff.), deren Existenz aber, was häufig übersehen wird, nicht ohne weiteres angenommen werden kann (vgl. HEINEMANN 1979, 211). Im Bereich der reklamierten, zugeschriebenen und akzidentellen Funktionen liefert SCHLAGENHAUF (1977, 111 ff.) nach Geschlecht, Alter, Schichtzugehörigkeit sowie nach Merkmalen des Wohnorts (Ortsgröße) und des Wohnens (z. B. Dauer des Wohnens am Ort) bzw. nach jeweils spezifischen Sporterfahrungen (Schulsporterfahrung, Sportaktivitäten im sozialen Verkehrskreis) differenzierte empirische Befunde zum „Verein als Ort aktiver Freizeitgestaltung" (ebd., 116 ff.). Darüber hinaus untersucht er in ähnlich differenzierter Form die von den Sportvereinen reklamierten sozialen Integrationsleistungen (ebd., 173 ff.), die reklamierte Gesundheitsfunktion (ebd., 178 f.; zum gesundheitsbezogenen Vereinssport vgl. z. B. den Sammelband von ILKER/RAMME 1988) sowie Aspekte der Mitgliederzufriedenheit (ebd., 180 f.).

Die empirischen Befunde zur „Angebotsstruktur des Sportvereinswesens in der Bundesrepublik Deutschland", zur „Anlagenstruktur der Sportvereine", zur „Finanzsituation des Vereins" sowie zu den „Determinanten der Organisationsstruktur von Sportvereinen" und der „Zielorientierung und ‚Leistung' des Sportvereins als soziale Organisation" wertet TIMM (1979) auf der Basis des im Gesamtprojekt erhobenen Untersuchungsmaterials in einem zweiten Band aus. Daneben werden Fragen des Verhältnisses der Sportvereine zu ihren jeweiligen übergeordneten Dachorganisationen (ebd., 190 ff.) diskutiert und „die Bedeutung der einzelnen Vereinsarten für die Bewältigung der Sportnachfrage" (ebd., 196 ff.) aufgearbeitet.

Die Untersuchungsansätze von SCHLAGENHAUF (1977) und TIMM (1979) wurden im Rahmen der vom Deutschen Sportbund und dem Bundesinstitut für Sportwissenschaft in Auftrag gegebenen FISAS-Untersuchungen, der Finanz- und Strukturanalysen der Sportvereine in Deutschland, 1978, 1982 und 1986 teilweise weitergeführt. Während die Ergebnisse der FISAS 1982 und 1986 nur als unveröffentliche Ergebnispapiere vorliegen, wurden die Ergebnisse der FISAS 1978 als Veröffentlichung „Der Verein heute" (Deutscher Sportbund 1982) der sportinternen und -externen Öffentlichkeit zugänglich gemacht. Im Jahre 1994 haben HEINEMANN und SCHUBERT ihre Ergebnisse der bisher vorletzten FISAS-Studie vorgelegt; die zugrundeliegenden Daten wurden für das Bezugsjahr 1991 erhoben. Strukturmerkmale des Sportvereins, seine Mitgliederstruktur, das Leistungsprofil und die Personalstruktur, Aspekte der wirtschaftlichen Lage, die Anlagenstruktur sowie Aufgaben und Probleme werden auf der Basis eines reichhaltigen empirischen Materials und erstmals unter Einbeziehung von Sportvereinen aus den neuen Ländern systematisch aufgearbeitet. Die im Auftrag des Bundesinstituts für Sportwissenschaft sowie der Landessportbünde von EMRICH und PITSCH durchgeführte FISAS-Studie 1996 liegt hiermit vor.

DIGEL et al. (1992) sowie GABLER/TIMM (1993) haben im Deutschen Turner-Bund bzw. Deutschen Tennis-Bund eine Analyse der Situation der Vereine vorgelegt. DIGEL et al. (1995) haben darüber hinaus im Auftrag des hessischen Ministeriums für Wissenschaft und Kunst auf der Basis von Daten aus der Bestandserhebung des hessischen Landessportbundes aus dem Jahr 1990 und der Bevölkerungsstatistik des Bundeslandes Hessen vom Januar 1991 sowie mit Hilfe einer schriftlichen Befragung Ende 1992 unter anderem die Sportangebote in Hessens Sportvereinen untersucht. Dabei legten sie einen besonderen Schwerpunkt auf die Erfassung der gesundheitsorientierten Angebote (ebd., 45 ff.). Eine Befragung von 100 nicht vereinsgebundenen Sportanbietern sowie Interviews mit insgesamt 57 „Experten des Sports" darüber, wo sie weitere Nachfrage bezüglich ihrer Angebote bzw. noch weiteren Bedarf sehen (ebd., 83 ff.), ergänzten die Untersuchung.

Für die Frage künftigen weiteren Bedarfs ist auf die notwendige Differenzierung von Prognose, Prophetie und Prophezeiung[5] hinzuweisen (vgl. OGBURN 1969, 391 ff.). So ist die „Prognostizierung" künftigen Bedarfs trotz der inflationären Verwendung des Begriffes „Zukunft" eine ungeheuer schwierige und angesichts der Vielzahl sich wandelnder äußerer und innerer Bedingungen kaum zu lösende Aufgabe. Man gewinnt eher den Eindruck, daß die spekulative Betrachtung möglicher künftiger Entwicklungen und Strukturen häufig von kaum noch überschaubaren und höchst komplexen gegenwartsbezogenen Problemen ablenken soll.

Daneben sind eine Reihe weiterer, vor allem organisationssoziologischer Studien erwähnenswert. Bereits LATTEN (1933/34, 297 ff.) hatte sich mit Fragen der „Bürokratisierung im Sport" befaßt und deren Strukturen und Entwicklungen diskutiert, SEMDER (1977) hat eine organisationssoziologische Lotstudie des Deutschen Sportbundes vorgelegt und WINKLER/KARHAUSEN/MEIER (1985) haben im Forschungsauftrag des Bundesinstituts für Sportwissenschaft Verbände im Sport am Beispiel des Deutschen Sportbundes und ausgewählter Mitgliedsorganisationen untersucht. Im Rahmen dieses Projektes hat WINKLER (1988) ehrenamtliche Führungskräfte in Verbänden untersucht und wichtige Erkenntnisse bezüglich ihres Sozialprofils, der sozialen Rekrutierungsmechanismen, der verbandlichen Karriereverläufe sowie relevanter Außenbeziehungen der Führungskräfte zu externen äußeren Umwelten herausgearbeitet.

Eine Untersuchung zur sozialen Situation der Trainer und Übungsleiter, eine der wesentlichen Stützen der täglichen Arbeit in den Vereinen, haben MRAZEK/RITTNER (1991)[6] veröffentlicht. Der Thematik Jugendlicher im Sportverein widmen sich

---

[5] Auch außerhalb der Wissenschaft finden sich entsprechende Hinweise zum Unterschied zwischen Prognose und Prophetie. Mark TWAIN hat so vom „Tollen Propheten" gesprochen: „er stellt lediglich Prognosen, macht aber keine Prophezeiungen. [...] Er folgert sie aus geschichtlichen und statistischen Erkenntnissen, indem er aus Fakten der Vergangenheit auf künftige Wahrscheinlichkeiten schließt. Nichts als angewandte Wissenschaft" (1977, 613).

[6] Diese Projekte wurden vom Bundesinstitut für Sportwissenschaft gefördert, das somit die Analyse von Sportorganisationen wesentlich unterstützt hat.

BRETTSCHNEIDER/BRÄUTIGAM (1990), BRÄUTIGAM (1993)[6] und BAUR/BRETTSCHNEIDER (1994) sowie die Beiträge in dem Sammelband des Ministeriums für Stadtentwicklung, Kultur und Sport des Landes Nordrhein-Westfalen (1996). Eine Nutzwert-Kosten-Analyse von sportlicher und außersportlicher Jugendarbeit bei verschiedenen Angebotsträgern am Beispiel von Wuppertaler Jugendorganisationen wurde von KAPPLER/WADSACK (1991)[6] erstellt. Speziell mit dem vereinsorganisierten Frauensport in den neuen Bundesländern haben sich BAUR/BECK (1999) befaßt.

Eine Reihe von in ihrer Aussagekraft regional begrenzten Studien sowie einzelne Facetten der Sportvereinsforschung in den Blick nehmende theoretische und teilweise empirische Untersuchungen ergänzen aus verschiedenen Blickwinkeln die skizzierte Forschungslage in der Sportvereinsforschung. Beispielhaft seien hier die von JÜTTING (1994) herausgegebene Studie „Sportvereine in Münster", die Untersuchung von BAUR/KOCH/TELSCHOW (1995) in Brandenburg sowie die Studien von EMRICH/PAPATHANASSIOU/PITSCH in der Pfalz (1998) und im Saarland (1999) genannt.

Thematisch lassen sich in der aktuellen Sportvereinsforschung einige besondere Schwerpunkte erkennen, die im folgenden dargestellt werden.

1.1.2 Mitglieder und Angebote – innere Struktur und äußere Einflüsse

Die innere Struktur eines Sportvereins ist immer Ergebnis eines Interaktionsprozesses zwischen Mitgliederschaft und Angebotsstruktur im Sportverein, die beide zusätzlich von äußeren Einflüssen tangiert werden. Inwieweit sich Sportvereine somit als eher breiten-, leistungs- oder gesundheitssportorientiert, eher als Vereinigung älterer Männer oder jüngerer Frauen, eher solidarisch oder eher dienstleistungsorientiert, eher „modern" oder eher traditionsorientiert verstehen, ist Ausdruck eines komplizierten Wechselspiels zwischen inneren und äußeren Bedingungen. Hierbei geht es nicht nur um die rein materiellen bzw. ökonomischen Bedingungen, sondern viel mehr darum, inwieweit sich ideelle Konstellationen als Weichensteller für die Gesamtentwicklung des Vereins erweisen.

Zur besseren Verständlichkeit werden in den folgenden Darstellungen überall dort konstruierte, aber auf der Erfahrung der Autoren im Bereich des organisierten

Sports beruhende Fallbeispiele[7] eingestreut, die die Diskussion auf der Basis theoretischer Überlegungen und empirischer Befunde illustrieren sollen.

Fallbeispiel: Die Vereinsgründung als Moment der formalen Organisation konvergierender Interessen

Eine Gruppe Erwachsener im Alter zwischen 18 und 25 Jahren hat seit mehreren Jahren als Thekenmannschaft an informell organisierten Handballturnieren z. B. im Rahmen einer Veranstaltung des örtlichen Sportvereins „Ein Dorf spielt Handball" teilgenommen. Trainiert wurde zu diesem Zweck nur sporadisch und ohne formal verantwortlichen Übungsleiter. Zu dieser Gruppe gehören als „harter Kern" 4 Männer, die sich regelmäßig auch in der Dorfkneipe am Stammtisch treffen und die auch andere sportliche Interessen miteinander teilen (Ausdauersport und Skilaufen), sowie insgesamt 8 Männer, die in eher unregelmäßigem Kontakt zu der Gruppe vor allem im Rahmen der genannten Veranstaltung stehen.

Am Rande eines solchen Handballturniers wird der Wunsch geäußert, öfter gemeinsam spielen zu können. Aus diesem Grund verständigen sich die Mitglieder dieser lockeren Gruppe darauf, beim regionalen Handballverband Informationen einzuholen über Möglichkeiten und Bedingungen der Teilnahme am Ligabetrieb. Dabei erweist sich die Notwendigkeit zur Lizensierung der Spieler beim Verband sowie zur Bereitstellung von Schiedsrichtern mit den jeweils damit verbundenen Gebühren bereits als erster Anstoß für Überlegungen, in diesem Zuge auch die Zugehörigkeit zu dieser Gruppe auf eine formalere Basis zu stellen, also: einen Verein zu gründen.

Die Information der Gemeindeverwaltung, daß bei der Nutzung der kommunalen Sportanlagen Sportvereine Priorität vor informellen Gruppen genössen, gibt dann endgültig den Ausschlag zur Gründung eines eigenen Handballvereins. Dabei

---

[7] Bereits Immanuel KANT (1956 [1781], A XVII-XVIII) stellte die Bedeutung von Beispielen als Anschauungsmittel für die Leserschaft in der Vorrede zur Kritik der reinen Vernunft heraus: „Was endlich die *Deutlichkeit* betrifft, so hat der Leser ein Recht, zuerst die *diskursive* (logische) *Deutlichkeit, durch Begriffe*, dann aber auch eine *intuitive* (ästhetische) *Deutlichkeit*, durch *Anschauungen*, d. i. Beispiele oder andere Erläuterungen in concreto zu fordern."

orientiert man sich an einer Mustersatzung, die vom Landessportbund allen Interessenten zur Verfügung gestellt wird. Die Mitgliedsbeiträge werden so bemessen, daß die entstehenden Kosten für die Teilnahme am Ligabetrieb des Verbandes, die im ersten Jahr unter den Mitgliedern aufgeteilt werden, in den Folgejahren gedeckt werden können und zusätzlich ein kleiner finanzieller Überhang zur Anschaffung von Sportgeräten bleibt.

RICHTER (1985, 115) bezifferte den Anteil der vereinsbeteiligten bundesrepublikanischen Bevölkerung auf rund 50%. „Gesellige Vereinigungen sind am wichtigsten für die Deutschen. Der Sportverein ragt mit einer Quote von 22% besonders hervor" (ebd.), wobei die Sportvereine sowohl in der Bundesrepublik Deutschland als auch in Österreich die mitgliederstärksten Vereine sind (vgl. dazu DUNCKELMANN 1975; SCHLAGENHAUF 1981). Nach RICHTER (1985, 184 ff.), der eine Sekundäranalyse auf der Grundlage der Allgemeinen Bevölkerungsumfrage der Sozialwissenschaften 1982 (ALLBUS 1982) durchgeführt hat, dominieren in den Sportvereinen die Männer in der Mitgliederstruktur gegenüber Frauen, wobei generell Personen bis zum Altersbereich von etwa 45 Jahren häufiger unter den Mitgliedern zu finden sind. Danach fällt die Quote der Sportbeteiligung bis zum 59. Lebensjahr kontinuierlich ab, um dann noch einmal verstärkt zu sinken. Die Mitglieder entstammen vermehrt der unteren Mittelschicht, während Personen unterer Schichten unterrepräsentiert sind. Schicht wurde in diesem Fall ausschließlich über den Indikator „Ausbildungsabschluß" gemessen, der ursprünglich 8-fach gestuft war, jedoch nur mit 4 Stufen als sogenannter „Schichtfaktor" in die Sekundäranalyse einging (RICHTER 1985, 184 f., 339 f.). Der oben dargestellte Befund ist insofern mit Vorsicht zu interpretieren, als die von RICHTER verwendeten Schichtbezeichnungen zwar sprachlich, nicht jedoch inhaltlich mit dem klassischen Schichtenmodell (vgl. z. B. BOLTE/HRADIL 1984 sowie die Beiträge in dem Sammelband von GEISSLER 1994) übereinstimmen.

Hier sei noch einmal an die von WEBER (1924 [1910], 443 ff.) aufgeworfene Frage erinnert, wie sich die Zugehörigkeit zu einem bestimmten Verband einerseits nach innen auf die Persönlichkeit auswirke und wie sich spezifische Weltanschauungen auf die Vereine auswirken, also Fragen der Vereinskultur und deren Auswirkungen auf Persönlichkeit und Mentalität. Wörtlich heißt es bei WEBER (ebd., 445): „Auf der anderen Seite [...] attrahiert fast jeder Verein, auch ein solcher, der das prinzipiell vermeiden will, in irgendeiner Weise ‚weltanschauungsmäßige' Inhalte". An anderer Stelle wird der Aspekt der Beeinflussung des Gesamthabitus von Vereinsmitgliedern durch „den Inhalt der Vereinstätigkeit" angesprochen (ebd., 446).

Organisationsinterne Einflüsse auf das Bindungsverhalten

Aspekte dieses Zusammenhangs wurden in der Literatur zum Thema „Sportvereine" unter dem Begriff der „Vereinskonzeption" betrachtet. Die Gegenüberstellung von BAUR/KOCH/TELSCHOW (1995; s. Tabelle 1.9 weiter unten) benennt explizit diese Dimension. Wie HEINEMANN/SCHUBERT (1994, 196 ff.) bemerken, besitzt nicht nur jeder Verein ein eigenes Profil aufgrund seiner angebotenen Sportartenstruktur, er entwickelt darüber hinaus auch eine ganz spezifische Vereinskultur, die milieu- und mentalitätsprägende Wirkung auf die Vereinsmitglieder entfaltet. Im einzelnen führen sie in impliziter Wiederaufnahme des Programmes WEBERS (1924 [1910], 446) zur „Soziologie des Vereinswesens" verschiedene Elemente einer solchen Vereinskonzeption auf:

„Besondere Bedeutung besitzt dabei eine Vereinskonzeption, in der die Wertbindungen des Vereins, also die Vorstellungen vom Sinn und Zweck des Vereins und des Sporttreibens in ihm, die Vorstellungen über seinen sozialen Auftrag, seine gesellschaftspolitische Verantwortung und seine ethischen Selbstverpflichtungen gegenüber den Mitgliedern bzw. bestimmten Personengruppen, in der auch Legitimationen und Begründungen für Ansprüche, Erwartungen (etwa in bezug auf öffentliche Unterstützung und Förderung) enthalten sind. In diese Sinngebungen gehen zugleich die verschiedenen Formen der Rechtfertigung des Sports und seiner Organisation mit ein. Sie sichern, daß Handeln in der institutionellen Ordnung als sinnvoll und (faktisch und normativ) richtig erscheint. Solche Sinngebungen sind in der Regel nicht schriftlich fixiert, gemeinsam beschlossen, jedermann präsent. Aber sie werden doch Bestandteil des Bewußtseins von Mitgliedern sein [...]" (HEINEMANN/SCHUBERT 1994, 197).

Einerseits ist im Sinne von HEINEMANN und SCHUBERT das charakteristische Moment dieser Vereinskultur das Bewahren seiner typischen Merkmale als Verein im traditionalen Sinn. Im einzelnen nennen sie hier das traditionale Selbstverständnis als Solidargemeinschaft und damit als „Selbsthilfeorganisation" sowie die Bewahrung des sportlichen Leistungsprinzips mit all seinen damit verknüpften Aspekten eines reglementierten Rahmens formaler Konkurrenzen und der Organisation eines asketisch angelegten und diszipliniert verlaufenden, gewöhnlich mehr oder weniger geplanten Trainings. Der Begriff setzt hier allerdings keine akute Notlage und selbstbestimmte Maßnahmen zu deren Milderung oder Beseitigung voraus, sondern meint wohl vielmehr eher die selbstbestimmte Organisation von Verfahren der spezifischen Bedürfnisbefriedigung. Dem stehe nun in den letzten Jahren vermehrt ein Wandel gegenüber, in dessen Rahmen die Vereinsmitglieder mit ihrer zunehmend zweckrationalen Erwartungshaltung gegenüber dem Verein nicht nur ein stärkeres Kosten-Nutzen-Denken zeigten, sondern auch vermehrt zu einer nur noch partiell zu sehenden Bindung an den Verein neigten, in deren Rahmen die Mitglieder sich auch emotional weniger intensiv mit dem Verein identifizierten. Die Möglichkeiten des Bindens und Lösens würden somit flexibler gehandhabt und aus ihrer traditionalen Stabilität freigesetzt. Dazu komme das verschiedentlich behauptete Sinken der Bedeutung des traditionalen, an Leistung und Wettkampf ausgerichteten Sporttreibens, das vor allem für die Jugendlichen keine attraktiven Erlebnis- bzw. Fun-Qualitäten mehr in sich berge. Weiterhin führe die Öffnung des Sports für neue Personengruppierungen aller Art zu einer Interessenheterogenität, in deren Rahmen die widersprüchlichsten Motive, Interessen und Wünsche Berücksichtigung finden müßten (HEINEMANN/SCHUBERT 1994, 196 ff.).

Die von WEBER (1924, 443 f.) 1910 erhobene Forderung nach genauer Klärung der Motivlage von Vereinsmitgliedern, also nach den Triebfedern ihrer Mitgliedschaft, ist bis heute durch keine verläßliche Studie erfüllt, zumal die Gründe für eine solche Mitgliedschaft sich durch die Zugehörigkeit zu einem Verein vermutlich wieder wandeln werden, also in stetem Fluß sind. WEBER selbst stellt allerdings bereits 1913 im Zuge der Abgrenzung zwischen Soziologie und Psychologie fest, daß

„das ‚psychische' Verhalten der Beteiligten, die Frage also: aus welchen letzten ‚inneren Lagen' heraus sie sich vergesellschaften und dann ihr Handeln an den vereinbarten Ordnungen orientieren, – ob sie sich ihnen lediglich aus nüchterner Zweckmäßigkeitserwägung oder aus leidenschaftlichem Attachement an die vereinbarten oder vorausgesetzten Vergesellschaftungszwecke, oder unter widerwilliger Hinnahme dieser als unvermeidlichen Übels, oder weil sie dem Gewohnten entsprechen, oder warum sonst, fügen, – dies ist für die Existenz der Vergesellschaftung solange gleichgültig, als im Effekt, in einem soziologisch relevanten Umfang, die Chance jener Orientierung an der Vereinbarung tatsächlich besteht" (WEBER 1973 [1913], 125).

Angaben über die Erwartungen von Vereinsmitgliedern sind also, wenn es sich um querschnittliche empirische Studien handelt, reine Momentaufnahmen. Im Sinne WEBERs sind die Erwartungen der Vereinsmitglieder die Basis des Gemeinschaftshandelns in Vereinen. Dies ist hier als spezifische Form des Einverständnishandelns zu verstehen, da in der Interaktion mehrerer „die empirisch ‚geltende' Chance" besteht, daß sich das Verhalten der anderen Personen an den Erwartungen an ihr Verhalten orientiert (ebd.).

Auf die mögliche Heterogenität von Interessen in Sportvereinen aus der Sicht des einzelnen hatte TIMM (1979, 179; vgl. auch 178 ff.) hingewiesen:

„Das einzelne Mitglied orientiert seine Aktivitäten vorwiegend an persönlichen Interessen und Zielsetzungen, die von der Verfolgung absoluten Spitzensports über Gesundheits- und Fitneßpflege bis zur Möglichkeit sozialer Kontaktaufnahme sowie ökonomischen und politischen Zwecks reichen können."

Dieser Aspekt ist jedoch im Grunde trivial, denn die Orientierung an persönlichen Interessen und die Verfolgung eigener Zielsetzungen ist prinzipiell Voraussetzung jeglichen, zumindest teilweise selbstbestimmten zielgerichteten Handelns, also auch des Handelns als Mitglied in einem Sportverein; Interessenhomogenität anzunehmen wäre also abwegig (zum behaupteten „Inklusionsdilemma des Breitensports" vgl. SCHIMANK 1992). Offensichtlich bestehen auch auf der Führungsebene von Sportvereinen diese unterschiedlichen Orientierungen. Nur so ist erklärbar,

„daß über 20% der befragten Vorstandsmitglieder (Vereinsstichprobe) darüber unterschiedlicher Ansicht waren, ob in der Arbeit des Vereins mehr Wert auf den Wettkampf- und Leistungssport oder den Freizeitsport gelegt wurde" (TIMM 1979, 179).

Insgesamt überwiegt wohl in der wissenschaftlichen Diskussion die Einschätzung, daß Organisationen in der sozialen Realität widerspruchsfrei zu sein hätten und klar festgelegten organisatorischen Zielen zu dienen hätten. Die Realität von Organisationen ist eine andere. Betrachtet man sie im Sinne GOFFMANs (1996) auf der theoretischen Folie einer Hinterbühne und einer Vorderbühne, stellt man fest, daß es Organisationen gelingt, höchst widersprüchliche Ziele zu vereinen und trotzdem zu offiziellen Anlässen, also auf der Vorderbühne, ein geschlossenes Bild zu inszenieren.

Ebenso heterogen und wandelbar wie die Interessen eines einzelnen sind auch die Ziele der Organisation wandelbar und keineswegs eindimensional. So wie die Handlungen eines einzelnen stets funktionale und auch stets dysfunktionale Folgen haben, sind auch die Ziele dieser Handlungen nicht eindimensional, sondern komplex und teilweise, zumindest für Außenstehende, widersprüchlich. Deshalb stellt sich theoretisch die später zu prüfende Frage, ob Sportvereine sich weitgehend als die Solidargemeinschaft betonende, die Tradition bewahrende Organisationen betrachten (HEINEMANN/SCHUBERT 1994, 200 ff.) oder ob sich in der Praxis nicht meist, vor allem in größeren Organisationen, höchst unterschiedliche Ausprägungen dieser Zielsetzungen in ein und derselben Organisation finden, die in einer vielfältigen und komplexen Mischung Dienstleistungs- und Marktorientierungen gemeinsam mit Solidaraspekten aufweist. Insofern ginge es nicht um ein „entweder – oder", wie es auch von JÜTTING und JOCHINKE (1994, 210 ff.) zur Basis ihrer Untersuchung gemacht wurde, die unter den Münsteraner Sportvereinen mehrheitlich solidaritäts- und traditionsorientierte Sportvereine fanden und nur eine kleine Gruppe entschiedener Befürworter einer klaren Dienstleistungs- und Marktorientierung, sondern um die kulturellen Lösungsmuster eines „sowohl-als-auch-Konzeptes" in deutschen Vereinen, das wohl adäquater die Komplexität sozialer Realität abbilden dürfte. Daß diese Überlegungen forschungsleitenden Einfluß haben, versteht sich von selbst. Es geht dann nicht mehr so sehr darum, der möglichen Eindimensionalität bzw. zumindest schwerpunktartigen Ausprägung bestimmter einzelner Merkmale im Selbstbild der Vereine nachzuspüren, sondern gerade darum, die Leistungen der Vereine in der Vereinigung des Widersprüchlichen und den daraus folgenden organisatorischen Lösungsmustern herauszufiltern.

Fallbeispiel: Zum Umgang mit divergierenden Interessen

Der skizzierte Handballverein, der mit einem Mitgliederbestand von 12 Männern begonnen hatte, hat in den ersten Jahren seines Bestehens deutlich expandiert und hat nun fast 50 Mitglieder. So traten auch verschiedene Ehefrauen und Freundinnen der Spieler, die „ihre Männer" am Wochenende zum Teil auch zu den Spielen begleitet hatten, dem Verein bei. Zwei Gründungsmitglieder haben bereits ihre minderjährigen Kinder angemeldet. Außerdem entstand vor einem Jahr eine „Jugendabteilung", eigentlich nur eine Mannschaft, in der jüngere Bekannte der Mitglieder im Alter zwischen 16 und 18 Jahren am Ligabetrieb in der Altersklasse A-Jugend teilnehmen.

Die Interessen, die von den Mitgliedern geäußert werden, sind damit vielfältiger geworden. Das hat sich auch in den Vereinsaktivitäten niedergeschlagen. So wird nicht mehr nur zweimal wöchentlich trainiert, sondern man trifft sich auch zweimal jährlich zu einem Grillabend, und die Jugendmannschaft veranstaltet im Sommer ihre Freiluft-Disco.

Aber auch im sportlichen Bereich werden unterschiedliche Interessen geäußert. So ist die Herrenmannschaft vor einem Jahr in die nächsthöhere Spielklasse aufgestiegen, was auch mit längeren Fahrtstrecken zu den Spielen am Wochenende verbunden ist. In diesem Zuge gab es Diskussionen darüber, ob man nicht den Aufstieg ablehnen sollte und in der niedrigeren Klasse weiterspielen möchte. Zwei Spieler, denen der größere Zeitaufwand am Wochenende zu hoch wurde, sind daraufhin aus dem Verein ausgetreten. Ihre Rolle wird jetzt zum Teil von den ältesten unter den Jugendlichen übernommen.

Darüber hinaus treffen sich die Frauen und Freundinnen der Spieler seit einem halben Jahr einmal wöchentlich zum Aerobic-Training, und aus den Aktivitäten mehrerer Spieler, die sich zuvor bereits öfter zum Laufen getroffen hatten, wurde mit der Zeit ein Lauftreff, an dem auch Nicht-Vereinsmitglieder und ein Teil der bisher inaktiven Vereinsmitglieder teilnehmen.

Trotz all dieser verschiedenen Aktivitäten und Gruppierungen innerhalb des Vereins nimmt dieser aber beim örtlichen Weihnachtsmarkt mit einem Getränkestand teil, an dem sich alle Gruppierungen gleichermaßen beteiligen, und bei der Sportler-Bestenehrung der Gemeinde wurde nicht nur die Handballmannschaft wegen ihres Aufstieges, sondern auch ein Mitglied der Herrenmannschaft wegen seines zweiten Platzes beim 10000 m-Lauf in der Landeshauptstadt geehrt, und zwar als „Peter M. vom Handballverein X-weiler".

Organisationsexterne Einflüsse auf das Bindungsverhalten – Individualisierung, veränderte Werthaltungen und Wertpräferenzen

Hinter diesen Schlagworten verbirgt sich die Frage, inwieweit sich Sportvereine, sollte es die sich wandelnden Bedürfnisse und Verhaltensmuster wirklich vermehrt geben, damit verbundenen Anforderungen anpassen können. Kennzeichnendes Element der sportwissenschaftlichen Diskussion in den achtziger und neunziger Jahren ist der Rekurs auf wohlklingende, aber häufig nur diffus abgegrenzte Begrifflichkeiten wie z. B. „Individualisierung", „Modernität", „postmaterialistisch" etc. Diese mangelhafte begriffliche Klarheit führt in vielen Fällen zur Beliebigkeit von Aussagen, die meist auch nicht empirisch belegt werden können, und in Folge eines verbreiteten intuitiven Vorverständnisses der damit angedeuteten Sachverhalte nicht belegt zu werden brauchen. Die Beliebigkeit dieser Begriffsinhalte trägt dabei zur Beliebtheit der Begriffe auch im sportpolitischen Kontext bei. Im folgenden soll einigen Nuancen dieser Begriffe nachgegangen werden, ohne an dieser Stelle eine abschließende Begriffsklärung herbeiführen zu wollen. Hier ist aber nicht der Ort, die gesellschaftliche Funktion der Schaffung, Verbreitung und Nutzung von „Leerformeln" zu diskutieren, obwohl die teilweise Beliebigkeit, bedingt durch höchst variable Zuordnungen von Begriff und Gegenstand, erstaunt.

Exkurs: Frühe Überlegungen zum Phänomen der Individualisierung bei SIMMEL

Gegenwärtig wird vielfach das Problem der Individualisierung in seinem Bezug zum organisierten Sporttreiben diskutiert. Die vielfachen mit diesem Begriff verknüpften Bedeutungen erleichtern zwar für tatsächliche und für relative Laien die Teilnahme an der Diskussion, die jedoch eher verwirrend verläuft. Individualisierung ist keineswegs ein Begriff der gegenwärtigen soziologischen Diskussion, sondern läßt sich schon in differenzierter Form wohl am eindrucksvollsten in der soziologischen Theorie Georg SIMMELs *(1968 [1908], 527 ff.; 1986 c [1917], 267 ff.) finden. Er begreift die Individualisierung als einen neuen Modus der Vergesellschaftung des Einzelnen. In einem ersten Schritt wird in diesem Sinn lange vor* BECK *(1986) von* SIMMEL *die Enttraditionalisierung unter diesem Begriff gefaßt, also eine Freisetzung des einzelnen Menschen aus traditionalen Sinnbezügen, Deutungsmustern, Lebensformen und auch institutionellen Einbindungen und damit Sicherheiten. Mit der Vergrößerung des sozialen Verkehrskreises der Menschen, mit der Erweiterung der Gruppe, also mit der sozialen Differenzierung, und unter der versachlichenden Wirkung der marktgebundenen modernen Geldwirtschaft (*SIMMEL *1987 [1900], 297 ff.; 1968 [1908], 552 f.) wächst die Individualität des Seins und Tuns (*SIMMEL *1968 [1908], 527): „[...] die Differenzierung und Individualität lockert das Band mit dem Nächsten, um dafür ein neues – reales und ideales – zu den Entfernteren zu spinnen" (*SIMMEL *1968 [1908], 530). Die Besitz-, Arbeits- und Produktionsverhältnisse sind in diesem Sinn entpersonalisiert. Die moderne Geldwirtschaft standardisiert und individualisiert zugleich, als ihre Folge stellt sich ein Lebensstil ein, der durch einen spezifischen Zustand der Spannungssuche, Hast und Rastlosigkeit gekennzeichnet werden kann:*

„wollte man den Charakter und die Größe des neuzeitlichen Lebens in eine Formel zusammenzufassen wagen, so könnte es diese sein: daß die Gehalte der Erkenntnis, des Handelns, der Idealbildung aus ihrer festen, substantiellen und stabilen Form

in den Zustand der Entwicklung, der Bewegung, der Labilität übergeführt werden" (SIMMEL 1987 [1900], 92).

In einem zweiten Aspekt versteht SIMMEL *unter Individualisierung nicht nur die „Freiheit von etwas" im aufgezeigten Sinn, sondern wesentlich die „Freiheit zu etwas". Die Entscheidungs- und Handlungsfreiheit und damit die Zahl der Optionen und zwangsläufig auch der Entscheidungsdruck des Einzelnen nehmen zu. Sozialbeziehungen, Berufswahl usw. unterliegen in der differenzierten Gesellschaft sehr viel mehr der Gestaltungsfreiheit des aus vorgeformten biographischen Standardlebensläufen freigesetzten Individuums, das jeweils nur noch in einzelnen Rollensegmenten, in einzelnen Facetten seiner jeweiligen Rolle, in seinem Verhalten geformt wird (ebd., 564 f.).*

In einem dritten Sinn versteht SIMMEL *(ebd., 563 f.) unter Individualisierung eine Entfaltung einzigartiger Individualität. Aus den vielfältig differenzierten sozialen Beziehungen, in die der Einzelne nicht mehr in seiner ganzen Persönlichkeit, sondern in rollenmäßig angelegten Teilaspekten eintaucht, gewinnt er vielfältige Eindrücke seiner selbst durch die Beobachtung der jeweiligen Unterschiedlichkeit zu anderen Individuen, seine Einzigartigkeit wird somit Gegenstand der Selbstbeobachtung.*

Als intrapsychische Individualisierung, um einen vierten Aspekt des Individualisierungsprozesses zu beleuchten, begreift SIMMEL *die gegenwärtig vielfach beobachtbare „Atomisierung der Persönlichkeit", in der sich Triebe, Affekte und psychische Besonderheiten aus ihrer gegenseitigen Beeinflussung lösen und verselbständigen, also eine partiell desintegrierte Persönlichkeit.*

Zentrales Element der sportwissenschaftlichen Diskussion veränderter Werthaltungen ist der Beitrag von DIGEL (1986). Unter Bezugnahme auf INGLEHART (1977) und KLAGES (1983) differenziert er in eine materialistische und eine postmaterialistische Werthaltung. Gerade der Rückgriff auf INGLEHART (1977) scheint hier allerdings problematisch, denn bei genauer Betrachtung seiner Untersuchungen läßt sich gerade dieser behauptete Sachverhalt eines Wandels von einer materialistischen zu einer postmaterialistischen Wertehaltung nicht bestätigen, wobei letztere als typisch für die sogenannte „Postmoderne" angesehen wird. Ein Beispiel für die Problematik der begrifflichen Fassung des Phänomens „Postmoderne" gibt EAGLETON (1998, 37):

„Manche Denker der Postmoderne glauben, wir seien immer schon postmodern gewesen. Aber es ist schwer, zu sagen, was die Postmoderne wirklich ist – eine Epoche, eine Bewußtseinslage, ein Satz von Techniken, Methoden, Ideen? Es ist heikel, darunter eine Epoche zu verstehen. Sich selbst als eine weitere Epoche zu sehen würde bedeuten, das Schema zu reproduzieren, dem man entrinnen will."

LÜBBE (1988) hat darauf hingewiesen, daß es sich strenggenommen im Kern nicht um einen Wertewandel handelt, sondern um einen Einstellungswechsel gegenüber Werten, wobei die Wahrnehmungsperspektiven gesellschaftlich beeinflußt werden. Einen informativen Überblick auf die bunt schillernden Aspekte der Wertewandeldiskussion gibt der Sammelband von KLAGES und KMIECIAK (1979) oder die Darstellung von HILLMANN (1989). Mit Wertkongruenzen und Wertinkongruenzen im Sport befassen sich MESSING/EMRICH (1996, 58 ff.), mit dem aktuellen Mehrebenenmodell des sozialen Wandels durch Modernisierung, Individualisierung und Wertewandel GENSICKE (1996). Daß diese Diskussion eine lange Tradition hat, wenn auch nicht unter dem Etikett „Wertewandel", erkennt man z. B. bei FREYER (1955), der vom „Nadelöhr-Effekt" sprach, der darin besteht, daß jede Zeit sich als Übergangsphase begreift, der im Hinblick auf künftige Entwicklung besondere Bedeutung zukommt.

Fallbeispiel: Individualisierung aus der Vereinsperspektive

Der Handballverein X-weiler hat ein erfolgreiches Jahr hinter sich: Die Jugendmannschaft hat die Landesmeisterschaft errungen. Alle freuen sich auf eine erfolgreiche kommende Saison. Hier beginnen aber auch schon die Probleme:

Mehrere Jugendliche haben ihre Schullaufbahn beendet und stehen nun vor einem neuen Lebensabschnitt. Einer wird an der 400 km entfernten Universität in Y-Stadt Psychologie studieren und dann nur noch am Wochenende zu Hause sein können. Ein anderer wird zwar heimatnah seine Wehrpflicht ableisten, aber wie oft er am Training teilnehmen kann, ist auch noch unklar. Wenn die beiden, die jetzt mit ihrer Berufsausbildung beginnen, auch noch nur sporadisch am Training teilnehmen können, steht die Jugendmannschaft vor dem Aus. In der Männermannschaft deuten sich auch Probleme an. Einige der Gründungsmitglieder haben bereits mehrfach angedeutet, sie fühlten sich zu alt für einen regelmäßigen Liga-Spielbetrieb. Durch den Stellenwechsel des Spielführers, der jetzt Wechselschicht fährt, ist dieser auch nicht mehr immer im Training dabei.

Dagegen leben die anderen Gruppen, die mittlerweile „Aerobic-Abteilung" und „Lauftreff" genannt werden, sichtlich auf. Im Lauftreff läuft man mittlerweile in 6 verschiedenen Leistungsgruppen und einige Mitglieder betreiben zusätzlich Inline-Skating. Die Aerobic-Abteilung hat jetzt 70 Mitglieder und trifft sich viermal die Woche zum Aerobic, Step-Aerobic, High Impact und zur Rückenschule. Von dort kommt auch der Wunsch nach einem speziellen Fitneß-Studio im Verein, wobei der Hinweis des Handball-Trainers, mit den in der Gemeindesporthalle vorhandenen Geräten, vornehmlich Hanteln, könnte man sehr effektiv Krafttraining betreiben, belächelt wird. Dabei rekurrieren die Damen auf ihre außerhalb des Vereins gesammelten Erfahrungen im Fitneß-Studio.

Beim jährlichen Vereinsfest kommt keine rechte Stimmung mehr auf: Man kennt sich untereinander nicht mehr so gut: „Unser Handballverein" scheint für jedes Mitglied etwas anderes zu sein.

Insbesondere die schon früh von GEHLEN (1961 [1952], 60; vgl. auch 55 ff.) beschriebene abnehmende Bindungswirkung von Institutionen wird in diesem Zusammenhang implizit und ohne Rekurs auf GEHLEN als zentrales Merkmal eines „Modernisierungsprozesses" aufgeführt: „die zu reich, zu differenziert gewordene Kultur bringt eine Entlastung mit sich, die zu weit getrieben ist und die der Mensch nicht erträgt." Das aus stabilen Ordnungs- und traditionellen Orientierungsmustern herausgelöste Individuum wird zum weitgehend selbständigen Gestalter seiner eigenen Biographie mit dem Resultat einer „intellektuellen Überbelastung" (vgl. ebd., 63 f. und in neuerer Zeit dazu BECK 1986, 205 ff.; zur Geschichte des Individualismus sowie zum Bedeutungswandel des Begriffs „Individuum" vgl. DUMONT 1991).

Dieses Phänomen wurde bereits in der Antike gesehen, in der Philosophie diskutiert, sorgte im Hinblick auf die politische Gestaltung des Gemeinwesens für erhebliche Unruhe und regte die Suche nach Mechanismen der Eindämmung solcher Bestrebungen an, wurde in der Komödie parodiert und in der Tragödie als der durch derartige Bemühungen verstrickte und schuldig-schuldlos scheiternde Held oder die scheiternde Heldin thematisiert. Ist doch etwa Medea das schönste Beispiel eines Verlassens und Verratens der heimatlichen Banden und Götter dem Jason zuliebe, die dann, von ihm verlassen, um sich an ihm zu rächen, die gemeinsamen Kinder vergiftet: Das einzig Neue in diesem Jahrhundert ist die Verflachung der Aspekte dieser Prozesse unter dem Stich- und Schlagwort „Individualisierung", das man eben in aller Regel vergeblich in alten Abhandlungen, Schriften und Fragmenten sucht, um dann zu behaupten, diese Phänomene seien ein Ausfluß einer wie auch immer verstandenen und interpretierten „Moderne". Vereinzelt lohnt es sich jedoch, unter dem Begriff der „Individualität" bei alten Philosophen nachzuschauen. G. W. HEGEL räsoniert in seiner Philosophie der Geschichte, Zweiter Abschnitt, über „Die Gestaltung der schönen Individualität" bei den alten Griechen (HEGEL 1961 [1840/1848], 342 ff.).

Für die Renaissance hat dies eindrucksvoll VON MARTIN[8] in seiner wissenssoziologischen Studie aufgearbeitet und gezeigt, wie sich sowohl im Unternehmertum in der Sozialfigur des „individualistischen Unternehmers" (von MARTIN 1974 [1932], 30, vgl. 30 ff.) wie auch in der Wissenschaft eine neue Haltung des Individuums zu sich selbst ausprägte, „wobei in keinem Stande der Individualismus so sehr das letzte Wort ist wie in dem Stande der professionellen Akademiker" (ebd., 55). Im Mittelpunkt dieser Haltung stand die ichzentrierte, der Person zurechenbare Leistungsentfaltung, die teilweise in der sowohl wirtschaftlichen als auch wissenschaftlichen Konkurrenz zu einem „Arbeiten mit allen Mitteln" (ebd.) führte.

SIMMEL (1968 [1908], 709; 1957, 227 ff.) hat zu Beginn dieses Jahrhunderts eindringlich darauf hingewiesen, daß erst nach der Differenzierung sozialer Strukturen sinnvoll die Rede sein kann von einer häufigen Entdeckung der Individualität, die sich aus der traditionellen „Intimgruppe" (ebd.) der Familie herauslöst. TENBRUCK (1964, 444) weist darauf hin, daß dann, wenn die gegebenen sozialen Rollen und Beziehungen des aus seinen traditionalen und lokalen Bindungsmustern heraustretenden und damit fester Orientierungen teilweise verlustig gegangenen Individuums nicht mehr zur Ausrichtung seines Handelns ausreichen, die Stützfunktion der Vereine gefragt ist. Diese können

---

[8] Inwieweit die Überlegungen von BECK (1986) zur Risikogesellschaft im Begriff der „Risikokultur" und ihrer eindrucksvollen Analyse Alfred VON MARTINs (1974 [1932], 74 ff.) schon implizit, wenn auch für eine andere gesellschaftliche Formation, enthalten sind, kann hier nicht weiter verfolgt werden.

„eine soziale Struktur abstützen oder erweitern, welche an bestimmten Stellen unzulänglich geworden ist; denn das ist die generelle Funktion der Vereine. [...] Zeiten gehäufter Vereinsbildung sind denn auch immer Phasen starken gesellschaftlichen Wandels" (ebd.).

Im bereits skizzierten Sinn kann man mit BECK/BECK-GERNSHEIM (1993, 179) Individualisierung als das Herauslösen des Individuums aus stabilen und angestammten Sozialformen verstehen, die in den Zwang münden

„zur Herstellung, Selbstgestaltung, Selbstinszenierung nicht nur der eigenen Biographie, auch ihrer Einbindungen und Netzwerke und dies im Wechsel der Präferenzen der Entscheidungen und Lebensphasen."

Hier ist allerdings darauf zu verweisen, daß die sich in einem spezifischen Lebensstil ausprägende Individualisierung als solche erst deutlich wird vor dem Hintergrund gemeinsamer Verhaltens- und Strukturmerkmale. Es ist hier wie mit der Mode: Man will so sein wie alle, eben mit der Mode gehen, aber trotzdem einen individuellen Eindruck vermitteln, eben seinen eigenen Stil ausprägen (SIMMEL 1986 a [1895], 132). SIMMEL (ebd., 137; vgl. auch 136) spricht dann von „Personalmode", wenn vornehmlich junge Menschen plötzlich Wunderlichkeiten in ihrer Art entwickeln, die ihr Handeln annähernd vollständig beherrschen und die ebenso plötzlich wieder verschwinden. Auch hier sieht er eine Mischung von „individuellem Unterscheidungsbedürfnis" und „Nachahmungs- bzw. Sozialbedürfnis": „Die soziologische Bedeutsamkeit der Mode, die den Egalisierungs- und Individualisierungstrieb [...] zu gleich betontem Ausdruck" bringt. An anderer Stelle hat er (1968 [1908], 542) aufgezeigt:

„Daß der Mensch, sobald er nur die Freiheit hat, sie benutzt, um sich zu differenzieren, um zu herrschen oder versklavt zu werden, besser oder schlechter als die anderen zu sein, kurzum die ganze Verschiedenheit der individuellen Kräfte zu entfalten [...]."

Zu eben dieser so verstandenen Freiheit bemerkte (HEGEL 1961 [1840/1848], 89) mit Recht:

„[Das] ist der ewige Mißverstand der Freiheit, sie nur in formellem, subjektivem Sinne zu wissen, abstrahiert von ihren wesentlichen Gegenständen und Zwecken; so wird die Beschränkung des Triebes, der Begierde, der Leidenschaft, welche nur dem partikularen Individuum als solchem angehörig ist, der Willkür und des Beliebens für eine Beschränkung der Freiheit genommen."

In der gegenwärtigen Sportsoziologie gewinnt man allerdings in diesem Zusammenhang den Eindruck, daß es sich im Fall des Lebensstilkonzeptes um ein rein persönliches Merkmal eines Individuums handele statt um ein kollektives Phänomen. Dagegen wurde auch in britischen Untersuchungen zu jugendlichen Subkulturen wie Skinheads, Teds, Mods, Rastas usw. aufgezeigt, daß sich dahinter kein selbständiger Lebensstil zeigte, sondern ein deutlicher Bezug zu gesamtgesellschaftlichen und schichtspezifischen Strukturmerkmalen verbarg (HALL/JEFFERSON 1976).

Offensichtlich ist die Differenziertheit der Modelle sozialer Ungleichheit einer der primären Gründe dafür, daß nur allzu schnell auf das Lebensstilkonzept zurückgegriffen wird, ohne zu erkennen, daß eine Differenzierung von Lebensstilen, die allzu häufig mit Individualisierung gleichgesetzt wird, auch gerade unter den Bedingungen schichtspezifischer Lebenslagen stattfindet. Einen kurzen Überblick über die in diesem Feld diskutierten Modelle gibt Tabelle 1.1.

Tab. 1.1: *Modelle sozialer Ungleichheit und (partiell inklusive) sozialer Differenzierung*

Benennung	Stände	Klassen			Schichten	Milieus und Lebensstilgruppierungen
		nach MARX	neo-marxistisch	Auch auf MARX rekurierend (BOURDIEU)		
Grundlage(n)	Traditional orientierte Subkultur	Besitz von Produktionsmitteln	Verfügungsgewalt über Produktionsmittel Machtpotentiale	materielle Lebensbedingungen Habitus Zugang zu vier Kapitalsorten	Gesamt-Status	Werthaltungen Einstellungen Lebensstilmuster
Abstufungen	Anfänglich drei, später differenzierter	zwei	Unterschiedliche Differenzierung von zwei Grundklassen	primär drei	sieben oder fünf	etwa zwölf

In Abbildung 1.1 wird verdeutlicht, wie sich Aspekte sozialer Differenzierung und sozialer Ungleichheit gegenseitig durchdringen und notwendigerweise in ihrer Verschränkung zur Erklärung sozialen Handelns herangezogen werden müssen, also sowohl Aspekte des Lebensstilkonzeptes wie auch solche schicht- bzw. klassenspezifischer Erklärungsansätze.

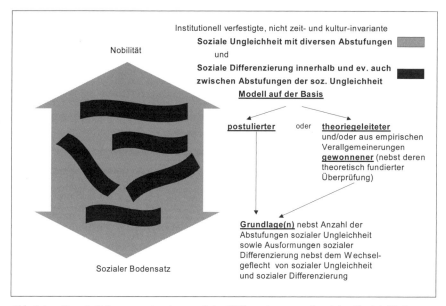

Abb. 1.1: Verschränkung von Aspekten sozialer Differenzierung und sozialer Ungleichheit

Die Notwendigkeit der theoretischen Bezugnahme des Lebensstilkonzeptes auf WEBERs Überlegungen zur „Lebensführung" liegt auf der Hand. Schon bei WEBER (1988 [1915/1919], 541) war klar, daß es spezifische „innere Eigengesetzlichkeiten der einzelnen Sphären" gibt, die dem einzelnen je spezifisch systematisierte Muster der Lebensführung aufdrücken; man denke nur an die typischen Vertreter des asketischen Protestantismus und die für sie typische, nach spezifischen Gesichtspunkten systematisierte Lebensführung. In Anlehnung an WEBER werden Lebensstile aus der je typischen Durchmischung verschiedener sozialstruktureller Variablen ermittelt (vgl. LÜDTKE 1985, 522) und gewöhnlich anhand der Muster des Konsumverhaltens bzw. der Wohn- und Lebensweisen einschließlich politischer Präferenzen skizziert (vgl. MULLER 1983; MÜLLER 1993). Für die Soziologie ist somit Lebensstil in dem Sinn relevant, daß empirisch feststellbare Merkmale eines spezifischen Stils einem Kollektiv eigen sind, dessen Mitglieder sich eben auch dadurch von Mitgliedern anderer Kollektive unterscheiden lassen (vgl. MÜLLER 1993, 29 ff.). FELDMAN und THIELBAR (1975, 1 f.) unterscheiden in diesem Sinn vier zentrale Aspekte eines

Lebensstilkonzeptes, nämlich die Tatsache, daß es sich um ein Phänomen handelt, das eine Gruppierung kennzeichnet, und daß der Lebensstil viele Aspekte des Lebens durchdringt. Im Lebensstil verwirklichen sich darüber hinaus zentrale Lebensinteressen, und Lebensstile unterscheiden sich gemäß soziologisch relevanter Variablen (zu methodischen Problemen bei der empirischen Erfassung von Lebensstilen vgl. LÜDTKE 1985). Damit wird klar, daß der Lebensstil als soziologisch relevante Variable sozial determiniert ist und determinierend zugleich wirkt. In bezug auf ein mögliches sportliches Element im jeweiligen Lebensstil bleibt zusätzlich die Frage einer Kommensurabilität von Lebensstil und Freizeitstil unbeantwortet. Dazu kommt, daß distinktive Lebensstile und Milieus zwar zwischen dem Subjekt und der Sozialstruktur vermitteln können, damit ist aber noch nicht gesagt, daß sich der Einfluß gewissermaßen objektiver sozialer Lagen zwingend drastisch abgeschwächt hat:

„Im Zuge von Individualisierungsprozessen werden Klassenunterschiede und Familienzusammenhänge nicht wirklich außer Kraft gesetzt, treten vielmehr relativ zur neu entstehenden ‚Mitte' des biographischen Lebensentwurfes in den Hintergrund" (BECK 1986, 211).

> Fallbeispiel: Distinktionslinien im Verein
>
> Finanziell und sportlich geht es mit dem Handballverein X-weiler seit zwei Jahren steil bergauf! Als sich die Verwaltungseinheit eines international operierenden Unternehmens aus der Werbebranche in X-weiler ansiedelte, war die Wende gekommen: Das Unternehmen sponsort den Verein, und jetzt können leistungsstarke Spieler von anderen Vereinen abgeworben werden. Die Männermannschaft, die im letzten Jahr knapp die Landesmeisterschaft verfehlte, ist wieder das Aushängeschild des Vereins geworden, und es gibt jetzt eine Frauenmannschaft sowie vier Jugendmannschaften.
>
> Daneben gab es aber auch weitere Veränderungen. Das mehrheitlich von der Aerobic-Abteilung ersehnte Sportstudio wurde eingerichtet und nicht nur für die Vereinsmitglieder, sondern auch für die Mitarbeiterinnen und Mitarbeiter des ortsansässigen Sponsors geöffnet. In den Räumen findet auch die jetzt neu entstandene Gewichthebermannschaft ideale Trainingsbedingungen.
>
> Die Manager des Unternehmens trainieren teilweise auch im Fitneß-Studio, beanspruchen dabei allerdings einen „personal trainer", der im Fall von terminlichen

Abstimmungsproblemen auch schon einmal seinen Zeitplan dem des zu betreuenden Managers anpaßt und einen Waldlauf und ein Fitneß-Training sonntags früh mit diesem absolviert. Die „personal trainer" rekrutieren sich aus Sportstudentinnen der Universität in Y-Stadt.

Der Verein organisiert jetzt auch Kursangebote für diejenigen, die nicht als Mitglieder beitreten wollen. Das reicht beispielsweise vom Canyoning-Wochenende in der Schweiz über das Wildwasser-Kanu an der Ardèche bis hin zum Extrem-Mountainbiking auf der nahegelegenen, jetzt begrünten Bergehalde. Natürlich muß die Zahl der Teilnehmer an diesen Kursen begrenzt werden, aber bei den hohen Gebühren, die dafür anfallen, kann ohnehin nicht mehr jedes Mitglied teilnehmen.

In der Stammkneipe der Gründungsmitglieder, die noch das Vereinslokal ist – ein an das Fitneßstudio angegliederter Gastronomiebereich ist geplant – werden die neueren Entwicklungen insoweit begrüßt, als sie der Handballmannschaft zum Erfolg verholfen haben, andererseits insoweit beklagt, als sich der deutliche Eindruck ausbreitet, daß der Verein nicht mehr „Unser Verein" ist. Offen drückt sich dies in der Sprache aus, wenn z. B. unverhohlen über die „Fitneß-Hanseln" gespottet wird.

Im Sinn dieser neuen kultursoziologischen Ansätze wird der früher in der RIESMANschen Begrifflichkeit eher innengeleitete Mensch nun als außengeleiteter Individualist (vgl. RIESMAN/DENNEY/GLAZER 1956, 51) zum Spielball der Moden und erzeugten Trends, aber auch zum Gestalter seiner eigenen Biographie. „So wird gerade die individualisierte Privatexistenz [vgl. dazu den antiken ἰδιώτης] immer nachdrücklicher und offensichtlicher von Verhältnissen und Bedingungen abhängig, die sich ihrem Zugriff vollständig entziehen" (BECK 1986, 211). Im Rahmen einer nie gekannten kulturellen Differenziertheit (vgl. ZAPF et al. 1987, 16 ff.) werden eindeutige Orientierungen abgelöst durch komplexere, widersprüchlichere Orientierungs- und Wertsysteme, die eine unablässige Suche nach sinnstiftenden Einrichtungen und Orientierungshilfen veranlassen (vgl. BECK 1986). Bereits bei HUIZINGA (1948 [1935], 87) heißt es:

„Die allgemeine Schwächung des moralischen Prinzips zeigt ihre direkte Wirkung auf die Gemeinschaft vielleicht mehr in einem Zulassen, Gutheißen und Applaudieren als in einer veränderten Norm für das Handeln des Individuums."

Zentral wird im Rahmen veränderter Orientierungen die subjektiv gefärbte Suche nach Identität mit Hilfe eines je eigenen Lebensstils, der sich in spezifischen sozialen Milieus ausprägt (vgl. BOURDIEU 1982; SCHULZE 1993; VESTER et. al 1993). Der Zugang bzw. die Zugehörigkeit zu diesen Milieus wird, so die Vorstellung, nicht mehr primär durch die traditionalen Selektionskriterien wie z. B. Beruf und Geschlecht geregelt (zur Schichtspezifik der Vereine allgemein vgl. die Literaturübersicht von ARMBRUSTER/LEISNER 1975; vgl. auch SCHLAGENHAUF 1977, 150 ff.), sondern z. B. durch Lebensstil, Lebensalter oder Bildungspatente. Individualisierung in diesem Sinn würde somit nicht nur in je spezifischen sozialen Milieus, von denen SCHULZE (1993, 54 ff.) fünf verschiedene Formen differenziert, die Betonung der eigenen, erlebnisorientierten Lebensführung mit Hilfe einer entsprechenden Stilisierung in den Mittelpunkt stellen, sondern sich auch im Sport entsprechend auswirken (vgl. MESSING/LAMES 1996, 176). Demzufolge sollten sich die „feinen Unterschiede"[9] als differenzierendes Merkmal verschiedener Lebensstile (BOURDIEU 1982) auch in der Sportpraxis in Form einer starken Differenzierung sportbezogener kultureller Praktiken auswirken. Auch diese kulturellen Praktiken sollten sich damit als Mittel in einem sozialen Konkurrenzkampf erweisen, innerhalb dessen Eigenschaften und Verhalten mit dazu beitragen, den Wert des einzelnen im Markt zu bestimmen (vgl. den grundlegenden Gedanken zur Marktvergesellschaftung bei HOBBES 1966 [1651]; zur Weiterentwicklung unter der Plattform des Besitzindividualismus vgl. MACPHERSON 1973; zur individualistischen Handlungsorientierung bei HOBBES vgl. NEUENDORFF 1973, 67 ff.).

Für den Bereich des Sports läßt sich dies wie folgt pointiert zusammenfassen: Sportvereinsmitglieder sollen in den fünfziger und sechziger Jahren durch eher übereinstimmende Orientierungen und Werthaltungen gekennzeichnet gewesen sein, wie z. B. Leistungsbereitschaft, Disziplin, Durchhaltewillen und Askese. Heute seien diese Werthaltungen ergänzt und teilweise abgelöst durch erlebniszentrierte, an wechselnden Formen von Spannungserlebnissen und Entspannung

---

[9] In diesem Sinn läßt sich die Soziologie BOURDIEUs (1982) teilweise insoweit auch als eine Soziologie des Bluffs interpretieren, als Individuen mit symbolischen Mitteln von den ökonomischen Bedingungen ihrer Existenz ablenken wollen. Hierzu zählte auch die mühselig durch Kontaktpflege und ein beständig über die ökonmomischen Verhältnisse gehender Lebensstil, mit dessen Hilfe man die Zugehörigkeit zum örtlichen Golf-Club erwirbt.

ausgerichtete Orientierungen, die sich im einzelnen mit einem je eigenen Lebensstil verknüpfen (ein Teil dieser vermeintlich individuellen sportbezogenen Lebensstile nimmt allerdings dabei den Charakter einer pseudo-sakralen Sinnsuche an). Dies darf nicht darüber hinwegtäuschen, daß nach wie vor trotz aller Individualisierungseinflüsse der Einfluß schichtspezifischer Momente auch auf das Sportverhalten (vgl. insbesondere die Untersuchung von MESSING/LAMES 1996 über Golfzuschauer) sehr groß ist. Individualisierung ist auch als soziales Element an die überdauernde Existenz gemeinsamer Verhaltensmuster gebunden, man könnte sonst, verhielte sich jeder individualistisch, den Individualismus nicht erkennen (zur Kritik personaler Sinngebungen im Sport vgl. MESSING/EMRICH 1996, 66 f.). Freizeitsport werde z. B. zu einer Art Konsumsport (vgl. DIGEL 1991), in dessen Mittelpunkt die Spaßbereitung, also eine Form der gegenwartsbezogenen Selbstbeglückung trete (HEINEMANN 1989, 27; vgl. auch RITTNER 1986, 43 ff.). Obwohl sich tatsächlich die Zahl der Spiel- und Bewegungsformen im Sport drastisch erhöht hat (vgl. PALM 1990, 135), sei organisierte Sport nicht in der Lage, der wachsenden Erlebnisnachfrage von Menschen zu begegnen, weil ihn die notwendige Angebotsvielfalt und die ständigen Neuerungen, verbunden mit der Neigung der Menschen, ständig neue Angebote auszuprobieren, überforderten. Vereine werden in diesem Zusammenhang teilweise als ungeeignet gedeutet, eine Antwort auf diese Entwicklungen zu geben. Nicht beachtet bei diesen Überlegungen bleibt die Frage einer weiteren Ausdehnung typischer Jugendkulturen mit ihren eigenen Lebensstilen aufgrund der Verjugendlichung des Erwachsenenalters einerseits und einer zeitlichen Verlängerung der eigentlichen Jugendphase andererseits (vgl. KARP/YOELS 1982, 47 ff.). Dazu kommt der kohortenmäßig starke gegenwärtige Einfluß einer in den fünfziger und sechziger Jahren in der Bundesrepublik Deutschland geborenen Altersgruppierung, in deren Lebensführung sich das Muster einer spezifischen Jugendkultur mit je eigenem jugendspezifischen Lebensstil widerspiegelt.

Themen der Sportvereinsforschung unter dem Blickwinkel der Wechselwirkungsprozesse zwischen innerer Struktur und äußeren Einflüssen

Die Bedeutung der Wettkampf- und Leistungsorientierung

Bei der Betrachtung der Zusammenhänge zwischen der Wettkampf- und Leistungsorientierung im Sportverein mit der angenommenen Abkehr vom Wettkampfgedanken und der Annahme einer zunehmenden Individualisierung fällt auf, daß beide Strömungen bezüglich der Wettkampf- und Leistungsorientierung in den Sportvereinen zu unterschiedlichen, teilweise konträren Effekten führen müßten:

- Die Abkehr vom Wettkampfgedanken müßte zu einer schwächeren Orientierung am Leistungsprinzip in Training und Wettkampf führen.
- Eine zunehmende Individualisierung könnte auch mit einer stärkeren Orientierung am Leistungsprinzip einhergehen, indem Individuen über die als einzigartig herausgehobene sportliche Leistung im Wettkampf eine spezifische Identität entwickeln und nach außen darstellen können. Die demonstrativen Überlegenheitsgesten des triumphierenden Siegers sind ein deutlicher Beleg für diese These (vgl. VEBLEN 1981 [1899], 190).

Insofern geht eine Individualisierung nicht zwangsläufig mit einer Verabschiedung vom Wettkampf- und Leistungsgedanken einher. Allerdings kann der demonstrative Rückzug vom Leistungs- und Wettkampfsport hin zu sogenannten alternativen Sportformen auch ein Ausdruck eines Individualisierungsstrebens sein. Im Fall derer, die wettkampfsportliche Erfahrungen sammeln konnten, kann dies als demonstrativer Rückzug gedeutet werden. Im Fall derjenigen, die ohne diese Erfahrung die demonstrative Ablehnung der kulturellen Norm zeigen, kann im MERTONschen Sinn von Rebellion[10] gesprochen werden (generell zu Typen der Anpassung vgl. MERTON 1995 [1949/1968], 169 ff.; CLINARD, 1970, 147).

Von dieser individuellen Problematik zu differenzieren sind organisationsinterne Spannungslinien zwischen Wettkampf- und Leistungs- bzw. anderen Sportformen. Zur Verdeutlichung ein kurzes Fallbeispiel:

Fallbeispiel: Organisationsinterne Spannungslinien zwischen Leistungs- und Breitensport

Die Gewichthebermannschaft unseres Vereins kann nicht mehr im Fitneß-Studio

---

[10] Das Sportprogramm der „Fraktion GRÜNE im Landtag von Baden-Württemberg" (1985) läßt die Frage, ob es sich um demonstrativen Rückzug oder Rebellion handelt, offen, zeigt jedoch deutlich das Deutungsmuster einer Individualisierung durch Abkehr vom Wettkampf- und Leistungssports, indem genau diese Abkehr und eine Hinwendung zu alternativen Sportformen zu einer spezifischen Form der individuellen Selbstverwirklichung führen solle.

trainieren, weil sowohl die Lautstärke des Trainingsbetriebes wie auch das laufende Stöhnen und Ächzen den Übungsbetrieb im Fitneß-Studio stören. Sie paßte ohnehin vom Erscheinungsbild nie so recht zum sonstigen Klientel des Studios. Aus diesem Grund wurde eine Wettkampfgemeinschaft mit einem Nachbarverein gegründet.

Dieser benachbarte Sportverein mit circa 2000 beitragspflichtigen Mitgliedern engagiert sich mit einer etwa 300000,– DM pro Saison kostenden Erstliga-Mannschaft im Leistungssport und deckt einen Großteil dieser Kosten über die Mitgliedsbeiträge, da Einnahmen aus Sponsoring aufgrund der niedrigen Attraktivität der Sportart nur relativ spärlich fließen. Für die restlichen, nicht in der Erstliga-Mannschaft und in spezifischen Nachwuchsfördergruppen sich sportlich betätigenden Mitglieder betreibt der Verein ein jedem einzelnen zugängliches Fitneßstudio, das auch als Begründung für den relativ hohen monatlichen Vereinsbeitrag von durchschnittlich DM 20,– dient. Das Fitneßstudio grenzt räumlich direkt an die Trainingsräume der Mannschaft an, was nicht selten dazu führt, daß Leistungssportler durch nicht-leistungssportlich orientierte Vereinsmitglieder gestört werden und vice versa. Der hauptamtlich tätige Vereinstrainer hat die Aufgabe, sowohl den Betrieb des Fitneßstudios angemessen zu organisieren und teilweise selbst zu leiten als auch das Steuerungsmandat über das Training der Erstliga-Mannschaft auszuüben. Naturgemäß bleibt ein Intra-Rollenkonflikt, resultierend aus konfligierenden Erwartungen der Mitglieder-Gruppierungen hier nicht aus. Dieser Konflikt wird von dem Trainer meist zugunsten der leistungssportlich geprägten Erwartungen balanciert, zumal er an der erfolgsbezogenen Erfüllung dieser Erwartungen beruflich gemessen wird. Die hohen Kosten der Erstliga-Mannschaft verhindern eine regelmäßige Erneuerung, angemessene Instandhaltung und personell ausreichende Besetzung des Fitneß-Studios und mehren so den Unmut der Nicht-Leistungssportler. Besonders in Zeiten, in denen der spitzensportliche Erfolg der Erstliga-Mannschaft ausbleibt, kommt es anläßlich von Mitgliederversammlungen und Vorstandssitzungen zu krisenhaften Zuspitzungen, in deren Zentrum die Diskussion um eine Neubalancierung des Austauschverhältnisses und somit einer angemessenen Berücksichtigung der Wünsche der beiden aufgezeigten Gruppierungen steht.

Diese Spannungen treten, unabhängig von den diskutierten kulturellen Einflüssen, aus denen eine Abkehr vom Leistungsprinzip abgeleitet werden könnte, aufgrund der hohen Kosten des Leistungssportbetriebs auf der Ebene des einzelnen Vereins auf (allgemein zum „Wettkampfsport als Zielkonflikt" und zum „Wettkampfsport als Finanzierungsproblem" vgl. DIGEL 1991, 138 ff., 159 ff.). Verschiedene subsidiär erbrachte Unterstützungsleistungen, z. B. durch die Landesausschüsse für Leistungssport, können die Folgen dieser Entwicklung nicht kompensieren, sondern tragen eher, im Sinne einer nicht intendierten Folge, zur Bereitschaft der Sportvereine bei, sich diesem Kostenwettbewerb zu stellen, und verstetigen so diese prinzipiell konfliktträchtige Situation. Die Vielzahl verschuldeter, sich im Leistungssport engagierender Sportvereine ist Beleg hierfür.

Eine weitere, häufig geführte Klage betrifft einen angeblich zurückgehenden Anteil Jugendlicher in den Sportvereinen. In bezug auf die Leichtathletik anbietenden Sportvereine, also eine im Wettkampf- und Leistungssport vorrangig beheimatete Sportart, läßt sich diese Vermutung allerdings nicht bestätigen: EMRICH und PITSCH (1998, 78) geben z. B. einen Anteil 7- bis 18jähriger an der Gesamtzahl der in den Leichtathletik-Gebilde organisierten Mitglieder von 0,44 an. Er liegt damit um den Faktor 3,32 über dem Anteil dieser Alterskategorie an der Gesamtbevölkerung. Dies schließt nicht aus, daß Jugendliche häufig die Sportart und/oder den Sportverein wechseln, daß es somit auch in dieser Alterskategorie in Vereinen zu erhöhtem Kommen und Gehen bei einem weitgehend gleichbleibenden Mitgliederbestand kommt (vgl. KURZ/SONNECK 1996, 100 f.). In diesem Zusammenhang gibt es Hinweise darauf, daß Jugendliche, die Wettkampfsport betreiben, sich subjektiv stärker an den Vereinssport binden (vgl. ebd., 117 f.). Dabei ist die Wahrscheinlichkeit, daß es sich um eine dauerhafte Mitgliedschaft im selben Verein handelt, vermutlich um so höher, je intensiver im jugendlichen Alter Leistungssport betrieben wird[11]. Bei höherem Alter ist die Wahrscheinlichkeit der wechselnden Mitgliedschaft in verschiedenen Sportvereinen höher, nicht zuletzt auch aufgrund unterschiedlich hoher materieller Anreize. Insofern kann aus dem höheren Kommen und

---

[11] Man muß hier den Begriff der Vereins*bindung* von dem der Vereins*mitgliedschaft* unterscheiden: Im Begriff der Bindung schwingt implizit eine emotional gefärbte Dimension mit, die sich nicht unterscheiden läßt von der emotionalen Bindung eines Nicht-Vereinsmitgliedes an den Verein (z. B. der treue Fan). Umgekehrt kann man Mitglied in einem Verein sein ohne emotionale Bindung an denselben (z. B. mangels anderer Betätigungsmöglichkeiten oder weil man zu bequem ist, zu kündigen).

Gehen auch von Jugendlichen in Sportvereinen kein Schluß auf eine insgesamt veränderte Orientierung am Leistungs- und Wettkampfgedanken in den Sportvereinen gezogen werden, da einerseits der Einfluß der horizontalen Mobilität von Familien auf das Kommen und Gehen Jugendlicher in Sportvereinen in diesem Zusammenhang nicht systematisch untersucht wurde und andererseits unklar ist, ob die Dauer des Betreibens derselben Sportart, die ja nicht unbedingt im selben Verein betrieben werden muß, mit leistungs- bzw. wettkampfbezogenen Präferenzen im Zusammenhang steht. Zwischen der Sportvereins- und der Sportartenkonstanz sind mehrere verschiedene Kombinationen vorstellbar (s. Tabelle 1.2)

Einer häufig vertretenen These nach nimmt der Anteil Jugendlicher in Sportvereinen vor allem aufgrund einer mangelnden Attraktivität, die sich letztlich aus veralteten Sportangeboten begründet, kontinuierlich ab. Dabei wird zuweilen der Aspekt mangelnder Attraktivität gleichgesetzt mit einem Mangel an „modernen" Sportangeboten, d. h. solchen, die Trendsportarten beinhalten. In verschiedenen Vorstudien der Autoren konnte dieser Sachverhalt nicht bestätigt werden. So zeigte sich zunächst auf der Ebene des Anteils Jugendlicher an der Mitgliederschaft der Sportvereine unter Berücksichtigung des Anteils Jugendlicher an der Wohnbevölkerung eine hohe Repräsentanz dieser Altersgruppierung (EMRICH/PAPATHANASSIOU/PITSCH 1999, 66 ff.; ohne Berücksichtigung der Relation zur Wohnbevölkerung EMRICH/PAPATHANASSIOU/PITSCH 1998, 60), wobei im Bereich des Saarlandes ein Rückgang des sportbezogenen Organisationsindexes dieser Altersgruppierung von 2,03 im Jahr 1986 auf 1,53 im Jahr 1994 feststellbar ist. Dieser niedrigere Wert von 1,53 liegt allerdings immer noch, verglichen mit einem Wert von 1,10 für die 19- bis 60jährigen, auf einem sehr hohen Niveau. Darüber hinaus konnte kein Hinweis darauf gefunden werden, daß sich die Aufnahme neuer und „moderner" Sportangebote konkret auf die Mitgliederdynamik in den Sportvereinen auswirkt (PITSCH 1999, 139 ff.; EMRICH/PAPATHANASSIOU/PITSCH 1999, 124 ff.). Sportvereine, die sogenannte „moderne" Sportangebote vorhalten, unterscheiden sich darüber hinaus im Anteil der Jugendlichen nicht signifikant von denjenigen, die diese Sportangebote nicht haben (eigene Berechnungen auf der Basis der SAS Saar 1994[12] und der FISAS Pfalz 1995[13]).

---

[12] Strukturanalyse der Sportvereine im Landessportverband für das Saarland 1994.

Tab. 1.2: Kombinationen möglicher Ausprägungen von Sportvereins- und Sportartenkonstanz

		Sportartenkonstanz	
		hoch	niedrig
Sport- vereins- konstanz	hoch	z. B. wettkampfsportbezogene sportliche Aktivität, besonders in selten angebotenen Sportarten **„Nischenakteur"**	z. B. wechselndes Engagement in mehrspartigen Sportvereinen **„Spartenhopper"**
	niedrig	z. B. Vereinswechsel zur Verbesserung leistungssportlicher Chancen **„Leistungssport-Opportunist"**	z. B. Vereinswechsel, um Trendsportarten zu probieren **„heimatloser Trendhopper"**

Die Bedeutung des „nichtsportlichen" Sports

Einer gängigen These zufolge kommt es in der Gegenwart zu einer Entgrenzung des Phänomens „Sport", der in seinen Assoziationen und Bedeutungsinhalten in die Alltagskultur der bundesrepublikanischen Gesellschaft diffundiert (vgl. DIGEL 1990, 73 ff.; CACHAY 1990, 97 ff; PITSCH 1999, 89 ff.), was sinngemäß mit der griffigen Formel von der „Entsportlichung des Sports und der Versportlichung der Gesellschaft" gefaßt werden kann. In dieser Formel wird der Begriff „Sport" in zweierlei Bedeutung verwendet, und so ist der Wandel im Begriffsverständnis bereits Grundlage dieses Wortspiels. Systematisch lassen sich vier verschiedene kulturelle Muster unterscheiden, die mit dem Begriff „Sport" in Zusammenhang stehen:

1. Sport an sich: Bewegungsverhalten, das den konstitutiven Prinzipien (KROCKOW 1974; 13 ff.) der Chancengleichheit, dem Konkurrenz- sowie dem Leistungs- und Überbietungsprinzip genügt, als formale Konkurrenz von Verbänden organisiert wird und im Ergebnis zu einer Rangreihe der Akteure führt und nach allgemeinem Konsens als „Sport" bezeichnet wird.

2. Bewegungsverhalten, das nicht allen der genannten konstitutiven Prinzipien genügt, aber mit dem Begriff des „Sports" assoziiert wird (z. B.: Mutter- und Kind-Turnen, Gesundheitssport).

---

[13] Finanz- und Strukturanalyse der Sportvereine im Sportbund Pfalz 1995.

3. Bewegungsverhalten, das durch die Art und Bedingungen des Betreibens den genannten konstitutiven Prinzipien genügt, aufgrund von Eigeninitiative als formale Konkurrenz organisiert wird und nicht als „Sport" bezeichnet wird (z. B. im Guiness-Buch der Rekorde aufgeführte und registrierte Aktivitäten wie 1-Stunden-Fahrradfahren auf einer feststehenden Radtrainingsrolle bei 170 Watt Rollenwiderstand).

4. Materielle oder immaterielle kulturelle Elemente, die kein Bewegungsverhalten darstellen, die nicht mit den konstitutiven Prinzipien des Sports in Verbindung stehen müssen, jedoch mit Konnotationen aus dem Bereich des Sports aufgeladen werden (z. B. fairer Geschäftspartner, als „Sportwagen" bezeichnete offene Kinderwagen, sportliche Kleidung; zu weiteren Beispielen s. PITSCH 1999, 89 ff., 277 ff.)

Wichtig ist bei dieser Unterscheidung, daß die Zuordnung von Verhalten zu den Kategorien variabel ist. So werden neue Muster von Bewegungsverhalten (z. B. Inline-Skating) durch die Organisation von Wettkämpfen neuerdings der Kategorie des „Sport an sich" zugeordnet. Damit entwickelt sich eine Nischenkultur, die erst den Innovativen, später auch zunehmend anderen Personen Chancen eröffnet, sich leistungsbezogen als herausragend zu positionieren. Im Zuge dieses Prozesses nimmt die Formalisierung, Systematisierung und wissenschaftliche Durchdringung sowohl individueller Orientierungen wie auch verbandlicher Organisation und letztlich auch konkreten Handelns zu. Insgesamt zeigt sich darin eine Einengung des Konkurrenzprinzips durch eine Ausweitung von Konkurrenzmöglichkeiten und damit einhergehend eine fortschreitende Reduzierung der faktischen Teilnehmerzahl an der jeweiligen Konkurrenz.

Dieser Prozeß, der als „Versportlichung" verstanden wurde, zeigt sich im Bereich des „Sports an sich" an der über lange Zeiträume gestiegenen Zahl von Wettkampfebenen (z. B. regionale, nationale und internationale Wettbewerbe) und -klassen (z. B. Abstufungen nach Könnensstufen im Tanzsport, Profis vs. Amateure im Boxen), Wettkampfformen (z. B. Runden- und Pokalspiele), Altersstufen (z. B. Minihandball, Jungsenioren im Tennis) sowie Disziplinen (z. B. Stabhochsprung

Frauen, Gewichtheben weiblich, Kurztriathlon, Duathlon)[14]. Auch hierbei wird die Geltung des Konkurrenzprinzips abgemildert durch die Einschränkung der Zugangschancen zu der jeweiligen Konkurrenz, was einer höheren Zahl von Personen die Möglichkeit der individuellen leistungsbezogenen Positionierung mit hohen Erfolgschancen bietet.

Interessante parallele Entwicklungen zeigen sich in der zunehmenden Zahl als „sportlich" bezeichneter Ereignisse, an denen auch nicht im Sportsystem organisierte Personen teilnehmen können (z. B. Stadtmarathons; vgl. hierzu EMRICH/PAPATHANASSIOU/PITSCH 2000), wobei die Veranstalter dieser Ereignisse nicht mit den Veranstaltern der Sportereignisse im organisierten Sport identisch sein müssen. Damit gibt es zumindest eine Form des organisierten Sports, also des Bewegungsverhaltens, das den konstitutiven Prinzipien des Sports entspricht und das als Angebot zur Teilnahme an einer formalen Konkurrenz eingerichtet wird, allerdings nicht von denjenigen Organisationen, die sich die Aufgabe, „Sport" zu organisieren, selbst gestellt haben. In diesem Fall wird also das Konkurrenzprinzip nicht, wie in der Wirkungssphäre von Sportorganisationen nachgewiesen, eingeschränkt, sondern prinzipiell verschärft, indem als hochrangig angesehene und medial präsentierte Wettkampfereignisse eben ohne die Ausgrenzung der nicht formal organisierten Sportler stattfinden. Daneben führt jedoch die Ausweitung der Geltung des Prinzips der Chancengleichheit auch für die Berechtigung zur Teilnahme dazu, daß an diesen sportlichen Ereignissen eine Vielzahl von Personen teilnimmt, die gerade am Aspekt der Konkurrenz nicht interessiert sind.

Weibliche und männliche Mitglieder in Sportvereinen

Die Berechnung des Anteils weiblicher Mitglieder an der Mitgliederschaft von Sportvereinen läßt sich analog zur Berechnung anderer Gruppierungsanteile (z. B. Jugendliche, Senioren) auf zweierlei Art durchführen:

---

[14] In der Abschwächung des Konkurrenzprinzips durch Schaffung speziell abgegrenzter Räume, in denen definiertes Konkurrenzhandeln stattfindet, zeigt sich eine Analogie zur zunftgebundenen Konkurrenzsituation im Mittelalter.

a) Über alle Sportvereine hinweg wird die Zahl weiblicher Sportvereinsmitglieder sowie die Zahl der Mitglieder insgesamt summiert. Der **Quotient beider Summen** ergibt den **Anteil weiblicher Sportvereinsmitglieder an der Gesamt-Mitgliederschaft aller Sportvereine**, im folgenden verkürzt bezeichnet als **Anteil weiblicher Mitglieder im organisierten Sport**.

b) Für jeden Sportverein wird einzeln der Anteil weiblicher Mitglieder an der Mitgliederzahl berechnet. Das **ungewichtete arithmetische Mittel dieser Anteile** über alle Sportvereine hinweg ergibt den mittleren **Anteil weiblicher Mitglieder in den Sportvereinen**[15].

Im ersten Fall erhält man also einen Wert, der auf der Ebene des Verbandes, in dem die Vereine organisiert sind, aussagekräftig ist, während der zweite Wert auf der Ebene der Organisation „Sportverein" aussagekräftig ist.

Tab. 1.3: *Anteil weiblicher Mitglieder an der Gesamt-Mitgliederschaft aller Sportvereine im Vergleich verschiedener Studien*

Studie	Gegenstandsbereich: alle Sportvereinsmitglieder in ...	Bezugsjahr	Anteil in Prozent
FISAS 1991 (HEINEMANN/SCHUBERT 1994)	... den alten Bundesländern	1991	38,5
	... den neuen Bundesländern	1991	32,4
BAUR et. al. (1995)	... Brandenburg	1993	30,1
STROB in JÜTTING (1994)	... Münster	1993	38,44
DIGEL et. al. (1992)	... dem Deutschen Turner-Bund		46,5

Nach dem unter a) aufgeführten Verfahren wurde der Anteil weiblicher Mitglieder in den Untersuchungen von HEINEMANN und SCHUBERT (1994, 99, vgl. auch Fußnote 56) sowie DIGEL et. al. (1992) berechnet. Die entsprechenden Werte sind in Tabelle 1.3 dargestellt. Auch der zusammenfassenden Übersicht bei TROSIEN (1994, 72) mit dem Vergleich über verschiedene Bezugsjahre hinweg liegt offensichtlich diese Form der Berechnung zugrunde.

---

[15] Das an der jeweiligen Mitgliederzahl gewichtete arithmetische Mittel der Anteile über die Sportvereine hinweg entspricht der Vorgehensweise nach Variante a).

Für den mittleren Anteil weiblicher Sportvereinsmitglieder in den Sportvereinen (berechnet nach dem unter b) dargestellten Verfahren) ergeben sich in verschiedenen Studien die in Tabelle 1.4 dargestellten Werte.

Tab. 1.4: Mittlerer Anteil weiblicher Sportvereinsmitglieder in den Sportvereinen im Vergleich verschiedener Studien (Daten aus: EMRICH/PAPATHANASSIOU/PITSCH 1998; 1999)

Studie	Gegenstandsbereich: Sportvereine im ...	Bezugsjahr	Anteil in Prozent
SAS Saar 1994	... Landessportverband für das Saarland	1994	34,4
Vergleichsrechnung für das Saarland, basierend auf den Daten der FISAS 1991	... Landessportverband für das Saarland	1991	30,7
Vergleichsrechnung für das Saarland, basierend auf den Daten der FISAS 1986	... Landessportverband für das Saarland	1986	30,2
FISAS Pfalz 1995	... Sportbund Pfalz	1995	33,1

Die Werte, die nach den verschiedenen Verfahren berechnet wurden, sind nicht direkt vergleichbar[16]. Keines dieser Verfahren hat prinzipiell gegenüber dem anderen einen bestimmten Vorteil. Bei der Wahl des Verfahrens ist lediglich zu berücksichtigen, auf welche Gegenstände sich die Aussagen, die auf der Basis dieser Daten gemacht werden (sollen), beziehen. Sollen relevante Aussagen über den Gegenstand „Sportverein" gewonnen werden, so ist das Verfahren b) zu wählen, da damit die zentrale Tendenz der Schätzung des Anteils weiblicher Sportvereinsmitglieder angegeben wird. Sind dagegen Sportverbände Gegenstand der Analyse, so ist das unter a) dargestellte Verfahren angemessen, da damit der Anteil

---

[16] Die Feinheiten und Problematiken des Umgangs mit ungewichteten und gewichteten arithmetischen Mittelwerten wurde den Autoren erst nach einer Reihe eigener Irrtümer bewußt und hatte die klare Differenzierung der aufgezeigten Berechnungsmodi zur Folge. Allerdings wurden so bisher nicht gestellte Forschungsfragen erst formulierbar.

weiblicher Mitglieder in einer fiktiven Gesamt-Mitgliederschaft des aus Vereinen bestehenden Verbandes ermittelt wird.[17]

Die Tatsache eines gestiegenen Anteils weiblicher Mitglieder im organisierten Sport vom Jahr 1961 bis zum Jahr 1991 (s. TROSIEN 1994, 72) läßt keine Aussage darüber zu, ob der mittlere Anteil weiblicher Mitglieder in den Sportvereinen ebenfalls signifikant gestiegen ist und/oder ob es zu einem Differenzierungsprozeß gekommen ist, als dessen Ergebnis reine bzw. eher durch weibliche Mitglieder geprägte Sportvereine in ihrem Anteil an den Sportvereinen insgesamt vermehrt zu beobachten sind. Im Vergleich bisheriger Befunde, vor allem derjenigen der FISAS 1991, zu unseren noch darzustellenden Ergebnissen der FISAS 1996 wird somit vor allem die Frage zu klären sein, inwieweit gesamtgesellschaftliche Einflüsse sich einerseits in einer weiteren Erhöhung des Anteils weiblicher Mitglieder im organisierten Sport niederschlagen und inwieweit andererseits, ungeachtet einer eventuellen Erhöhung dieses Anteils, Konzentrationsprozesse bezüglich des mittleren Anteils weiblicher Mitglieder in einzelnen Vereinen zu beobachten sind.

1.1.3 Formen des Engagements in Sportvereinen

In den Leitlinien des Handelns ehrenamtlicher und hauptamtlicher Führungspersonen im Sport zeigen sich teilweise Unterschiede, die auf ihre Herkunft aus jeweils unterschiedlichen gesellschaftlichen Formationen[18] verweisen. Damit hängen auch, so ist zu vermuten, strukturelle und mentalitätsmäßige Differenzen zusammen (s. Tabelle 1.5; ausführlicher zu diesen Überlegungen s. EMRICH/PAPA-

---

[17] Aus Gründen der Vergleichbarkeit mit anderen Studien werden wir an den notwendigen Stellen jeweils beide Werte angeben. Im Zuge der weiteren organisationstheoretisch angeleiteten und auf den Sportverein als Organisationsgebilde abhebenden Analyse im Rahmen der FISAS 1996 werden wir uns jedoch nur auf den Wert entsprechend dem unter b) dargestellten Verfahren orientieren.

[18] Im Sinne der von HEGEL diskutierten Gleichzeitigkeit des Ungleichzeitigen ist es für zeitgenössische Gesellschaften symptomatisch, daß strukturelle und funktionale Muster auch aus zeitlich vorhergehenden gesellschaftlichen Formationen teilweise in verändertem Gewand und in veränderter Funktion und aufgeladen mit veränderten Sinngebungen wirksam sind (zur Übertragung dieses Gedankens auf den Sport vgl. BETTE 1990; auch in außersportliche Bereiche vgl. EMRICH/PAPATHANASSIOU/PITSCH 1996).

THANASSIOU/PITSCH i. Dr.; zum Begriff der Mentalität als sozialpsychologische Antwort auf sozialstrukturelle Lebenslagen vgl. GEIGER 1972 [1932], 80, vgl. auch 77 ff.).

Die historischen Wurzeln der Abgrenzung zwischen Ehrenamt und Hauptamt

Im Engagement in den Sportvereinen nimmt der Bereich ehrenamtlicher Tätigkeit oder, um der präzisen Formulierung Max WEBERs (1980 [1921], 170) zu folgen, der Bereich der Honoratiorentätigkeit, den wohl bedeutendsten Teil ein.

„‚Honoratioren' sollen solche Personen heißen, welche

1. kraft ihrer ökonomischen Lage imstande sind, kontinuierlich nebenberuflich in einem Verband leitend und verwaltend ohne Entgelt oder gegen nominalen oder Ehren-Entgelt tätig zu sein, und welche

2. eine, gleichviel worauf beruhende, soziale Schätzung derart genießen, daß sie die Chance haben, bei formaler unmittelbarer Demokratie kraft Vertrauens der Genossen zunächst freiwillig, schließlich traditional, die Ämter inne zu haben."

In ihr zeigt sich nicht nur ein Merkmal des ständischen Prinzips der Lebensführung, nämlich die demonstrative Verwendung freier Zeit zu gemeinschaftsdienlichen Zwecken, sondern gleichzeitig auch die spezifisch ethische Verpflichtung hierzu, also eine teils traditionale, teils wertrationale Orientierung zugleich. Diese spezifisch ethische Verpflichtung geht auch über die Verwendung freier Zeit hinaus bis zum sogenannten Euergetismus[19] und betrifft dann die Verpflichtung auch zur materiellen Förderung des Gemeinwohls (zu den historischen Wurzeln und Ausprägungen des Euergetismus vgl. VEYNE 1994). Voraussetzung der Ausübung ehrenamtlicher Tätigkeit sind keine spezifischen, erworbenen Qualifikationen, sondern zuerst der Wille, sich im Sinne der Hingabe an eine Sache zu betätigen. In einem gewissen Sinn befreit hier also das Wollen vom Könnenmüssen. In dieser

---

[19] So wurde in der Zeit der Diadochen durch die Ägypter dem Ptolemäus III. – dem BURCKHARDT zugestand, „entarteter Grieche", aber nicht „verkommener Orientale" zu sein – der Beiname Euergetes (Wohltäter) gegeben, weil er durch Kambyses zuvor geraubte Götterbilder, die Teil seiner Kriegsbeute waren, wieder nach Ägypten brachte (BURCKHARDT o.J., [circa 1872-1883], 292; 333 f.).

Form des uneigennützigen Einsatzes für das Gemeinwohl liegt die Quelle der Zuschreibung von Ehre.

In Anlehnung an die klassische Sichtweise ehrenamtlicher Tätigkeit (WEBER 1980 [1921], 170f.) wird diese der erwerbsorientierten berufsbürgerlichen Tätigkeit kontrastierend gegenübergestellt. Im Sinne des „Gewordenseins" werden die Wurzeln dieser Distinktionslinien (zum Begriff der Distinktionslinien vgl. BOURDIEU 1982) in der ständisch geprägten unterschiedlichen Lebenshaltung von Adel und Bürgertum (s. Tabelle 1.5) mitberücksichtigt.

„Diese traditionalen Über- und Unterordnungsmuster definieren Gebilde, bei denen die ordnende Macht für die Gestaltung dieses Gemeinschaftshandelns [...] das Paktieren von Fall zu Fall zwischen den verschiedenen Gewaltenträgern ... [ist]",

also ein

„Chaos durchaus konkret bestimmter Gerechtsame und Pflichtigkeiten des Herrn, der Amtsträger und der Beherrschten, die sich gegenseitig kreuzen und beschränken und unter deren Zusammenwirken ein Gemeinschaftshandeln entsteht" (WEBER 1980 [1921]: 636),

das auch im Sport nachweisbar ist.

Einige wenige aus einer Vielzahl von in anderem Zusammenhang gesammelten Beispielen sollen diese traditionale Orientierung beleuchten (ansonsten sei auf die in Vorbereitung befindlichen Machtstudien von EMRICH/PAPATHANASSIOU/PITSCH i. Dr. sowie auf EMRICH/PAPATHANASSIOU/PITSCH 1996 verwiesen; die Angabe der Dokumentennummer folgt der Systematik in den Machtstudien).

Die Stabilisierung traditionaler Machtverhältnisse erfolgt häufig in Form eher geschlossener sozialer Beziehungen (vgl. zum Begriff der Seilschaft EMRICH/PAPATHANASSIOU/PITSCH 1996, 141 ff.) und wird durch die Vernetzung mehrerer Ämter in ein und demselben Personenkreis unterstützt (zum Begriff des Netzwerkes vgl. z. B. den Sammelband von PAPPI 1987; JANSEN 1999). In Sportvereinen lassen sich darüber hinaus empirische Befunde für eine weite Verbreitung des Phänomens der Ämterhäufung finden (s. EMRICH/PAPATHANASSIOU/PITSCH 1998; 1999). Des weiteren kann es als spezifischer Fall der Vernetzung zu Verquickungen kommunal- und sportpolitischer Ämterausübungen kommen (vgl. hierzu SCHEUCH/SCHEUCH 1992).

Tab. 1.5: *Idealtypische Gegenüberstellung von gehobenen ehren- und hauptamtlichen Führungspositionen im Sport (in Anlehnung an* EMRICH/PITSCH *1999 a, 130)*

Ehrenamt Übernommene Position[20]	Hauptamt Erworbene Position
Personenzentriertes Handeln: • Selbstinszenierung, Suche nach der Zustimmung der Massen	Positionenzentriertes Handeln: • Zweckbestimmte Öffentlichkeitsarbeit
Zugangsvoraussetzungen • Stallgeruch • Gesinnung als Eignungskriterium: Das Wollen befreit vom Könnenmüssen • Der Dienst an der Sache ist Selbstzweck	Zugangsvoraussetzungen • Fachdiplom • Fachkenntnis als primäres Eignungskriterium: Das Könnenmüssen befreit vom Wollensollen • Der Dienst an der Sache ist Mittel zum Zweck: Sicherung der Subsistenzmittel
Wertrationalität: • quasi-familiäre Einheit des Sports • Gemeinschaftsstiftende Globalität • Kameradschaftsgesinnung • Orientierung an der Ehre als zentralem Wert: Etiketteorientierung, Ehrungssysteme, demonstrative Ehrung	Zweckrationalität: • instrumentelle Ausrichtung des Handelns • Sachorientiertheit • markt- und/oder leistungsbezogene Entlohnung
Zur Anwendung kommende Machtmittel • auf Loyalitätszwängen gründende personale Autorität (Sachkritik als „Majestätsbeleidigung") • Rhetorik der Unersetzbarkeit und des Aufopferns • informale Machtbildungs- und Sicherungsprozesse • Verschmelzung von Amt und Person	Zur Anwendung kommende Herrschaftsmittel • funktionale Befehl-Gehorsam-Schemata (Sachkritik als konstruktives Mittel der Optimierung der Organisation) • Hierarchie aufgrund von Sachautorität • Regelung durch Tarif- und Anstellungsverträge • formale Machtbildungs- und Sicherungsprozesse • Trennung von Amt und Person
Austauschbeziehungen und Abstimmungsleistungen: • Politikverflochtenheit als „Segen" • Ämter- und Funktionenhäufung als Anpassungsstrategie	Austauschbeziehungen und Abstimmungsleistungen: • Politikverflochtenheit als „notwendiges Übel" • Spezialisierung und funktionale Ausdifferenzierung

---

[20] In Erweiterung der auf Linton zurückgehenden Unterscheidung zwischen ascribed und achieved status wird hier in Anlehnung an bekannte medizinsoziologische Überlegungen in Auseinandersetzung mit PARSONS von „übernommener Position" gesprochen, also von Positionen, die sowohl durch eigenes Zutun als auch durch äußere Zuschreibung erlangt werden.

> Fallbeispiel: Die Bedeutung der Etikette und die Huldigung der Person
>
> Viele formale Organisationen, vor allem aber Sportorganisationen, Parteien und andere gemeinnützige Organisationen sind auch als Höfe zu betrachten, an denen stilisierte Umgangsformen, Etikette (zur Bedeutung der Etikette als sekundärem Ordnungssystem vgl. ELIAS 1991 [1969], 351 ff.), Festkultur und Selbstdarstellung in eine eigentümliche Mischung mit bürgerlich rechenhaften Verhaltensorientierungen geraten. Als Beispiel für die nach wie vor gültige Bedeutung der Etikette als für andere deutlich sichtbarer Macht- und Status-Anzeiger möge das folgende Beispiel dienen: Der Präsident eines Sportbundes besucht die Sportveranstaltung eines Bundesligisten und nimmt die Einladung zum nachfolgenden Empfang an. Dabei nimmt er Anstoß an der Sitzordnung und der protokollarischen Vorgehensweise. Er schreibt dem Veranstalter:
>
> „Ich habe den Empfang allerdings nach einer halben Stunde verlassen, nachdem ich während dieser Zeit zusammen mit XXX [zwei Herren mit leitender ehren- bzw. hauptamtlicher Funktion im Sport] im Eingang des Saales stand, ohne daß uns als Vertreter des Sports ein Platz an der Kopftafel zugewiesen worden wäre. Nachdem dort bereits neben dem Präsidenten des YYY nicht nur ein Bundestagsabgeordneter sowie der Bürgermeister von ZZZ Platz genommen hatte, sondern auch der ehemalige Bürgermeister, ein dritter Beigeordneter und Beamte aus der Bundesregierung und der Bezirksregierung, konnte ich mit der protokollarischen Behandlung der Vertreter des Sports nicht einverstanden sein"
>
> (Dokument 5). Es folgt eine weitere Auflistung von protokollarischen Verstößen.

Auch die zuweilen behaupteten und auf der Basis dieser Überlegungen zumindest plausiblen oligarchischen Tendenzen in Sportvereinen, wie in freiwilligen Vereinigungen überhaupt (vgl. MICHELS 1957 [1911]), müssen damit im Zusammenhang traditional geprägter Strukturen gesehen werden. Die von TIMM (1979, 165 ff.) auf der Basis des Verhältnisses von Mitarbeiterzahl zur Mitgliederzahl in Sportvereinen herausgefilterte Präponderanz für Oligarchisierungstendenzen mit wachsender Organisationsgröße müssen insoweit kritisch gesehen werden, als die zugrundeliegenden Parameter sich bei näherer Überprüfung insofern als Artefakt erweisen, als die Relation von Mitglieder- und Mitarbeiterzahl aufgrund der weitgehend konstanten Mitarbeiterzahl im Bereich der Führung der Sportvereine durch die Vereinsgröße mathematisch systematisch beeinflußt wird (vgl. PITSCH/EMRICH

1997; PITSCH 1999)[21]. Unklar bleibt bei TIMM also, ob die Daten auf Oligarchisierungstendenzen oder auf einen geringen Partizipationsbedarf oder auf beides hindeuten. Daneben wäre in Zusammenhang mit Überlegungen zur empirischen Überprüfung von Konzentrationsphänomenen auf der Führungsebene auch die Aspekte geringen Partizipationsinteresses sowie geringer Partizipationsmöglichkeiten zu berücksichtigen. So hat bereits RASCHKE (1978, 170) resümierend festgestellt, daß

„eine erhöhte Partizipationschance nur bei den Vereinen festgestellt werden [konnte], bei denen sie eine unmittelbare funktionale Voraussetzung für die Realisierung des Vereinigungsinteresses bildete".

Oligarchisierung bedeutet den mittelbaren oder unmittelbaren Versuch der Einschränkung von Partizipationschancen mit dem Ziel der Stabilisierung traditionaler Herrschaftsmuster und zeigt sich damit nur sehr indirekt in Daten zur tatsächlichen Partizipation von Mitgliedern in Organisationen.

Auch in wirtschaftlichen Organisationen, die einem Aufsichtsrat als Kontrollorgan unterworfen sind, lassen sich jene Muster der Gegenüberstellung von Haupt- und Ehrenamt erkennen. Dabei ist weiterhin auffällig, daß zuweilen die Aufsichtsratsfunktion in einem Maße durch Aufwandsentschädigungen erleichtert wird, das eigentlich eher Assoziationen an ein Hauptamt aufkommen läßt. Angesichts nicht immer ausreichend ausgeübter Kontrolle wird auch hier ein Muster deutlich, wonach das Könnenmüssen von einem zumindest teilweisen Nichtwollen begleitet wird. Hier wird also die in der formalen Qualifikation beheimatete Kontrollmöglichkeit durch die Übernahme eines quasi ehrenamtlichen Status beeinträchtigt.

Unsere These lautet nun, daß einerseits die spezifische Struktur des Sportsystems zwischen traditionalen und modernen Gesellschaften anzusiedeln ist. Andererseits sind damit verknüpft Auswirkungen auf das Handeln von Leitungspersonen zu erwarten (vgl. zum Zusammenhang zwischen Strukturen und Führungsverhalten in Organisationen EMRICH/PITSCH 1999 a, 127 ff.). Insbesondere sind hier Einflüsse der oral geprägten Kultur des Sportsystems zu erwarten, die Inhaber von Leitungs-

---

[21] Im übrigen ist die bei TIMM formulierte Ausweitung des „ehernen Gesetzes der Oligarchie" von politischen Parteien auf Organisationen jeglichen Typus problematisch. So spricht MICHELS selbst (1957 [1911], 371) von Oligarchien nur im Fall von Parteiorganisationen.

positionen in ihren Handlungsorientierungen stärker in Richtung informaler Aspekte führt, als in vergleichsweise formaleren, das heißt im wesentlichen bürokratischer organisierten Systemen. Damit verbunden ist zuweilen das Verletzen formaler Erwartungen zum Zweck der Zielerreichung, das LUHMANN (1976) in Anlehnung an den DURKHEIMschen Gedanken der funktionalen Devianz als „brauchbare Illegalität" bezeichnet.

Zur Professionalisierungsthese

Im Rahmen veränderter Mitgliedererwartungen wurde seit den siebziger Jahren die Notwendigkeit sowohl zu formalisierterer Organisation des Vereins als Grundlage berechenbarer Leistungen und, damit verbunden, die Hinwendung zu mehr Professionalisierung prognostiziert.

Fallbeispiel: Professionalisierung im Handballverein X-weiler

Die Manager und Mitarbeiter des ortsansässigen Sponsorunternehmens, die vornehmlich im Fitneß-Studio des Vereins trainieren, beklagen zuweilen eine mangelnde professionelle Einstellung des dort tätigen Personals. Den Vereinsvorstand, dem man dieses Problem vorträgt, kann man von der Notwendigkeit einer „Betriebsanalyse" des Vereins überzeugen. Die Resultate gipfeln in der kurz zusammengefaßten Forderung nach erhöhter Professionalisierung sowohl im Verwaltungsbereich als auch im Bereich der Leistungserstellung. Die Kosten dafür sollen auf die Beiträge umgelegt werden.

Die Diskussion dieser Forderung verläuft unerwartet. Schon die Forderung nach höheren Mitgliedsbeiträgen erregt die Gemüter der Gründungs- und der langjährigen Mitglieder, letztlich kann man sich aber doch zu einer Erhöhung in Form gestaffelter Mitgliedsbeiträge durchringen. Ein hauptamtlicher Geschäftsführer übernimmt auf dieser Basis die Leitung der Geschäftsstelle und effektiviert den Verwaltungsbetrieb z. B. dergestalt, daß das Lastschrifteinzugsverfahren für alle Mitglieder bindend wird. Neben- und ehrenamtliche Übungsleiter verpflichtet er, regelmäßig an Weiterbildungsmaßnahmen des Landessportbundes teilzunehmen und im Rahmen eines Berichtswesens Auskunft über die geleistete Arbeit zu geben. Gleichzeitig befragt er systematisch die Mitglieder der einzelnen Sportgruppen zu ihrer Einschätzung der Qualität der Arbeit des Übungsleiters, was er „Qualitätsmanagement" nennt.

> Die Reaktionen darauf verlaufen unerwartet. Sportstudiobesucher äußern sich positiv über das neue, verbesserte Dienstleistungsklima. Das erweiterte Angebot an sportnahen und -fremden Kursen und Reisen erweist sich als attraktiv und rekrutiert viele neue zahlende Kunden, von denen allerdings kaum jemand zum Vereinsmitglied wird. In der Handballabteilung und unter den Gewichthebern wird allerdings intensiv darüber diskutiert, ob dies der richtige Weg sei. Man vermißt Improvisation, die informelle Umsetzung spontaner Ideen und die angenehme, gemütliche Atmosphäre. Einige Übungsleiter haben schon erklärt, daß das mit ihnen nicht zu machen sei: Lieber suchten sie sich einen anderen Verein, als sich in ihren Bemühungen von der Einschätzung der Sportler abhängig zu machen!

Versucht man, die Diskussionen im Sport um das Phänomen der Professionalisierung zu strukturieren, so scheint es der begrifflichen Klarheit halber notwendig, die Grenzen der verschiedenen Begriffe definitorisch zu klären.

Vom Bereich ehrenamtlichen Engagements abzugrenzen sind all jene Bereiche, in denen Leistungen für Organisationen im Rahmen eines formal geregelten Abhängigkeitsverhältnisses und im Rahmen einer versachlichten Tauschbeziehung erbracht werden. In unterschiedlichem Maße werden in Sportorganisationen alle nach diesem Muster kategorisierbaren Tätigkeiten unter dem Begriff der Professionalisierung subsumiert, obwohl diese Tätigkeiten formal stark differieren können. Hier vermischen sich Bedeutungen des Begriffs der Professionalisierung im hergebrachten Sinn mit Inhalten dieses Begriffs aus dem angelsächsischen bzw. amerikanischen Sprach- und Kulturraum.

Mit steigender Nähe zum Begriff der „Profession" in der Berufssoziologie sind also die folgenden Formen der Erwerbsarbeit zu unterscheiden:

1. Kontinuierliche Gelegenheitserwerbsarbeit, sowohl auf der Ebene der Sportler (z. B. Tennis- oder Golfspieler) als auch auf der Ebene der Leistungserstellung der Sportvereine (z. B. als Helfer bei Veranstaltungen etc.).

2. Erwerbsarbeit, die eine dauerhafte Versorgungs- und Erwerbschance bietet, ebenfalls auf der Ebene der Sportler (z. B. Fußball-„Profi") wie auch auf der Mitarbeiterebene (z. B. Hallenwart). Aufgrund der begrenzten Zeit der körperlichen Höchstleistungsfähigkeit handelt es sich auf der Ebene der Sportler letztlich nur um eine dauerhafte Erwerbschance auf Zeit (vgl. HACKFORT/EMRICH/PAPATHA-

NASSIOU 1997, 14 ff.), in deren Rahmen zum Beispiel sogenannte Fußballprofis „eine Leistungsspezifikation für einen Konsumenten-Verband" (WEBER 1980 [1921], 84), also für die Fußballzuschauer erstellen, die oft verbandsmäßig in Form von Fan-Clubs organisiert sind. Die Fußballprofis können in der Terminologie WEBERs (ebd.) als: „Appropriierte (formal unfreie) leistungsspezifizierte Träger des Gewerbes" bezeichnet werden, also als Inhaber einer entsprechenden Spielerlizenz; Lizenz hier als ein Versuch der Stilisierung des Fußballspielens zu einer Profession zu verstehen.

3. Der „Job" ist als eine spezifische Form der Erwerbsarbeit zu sehen. In diesem Begriff schwingt die extreme Versachlichung der Austauschbeziehung mit: „Leistung gegen Geld". Damit werden moralische und emotionale Bindungen des Arbeitnehmers gegenüber dem Arbeitgeber und umgekehrt in den Hintergrund gedrängt, was auch den Aspekt der Dauerhaftigkeit der Versorgungs- und Erwerbschance tangiert. Diese spezifische Form der Erwerbsarbeit scheint auf dem Arbeitsmarkt in der jüngsten Vergangenheit an Bedeutung zu gewinnen, im Sport ist dies, entgegen aller Beteuerungen der emotionalen Bindung an einen Verein und der ethischen Gesinnung des „Arbeitnehmers" auf der Ebene der Sportler seit geraumer Zeit die vorherrschende Form der Erwerbsarbeit.

4. Die Berufsrolle als eine Form der Erwerbsarbeit, zu deren Ausübung spezialisierte Kenntnisse und Fähigkeiten notwendig sind, die im Rahmen eines formalisierten Ausbildungsgangs erworben und zertifiziert werden:

„Beruf soll jene Spezifizierung, Spezialisierung und Kombination von Leistungen einer Person heißen, welche für sie Grundlage einer kontinuierlichen Versorgungs- oder Erwerbschance ist" (WEBER 1980 [1921], 80).

In Sportvereinen lassen sich Berufe in diesem Sinn auf der Ebene der Sportler nicht finden, wohl aber auf der Ebene der Leistungserstellung (z. B. Trainer, Verwaltungsmitarbeiter, paramedizinisches Personal). Als Verberuflichung in Sportorganisationen kann man den Prozeß auffassen, in dem begabten Laien der Zugang zu bestimmten Tätigkeiten verwehrt wird zugunsten formal qualifizierter Personen, die eine fachliche Qualifizierung, die von übergeordneten Organisationen angeboten wird, erworben haben[22]. Kennzeichen dieses Prozesses ist die Selektion von Positionsinhabern aufgrund erworbener Zertifikate wie z. B. Trainerscheine bzw. -diplome. Eine formale Qualifizierung ehrenamtlicher Positionsinhaber, wie sie in Sportorganisationen z. B. als Organisationsleiterausbildung durchgeführt wird, führt allerdings in eine „Quasi-Verberuflichungs-Falle", indem man Hoffnungen auf eine Versorgungschance als Gegenleistung weckt und andererseits den Vorteil der extrafunktionalen Freiheit ehrenamtlicher Tätigkeiten langfristig gefährdet.

In der Berufssoziologie werden Berufe auf einem Kontinuum mit den Extremen „der professionalisierten und der nicht-professionalisierten Berufe" angeordnet (DAHEIM 1977, 11; zu Aspekten der Professionalisierung in Abgrenzung zur „Scheinprofessionalisierung" vgl. HORTLEDER 1973, 57 ff.), also:

- den Extremen der „Kollektivorientierung" und der „Selbstorientierung" (vgl. hierzu PARSONS 1951, 46 ff., 55 ff., 101 ff.);
- den Extremen berufliche Autonomie und berufliche Abhängigkeit;
- der universitären Ausbildung und dem Lernen irgendwie;
- der Eigendefinition der internen Qualitätskriterien und der fremddefinierten Leistungsmerkmale;
- der Wertegebundenheit und einem weitgehend wertfreien Raum.

5. Dauerhafte Erwerbsarbeit im Rahmen der Zugehörigkeit zu einer Profession. Profession bedeutet eine Berufsgruppe, die durch folgende Merkmale definiert wird:

„• *Ihre Tätigkeit beruht auf spezialisiertem, in der Hochschule erworbenem und danach systematisch weiterentwickeltem Expertenwissen (Lizenz).*

• *Ihre Leistungen werden weitgehend als Monopol angeboten; darin wird die Profession vom Staat unterstützt (gesellschaftliches Mandat).*

• *Ihre Tätigkeit unterwirft sie einer durch eine spezifische Berufsethik gelenkten normativen kollegialen Eigenkontrolle (z. B. anhand von Berufsge-*

---

[22] Bereits George Bernard SHAW soll gesagt haben: „Die Professions sind eine Verschwörung gegen die Laien" (zit. nach RÜSCHEMEYER 1980, 317, Fußnote 8).

richten); damit entzieht sie sich tendenziell sozialer Kontrolle durch Nicht-Experten.
- *Ihre Tätigkeit ist durch ein hohes Maß an beruflicher Autonomie gekennzeichnet (z. B. Ideal der Freiberuflichkeit).*
- *Häufig, aber nicht immer, sind mit der Zugehörigkeit zu einer Profession hohes Sozialprestige (Ansehen, gesellschaftliche Wertschätzung) und hohes Einkommen verbunden" (*SIEGRIST *1995, 227).*

Als weiteres Merkmal einer Profession ist die Existenz eines entsprechenden Berufsverbandes zu nennen, der als geschlossene soziale Beziehung (WEBER 1980 [1921], 23) zur Vertretung der Interessen der Profession legitimiert ist und alleinige Vertretungsmacht beansprucht. Tätigkeitsfelder in Sportvereinen sind also keinesfalls als Gegenstand professionellen Handelns zu bezeichnen. Lediglich in einigen wenigen Fällen treten Mitglieder von Professionen in Sportvereinen als Spezialisten für begrenzte Aufgabenbereiche auf (z. B. der Jurist als Rechtswart, der Mediziner als Vereinsarzt, der Steuerberater als Kassenwart). Wegen des mit einer Profession verbundenen hohen Sozialprestiges findet man Angehörige von Professionen vermehrt in Führungspositionen von Sportorganisationen, meist jedoch ohne spezifischen Bezug zu ihrer professionellen Qualifikation.

Der Begriff der Professionalisierung ist ein Prozeßbegriff zur Kennzeichnung berufsstruktureller Tendenzen. Er kann als Chamäleon-Begriff aufgefaßt werden (zum „Chamäleon-Begriff" vgl. EMRICH 1999, 244). Ursprünglich relativ scharf abgegrenzt wird dieser Begriff in der Alltagssprache aufgegriffen und mit den verschiedensten Bedeutungen aufgeladen. Er wirkt dann in die Wissenschaft zurück (vgl. hierzu bereits NEULOH 1973, 52 ff.), wo er mit wechselnden Extensionen zwar die Möglichkeit der auch für Laien nachvollziehbaren Äußerung zu einem Thema, das wissenschaftlich Konjunktur hat, gibt, andererseits jedoch einer fundierten Analyse des Sachverhalts eher im Wege steht. Um diese Probleme zu vermeiden, kann man verschiedene begriffliche Extensionen des Professionalisierungs-Begriffes explizit kennzeichnen, wobei die Struktur der folgenden Kategorisierung sich an die Jellinek'sche Typologie des Trinkverhaltens anlehnt (vgl. PSCHYREMBEL 1994, 39).

α–**Professionalisierung** als Entstehung einer Profession im oben unter Punkt 5 aufgezeigten Sinn.

β–**Professionalisierung** im Sinne der Verberuflichung (s. o. unter Punkt 4), also eine nicht-akademische Ausbildung, die spezifische Kenntnisse und Fähigkeiten zertifiziert, deren Absolventen durch einen Berufsverband vertreten werden, welcher über die Einhaltung eines künstlich hochstilisierten Berufsethos wacht oder zu wachen vorgibt (siehe z. B. die Hochstilisierung des Berufsethos des Leibwächters im Film, der, zum Bodyguard mutiert, den Schutzbefohlenen unter Einsatz seiner eigenen körperlichen Integrität schützt).

γ–**Professionalisierung** als Entstehen und Verfestigen von Tätigkeitsfeldern, in denen mit wie auch immer erworbenen spezifischen Fertigkeiten (vom „Profi"-Killer bis zum „Profi"-Fußballer) Geld verdient werden kann: „Von Professionalisierung kann man sprechen, wenn Sportler und/oder Funktionäre für ihre Tätigkeit Geld erhalten, wenn sie ihre Tätigkeit als Beruf ausüben und damit ihren Lebensunterhalt bestreiten" (BÜCH 1996, 29).

δ–**Professionalisierung** im Sinne einer Steigerung der Intensität und einer Systematisierung des Leistungsbemühens, das zeitlich befristet zur Sicherung der Subsistenzmittel beiträgt sowie die Voraussetzung zur Akquirierung weiterer Ressourcen bildet.

ε–**Professionalisierung**, verstanden als Eindringen einer besonderen Cleverneß bzw. einer mehr oder weniger bedenkenlosen persönlichen Vorteilsnahme bei beliebigen Handlungen: W. SCHÄNZER, 1996 kommissarischer Leiter des Kölner Instituts für Biochemie in einem Interview anläßlich der olympischen Spiele in Atlanta: „Wer jetzt noch auffällt, ist ein Zufalls-Doper oder ein Neueinsteiger. Jedenfalls dopt er nicht professionell genug" (SCHÄNZER 1996, 20). Ein Merkmal dieser Mentalität, die hier mit „professionell" umschrieben wird, ist die tatsächliche und gleichzeitig zur Schau getragene Affektkontrolliertheit bei der persönlichen Vorteilsnahme: Der „Profi" bleibt unberührt, eben „cool".

Abzugrenzen von diesen Begriffen wäre einmal

- die β*–**Professionalisierung** ehrenamtlich Tätiger im Sinne einer partiellen β–Professionalisierung, die als Qualifizierungsmaßnahme jedoch nicht in eine Verberuflichung mündet (im Sport z. B. Übungsleiter, Organisationsleiter, C-Trainer) und damit auch nicht mit der Vertretung durch einen Berufsverband und nicht mit der Orientierung an einem Berufsethos verbunden ist, unbeschadet der Möglichkeit der Orientierung an einem spezifischen Ehrenamts- bzw. Sportethos.

- die ω–**Professionalisierung** im Sinne einer ε–Professionalisierung, allerdings nicht ad personam, sondern in bezug auf *das beobachtbare Ergebnis des Handelns in spezifischen Tätigkeitsbereichen* im Sinne des umgangssprachlichen „professionellen Arbeitens", also des höheren Ansprüchen an die Qualität genügenden Sich-Bemühens.

Betrachtet man vor dem Hintergrund dieser begrifflichen Klärung die Diskussion um „Professionalisierungstendenzen" bzw. um den „Professionalisierungsdruck" im Sport, so wird leicht ersichtlich, daß verschiedene inhaltliche Unklarheiten aus der Begriffsverwirrung resultieren. Zudem bleibt häufig unklar, ob es sich bei diesen Diskussionen um

- eine (γ–, δ– oder ε–) „Professionalisierung" der Sportler,
- eine (α–, β–, γ–, δ–, ε– oder β^*–) „Professionalisierung" von Personen, die direkt Sportler betreuen,
- eine (α–, β– oder γ–) „Professionalisierung" von in Sportorganisationen haupt- oder nebenberuflich tätigen Personen allgemein oder um
- eine (δ–, β^*– oder vom Ergebnis her eine ω–) „Professionalisierung" von in Sportorganisationen tätigen ehrenamtlichen Mitarbeitern handelt.

Zur systematischen Durchforstung von Veröffentlichungen und Aussagen zum Thema „Professionalisierung im Sport" wäre also zum einen die jeweilige begriffliche Extension zu klären, zum anderen müßte empirisch der Wahrheitsgehalt der Behauptungen überprüft werden. Dies würde, wie leicht ersichtlich, den Rahmen dieser Untersuchung sprengen. Speziell für den Bereich der Verberuflichung in Sportvereinen wurde von PITSCH und EMRICH (1999 a, 94 ff.) festgestellt:

„Hinweise für einen Anstieg im Einsatz bezahlter Mitarbeiter in den Sportvereinen im Sinne des weiten Begriffs der Verberuflichung konnten nicht gefunden werden. Es gibt eher Anzeichen für rückläufige Entwicklungen in diesem Bereich, die jedoch sehr vorsichtig zu interpretieren sind".

Im Bereich der Darstellung der Ergebnisse sollen also lediglich die empirisch ermittelten Fakten zum Umfang ehren- und hauptamtlicher Mitarbeit in Sportvereinen dargestellt werden, die letztlich als Grundlage jeglicher weiterer Ausführungen zur „Professionalisierung im Sport" dienen müßten.

Zur ehrenamtlichen Mitarbeit in Sportvereinen

Die Diskussion um eine vermeintlich zurückgehende Engagementbereitschaft im Ehrenamt (vgl. KAPPLER 1988, 320 ff.; zum ehrenamtlichen Engagement in Vereinigungen allgemein vgl. WARNER 1972, 72 ff.) scheint Vereine schon lange zu begleiten. Damit einher geht vielfach die Forderung nach einer zunehmenden Professionalisierung. Ein Wandel in der Auffassung des Ehrenamtes seit Max WEBER hat bewirkt, daß neben der partiell universalistischen Perspektive auch eine veränderte Form der Frage nach dem cui bono gestellt wird, also nach der finanziellen Entlohnung oder nach anderen Vorteilen für ehrenamtliche Positionsinhaber. Diese Entwicklung ist jedoch nicht als umfassend in dem Sinn zu verstehen, daß sie alle Bereiche ehrenamtlichen Engagements umfaßte. Viel eher ist eine soziale Differenzierung im Ehrenamt festzustellen, wobei zur Charakterisierung ehrenamtlicher Tätigkeiten mehrere Dimensionen notwendig sind.

1. Ehrenamtliche Tätigkeiten sind zwischen dem Pol der Führung von Organisationen und dem Pol der Tätigkeit im Rahmen der Leistungserstellung angesiedelt. Mit dieser Dimension korrespondieren in der Regel auch Voraussetzungen zur Einnahme der ehrenamtlichen Position in Form des sozialen Status und der Stellung des Positionsinhabers im öffentlichen Leben, also Selektionskriterien, zu denen auch wirtschaftliche und politische Beziehungsmacht gehören können.

2. Auf der zweiten Dimension ist zu betrachten, ob, und wenn ja, in welchem Umfang, Positionsinhaber in ehrenamtlichen Positionen der Organisation Ressourcen zur Verfügung stellen. Diese Ressourcen können sowohl eigene pekuniäre oder materielle Mittel umfassen oder solche, über die der Positionsinhaber im Rahmen anderer Tätigkeiten direkt oder indirekt verfügen kann.

3. Darüber hinaus ist zu betrachten, ob und wenn ja, in welchem Umfang Positionsinhaber Vorteile finanzieller oder nicht finanzieller Art aus der ehrenamtlichen Tätigkeit schöpfen.

4. Ehrenamtliche Positionen im Bereich der Aufbauorganisation sind zu differenzieren von denjenigen im Bereich der Ablauforganisation. Veranstaltungen im Rahmen formaler Konkurrenzen und damit in Zusammenhang stehende Aktivitäten verlangen die Übernahme temporär befristeter und durch das Regelwerk vorgegebener Positionen sowohl auf der Leitungs- als auch auf der Ausführungsebene. Als Beispiel kann sowohl der Balljunge beim Tennis wie auch der

Vorsitzende des Ehrungskomitees bei einer regionalen Meisterschaft dienen. Hierbei ist weiter zu beachten, daß auch bei temporärer Einnahme einer ehrenamtlichen Position das Regelwerk als Bedingung eine Lizenz vorsehen kann wie z. B. in der Regel bei Kampf- bzw. Schiedsrichtern.

5. Der zeitliche Rahmen der Übernahme einer Position durch den Positionsinhaber variiert zwischen einer langfristig ausgelegten und dauerhaften Übernahme und der ad hoc-Übernahme einer Position.

6. Positionen in Sportvereinen sind, abhängig vom Grad der Einbindung in den Ablauf des Organisationsgeschehens mehr oder minder interaktiv ausgerichtet. So kann die Hausfrau einen Kuchen für die Vereinsfeier durchaus zu Hause backen und den Kuchen ohne persönliche Anwesenheit bei der Vereinsfeier zur Verfügung stellen.

Diese Dimensionen sind analytisch unabhängig. Typische Interdependenzmuster in Sportvereinen liegen zwischen der erst- und drittgenannten Dimension vor, da in den Genuß von Aufwandsentschädigungen häufiger die auf der Ausführungsebene tätigen ehrenamtlichen Mitarbeiter kommen als diejenigen auf der Ebene der Führung und Verwaltung.

Nach diesen Ausführungen wird die Komplexität des Gegenstandes „ehrenamtliches Engagement" deutlich, der die verschiedentlich geführten Diskussionen um die Extension des Begriffes (z. B. TIMM 1979; HEINEMANN/SCHUBERT 1992) meist nicht gerecht werden. Gegenwärtig subsumiert man unter Ehrenamt[23] – um nur einige Formen zu erwähnen – sowohl den leitenden Verbandsfunktionär, der ohne Beanspruchung von Aufwandsentschädigungen die Kosten seines Amtes noch selber trägt, wie auch denjenigen ehrenamtlich Tätigen, der sowohl leitende als auch ausführende Tätigkeiten erbringt, die zu geringeren als marktüblichen Konditionen entgolten werden, wie auch letztlich denjenigen Übungsleiter, der im Sportverein zu

---

[23] Hierunter verstehen wir im folgenden auch die unter dem Begriff der „neuen Ehrenamtlichkeit" gefaßten Tätigkeiten sowie einen nicht unwesentlichen Teil dessen, was mit den neuen, politisch motivierten Schlagwörtern „bürgerschaftliches Engagement" (vgl. hierzu z. B. HEINZE/OLK 1999, 77 ff.; KÜHNLEIN/MUTZ 1999, 291 ff.) oder „zivilgesellschaftliches Engagement" (vgl. hierzu z. B. KISTLER/HILPERT 1999, 265 ff.) genannt wird.

durchaus marktüblichen Konditionen tätig ist. Allen Ausprägungen gemeinsam ist die ideologisch begründete Aufwertung dieser Tätigkeiten durch Rückgriff auf die am Wohl der Allgemeinheit ursprünglich ausgerichtete Handlungsorientierung Ehrenamtlicher. Damit löst sich das heutige Verständnis von Ehrenamt deutlich von seinen historischen Bezügen (s.o.), indem es nicht mehr ein spezifisches Element einer adligen, ökonomisch weitgehend interessenlosen Lebensführung[24] ist, sondern sich deutlich in eine Richtung entwickelt, in der materielle Interessen in eine eigentümliche Mischform mit Orientierungen am Prinzip der Ehre geraten können. Es entsteht auf diesem Weg in seiner Extremvariante der an der Maximierung seines Vorteils interessierte und gleichzeitig, weil seiner, in der Regel opportunistischen Ideologie verhaftete, Ehrerbietung erheischende „Kleinbürger". In diesem Zusammenhang kann die β*–Professionalisierung (s.o.) ehrenamtlich Tätiger zu der (wahrscheinlich) nicht intendierten Folge führen, daß Erwartungen sowohl im Hinblick auf pekuniäre und sonstige Vorteile aus ehrenamtlicher Tätigkeit als auch im Hinblick auf die Achtung vor der Person geweckt bzw. gesteigert werden. So ist durchaus denkbar, daß mit fortschreitendem Erwerb von im Sport angebotenen Qualifikationen auch die Erwartungen zunehmen, daß sich dies im Sinne einer Verbesserung des Entgelts für ehrenamtliche Tätigkeiten niederschlägt. Parallel dazu verstärkt sich mit höherer Qualifikation in diesem Sinn das Gefühl, berechtigterweise ein Entgelt zu erhalten[25].

In der aktuellen Diskussion um die Reichweite der Folgen des „630-DM-Gesetzes" kann man die antike Dichotomie zwischen „Banausen" und „Bürgern" wieder-

---

[24] VEBLENS (1981 [1899], 62 ff.) Überlegungen zum demonstrativen Konsum bleiben hiervon unberührt. So kann sich das demonstrativ Zeit und Mittel verbrauchende Engagement in einem Ehrenamt durchaus als statuserhöhend und damit letztendlich auch als indirekt ökonomisch wirksam erweisen. Letztlich wird Zeit und Geld in Prestige getauscht, das sich wiederum in höheren Prosperitätschancen niederschlagen kann.

[25] Eine Verbesserung der Qualität ehrenamtlichen Bemühens in den Sportvereinen wäre neben dem Erwerb formaler Qualifikationen durch verschiedene Positionsinhaber auch dadurch möglich, daß Supervision bzw. Beratungsarbeit durch die Verbände vor Ort in den Vereinen auf Anfrage geleistet wird. Letztlich zeigt sich in den vielfältig differenzierten und qualitätsmäßig abgestuften Lizensierungssystemen der Verbände ein wesentlicher Aspekt von Etikettierungsmacht und damit der Übernahme der Position des Regelsetzers, in diesem Fall durch den Regeldurchsetzer (zur Bedeutung von Zuschreibungsprozessen vgl. u. a. SACK 1979, 431 ff.).

erkennen. Der „Banause"[26] (z. B. die Reinigungskraft, das Bedienungspersonal, die Zustellkräfte für Zeitungen), der arbeiten muß, wird mit DM 630,– entlohnt, der „Bürger" (z. B. der ehrenamtliche Mitarbeiter), der aus freien Stücken im Dienste des Gemeinwohls tätig wird, erhält eine symbolische Entgeltung in Höhe von DM 630,–. Während nun die Klagen der „Banausen" sowie deren Arbeitgeber über das Abführen von Beiträgen zur Sozialversicherung im politischen Raum als eher egoistisches bzw. kleinkapitalistisches Störfeuer interpretiert wird, bilden sich bezüglich der Klagen ehrenamtlich Tätiger sowie deren Organisationen konzertierte Aktionen, die auf Abhilfe für diese unzumutbare Belastung sinnen (s. z. B. die öffentliche Veranstaltung „Treffpunkt Saarland" mit Vertretern aus Politik, Verbänden und „Landesarbeitsgemeinschaft pro Ehrenamt" sowie Journalisten; Saarbrücker Zeitung vom 2. 9. 1999, 10)[27].

Das Thema „Ehrenamt" mit seinen verschiedenen Facetten wurde vielfach bearbeitet. Als Beispiel für eine systematische Aufarbeitung des schwierigen Themenkomplexes einer Attraktivitätserhöhung des Ehrenamtes sei auf WADSACK (1992) verwiesen. Bei der Bearbeitung dieses Themas sind jedoch vielfältige außerwissenschaftliche Einflüsse, möglicherweise aufgrund einer spezifischen Eingebundenheit in Netzwerke, in denen der zu untersuchende Gegenstand intensiv und häufig diskutiertes Thema ist, nicht immer ausgeschlossen (s. hierzu PITSCH 1999). Diese schlagen sich vor allem in der Formulierung der forschungsleitenden Hypothesen sowie bei der Konstruktion der Instrumente nieder; speziell zum „freiwilligen ehrenamtlichen Engagement im Saarland" haben KRÄMER et al. (1997) eine Untersuchung vorgelegt, in der sich auch Befunde zum ehrenamtlichen Engagement im Sport, vor allem aber auf der Ebene der Sportverbände finden.

---

[26] Ursprünglich bedeutet Banause „Der Rußgeschwärzte", womit deutlich eine sozial niedrige Lagerung angesprochen war. Aspekte dieser Einschätzung wirken noch heute nach, etwa in der Differenzierung zwischen „white collars" und „blue collars".

[27] Sollte sich eine Privilegierung des ehrenamtlichen Entgelts in der Gesetzgebung niederschlagen, so kann man mit Spannung den Begründungen entgegensehen, mit denen künftig die Umwandlung bisheriger „banausischer" Lohnarbeit in „bürgerliches" freiwilliges Engagement durch Interessenten betrieben und von Seiten der Politik abgelehnt wird.

Ein Aspekt der sogenannten „Freiwilligenarbeit", der außerhalb des Sports diskutiert wurde und wird, soll nicht unerwähnt bleiben. ETZIONI hat darauf hingewiesen, daß Systeme, „die keinen Platz für persönliche Leistung haben – und dadurch das Bedürfnis nach Anerkennung frustrieren" so teuer werden, daß sie nicht mehr weiterexistieren können, so z. B. die Kibbuzim. ETZIONI verweist hier auf den Wohlfahrtsstaat, der die eigennützige Leistung des Einzelnen weniger hoch bewertet als die Fürsorge für die Allgemeinheit, die immer schwieriger zu finanzieren sei. Wohlfahrtsorientierte (ehrenamtliche) Arbeit im Rahmen von Vereinigungen erfülle jedoch in einer zunehmend entfremdeten und unauthentischen Gesellschaft die zentralen Grundbedürfnisse, nämlich die nach Zuwendung, Anerkennung, Orientierung und wiederholten Gratifikationen (ETZIONI 1975, 625 ff.). SCHLAGENHAUF/TIMM (1981, 164) zufolge beklagten dennoch mehr als Dreiviertel aller Vereine Probleme, „überhaupt Ämter oder zumindest bestimmte Ämter zu besetzen – und das nicht zuletzt aufgrund der Belastung solcher Funktionen mit umfangreichen Verwaltungsaufgaben."

Bezüglich der untersuchten Aspekte zur Mitarbeiterstruktur der Sportvereine sollen einige Befunde zusammengetragen werden: Die Zahl der durch Wahl bestimmten Vorstandsmitglieder der Sportvereine variiert innerhalb enger Grenzen zahlenmäßig pro Sportverein. Ihre Zahl ist insgesamt aufgrund der variablen Relation der Zahl der Vorstandspositionen zur Zahl der Mitglieder relativ unabhängig von der Zahl der Vereinsmitglieder (vgl. HEINEMANN/SCHUBERT 1994, 217 ff.; TIMM 1979, 159 ff.; DIGEL et al. 1992, 124; vgl. kritisch zu einem Mangel an ehrenamtlicher Mitarbeit PITSCH/EMRICH 1997 sowie die kontroverse Diskussion zwischen HEINEMANN/SCHUBERT 1999, 92 ff. und PITSCH/EMRICH 1999 b, 229 ff.). Abhängig von der Größe und Komplexität des Sportvereins gibt es darüber hinaus eine bestimmte Zahl von Vereinsmitgliedern, die ehrenamtlich und unentgeltlich im Sportvereinsbetrieb mitarbeiten. Ihr Anteil an den „MitarbeiterInnen im Sportbetrieb" wird z. B. bei JÜTTING/STROB (1994, 168 f.) mit sehr hohen 56,2% angegeben.

MRAZEK und RITTNER (1991) haben Übungsleiter und Trainer hinsichtlich ihrer sozialen Lage, ihres Selbstbildes sowie ihrer Karrieremuster untersucht. Dabei ergab sich u. a.,

1. daß deren soziale Lagerung höher als die der übrigen Vereinsmitglieder, jedoch niedriger als die der Funktionsträger war;

2. daß der Anteil weiblicher Kräfte niedriger lag als der Anteil der Frauen an den Vereinsmitgliedern und

3. daß sie im Durchschnitt älter sind als die Aktiven. Darüber hinaus kommt ihnen eine Art Mittelstellung zwischen ehrenamtlichen Positionsinhabern des Vorstandes und den Vereinsmitgliedern zu.

HEINEMANN und SCHUBERT (1994, 22 f.) gehen im Rahmen ihrer Skizzierung der Problemlage der Sportvereine davon aus, daß es für die Vereine immer schwieriger werde, ihre Mitglieder zur ehrenamtlichen Mitarbeit zu bewegen. Als mögliche Erklärung nehmen sie, vor allem angesichts einer Ausweitung des Sportangebotes, an:

1. die Motivstruktur der Vereinsmitglieder;

2. gesteigerte Erwartungen gegenüber der Kompetenz ehrenamtlicher Führungskräfte;

3. eine starke Einengung des Handlungsrahmens durch immer stärker formalisierte Rechts- und Verwaltungs- bzw. Steuerverordnungen;

4. die gestiegenen Möglichkeiten konkurrierender Genüsse im Freizeitbereich.

Ihre empirischen Ergebnisse bestätigen dann diese Vorannahmen (ebd., 211 ff.).

Es sind aber auch Gegenpositionen aufzeigbar. DIERKES/KECK (1991, 289 und 291) mutet die ständig geführte Klage um eine vermeintlich nachlassende Mitarbeitsbereitschaft im Ehrenamt dann auch insofern eigenartig an,

„als die Zahl der Mitarbeiter [in dem von ihnen untersuchten TSV Kusterdingen, ein Verein mit 577 Mitgliedern; ebd., 284] die der sportlich Aktiven überschreitet. Bedenkt man weiterhin, daß das ehrenamtliche Engagement der Hälfte davon auch noch als regelmäßig [d. h. die Übernahme zumindest monatlich anfallender Arbeiten; ebd., 284] eingestuft wurde, so muß man ernsthaft überlegen, ob es denn tatsächlich an Mitarbeitern fehlt oder es sich vielmehr um die Propagierung einer Vereinsideologie handelt [...]".

Der Widerspruch zwischen Fakten und deren Wahrnehmung bzw. Interpretation könnte aus der ideologischen Funktion einer überhöhten Betonung ehrenamtlichen Engagements resultieren (DIERKES/KECK 1991, 291), wonach diese Klagen das logische Resultat der Überhöhung (vor allem) leitenden ehrenamtlichen Engagements wären nach dem Motto: Dieses ist uns lieb und teuer; also sind Ehrenamtliche ähnlich dem Geld. Davon hat man nie genug! Allerdings hat man auch bei steigender Summe überproportional wachsende Sorgen.

Die Behauptung, wonach es eine „Krise des Ehrenamtes" gäbe, wurde vom Deutschen Sportbund und einem Teil seiner Mitgliedsverbände zum Anlaß verschiedener Kampagnen genommen. Eine sogenannte Krise des Ehrenamtes läßt sich nicht nur wirkungsvoll im Rahmen von medienwirksamen Meldungen und Aktionen inszenieren, sie unterstreicht darüber hinaus die Bedeutung des Ehrenamtes an sich und gibt den Dachorganisationen einen plausibel scheinenden Grund für ihre Aktivitäten in Form von Kampagnen etc. Darüber, inwiefern die Behauptung einer Krise in einem Bereich, in dem viele Menschen ohne Entgelt tätig sind, bei diesen das Gefühl erst entwickelt, sowohl anerkennungsmäßig als auch in Form des Entgelts ungenügend gewürdigt zu werden und es dadurch als nicht intendierte Folge einer zielgerichteten sozialen Handlung tatsächlich zu einer Krise des Ehrenamtes kommen kann, ist weder im Vorfeld noch im Rahmen dieser Aktionen reflektiert worden. Im wesentlichen hat MERTON im Hinblick auf die nicht intendierten Folgen zielgerichteter sozialer Handlungen auf das grundlegende Theorem der Soziologie hingewiesen, wonach jede Handlung sowohl funktionale als auch dysfunktionale Folgen hat. Auch die Aktion des Landessportverbandes für das Saarland zum „Jahr des Ehrenamtes" ist vor diesem Hintergrund kritisch zu betrachten.

Aktuelle empirische Befunde, die vergleichend auf die Daten der FISAS-Studien 1986 und 1991 sowie auf die Daten der FISAS Pfalz 1995 und der SAS Saar 1994 zurückgreifen, konnten ein zurückgehendes Engagement im Ehrenamt nicht bestätigen (vgl. PITSCH 1999). Aufgrund dieser quantitativen Angaben ist allerdings keine Abschätzung der in diesen Positionen geleisteten Arbeit und ihrer Qualität möglich. Lediglich im Hinblick auf die Zahl der Personen, die in den Sportvereinen auf Führungs- und Verwaltungsebene sowie auf der Ausführungsebene kontinuierlich mitarbeiten, können Aussagen getätigt werden. Eine Analyse des fallweisen ehrenamtlichen Mitwirkens (z. B. bei besonderem und nicht alltäglichem Bedarf) sowie der Qualität des fallweisen Mitwirkens und des dauerhaften ehrenamtlichen Engagements bedarf grundsätzlich anderer Methoden. So wäre der Qualitätsbegriff in bezug auf die ehrenamtliche Tätigkeit zu spezifizieren im Hinblick auf die Qualität des Ergebnisses, die Qualität des Prozesses, z. B. der Leistungserstellung, sowie dem Ausmaß der vereinsbezogenen Funktionalität, wobei jeweils zwischen der vereinsinternen Beurteilung der Qualität und der vereinsexternen, aufgrund definierter Qualitätskriterien vorzunehmenden Beurteilung zu unterscheiden wäre. Insofern wäre angesichts der Vielzahl notwendigerweise zu betrachtender Aspekte eine inhaltlich differenzierte, nicht-standardisierte Datenerhebung notwendig. In Ansätzen, wenn auch nicht mit der sachadäquaten Detailliertheit, hat KREIS (1997) unter anderem Daten zur Frage der Beurteilung der Qualität ehrenamtlicher Mitarbeit durch Vereinsvorsitzende im Rahmen eines teilstandardisierten Interviews erhoben, woraus allerdings keine Hinweise auf eine umfassende Unzufriedenheit abgeleitet werden konnten. Vielmehr wurde klar, daß die Qualität der Arbeit von Vorsitzenden und weiteren Vorstandsmitglieder mit den Aufgaben, die an sie herangetragen wurden, gewachsen ist (vgl. zur Überlegung, wonach „der Kandidat mit dem Amt wächst" SIMMEL 1986 b [1907], 208 f.). Diese kurz ausgeführten Überlegungen belegen deutlich, daß die andernorts (z. B. BEZOLD 1996) meist in bezug auf Profit-Organisationen vorgenommenen Analysen der sogenannten „Dienstleistungs-Qualität" an den Besonderheiten von Nonprofit-Organisationen teilweise vorbeigehen.

Auch KLAGES (1998 b, 147) verneint in bezug auf ehrenamtliches Engagement das Vorliegen krisenhafter Zustände. Mit Hilfe einer bundesweiten Repräsentativbefragung konnte er einen Prozentsatz von insgesamt 40% ehrenamtlich engagierter Personen ermitteln; ein im internationalen Vergleich mittleres Niveau. Er macht für die Klage von der angeblich zurückgehenden Engagementbereitschaft im Ehrenamt die fälschliche Interpretation eines in ein düsteres Bild getauchten Wertewandels verantwortlich:

„Glaubt man manchen Kommentatoren, dann scheint der Durchschnittsmensch und -bürger beim Egotrip und damit auf der schiefen Ebene gemeinschaftsfremder Selbstbezogenheit angelangt zu sein. Er hat, so scheint es, den Wohlstand und das Wachstum der sozialen Sicherheit während der letzten Jahre nicht verkraftet und weist schwere Schädigungen seiner moralischen Grundsubstanz auf. Es ist, so kann man allenthalben lesen und hören, ein Werteverfall im Gange, der die Gefahr einer Desintegration der Gesellschaft mit sich bringt, die sich zunehmend zu einer Ego-, Single- und Ellenbogengesellschaft verwandelt, in welcher der eigentlich vorgesellschaftliche Zustand eines bellum omnium contra omnes herrscht. Glücklicherweise stimmt dieses Negativbild weder mit den Daten der empirischen Sozialforschung, noch mit den Beobachtungen überein [...]."

Der verstärkte Individualismus der Menschen habe nichts mit der Ausbreitung „asozialer" Neigungen zu tun. Das Denken der meisten Menschen kreise nach wie vor um Arbeit, Familie, Partnerschaft, Freunde usw. Die Toleranz gegenüber Fremden sei eher noch gewachsen. Aufgrund eines nachweisbaren Wandels „von Pflicht- und Akzeptanzwerten zu Selbstentfaltungswerten" (ebd.) habe es aber einige Mentalitätsveränderungen gegeben (ebd., 149), innerhalb derer u. a. sowohl ein verstärktes Bedürfnis nach Autonomie und Entscheidungsbeteiligung wie auch eine geringere Bereitschaft zur unhinterfragten Akzeptanz formaler Autoritätsansprüche erkennbar werde (zur Kritik an einigen dieser Thesen vgl. HONDRICH et al. 1988).

Zur hauptamtlichen Mitarbeit in Sportvereinen

Als Gründe für den Einsatz hauptamtlicher Mitarbeiter in Sportvereinen werden (hier in Rückgriff auf die Zusammenfassung von PITSCH/EMRICH 1999 a) die folgenden genannt:

- Bei wachsender Vereinsgröße sinke die Engagementbereitschaft der Mitglieder, so daß es für den Sportverein immer schwerer werde, Mitglieder zur Wahrnehmung ehrenamtlicher Aufgaben zu motivieren. Diese Arbeitsfelder müßten dann von hauptamtlichen Mitarbeitern abgedeckt werden (vgl. z. B. HEINEMANN/SCHUBERT 1994, 238 f.; 1992, 30 f.). Vereinzelt wird auch eine generell sinkende Bindungs- und Engagementbereitschaft der Mitglieder konstatiert, unabhängig von der Vereinsgröße.
- Durch neue Mitgliedergruppierungen, die in die Sportvereine hineindrängen, würde das Gefüge der Erwartungen an den Sportverein vielfältiger. Es entstünden neue Bewegungsbedürfnisse, denen Sportvereine nur durch den Einsatz gut ausgebildeter und fest angestellter Mitarbeiter gerecht werden könnten (vgl. z. B. BAUR/KOCH/TELSCHOW 1995, 28 f.).
- Allgemein komme es in den Sportvereinen zu einer ökonomischen Tauschwertorientierung der Sportvereinsmitglieder, die für ihren Mitgliedsbeitrag auch eine angemessene Gegenleistung erwarteten (vgl. z. B. CACHAY 1998, 228).

Von HEINEMANN und SCHUBERT (1994, 238 ff.) wurde auf der Basis der FISAS 1991 der Einsatz bezahlter Mitarbeiter in den Sportvereinen detailliert wie folgt dargestellt:

1. In 31,1% der Sportvereine sind bezahlte Mitarbeiter im Bereich Training und Betreuung tätig (ebd., 242).

2. Der Anteil der Sportvereine mit hauptamtlich angestellten Mitarbeitern im Bereich Verwaltung/Organisation beträgt 4,2% (ebd.). Hier muß im Hinblick auf die Fragebögen, die in den verschiedenen Untersuchungen von Sportvereinen eingesetzt wurden und werden, auf die spezifische Bedeutung des Attributs „hauptamtlich" hingewiesen werden: Die unter diesem Aspekt erfragten und diskutierten Daten beziehen sich auf eine sportspezifische Dichotomie „ehrenamtlich vs. hauptamtlich" und somit auf Tätigkeiten, die im Rahmen eines nicht ehrenamtlichen Engagements, gegen Entgelt, innerhalb einer Aufsichtshierarchie und unter der Aufsicht des Vereinsvorstands durchgeführt werden.

3. Der Prozentsatz der Sportvereine mit festangestellten Geschäftsführern beträgt 5,2% (ebd.). Hierbei handelt es sich vor allem um große Vereine.

Im Vergleich der FISAS 1986 mit der FISAS 1991 West (s. PITSCH/EMRICH 1999 a) ergaben sich folgende Befunde:

1. Hinweise für einen Anstieg der Zahl bezahlter Mitarbeiter in den Sportvereinen konnten im Vergleich zwischen den Erhebungsjahren 1986 und 1991 nicht gefunden werden. Es gibt eher Anzeichen für rückläufige Entwicklungen in diesem Bereich, die jedoch sehr vorsichtig zu interpretieren sind. Daneben gibt es ebenfalls Anzeichen für eine Polarisierung der Sportvereine in diejenigen ohne bezahlte Mitarbeiter und in diejenigen mit bezahlten Mitarbeitern in allen Arbeitsbereichen. Die Spezifik der Entwicklung der Zahl bezahlter Mitarbeiter in den Arbeitsbereichen „Führung und Verwaltung" und „Leistungserstellung" zeigt jedoch, daß die Annahme, geänderte Bewegungsinteressen und -bedürfnisse von Vereinsmitgliedern führten im Bereich der Leistungserstellung zu einem verstärkten Einsatz bezahlter Mitarbeiter, nicht bestätigt werden kann.

2. Die Zusammenhänge zwischen der Mitgliederzahl der Sportvereine und der Zahl bezahlter bzw. hauptamtlicher Mitarbeiter müssen sehr differenziert gesehen werden: Die Zahl der Vereinsmitglieder ist keine Einflußgröße, die sowohl die Anzahl als auch den Anteil bezahlter bzw. hauptamtlicher Mitarbeiter in den Sportvereinen in gleicher Richtung beeinflußt. Dieser Befund kann wie folgt interpretiert werden: Je größer der Sportverein, desto eher treten Situationen auf, die allein mit ehrenamtlichen Mitarbeitern nicht bewältigt werden können. Wenn bezahlte bzw. hauptamtliche Mitarbeiter eingestellt werden, so führt eine steigende Mitgliederzahl jedoch nicht unbedingt zu einer steigenden Zahl an bezahlten Mitarbeitern, sondern eher dazu, daß vorhandene bezahlte Mitarbeiter

in größerem zeitlichem Umfang tätig werden. Damit sinkt der Anteil dieser Mitarbeiter an der Gesamtzahl der Mitarbeiter mit steigender Mitgliederzahl. Zentraler Aspekt dieser Interpretation ist, daß einerseits eher ökonomisch orientierte und einen zweckrationalen Personaleinsatz betreffende Erklärungsmuster für den Einsatz bezahlter Mitarbeiter in den Sportvereinen und andererseits soziologische Interpretationen, die Wirkung des Einsatzes dieser Mitarbeiter auf die Vereinskultur betreffend, in ihren Aussagen differenziert werden müssen:

➢ In Bezug auf die ökonomisch orientierten Erklärungsansätze kann die Aussage: „Je größer der Sportverein, desto größer ist der Grad der Verberuflichung" beibehalten werden, wenn auch in spezifischerer Form, was den Einsatz bezahlter bzw. hauptamtlicher Mitarbeiter überhaupt sowie die Zahl der Mitarbeiter betrifft. Diese Interpretation kann jedoch nur überprüft werden, wenn verläßliche Zahlen zum zeitlichen Umfang, in dem in den Sportvereinen bezahlte bzw. hauptamtliche Mitarbeiter beschäftigt werden, vorliegen. Zudem müßte dazu der zeitliche Umfang, in dem ehrenamtliche Mitarbeiter tätig sind, ebenfalls zuverlässig erfaßt werden können, was in Untersuchungen mit einer großen Zahl an Befragten an den Beschränkungen der einsetzbaren Methoden scheitert.

➢ Im Hinblick auf die eher organisationssoziologisch orientierten Vermutungen über die Auswirkung einer Verberuflichung auf die Organisationskultur in den Sportvereinen muß dagegen die Aussage wahrscheinlich genau umgekehrt formuliert werden: „Je größer der Sportverein, desto geringer sind die Auswirkungen einer Verberuflichung". Dabei ist jedoch zu bedenken, daß im Rahmen dieser Untersuchung nicht die Auswirkungen direkt gemessen wurden, sondern lediglich in Form des Anteils der bezahlten bzw. hauptamtlichen Mitarbeiter eine mögliche Voraussetzung für diese Auswirkungen.

1.1.4 Überlegungen zu einer Wirtschaftssoziologie der Sportvereine

In jüngerer Zeit sind ökonomische und finanzsoziologische Fragen, in deren Mittelpunkt die Bedeutung des organisierten Sports und des Sportvereins als Wirtschaftsfaktor (vgl. BÜCH 1996; WEBER et al. 1995 sowie die Beiträge in Heft 3/4 1998 der Zeitschrift Sportwissenschaft mit dem Schwerpunktthema „Sportökonomie") und die Besonderheiten der Finanzstruktur von Vereinen stehen, diskutiert worden. Besonders HEINEMANN (1995) und HEINEMANN/SCHUBERT (1994, 257 ff.) sowie HEINEMANN/HORCH (1991; vgl. auch HORCH 1987 sowie ANDERS 1991, 48 ff.) haben sich aus sozialwissenschaftlicher Sicht mit Aspekten der Finanzstruktur von

Vereinigungen befaßt. Aktuell werden diese Aspekte auch in dem Sammelband „Die Sportbranche" (TROSIEN 1999; s. v. a. EMRICH/PITSCH/PAPATHANASSIOU 1999, 31 ff.) behandelt.

Allgemein besteht dabei bezüglich einer ökonomischen Analyse des Sportvereins Übereinkunft dergestalt, daß dieser in der Regel keine Einzelleistungen gegen Einzelabrechnung für Kunden herstellt. Einzelleistungen werden nicht am Markt feilgeboten, um damit einen Gewinn zu erzielen, sondern man will damit wesentlich eine ideelle Zielsetzung verfolgen (vgl. HEINEMANN 1995). Diese ideelle Zielsetzung wird auf der Basis des Solidaritätsprinzips mit Hilfe eigener Ressourcen, nämlich durch Freiwilligenarbeit und mit Hilfe der in einen Gesamtpool eingebrachten Mitgliedsbeiträge sowie anderer Einnahmen realisiert. Dies wiederum macht den Verein ungeachtet öffentlicher Zuschüsse prinzipiell unabhängig von Dritten. Über die in ein Gesamtbudget eingebrachten Mitgliedsbeiträge und sonstigen Finanzmittel (wie z. B. Spenden) entscheiden – so die theoretische Vorstellung – die Mitglieder aufgrund gemeinsamer finanzwirksamer Beschlüsse. Daraus ergibt sich, daß die Betrachtung der Wirtschaftlichkeit eines Vereins nicht analog zu der eines gewinnorientierten Erwerbsunternehmens erfolgen kann (vgl. HEINEMANN 1995; zur durchgängig ökonomischen Betrachtung des Ligasports vgl. FRANCK 1995). So sind selbst bei der Lizenzerteilung in der Fußball-Bundesliga wirtschaftliche Überlegungen nicht allein ausschlaggebend. Kriterien des „Funktionierens" eines Vereins aus wirtschaftlicher Sicht sind nicht, wie manche Vorstandsmitglieder zuweilen nach längerer Amtsführung meinen, die angesparten Rücklagen, sondern der Grad der Zielerreichung in den Sachaufgaben einerseits (instrumentale Rationalität der Organisation) und die bestmögliche Befriedigung der Bedürfnisse der Mitglieder andererseits (sozio-emotionale Rationalität der Organisation; vgl. SCHWARZ 1992, 56 ff. unter Bezug auf HILL/FEHLBAUM/ULRICH 1981, Bd. 1., 158 ff. und 166 ff.).

Diese Überlegungen machen deutlich, daß die wirtschaftliche Lage von Sportvereinen nicht nur im Rahmen einer Analyse von Finanzströmen erfolgen kann, sondern auch die Ziele der Arbeit in den Sportvereinen im Sinne einer Wirtschaftssoziologie mit berücksichtigen muß,

„das bedeutet, daß die Handlungsweisen nicht allein auf die ihnen zugrunde liegenden, mehr oder weniger rationalisierten Motivationsstrukturen, sondern auch

auf die Situationen hin zu untersuchen sind, in denen sie stattfinden" (FÜRSTENBERG 1969 a, 1285).

Im folgenden werden zunächst strukturelle Besonderheiten von Nonprofit-Organisationen in ihren Implikationen für das wirtschaftliche Handeln untersucht, auf denen nachfolgend die Grundzüge einer wirtschaftssoziologischen Betrachtung von Sportvereinen skizziert werden.

Strukturelle Besonderheiten von „Nonprofit"-Organisationen

HEINEMANN (1995, 129, vgl. auch 65 ff. und 128 ff.) hat fünf verschiedene Typen von Nonprofit-Sportanbietern differenziert, die sich aufgrund ihrer konstitutiven Variablen und ihrer jeweiligen Funktionsweise sowie nach der Art der Erfüllung von Sachaufgaben unterscheiden (s. Tabelle 1.6). Vor allem der Konkurrenzdruck kommerzieller Sportanbieter wird in diesem Zusammenhang als Argument für eine verstärkte Dienstleistungsorientierung der Vereine aufgeführt (zu Entwicklungsmöglichkeiten sportbezogener Dienstleistungen aus ökonomischer Sicht vgl. WAGNER 1990).

Tab. 1.6: Typik von Sportanbietern (in Anlehnung an HEINEMANN 1995, 129)

rechtlicher Status	Handlungsorientierung		
	gewinnorientiert	nicht gewinnorientiert	
		freiwillige Vereinigung	professioneller Betrieb
privater Anbieter	Fitneßzentrum	Sportverein	Genossenschaft
öffentlicher Anbieter	kommunaler Yachthafen	---	Volkshochschule

Tabelle 1.7 verdeutlicht strukturelle Unterschiede zwischen Profit- und Nonprofit-Organisationen, und Tabelle 1.8 stellt Vereine mit starker Dienstleistungsorientierung und einem hohem Anteil an professionalisierter Dienstleistungstätigkeit eher traditionell orientierten Vereinen gegenüber. Sportvereine, hier als Nonprofit-Organisation betrachtet, sind soziale Gebilde zum Nutzen freiwilliger Mitglieder, deren weltanschauliche Bindung sich primär in der Auffassung vom Wert und Nutzen des gemeinsamen Sporttreibens manifestiert (zur internationalen Forschung im Bereich Nonprofit-Organisationen vgl. ANHEIER 1990; über Non-

profit-Organisationen allgemein sowie über die Vielfalt von Nonprofit-Organisationen gibt SCHWARZ 1992 sowie der Sammelband von BADELT 1999 Auskunft; strukturelle Eigenschaften und Probleme solcher Organisationen skizzieren SCHWARZ/PURTSCHERT/GIROURD 1995, 28; zum Unterschied zwischen Nonprofit-Organisationen und gewinnorientierten Unternehmen und zur Relevanz des Nonprofit-Sektors vgl. HORAK 1995, 8 und 82). Sämtliche im Rahmen des Vereinsbetriebs anfallenden Kosten für Übungsleiter, Trainer, Wettkampfbetrieb, Sportanlagen usw. werden mit Hilfe der neben den Einnahmen aus Spenden, Sponsoren etc. in einen Gesamtetat einfließenden Mitgliedsbeiträge beglichen. Die Höhe der Mitgliedsbeiträge richtet sich gemäß dieser Vorstellungen nicht nach den jeweils bezogenen Leistungen (zur Gestaltung von Beitragsstrukturen siehe Kapitel 3.3.11), sondern ist weitgehend am Grundsatz der Kostendeckung im Rahmen eines Globalbudgets orientiert, wobei höhere Mitgliedsbeiträge nur selten zu verzeichnen sind. Dies bedeutet auch, daß die Inanspruchnahme sportlicher Angebote durch aktive Mitglieder von passiven Mitgliedern über deren Mitgliedsbeiträge mitfinanziert wird.

Tab. 1.7: Idealtypische Strukturmerkmale von Profit- und Nonprofit-Organisationen

Profit-Organisationen	**Nonprofit-Organisationen**	
Gewinnmaximierung	zum Nutzen Dritter	zum Nutzen freiwilliger Mitglieder
z. B. Reiseveranstalter	z. B. Rotes Kreuz[28]	z. B. traditioneller Sportverein
Nutzer		
keine weltanschauliche Bindung		weltanschauliche Bindung
homo oeconomicus Vergnügen gegen Geld	unentgeltlicher Bezug, evtl. symbolischer Preis	Mitgliedsbeiträge als Pauschalbeitrag zur Vereinserhaltung Einzelteilnahme ist unentgeltlich

---

[28] In den vorliegenden Ausführungen interessieren primär sportbezogene Nonprofit-Organisationen. Aus diesem Grunde können strukturelle Besonderheiten anders strukturierter Nonprofit-Organisationen wie z. B. Rotes Kreuz hier nicht weiter diskutiert werden, obwohl die Besonderheit, Leistungen sowohl für eigene Mitglieder wie auch für Dritte zu erbringen, direkt ins Auge fällt. Ungeklärt muß hier auch bleiben, inwieweit staatlich gelenkte Organisationen wie z. B. die Polizei ebenfalls unter dem Begriff einer Nonprofit-Organisation zu subsumieren wären.

Profit-Organisationen können dagegen legitimerweise den Zweck der Gewinnmaximierung verfolgen. Das in unserer Übersicht gewählte Beispiel eines Reisebüros macht deutlich, daß hier auf der Grundlage erwerbswirtschaftlicher Orientierungen die berechtigte Hoffnung auf Spannung, Abenteuer, Erholung und Freizeitvergnügen usw. mit Geld erworben wird (vgl. allgemein zur Freizeitsoziologie VESTER 1988). Zum Punkt „keine weltanschauliche Bindung" muß allerdings angemerkt werden, daß diese ersatzweise in kleineren emotionalen Zirkeln innerhalb von Organisationen entstehen kann, die leicht in Cliquen mutieren. Hierbei sind zwei Fälle zu unterscheiden:

1. Auch gewinnorientierte Unternehmen suchen oftmals über die Verbreitung einer „Pseudophilosophie" in aufwendigen Schulungen das Zusammengehörigkeitsgefühl der Mitarbeiter und die Solidarität mit der Firma zu stärken. Hier kann zwar nicht von weltanschaulicher, aber von „pseudophilosophischer" Bindung an die Organisation gesprochen werden, allerdings nicht der Nutzer, sondern der Mitarbeiter.

2. Die Inanspruchnahme der Leistungen gewinnorientierter Unternehmen durch die Nutzer wird nicht selten ideologisch flankiert. So wird von Reiseunternehmern im Bereich des Extremtourismus nicht selten ein „Teamgeist" in der Kleingruppe beschworen und das Meistern der Widrigkeiten als Weg zur Selbstfindung propagiert.

Tab. 1.8: Gegenüberstellung der Organisationsstruktur von Vereinen, die sich vorrangig am Modell der Profit- versus Nonprofit-Organisation ausrichten

Modell der Profit-Organisationen	Modell der Nonprofit-Organisationen
– gewinnorientierter Verein, teilweise Überformung des Solidarprinzips durch Marktprinzipien	– innenzentrierter Verein mit starker Betonung des Solidarprinzips unter Hintanstellung ökonomischer Überlegungen
– funktional spezifische Rollendifferenzierung	– teilweise funktional diffuse Rollendifferenzierung
– entlohntes Engagement	
– klare Kompetenzabgrenzung	– prinzipiell freiwilliges Engagement
– formalisierte Über- und Unterordnungsverhältnisse	– weite Gestaltungsspielräume
	– informelle Über- und Unterordnungsmuster
– Marktorientiertheit	– ideologisch-traditionale Angebotsgestaltung

Wie sich traditionelle Vereine strukturell wandeln, falls die solidarische Orientierung der Mitglieder, in deren Rahmen erwerbs- bzw. gewinnwirtschaftliche Überlegungen in den Hintergrund treten, durch eher ökonomische Orientierungen überformt wird, ist in Tabelle 1.8 verdeutlicht (zum Sportverein als Nonprofit-Organisation vgl. auch die unkonventionellen Überlegungen JÜTTINGs 1996, 102 ff., der die Strukturbesonderheiten des Sportvereins von einem jungen Mädchen der Zukunft in der Vergangenheitsperspektive – wie es dem Hörensagen nach früher wohl einmal war – beschreiben läßt).

VIERKANDT (1969) unterscheidet drei Formen von Solidarität:

1. Die Solidarität der Gesinnung: Menschen fühlen sich gemeinschaftlich als eins. Damit geht häufig eine Abgrenzung gegen außen einher.

2. Die Solidarität des Handelns: Sie besteht in der gegenseitigen Hilfsbereitschaft.

3. Die Interessensolidarität: Sie liegt vor, wenn sich mindestens zwei Organisationen aufgrund übereinstimmender Interessenlagen zusammenschließen, wobei die rein sachliche Orientierung ohne emotionale Fundierung überwiegt.

Betrachtet man die solidarische Orientierung der Mitglieder im Sportverein, so sind alle drei genannten Solidaritätsformen berührt. Auf der Grundlage einer formaleren und damit berechenbareren Organisation mit klarer Rollen- bzw. Aufgabendifferenzierung orientiert sich der stärker marktorientierte Sportverein eher an einem modernen Dienstleistungsbetrieb, verliert dadurch aber zwangsläufig auf der sozioemotionalen Ebene einige Merkmale wie Geborgenheit, gesellige Atmosphäre, hohe soziale Nähe und Affinität und rückt teilweise von einer Solidaritätsorientierung ab. CACHAY (1998, 228) zufolge ist der Sportverein dann auch konkret auf dem Weg,

„zu einer Organisation zu werden, die den Mitgliedern vornehmlich die sachlichen, personellen und organisatorischen Rahmenbedingungen zur Realisierung sportlicher Interessen bereitstellt. Die Mitglieder treten gewissermaßen als Kunden auf und nehmen konkrete Dienstleistungen des Vereins im Bereich der Sportausübung in Anspruch. Das Verhältnis der Mitglieder untereinander wird distanzierter und das zum Verein sachbezogener."

Hierzu sind mehrere Punkte anzumerken: Erstens, daß Sportvereine per definitionem sich immer schon der Aufgabe stellten, „den Mitgliedern vornehmlich die sachlichen, personellen und organisatorischen Rahmenbedingungen zur Realisierung sportlicher Interessen" bereitzustellen. Zweitens, daß die Inanspruchnahme von Dienstleistungen Mitglieder nicht prinzipiell zu „Kunden" des Sportvereins macht, da dazu mehrere weitere Kriterien wie z. B. die Einklagbarkeit der Gegenleistung, das Umtauschrecht, die gesetzliche Gewährleistungspflicht des Anbieters u.v.m. erfüllt sein müssen. Drittens, daß empirische Belege für Veränderungen hinsichtlich des Verhältnisses der Mitglieder untereinander und zum Sportverein bisher nicht vorliegen.

Sportvereine, um zur Ansicht CACHAYS zurückzukehren, hätten somit in einer schwierigen Balance miteinander verbundene Aspekte einer zunehmenden Dienstleistungsorientierung und der damit einhergehenden stärkeren Formalisierung und (α–, β–, γ–, δ–, ϵ– oder $\beta*$–) Professionalisierung der Organisation mit der Bewahrung all jener Merkmale zu verknüpfen, die sich aus ihrer Mittelstruktur zwischen Familie und Gesellschaft (vgl. HEINEMANN 1979; zuerst WEBER 1924 [1910], 441 f.) ergeben, nämlich soziale Nähe und das Gefühl der Geborgenheit, die beide mit dem Phänomen der Solidarität und der Geselligkeit verbunden sind (s. Tabelle 1.9).

Tab. 1.9: Idealtypische Gegenüberstellung von Profit- und Nonprofit-Organisationen in bezug auf die Klienten- und Mitgliedermentalität

Kunden- bzw. Mitgliedermentalität in	
Profit-Organisationen	**Nonprofit-Organisationen zum Nutzen freiwilliger Mitglieder**
– affektive Neutralität, formale Höflichkeit	– Kameradschaftlichkeit
– hierarchisch überformte Distanz	– affektive Nähe
– emotionale Bindung an die Organisation ist nicht konstitutiv	– emotionale Geborgenheit ist konstitutiv
	– Identifikation der Person mit der Organisation

In diesen Rahmen paßt auch die vom Deutschen Sportbund anläßlich des Kongresses „Menschen im Sport 2000" geführte Diskussion, ob letztlich die kleinen Sportvereine durch die dienstleistungsorientierteren größeren Sportvereine verdrängt werden (DIGEL 1988, 162 ff.). Tatsächlich zeigen empirische Befunde, daß die Zahl kleinerer Sportvereine seit etwa 1975 stark zugenommen hat (vgl. BAUR/KOCH/ TELSCHOW 1995, 52 ff.). Die Vereinslandschaft in Ostdeutschland ist dabei noch stärker durch Klein- bzw. Kleinst-Vereine geprägt (ebd., 57).

BAUR, KOCH und TELSCHOW (1995) haben in einer Untersuchung über die Strukturen der Sportvereine in den neuen Ländern auch das Problem des Modernisierungsdruckes aufgegriffen, den sie als „Ausbreitung und Pluralisierung der Sportkultur, die Veralltäglichung[29] und Individualisierung von Sportengagements als ‚moderne' Momente der Sportentwicklung" (ebd., 25) fassen. Als Reaktion auf diesen Modernisierungsdruck entwickelten Sportvereine ihren Ausführungen zufolge je eigene Anpassungsformen und damit je eigene Vereinsstrukturen und -konzepte.

Auch in dieser Sicht (vgl. Tabelle 1.10) liegen Vereine zwischen Solidargemeinschaft und Dienstleistungsorientierung. BAUR, KOCH und TELSCHOW (1995, 26, vgl. 24 ff.) versuchen, unterschiedliche Anpassungsvarianten mit Hilfe eines idealtypischen Schemas zu erfassen, das reale Vereinsstrukturen zwischen den Polen „traditional" und „modernitätsorientiert" auf den drei Dimensionen „Vereinskonzeption" (zum Begriff der Vereinskonzeption vgl. auch HEINEMANN/SCHUBERT 1994, 196 ff.), „Angebotsstruktur" sowie „Mitgliederstruktur und Mitgliederbindung" verorten soll (s. Tabelle 1.10; vgl. auch die Befunde von JÜTTING/ JOCHINKE 1994, 197 f. zur „Traditions- und Dienstleistungsorientierung" der Münsteraner Sportvereine). Typisch für die traditional orientierten Sportvereine sind BAUR, KOCH und TELSCHOW (1995, 27 ff.) zufolge Tendenzen zur sozialen Schließung (vgl. auch CACHAY 1988), während die sogenannten modernitätsorientierten Sportvereine Tendenzen zur sozialen Öffnung zeigten.

---

[29] Die Behauptung einer aktuell beobachtbaren „Veralltäglichung" des Sportengagements impliziert die These einer Außeralltäglichkeit des Sportengagements in früheren Jahren der Bundesrepublik und der DDR. Eine solche Entwicklung kann für das Tennis als Entwicklung vom „weißen Sport" zum Jedermannspaß und teilweise für das Golfspiel konzediert werden. Die Manifestationen dieser „Veralltäglichung" im Turnen, im Fußball, im Handball, im Schwimmen oder in der Leichtathletik (um nur wenige Sportarten zu nennen) entziehen sich (wahrscheinlich nicht nur) unserer Kenntnis. Möglicherweise wurden hier vereinzelte Erscheinungsformen auf das gesamte Sportengagement übertragen und als sogenannter „Modernisierungsdruck" bezeichnet, der Motor der künftigen Vereinsentwicklung sei. Weiterhin kann hier nicht erschlossen werden, ob von den Autoren der Begriff der „Veralltäglichung" im WEBERschen Sinne oder im ethnomethodologischen Sinne gebraucht wurde. Weitere Implikationen dieser Aussage bleiben also notwendigerweise im Dunkeln.

Tab. 1.10: *Traditionale versus modernitätsorientierte Sportvereine nach* BAUR/KOCH/TELSCHOW *(1995, 26)*

Dimensionen	Traditionale Sportvereine	Modernitätsorientierte Sportvereine
Vereinskonzeption	– Solidargemeinschaft – Ehrenamtlichkeit – Tendenz zur sozialen Schließung – hoher Integrationsgrad	– Dienstleistungseinrichtung – vermehrte Verberuflichung – Tendenz zur sozialen Öffnung – geringer Integrationsgrad
Angebotsstruktur	– Angebotsorientierung – Begrenzung der Angebotspalette auf eine oder wenige Sportarten	– Nachfrageorientierung – breite und variable Angebotspalette an Sportarten und sportiven Formen
Mitgliederstruktur und Mitgliederbindung	– traditionelle Vereinsklientel – homogene Interessenlage – dauerhafte Vereinsbindungen – geringe Fluktuation	– vielschichtige Klientel – heterogene Interessenlage – vorläufige Vereinsbindungen – hohe Fluktuation

***Die soziale Bedingtheit wirtschaftlichen Handelns in Sportvereinen*[30]**

Die vorangehend geschilderten Überlegungen reflektieren wirtschaftssoziologisch relevante Aspekte der Organisation „Sportverein" auf der Grundlage typischer angebots- und nachfrageorientierter Denkmuster klassischer ökonomischer Ansätze, ohne ausreichend die Spezifika solidarorientierter freiwilliger Vereinigungen und der in ihnen aufzeigbaren Handlungslogiken zu berücksichtigen. In Tabelle 1.11 sind Unterschiede im Verhältnis zwischen Leistungsersteller und Leistungsbezieher in unterschiedlichen Konstellationen dargestellt. Schon ein erster Blick genügt, um zu erkennen, daß die Interaktionsbeziehungen und deren institutionelle Einbettung zwischen Leistungserstellern und Leistungsbeziehern in den verschiedenen institutionell geregelten Feldern höchst unterschiedliche wirtschaftssoziologische

---

[30] Zu einer ersten Form dieser wirtschaftssoziologischen Betrachtungen von Sportvereinen siehe EMRICH/PITSCH/PAPATHANASSIOU 1999.

Ansätze nötig macht[31]. Bereits die Differenzierung zwischen den Positionen Leistungsersteller und Leistungsbezieher ist im Fall der Dyade „Verein/Mitglied" nicht wirklichkeitsgerecht, da der Verein die strukturierte Menge der Mitglieder darstellt. Im Endeffekt sind also die Mitglieder der Verein. Speziell eine Betrachtung in Analogie zum Verhältnis zwischen Kunden und Leistungserstellern im Markt geht an diesem konstitutiven Zusammenhang vorbei. Es besteht dort nämlich in der Regel keine Personenidentität zwischen Anbieter und Kunde[32]. Weitere differenzierende Merkmale zwischen unterschiedlich strukturierten Austauschbeziehungen können unschwer der Tabelle 1.11 entnommen werden.

Insgesamt machen diese Ausführungen deutlich, daß die Analyse der Leistungen von Vereinen im allgemeinen und von Sportvereinen im speziellen nicht im Rahmen klassischer ökonomischer Modelle erfolgen kann, sondern vielmehr die Bestimmungsgründe des Handelns von Mitgliedern mit berücksichtigt werden müssen, und zwar sowohl in ihrer Rolle als bloßes Mitglied im Sinne eines Leistungsempfängers als auch in ihrer Rolle als mitentscheidendes Mitglied im Bereich der Führung der Organisation oder in Wahrnehmung der Kontrollmöglichkeit über die Führung und nicht zuletzt auch als Mitwirkender bei verschiedenen Formen der Leistungserstellung.

Unmittelbar deutlich wird die Notwendigkeit dieser differenzierten Betrachtungsweise bei der Analyse des Vereinshandelns in den Bereichen, in denen dieses monetäre Auswirkungen zeitigt. Die Tatsache, daß die Analyse von Geld, Banken und Finanzen gemeinhin als Aufgabe den verschiedenen Zweigen der Ökonomie

---

[31] Die Macht des Geldes ist zwar unbestritten, es ist aber unbestritten nicht die einzige Macht, womit letztendlich die FOUCAULT'sche Position, der ökonomische Diskurs sei der bestimmende, in diesem Punkt zu relativieren ist.

[32] Anekdotisch sei auf den, von den Autoren beobachteten, etwas seltsamen Kioskbesitzer hingewiesen, der die Morgenzeitung bei sich selbst erwirbt. Ob diese Zeitung nach der Lektüre erneut verkauft wird und in welcher Rolle dies geschieht, sei es als Kioskbesitzer oder als zufällig im Kiosk befindlicher Privatmann, und welche dieser Rollen dann der Kunde bei seinem Gegenüber annimmt, entzieht sich unserer Kenntnis. Die steuerrechtlichen Implikationen dieser Vorgänge sind ebenfalls ungeklärt.

Tab. 1.11: Institutionenökonomische Strukturaspekte des Austauschverhältnisses zwischen Leistungsersteller und Leistungsbezieher

Leistungsbezieher / Leistungsersteller	Kunde / Anbieter im Markt	Klient/Bedürftiger / Professionelle Fachkraft	Antragsteller / Behörde	Mitglied / Verein
Verhältnis zur Organisation	Vertrag mit garantierter Leistung und prinzipiell möglichem Anspruch auf die Qualität des Leistungsergebnisses (erfolgsbasiert)	Vertrag mit garantiertem Leistungsbemühen seitens Professionsangehöriger ohne Anspruch auf die Qualität des Leistungsergebnisses	Vorschriften bei gegebenem Anspruch auf rechtskonforme Bearbeitung des Vorgangs	durch Satzung geregelte Delegationsbeziehung zwischen Vereinsführung und Vereinsmitgliedern mit Kontrollchancen
Interessenstruktur	antagonistisch: Kampf um Vorteile (Nutzenmaximierung)	kooperativ, aber meist asymmetrisch: von Bündnis bis Beistand	einseitig (beim Behördengänger) sachverhaltsbezogen	Interessenidentität
Autonomie des Leistungsbeziehers in bezug auf die Aufnahme und Beendigung des Austauschs	Kunde ist vollständig autonom, außer im Fall des Monopols	von vollständig autonom bis vollständig heteronom (ohnmächtiger Patient)	in der Regel nicht autonom, außer wenn als Bittsteller auftretend	vollständige Autonomie
Autonomie des Leistungserstellers in bezug auf die Aufnahme und Beendigung des Austauschs	vollständig autonom	von vollständig autonom bis vollständig heteronom (Pflicht zur Hilfeleistung)	nicht autonom, da gebunden an gesatzte Ordnungen (Verwaltungsrecht, Vorschriften, Direktiven)	formal keine Autonomie, faktisch Dominanz einer Mehrheit: Identitätsbewahrung durch sozialen Ausschluß
Chancen der Beeinflussung des Dienstleisters im Hinblick auf die Gestaltung der Dienstleistung	mit wachsender Konkurrenz zwischen Anbietern steigende Chancen	nur geringe Chancen, da Experten-Laien-Verhältnis	keine Chancen, da Handeln der Behörde ohne Ansehen der Person erfolgt (bzw. erfolgen soll)	im Prinzip hohe Chancen, faktisch abhängig von der Zahl interessengleicher Mitglieder
Profit-Orientierung des Anbieters	legitime und legale Gewinnmaximierung	kein Gewerbe, Gewinnmaximierung steht nicht legitimerweise im Vordergrund (Gebührenordnungen)	keine	in der Regel nicht; wenn dann im Dienste der Steigerung eines nicht pekuniären Nutzens für die Mitglieder

zugeschrieben wird, sollte nicht darüber hinwegtäuschen, daß bereits in der Sicht früher Soziologen, wie z. B. SIMMEL (1987 [1900]), oder an der Schnittstelle zwischen Soziologie und Nationalökonomie arbeitender Wissenschaftler, wie z. B. MARX, PARETO oder WEBER, diese Aspekte vielfach Gegenstand der Betrachtung waren (zum aktuellen Stand der Wirtschaftssoziologie vgl. SMELSER/SWEDENBERG 1994, 3 ff.; in bezug auf freiwillige Vereinigungen vgl. HORCH 1987, 216 ff.). Im wesentlichen sind hier drei Betrachtungsweisen zu unterscheiden:

Erstens wurden die kulturelle Gebundenheit des Zahlungsmitttels „Geld" und die Institutionen des Geldverkehrs sowie die Bedingungen für die Entwicklung der Geltung des Geldes als symbolisches Zahlungsmittel betrachtet (vgl. aktuell hierzu MIZRUCHI/ BREWSTER STEARNS 1994, 313 ff.),

zweitens ging es um die verbindenden und trennenden sowie die standardisierenden und individualisierenden Kräfte eines an das Zahlungsmittel „Geld" gebundenen Marktes (SIMMEL 1987 [1900]; WEBER 1980 [1921]), und

drittens ging es um die Frage, inwieweit sich kulturelle, politische und soziale Kräfte mit ökonomischen Faktoren in einem Wechselwirkungsverhältnis befinden und inwieweit sich der strukturelle Rahmen im Sinne von Bestimmungsgründen des Wirtschaftshandelns auswirkt (vgl. hierzu grundsätzlich FÜRSTENBERG 1969 b, 270 ff.).

Im Mittelpunkt der folgenden Betrachtungen werden die Aspekte des Wirtschaftens unter einem spezifischen Blickwinkel aufgearbeitet. In dessen Mittelpunkt steht die Betrachtung von Umgangsformen mit steten und unsteten Finanzmitteln, die in spezifischem Sinn wertgebunden sind und so ökonomisch rationalen Effizienzkriterien weitgehend nicht folgen. So muß im Fall des Wirtschaftens in freiwilligen Vereinigungen eine spezifisch wertgebundene Form materialer Rationalität im Sinne wertender Postulate des Wirtschaftens (vgl. WEBER 1980 [1921], 44) festgestellt werden, was letztlich den politischen Charakter einer Wirtschaftssoziologie unterstreicht (vgl. FÜRSTENBERG 1969 b, 265 f.). Dies bedeutet, daß Sportvereine wirtschaftliche Entscheidungen angesiedelt zwischen zwei Polen treffen:

a) Im Fall wirtschaftlicher Krisensituationen, d. h. bei zu knappen Mitteln im Verhältnis zu den zwingend gebotenen Ausgaben, im Sinne einer höchstmöglichen ökonomischen Rationalität (zu möglichen Bedeutungen dieses Begriffs vgl. SMELSER 1968, 66 ff.).

b) Im Fall disponibler Mittel, d. h. bei klarer finanzieller Deckung zwingend gegebener Kosten inklusive eines verbleibenden Überschusses, im Sinne eines materialen, d. h. wertbezogenen Wirtschaftens einschließlich der Möglichkeit, Sonderwünschen der Mitglieder zu genügen.

Eine wirtschafts*soziologische* Betrachtung des Gegenstandes in den Kategorien Max WEBERs erlaubt es z. B. auch den Aspekt der Naturalwirtschaft im Sportverein, also der Zur-Verfügung-Stellung von Arbeitskraft zum Wohle des Sportvereins und zum Zweck der Vermögensbildung mit zu betrachten, denn (s. WEBER 1980 [1921], 46 f.):

„Zum ‚Vermögen' gehören nicht nur Sachgüter. Sondern: a l l e Chancen, über welche eine sei es durch Sitte, Interessenlage, Konvention oder Recht oder sonstwie verläßlich gesicherte Verfügungsgewalt besteht ..." (ebd., 47).

„Die Voraussetzung der r e i n e n Geld-H a u s h a l t s -Rechnung ist: daß das Einkommen und Vermögen entweder in Geld oder in (prinzipiell) jederzeit durch Abtausch in Geld verwandelbaren, also in absoluten Höchstmaß marktgängigen, Gütern besteht" (ebd., 46).

Im folgenden soll der Umgang mit monetären und nicht-monetären Ressourcen, also deren Beschaffung, Verwaltung und Verwendung (in soziologischer Hinsicht s. hierzu beispielhaft WEBER 1980 [1921], 114 ff.) betrachtet werden. So kann die Finanzierung eines Verbandshandelns, „d. h. die Ausstattung mit bewirtschafteten Nutzleistungen", – in einer Übersicht der einfachsten Typen – geordnet sein nach dem Grad der Unstetigkeit (auf Grundlage rein freiwilliger Leistungen wie Stiftungen und Mäzenatentum; zu den Begriffen vgl. GEIGER 1972 [1932]) und der Stetigkeit sowohl ohne als auch mit wirtschaftlichem Eigenbetrieb (WEBER 1980 [1921], 114 ff.). In Auseinandersetzung mit diesbezüglichen Überlegungen Max WEBERs und unter Anerkennung der wirtschaftssoziologischen Tatsache, daß Wirtschaften immer unter Berücksichtigung sozialer Bezüge stattfindet, wird nachfolgend die Differenzierung von Finanzquellen in **stete** und **unstete** Leistungen aufgegriffen und auch, wo sinnvoll, auf den Ausgabenbereich analog bezogen. Zudem wird neben der Unterscheidung nach dem Aspekt der Regelmäßigkeit und Kontinuität von Mittelzu- und -abfluß auch der Aspekt der Herkunft von Finanzmitteln betrachtet, sei sie **intern** mittelbar oder unmittelbar aus dem Kreise der

Vereinsmitglieder oder **extern**. Ergänzend wird das Ausmaß, in dem über die Einnahmengestaltung sowie über die Mittelverwendung in eigener Verantwortung entschieden werden kann, als Differenzierungskriterium herangezogen und so zwischen **autonom** und **heteronom beeinflußbaren** Einnahmen unterschieden[33].

Es handelt sich im folgenden also weniger um Betrachtungen zur Ökonomie in Sportvereinen, als wirtschaftssoziologisch um eine Abschätzung des Handlungsrahmens, innerhalb dessen die Bestimmungsgründe des wirtschaftlichen Handelns wirksam werden. Wir betrachten also die Handlungen von Menschen in Sportvereinen im Bereich des Wirtschaftsverhaltens als Ergebnis einer Wechselbeziehung zwischen subjektiver Haltung und Sachlage, allerdings nicht auf der Ebene eines Rollenhandelns verantwortlicher Personen, sondern basierend auf dem Ergebnis wirtschaftlich wirksamer Entscheidungen. Der Handlungsrahmen des wirtschaftlichen Handelns in Sportvereinen wird mit Hilfe der genannten Kategorien insofern abgeschätzt, als die Verteilung von Einnahmen und Ausgaben auf diese Kategorien Implikationen für die Kriterien ökonomischer Entscheidungen in Sportvereinen haben kann:

a) So entlasten stete Einnahmen von der Notwendigkeit, die Finanzierung von Vereinsaktivitäten ständig neu sichern zu müssen. Versteht man unter Planung die Beherrschung der Zukunft mit rationalen Mitteln, so verleiht ein hoher Anteil steter Einnahmen ein relativ hohes Maß an Planungssicherheit (vgl. zur Kritik der planenden Vernunft TENBRUCK 1972). Dagegen ist ein hoher Anteil unsteter Einnahmen mit einer geringeren Zukunftssicherheit sowie mit einem höheren Bedarf an Aktivitäten zur finanziellen Sicherung des Sportvereins verbunden[34].

---

[33] Eine andere Aufteilung der finanziellen Ressourcen der Sportvereine, die sich jedoch nicht analog auf die Ausgabenseite beziehen läßt, nehmen HEINEMANN und SCHUBERT (1994, 280) vor, indem sie zwischen Pool-Finanzierung, Wirtschaftseinnahmen und Transfereinnahmen unterscheiden.

[34] Soziologisch erscheint der Hinweis berechtigt, daß unterschiedlichen Finanzierungsmustern mit jeweils unterschiedlichen Anteilen an steten und unsteten Einnahmen auch jeweils unterschiedliche charakterologische Dispositionen der Entscheidungsträger adäquat sind.

b) Der Anteil interner Einnahmequellen ist ein Hinweis darauf, inwiefern sich das Vereinsleben aus dem solidarischen Finanzgebaren der Sportvereinsmitglieder finanziert bzw. umgekehrt, inwiefern andere potentielle Geldgeber einen mehr oder minder direkten Einfluß auf das Vereinsleben nehmen können. Das Verhältnis interner zu externer Einnahmen kann als Indikator dafür dienen, inwiefern die Autonomie des Gebildes im Sinne der Möglichkeit, Zwecke und Mittel des Handelns selbstbestimmt im Rahmen der Gesetze festzulegen, implizit im Sinne der Abhängigkeit von externen Geldgebern beschränkt werden kann.

c) Autonom bestimmbare Einnahmequellen bieten den Sportvereinen eine relativ hohe Sicherheit die Flexibilität der Finanzierung von Sportvereinsaktivitäten betreffend, also eine große Chance, Gestalter der eigenen Geschicke zu bleiben.

Zusammenfassend ist in der Tabelle 1.12 die Einnahmensituation von Sportvereinen zwischen den zwei Extremtypen des marktabhängigen Anbieters und der selbstzentrierten und marktfremden Solidargemeinschaft dargestellt.

Tab. 1.12: Extremtypische Ausprägungen der Marktorientierung von Sportvereinen in den analytischen Kategorien der Einnahmenstruktur

marktabhängiger Anbieter	selbstzentrierte und marktfremde Solidargemeinschaft
unstete Einnahmen	stete Einnahmen
externe Finanzquellen	interne Finanzquellen
heteronom bestimmte Einnahmen	autonom bestimmte Einnahmen

Auf der Ausgabenseite zeigen sich die folgenden soziologisch relevanten Aspekte der Differenzierung:

d) Ein hoher Anteil stetig anfallender Ausgaben bietet dem Sportverein Planungssicherheit in bezug auf wirtschaftliche Entscheidungen.

e) Die Höhe des Anteils autonom steuerbarer Ausgaben bestimmt die Bandbreite, um die im Falle knapper Kassen Ausgaben reduziert werden können, was nicht heißt, daß in jedem Fall knappe Kassen zur rationalen Steuerung von Ausgaben führen. So kann zumindest im Einzelfall im Spitzensport auch das Muster des demonstrativen Konsums (zum Begriff vgl. VEBLEN 1981 [1899]) beobachtet werden, was im Fall knapper Kassen zum demonstrativen Nicht-Wissen-Wollen führen kann.

Daneben haben diese Kategorien auch im Verhältnis zwischen Einnahmen- und Ausgabenstruktur Implikationen für das Finanzgebaren. Nach ökonomischen Kriterien wäre es sinnvoll, erwartete hohe stete Ausgaben würden im Vorfeld durch adäquate stete Einnahmen gedeckt, wenn also im Querschnitt mit dem Anteil steter Ausgaben am Haushaltsvolumen auch als Ergebnis planvollen Wirtschaftens der Anteil steter Einnahmen wüchse. Zudem kann ein hoher Anteil an heteronom bestimmten Ausgaben mittelfristig auf der Einnahmenseite nur im Bereich der autonom bestimmten Einnahmen kompensiert werden. Im Querschnitt sollte also mit dem Anteil heteronom bestimmter Ausgaben der Anteil autonom bestimmter Einnahmen anwachsen. In diesen Bezügen kann also ein, wenn auch schwacher Hinweis auf den Grad planvollen Wirtschaftens in den Sportvereinen gewonnen werden[35].

Fallbeispiel: Finanzierung und Mittelverwendung im Handballverein X-weiler

Nach seiner formalen Gründung war die Finanzsituation unseres Handballvereins X-weiler charakterisiert durch eine extreme Dominanz steter, interner und autonom bestimmbarer Einnahmen, nämlich der von der Mitgliederversammlung festgelegten Mitgliedsbeiträge. Mit steigendem Finanzbedarf verlagerten sich die Aktivitäten zusätzlich auf die Akquirierung weiterer Mittel in Form externer, unsteter, teils autonomer, teils heteronomer Einnahmen wie z. B. durch den Getränkestand beim Weihnachtsmarkt und die Freiluft-Disco der Jugendabteilung. Die nicht ganz am Markt orientierten, weil eine Förderung des Vereins beinhaltenden Getränkepreise legt der Verein jährlich neu fest und hofft, sie mögen auf die Akzeptanz der Kundschaft treffen. Die Ausgaben entsprechen in ihrer Struktur im großen und ganzen den Einnahmen: Regelmäßig anfallende Übungsleiterentgelte,

---

[35] Die aktuelle Diskussion um die Fernseh-Vermarktungsrechte von Bundesligaspielen zeigt in bezug auf die ökonomische Rationalität in Erst- und Zweit-Bundesliga-Vereinen im Fußball eine Zweiteilung: Während sich die einen von einer größeren Autonomie eine Steigerung im Bereich steter Einnahmen versprechen, setzen die anderen auf die heteronome und zentrale Vermarktung durch den DFB, was ihnen heteronome, aber stete Einnahmen verspricht.

die Kosten der Teilnahme am regelmäßigen Spielbetrieb und gelegentlich kleinere Investitionen für neue Sportgeräte prägen das Bild.

Durch das Wirken des Sponsors hat sich diese Struktur grundlegend verschoben: Die Einnahmen sind jetzt zu einem Großteil heteronom bestimmt und externer Herkunft. Die Stetigkeit hängt von der Laufzeit der Sponsoringverträge ab. Auch auf der Seite der Ausgaben hat sich ein Wandel vollzogen: So sind die Gehaltsverhandlungen mit den Spielern im permanenten Fluß befindlich, muß man doch beständig Angebote der Konkurrenz abwehren. Dazu kommt als weiterer Unsicherheitsfaktor der nachfrageabhängige Umfang der unsteten Personalkosten für Kursleiter im Bereich sportfremder und sportnaher sonstiger Angebote sowie höchst variable Kosten im Bereich notwendiger Renovierungs- und Investitionsmaßnahmen im Studiobetrieb.

Traditionalisten im Vorstand warnen vor dem Eingehen hoher finanzieller Risiken, da hohen Kosten im bezahlten Spielerbetrieb längerfristig nicht kalkulierbare leistungsabhängige Sponsoringeinnahmen gegenüberstehen, während risikobereitere Vorstandsmitglieder ständig die Forderung nach der Bereitschaft zur Übernahme investiver Risiken zwecks Sicherung der Zukunft erheben und gleichzeitig eine Abkehr vom kameralistischen Finanzsystem hin zur Bilanzierung anstreben. In allen Sitzungen des Vereinsvorstandes, in denen es um finanzwirksame Entscheidungen geht, ist die Orientierung an den vermuteten und den bekannten Ansprüchen des Sponsors zu verspüren.

1.2 Forschungskonzept

Auch bei der FISAS 1996 handelt es sich analog zu den vorangegangenen FISAS-Studien um eine Befragung von Organisationsvertretern. Des weiteren ist hier der Charakter der Auftragsforschung mit zu berücksichtigen, waren doch klare Untersuchungsvorgaben gegeben. In der alltäglichen Arbeit und insbesondere in der hervorragenden Zusammenarbeit mit einem vom Bundesinstitut für Sportwissenschaft organisierten Beirat[36] war allerdings von den zuweilen durch Auftragsforschung gegebenen, die wissenschaftliche Fruchtbarkeit beeinträchtigenden Einschränkungen nichts zu spüren. Das Forschungskonzept konnte sich insofern vollständig an den durch den Forschungsgegenstand gegebenen methodischen Erfordernissen ausrichten.

1.2.1 Anlage der empirischen Untersuchung

Population, Stichprobe und Rücklauf

Zur Vorbereitung der Stichprobenziehung der FISAS 1996 wurden von den Landessportbünden bzw. -verbänden die Adreßdaten der angeschlossenen Sportvereine, die Mitgliederzahlen in den Alters- und Geschlechtskategorien der Bestandserhebungen mit den Bezugsjahren 1995 und 1996 sowie die Zahl der Fachverbände, denen die Sportvereine jeweils angeschlossen sind, angefordert[37]. In den Fällen, in denen die angeforderten Daten nur unvollständig zur Verfügung gestellt worden waren, konnte lediglich eine einfache Zufallsstichprobe gezogen werden. In allen anderen Fällen dienten die Informationen über die Mitgliederzahlen in den einzelnen Alters- und Geschlechtskategorien sowie über die Zahl der Fachverbände, denen die Sportvereine angeschlossen sind, zur Steuerung der Stichprobenziehung. Der Umfang der jeweils notwendigen Stichprobe wurde nach der Formel von KAPLITZA (1975, 173)

---

[36] In diesen Beirat waren Vertreter des Bundesinstituts für Sportwissenschaft, des DSB, des DLV (aufgrund der gesonderten Leichtathletik-Untersuchung im Rahmen der FISAS 1996) sowie ausgewählter Landessportbünde berufen. Es handelte sich um die folgenden Personen: Dr. Georg ANDERS (BISp), Prof. Dr. Jürgen BAUR (Bundesausschuß Bildung, Gesundheit und Wissenschaft beim DSB), Rudi BERNHARD (LSB Rheinland-Pfalz), Dirk HOFFMEIER (LSB Nordrhein-Westfalen), Jan KERN (DLV), Joachim OEHLER (LSB Thüringen), Andreas POHLMANN (BISp); Dr. Gerhard TROSIEN (DSB), Dr. Stefan VOLKNANT (DLV) und Prof. Dr. Günter WILLMANN (LSB Nordrhein-Westfalen).

[37] Die Reaktionen der Landessportbünde erwiesen sich in mehreren Fällen als schleppend. Teilweise wurden die Daten erst nach mehrfacher Aufforderung, zum Teil bis zum Versand der Fragebögen auch nur unvollständig, den Projektnehmern zur Verfügung gestellt. In einigen Fällen fehlten bei übersandten Datenbankdateien auch Angaben zur Dateistruktur, so daß diese aus den Dateien selbst erschlossen werden mußte. In vier regionalen Sportbünden mußten die Daten von Projektmitarbeitern selbst zum Transport aufbereitet und auf geeignete Speichermedien kopiert werden.

ermittelt und sollte so Rücklaufumfänge garantieren, die es erlauben, auch schwache Effekte noch nachzuweisen. In Absprache mit den Vertretern des Projektbeirates wurde ein anzustrebender Mindestumfang des Rücklaufs in Höhe von 5% des Populationsumfangs je Landessportbund festgelegt. Auf der Basis der von den Landessportbünden gemeldeten Daten wurden Zufallsstichproben im ermittelten bzw. pragmatisch gesetzten Umfang gezogen, die auf signifikante Unterschiede zur Population in den einzelnen Variablen getestet wurden. Wenn eine Stichprobe sich von der Population signifikant unterschied, wurde diese Stichprobe verworfen und durch eine neue Zufallsstichprobe ersetzt, die an den gleichen Kriterien getestet wurde. Die abschließend ermittelten Stichprobengrößen in der FISAS 1996 verdeutlicht Tabelle 1.13.

Aufgrund der Fülle der Fragen wären die Befragten mit dem Einsatz eines sehr umfangreichen Fragebogens zeitlich überfordert gewesen. Deshalb kamen zwei Fragebogenversionen zum Einsatz, die teilweise identisch waren und in denen teilweise unterschiedliche Fragen zu finden waren (zur Methode der Untersuchung von Teilstichproben mit partiell unterschiedlichen Erhebungsinstrumenten vgl EMRICH/PAPATHANASSIOU/PITSCH 1998; 1999; MESSING 1981). Der Postversand dieser beiden Fragebogenversionen wurde ab dem 5. 11. 1997 vorbereitet und organisiert. Der eigentliche Versand erfolgte in drei Schritten. Am 19. und 20. 11. erfolgte der Versand der ersten Fragebogenversion der FISAS. Die zweite Fragebogenversion wurde am 27. 11. 1997 versandt[38].

In der zweiten Januarwoche wurden insgesamt 19000 Erinnerungspostkarten an diejenigen Sportvereine verschickt, die bis zu diesem Zeitpunkt noch nicht geantwortet hatten. Nachfolgend wurden zudem Fragebögen an diejenigen Sportvereine

---

[38] Nach dem Versand der Fragebögen war sichergestellt, daß das FISAS-Büro in Saarbrücken dauerhaft besetzt war, so daß die Vertreter der Sportvereine für telefonische Rückfragen und vereinzelte Beschwerden stets einen Ansprechpartner fanden. Ab dem 10. 12. 1997 ging bei den Projektnehmern eine Vielzahl von Anrufen und Schreiben mit Hinweisen auf den infolge des relativ späten Versands der Fragebögen recht kurzen Zeitraum bis zum Rücksendetermin ein. Bei telefonischer Rückmeldung wurde den Anrufern ein späterer Rücksendetermin angeboten. Ab dem 17. 12. 1997 wurden die Vertreter der Sportvereine, die schriftlich den Termin moniert hatten, über die Möglichkeit der späteren Rücksendung informiert.

verschickt, die in Anschreiben bzw. telefonisch mitgeteilt hatten, daß der Fragebogen nicht auffindbar bzw. falsch adressiert worden sei oder ähnliches.

Tab. 1.13: Angestrebte Teilrückläufe sowie Stichprobengrößen bei geschätzter Rücklaufquote von 40% für die FISAS 1996

Sportbund	angestrebter Rücklauf	Stichprobe	
Baden-Württemberg	604	1348	Baden Nord: 288 Baden Süd: 550 Württemberg: 670
Bayern	549	1374	
Berlin	318	800	
Brandenburg	348	870	
Bremen	203	430 (Vollerhebung)	
Hamburg	253	628	
Hessen	384	1024	
Mecklenburg-Vorpommern	304	760	
Niedersachsen	442	1106	
Nordrhein-Westfalen	1022	2556	
Rheinland-Pfalz	361	900	Pfalz: 314 Rheinhessen: 130 Rheinland: 456
Saarland	327	818	
Sachsen	344	860	
Sachsen-Anhalt	333	834	
Schleswig-Holstein	335	838	
Thüringen	336	840	
Gesamt	6463	15986	

Tab. 1.14: Rücklauf in der FISAS 1996

Sportbund	angestrebter Rücklauf	Stichprobe	Rücklauf	Rücklaufquote	Anteil am optimalen Rücklauf
Baden-Württemberg	604	1348	464	34,4	76,8
Baden Nord:		288	95	33,0	
Baden Süd:		550	131	23,8	
Württemberg:		670	238	35,5	
Bayern	549	1374	402	29,3	73,2
Berlin	318	800	209	26,1	65,7
Brandenburg	348	870	259	29,8	74,4
Bremen	203	430 (Vollerhebung)	113	26,3	55,7
Hamburg	253	628	192	30,6	75,9
Hessen	384	1024	361	35,3	94,0
Mecklenburg-Vorpommern	304	760	196	25,8	64,5
Niedersachsen	442	1106	407	36,8	92,1
Nordrhein-Westfalen	1022	2556	761	29,8	74,5
Rheinland-Pfalz	361	900	706	78,4	195,6
Pfalz:		314	223	71,0	
Rheinhessen:		130	99	76,2	
Rheinland:		456	384	84,2	
Saarland	327	818	252	30,8	77,1
Sachsen	344	860	289	33,6	84,0
Sachsen-Anhalt	333	834	269	32,3	80,8
Schleswig-Holstein	335	838	251	30,0	74,9
Thüringen	336	840	301	35,8	89,6
nicht zugeordnet			45		
Gesamt	6463	15986	5477	34,3	84,7

In den Monaten Dezember, Januar und Februar entwickelte sich der Rücklauf wie in Tabelle 1.14 dargestellt. Es zeigten sich auffällige Unterschiede in den Rücklaufquoten in den einzelnen Bundesländern. So ergab sich der höchste Rücklauf in

Rheinland-Pfalz mit 78,4%[39] und der niedrigste im Bereich des Sportbundes Baden-Süd mit 23,8%. Die Gesamt-Rücklaufquote belief sich auf 34,3%. Damit wurde der angestrebte Rücklauf nur zu 84,7% erreicht. Die Rücklaufquoten bewegten sich in den meisten Landessportbünden in dem für postalische Befragungen üblichen Bereich von circa 30%. Systematische methodische Fehler in bezug auf die Stichproben in den einzelnen Landessportbünden sind damit nicht zu vermuten.

Aus diesem Rücklauf wurde eine Stichprobe gezogen, die die jeweiligen gemeldeten Vereinszahlen der Landessportbünde bzw. -verbände berücksichtigte und die für den DSB in bezug auf seine derzeit bekannte Struktur als repräsentativ angesehen werden kann. Diese Stichprobe, im folgenden „DSB-Stichprobe" genannt, die die Grundlage für alle im folgenden dargestellten Auswertungen ist, umfaßt 3024 Sportvereine. In der Aufteilung auf die neuen und alten Bundesländer ergab sich die in Tabelle 1.15 dargestellte Struktur von Stichprobe, Population und Rücklauf.

Tab. 1.15: Stichprobe, Population und Rücklauf in der FISAS 1996 in der Aufgliederung auf alte und neue Bundesländer

	Population	Rechnerisch optimaler Rücklauf	Stichprobe	Rücklauf	Rücklaufquote
Ost	13492	1665	4164	1314	31,6
West	70601	4480	11022	3909	35,5
Berlin	1845	318	800	209	26,1
nicht zugeordnet				45	
Gesamt	85938	6463	15986	5477	34,3

Zur Beurteilung der Qualität der DSB-Stichprobe wurde diese in den Parametern, die für die Grundgesamtheit bekannt waren und die bereits zur Stichprobenziehung herangezogen worden waren, mit den Daten der Grundgesamtheit verglichen. Der Vergleich betrifft damit die Zahl der Mitglieder in den Sportvereinen, die Ge-

---

[39] Der positive Effekt der regionalen Einbindung der befragenden Organisation (hier: Johannes Gutenberg-Universität Mainz) auf die Rücklaufquoten machte sich hier unerwartet stark bemerkbar.

schlechterverteilung der Mitglieder, die Verteilung der Mitglieder auf die verschiedenen Alterskategorien sowie zweifaktoriell auf die Alters- und Geschlechtskategorien und die Zahl der Fachverbände, denen die Sportvereine angeschlossen sind. Wegen der von Landessportbund zu Landessportbund variierenden Datenqualität sowie wegen des unterschiedlichen Antwortverhaltens der Vertreter der Sportvereine beruhen die verschiedenen Tests auf unterschiedlichen Umfängen in der Grundgesamtheit (s. Tabelle 1.16).

*Tab. 1.16: Umfänge der Grundgesamtheit und der DSB-Stichprobe **mit vollständiger Information** über die einzelnen Parameter*

Parameter	Grundgesamtheit	DSB-Stichprobe
Gesamt-Mitgliederzahl	65135	3024
Verteilung der Mitglieder auf Geschlechtskategorien	53187	3024
Verteilung der Mitglieder auf Alterskategorien	56037	3024
Verteilung der Mitglieder auf Alters- und Geschlechtskategorien	53187	3024
Anzahl der Fachverbandsmitgliedschaften	41689	3023
Umfang	85427	3024

Es zeigten sich dabei einige interessante Aspekte:

Vergleich der Gesamt-Mitgliederzahl in DSB-Stichprobe und Grundgesamtheit

Die Gesamt-Mitgliederzahl in den Sportvereinen der DSB-Stichprobe unterschied sich signifikant von der Mitgliederzahl, die von den Sportbünden für die Sportvereine angegeben worden war (einfaktorielle Varianzanalyse, df=1;68945; F=35,99; p<0,001). Die mittlere Mitgliederzahl in der DSB-Stichprobe lag mit 289,78 über der mittleren Mitgliederzahl von 243,18, die aus den Daten der Sportbünde berechnet worden war. Dieser Effekt, auf den auch HEINEMANN und SCHUBERT (1994, 48) und SCHLAGENHAUF (1977, 43 ff.) hinweisen, ist wahrscheinlich darauf zurückzuführen, daß die Zahl der Mitglieder, die von den Sportvereinen an die Landesverbände gemeldet werden, in vielen Fällen nicht der tatsächlichen Zahl der Mitglieder in den Sportvereinen entspricht. Die jährliche Bestandserhebung der Landessportbünde dient nicht nur der statistischen Erfassung der Mitgliederbestände, sondern vor allem der Berechnung von Versicherungsprämien und Zuschüssen der Sportorganisationen. Da diese beiden Faktoren in verschiedenen Bundesländern unterschiedlich gestaffelt sind und sich zudem in bezug auf die Verteilung der Mitglieder auf die Alters- und Geschlechtskategorien wiederum unterschiedliche Staffelungen ergeben, sind die Gesamt-Mitgliederzahlen aus den Daten der Landessportbünde zur Schätzung der Gesamtzahl der in den Vereinen organisierten Mitglieder nicht nur auf der Ebene des DSB, sondern auch auf der Ebene der einzelnen Landessportbünde eine unzuverlässige Basis, da hier systematische interessengelenkte Verzerrungen nicht ausgeschlossen werden können[40].

Der geschilderte Effekt erklärte, obwohl signifikant, insgesamt nur 0,5‰ (!) der Varianz zwischen der DSB-Stichprobe und der Grundgesamtheit. Damit ist dieser Effekt als sehr schwach zu bewerten. Eine substantielle Beeinflussung inhaltlich relevanter Ergebnisse ist damit nicht zu erwarten. In Abbildung 1.2 sind die Häufigkeiten, in denen Sportvereine in einzelnen Größenkategorien genannt wurden, im Vergleich für die DSB-Stichprobe und die Grundgesamtheit dargestellt.

Um die grundsätzliche Verteilungschiefe zu kompensieren, wurden die Kategorien „Kleinst-, Klein- Mittel- und Großverein" nach HEINEMANN und SCHUBERT (1994, 45 ff.) hier nicht angewandt. Die Kategoriengrenzen wurden vielmehr logarithmisch gewählt (von $10^{0,5}$ bis 10^4) um eine annähernd symetrische Verteilung zu erhalten. Trotzdem können die genannten Kategoriengrenzen teilweise direkt, teilweise annähernd auch aus dieser Grafik abgelesen werden.

---

[40] Inwiefern diese Verzerrungen Ausfluß rationaler Finanzierungsstrategien sind oder aus unzureichender Kenntnis der Kriterien der Finanzzuteilung der Verbände an die Vereine resultieren, kann nicht entschieden werden.

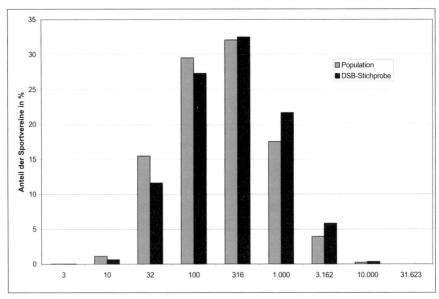

Abb. 1.2: Verteilung der Sportvereine nach der Gesamt-Mitgliederzahl im Vergleich zwischen DSB-Stichprobe und Grundgesamtheit

Verteilung der Mitglieder nach Geschlecht im Vergleich von DSB-Stichprobe und Grundgesamtheit

Dagegen sind Unterschiede, die sich auf eine unterschiedlich starke Repräsentation von Alters- und Geschlechtsgruppierungen in der DSB-Stichprobe und in der Grundgesamtheit beziehen, grundsätzlich eher als möglicherweise problematisch einzuschätzen, wobei jedoch auch dort die Höhe der Varianzklärung berücksichtigt werden muß. Beim Vergleich der geschlechtsspezifischen mittleren Mitgliederzahlen ergaben sich (neben dem bereits diskutierten Effekt in bezug auf die Gesamt-Mitgliederzahl) keine signifikanten Unterschiede zwischen der Grundgesamtheit und der DSB-Stichprobe (Interaktionseffekt in einer zweifaktoriellen Varianzanalyse, df=1;56857; F=0,74; vgl. Tabelle 1.17).

Tab. 1.17: Anzahl der Sportvereinsmitglieder in den Geschlechtskategorien im Vergleich zwischen DSB-Stichprobe und Grundgesamtheit

	Grundgesamtheit		DSB-Stichprobe	
	x̄	s	x̄	s
männlich	148,16	230,42	172,65	251,38
weiblich	94,95	203,20	117,11	229,13

Verteilung der Mitglieder nach Alter und Geschlecht im Vergleich von DSB-Stichprobe und Grundgesamtheit

Andererseits zeigte sich in der Verteilung auf die Alterskategorien ein signifikanter Unterschied zwischen Grundgesamtheit und DSB-Stichprobe (Interaktion in einer zweifaktoriellen Varianzanalyse, df=6;354354; F=24,311; p<0,001; vgl. Tabelle 1.18), der, wie eine nachfolgende dreifaktorielle Varianzanalyse ergab, nicht nachweislich geschlechtsspezifisch unterschiedlich ausfällt.

Tab. 1.18: Anzahl der Sportvereinsmitglieder in den Alterskategorien im Vergleich zwischen DSB-Stichprobe und Grundgesamtheit. Die Abweichung wurde relativ zum Mittelwert aus Stichproben- und Grundgesamtheitsergebnis berechnet.

	Grundgesamtheit		DSB-Stichprobe		Abweichung [%]
	x̄	s	x̄	s	
bis 6 Jahre	11,97	37,35	14,07	38,71	16,13
7 bis 14 Jahre	45,27	91,30	54,73	107,08	18,92
15 bis 18 Jahre	20,64	36,48	24,26	40,34	16,12
19 bis 26 Jahre	25,55	49,75	31,61	52,27	21,20
27 bis 40 Jahre	54,09	96,55	66,16	112,52	20,07
41 bis 60 Jahre	60,16	100,67	72,45	109,95	18,54
über 60 Jahre	21,85	45,93	26,48	44,22	19,16

Es zeigte sich relativ deutlich, daß die Abweichung zwischen den Ergebnissen bei den unter 19jährigen und bei den über 40jährigen geringer waren als in der Altersgruppierung 19 bis 40 Jahre. Dieser Effekt kann, zumindest was die unteren Altersgruppierungen betrifft, partiell aus den Staffelungen für Versicherungsbeiträge und für Zuschüsse von Landessportbünden und anderen Organisationen abgeleitet werden. Insgesamt scheint das Meldeverhalten der Vertreter der Sportvereine im

Rahmen der jährlichen Bestandserhebungen eine gewisse Variabilität in der Zuordnung natürlicher Personen unter den Vereinsmitgliedern zu einzelnen Alterskategorien, unabhängig von der realen Ausprägung des Merkmals „Alter", aufzuweisen. Anlaß der Gestaltung dieser Variabilität können unterschiedliche Förderbedingungen, Versicherungsrichtlinien und ähnliches sein.

Zahl der Fachverbände, denen die Sportvereine angeschlossen sind

Die Zahl der Fachverbände, in denen die Sportvereine Mitglieder melden, unterschied sich zwischen der Grundgesamtheit und der DSB-Stichprobe signifikant (F=24,46; df=1;44842; p<0,001). Die Vertreter der Sportvereine gaben mit im Mittel 1,94 (s=2,17) weniger Fachverbände an, als die Sportbünde für die Sportvereine ($\bar{x}$=2,15; s=2,29). Dieser Unterschied läßt sich nicht aus den Bedingungen der Mitglieder-Bestandserhebungen erklären. Im Hinblick auf inhaltlich relevante Befunde aus den FISAS 1996-Daten ist auch dieser Effekt angesichts der Varianzklärung von 0,5 ‰ nicht als problematisch einzustufen.

Fazit

Insgesamt ergeben sich im Überblick ausschließlich marginale Unterschiede zwischen der DSB-Stichprobe und der Grundgesamtheit. Die Abweichung der Gesamt-Mitgliederzahl nach oben in der FISAS-Stichprobe steht nicht nur in Übereinstimmung mit vorhergehenden Untersuchungen, sie ist zudem wahrscheinlich kein Zeichen für einen Fehler im Rücklauf, da die Zahl der Fachverbände, denen die Sportvereine angeschlossen sind, in der umgekehrten Richtung abweicht. Damit ist das Argument, nur die größeren Sportvereine antworteten in der FISAS 1996 und dadurch sei der Rücklauf nicht repräsentativ, hinfällig, da in diesem Fall auch die mittlere Zahl der angegebenen Fachverbände in der DSB-Stichprobe über der Zahl in der Grundgesamtheit hätte liegen müssen.

1.2.2 Zur Struktur des Erhebungsinstruments

Das Erhebungsinstrument, das in der FISAS 1996 verwendet wurde, stellt eine Weiterentwicklung und Ergänzung der Fragbögen dar, die bereits in der SAS Saar 1994 und der FISAS Pfalz 1995 (EMRICH/PAPATHANASSIOU/PITSCH 1998, 175 ff.; 1999, 245 ff.) eingesetzt worden waren, und die in weiten Teilen auf dem Fragebogen der FISAS 1991 (HEINEMANN/SCHUBERT 1994, 433 ff.) basieren. Die dort vorgenommenen Modifikationen gegenüber dem Fragebogen der FISAS 1991 sind detailliert bei PITSCH (1999, 104 ff.) aufgeführt.

Der Fragebogen der FISAS 1996 enthält Fragen zu den verschiedensten Komplexen (s. Tabelle 1.19), die, wie in den genannten anderen Studien, auf zwei Fragebogen-Versionen aufgeteilt wurden, um den Umfang des einzelnen Fragebogens nicht ausufern zu lassen, da dies möglicherweise die Rücklaufquote negativ beeinflußt hätte.

Spezifisch für den Einsatz in der FISAS 1996 wurden die folgenden Fragenkomplexe weiter überarbeitet:

- Fragen zu angebotsbezogenen Mitgliedererwartungen und zur Darstellung der Angebotsorientierung: In diesen Bereichen wurden weitere mögliche Zielgruppen bzw. Orientierungen aufgenommen. Die Liste der wahrgenommenen angebotsbezogenen Mitgliedererwartungen wurde als eigene Itemliste in einer Frage erfaßt und ist nicht mehr (wie in der SAS Saar 1994 und der FISAS Pfalz 1995) Teil der Itemliste zu den insgesamt wahrgenommenen Mitgliedererwartungen.
- Fragen zur Selbstdarstellung des Sportvereins und zu wahrgenommenen, nicht angebotsbezogenen Mitgliedererwartungen: In diesen Bereichen wurden Items hinzugefügt, die sich auf sportpolitisch programmatische Aussagen der Dachverbände beziehen.

In einem zentralen Punkt war in der FISAS 1996 gegenüber der vorhergehenden FISAS 1991 das Befragungsverfahren geändert worden: Die Vertreter der befragten Sportvereine waren explizit dazu aufgefordert worden, den Fragebogen in den Teilen, zu denen sie selbst keine Auskunft geben konnten, durch andere Funktionsträger im Sportverein bearbeiten zu lassen. Dies war nicht zuletzt eine Reaktion auf die von HEINEMANN und SCHUBERT (1994, 41) berichtete Erfahrung, daß in der FISAS 1991 trotz der Aufforderung, den Fragebogen *nicht* an andere Personen weiterzuleiten, dies mehr oder minder häufig trotzdem geschehen war, worauf die Art der Beantwortung der Fragen deutliche Hinweise gab.

Tab. 1.19: Struktur der Fragebogen-Versionen

Fragebogen-Version 1	Fragebogen-Version 2
Gründungsjahr und Verbandszugehörigkeit	
Fragen 1-2	Fragen 1-2
Mitgliederstruktur	
Fragen 3-9	Fragen 3-9
Angebotsstruktur	
Fragen 10-15	Fragen 10-15
Gemeindegröße	
Frage 16	Frage 16
Selbstdarstellung	Bindung erfolgreicher Sportler
	Fragen 17-18
Frage 17	zielgruppenspezifische Angebote und wahrgenommene Mitgliedererwartungen bzgl. des Leistungsangebots des Vereins
	Frage 19-20
Themenbereich ehrenamtliche, nebenamtliche und hauptamtliche Mitarbeiter	
Fragen 18-24	Fragen 21-27
Kontakte zu Sportverbänden	zu lösende Aufgaben
Fragen 25-28	Frage 28
wahrgenommene Mitgliederinteressen	Kooperation und Nutzung externer Ressourcen
	Fragen 29-30
Frage 29	Angebotsorientierungen
	Frage 31
Finanzsituation und sonstige ökonomisch relevante Ressourcen	
Fragen 30-34	Fragen 32-36
Sportanlagensituation	
	Fragen 37-38
	Formalisiertheitsgrad der Vorstandsarbeit
Fragen 35-36	Fragen 39-41
	Einzugsgebiet des Vereins und Verhältnis zu anderen Sportanbietern
	Fragen 42-44
Angaben zur Person	
Frage 37	Frage 45

Insgesamt können die antwortenden Personen wie folgt gekennzeichnet werden: Überwiegend männliche, im Mittel 50jährige Funktionsträger auf der Vorstandsebene, die seit circa 20 Jahren dem Sportverein angehören und seit circa 10 Jahren in einer oder mehreren ehrenamtlichen Funktionen tätig sind. Zu fast der Hälfte sind die Antwortenden auch in anderen Organisationen ehrenamtlich tätig, wobei ein Engagement in Sportorganisationen ähnlich häufig auftritt wie in außersportlichen Organisationen (zu näheren Angaben siehe Kapitel 3.3.5).

2 Methode, Instrument und Datenaufbereitung

2.1 Zur Analyse eingesetzte statistische Tests

Hinsichtlich der angewandten Testverfahren kamen der χ^2-Test (lies: Chi-Quadrat-Test), die Varianzanalyse, die Kovarianzanalyse, der Kolmogorov-Smirnov-Test und aus dem Bereich der komplexeren Verfahren die Faktorenanalyse zum Einsatz. Zusätzlich wurden im Rahmen korrelationsstatistischer Verfahren der Spearman-Rangkorrelationskoeffizient sowie die punkt-biseriale Korrelation berechnet. Als spezielle Korrelationstechniken wurden zudem die kanonische Korrelation sowie die Partialkorrelation eingesetzt. Der nicht an mathematischen Erläuterungen Interessierte findet Hinweise auf die Spezifik der verschiedenen Verfahren unter anderem unter den einschlägigen Stichwörtern bei ENDRUWEIT und TROMSDORF (1989) oder im Glossar zu BORTZ und DÖRING (1995) sowie bei MAYNTZ, HOLM und HÜBNER (1972), FRIEDRICHS (1982) oder SCHNELL, HILL und ESSER (1989). Für tiefergehende, auch die mathematischen Grundlagen der Verfahren berücksichtigende Darstellungen, empfehlen wir z. B. PFANZAGL (1972), BORTZ (1985) oder CLAUSS/EBNER (1983) sowie für multivariate Analysen BACKHAUS et al. (1990).

In der deskriptiven Aufarbeitung des vorhandenen Datenmaterials wurden die den wissenschaftlichen Standards entsprechenden statistischen Kennwerte zur näheren Kennzeichnung von Häufigkeitsverteilungen, Streubreiten, zentralen Tendenzen der Verteilung etc. verwendet. Im einzelnen waren dies:

- Das arithmetische Mittel, im folgenden auch Mittelwert genannt, als Summe aller Meßwerte, die durch deren Anzahl dividiert wird.
- Der Median, also der Wert, der alle ermittelten Meßwerte in zwei gleich große Teilgruppen teilt, also oberhalb und unterhalb dessen jeweils die Hälfte aller Meßwerte liegt.
- Die Quartilsgrenzen, also die Grenzen, die alle Meßwerte in vier gleich große Teilgruppen untergliedern. Jeweils 25% aller Meßwerte liegen also innerhalb eines Quartils.

- Die Standardabweichung, die sich als Wurzel des Quotienten der Summe aller quadrierten Abweichungen vom Mittelwert durch die um eins verminderte Anzahl der Meßwerte errechnet.

Die Anwendung statistischer Verfahren ist gebunden an das Skalenniveau der ermittelten Daten. Man unterscheidet hier zwischen:

1. rationalen Skalen (entsprechend z. B. der Körpergröße in cm, wobei der Nullpunkt der Skala naturgegeben ist),
2. Intervallskalen (entsprechend z. B. der Temperatur in °Celsius, wobei der Nullpunkt der Skala willkürlich festgesetzt wurde),
3. Ordinalskalen (entsprechend z. B. den Plazierungen im Pferderennen) und
4. Nominalskalen (z. B. in der Kategorisierung Deutscher/Franzose/Engländer usw.).

Die ersten beiden genannten Skalenniveaus werden auch als metrische Skalen bezeichnet. Daten können von einem jeweils höheren Skalenniveau in ein niedrigeres überführt werden, umgekehrt ist dies jedoch nicht möglich: Aus den Zeiten in einem Sprintwettkampf kann man die Plazierungen der Läufer ermitteln (von Rational- auf Ordinalskalenniveau), allein aus den Plazierungen kann man jedoch nicht die Zeiten ableiten.

2.2 Zur Deskription eingesetzte Verfahren und Kennwerte

Zur Darstellung der Ergebnisse vorhergehender FISAS-Untersuchungen wurden meist prozentuale Häufigkeiten der verschiedenen Ausprägungen der jeweils betrachteten Größen dargestellt und diskutiert. Die folgende Darstellung wird von dieser Gepflogenheit abweichen. Ungeachtet verschiedener weiterer Probleme bei der Analyse auf der Basis von Kategorisierungen ursprünglich metrisch erfaßter Daten (vgl. PITSCH 1999, 68 f.), führen Analysen auf der Basis prozentuierter Häufigkeiten ohne Berücksichtigung der jeweils zugrundeliegenden Verteilungsformen zu Interpretationsproblemen, die in dem Exkurs zu Problemen der einfachen Statistik dargestellt sind. In den folgenden Analysen werden von daher unterschiedliche Verfahren zur Beschreibung der zentralen Tendenz, der Dispersion und der Verteilung der betrachteten Größen verwendet. Diese statistischen Kennziffern und

Verfahren sowie die abgeleiteten Parameter, die auf der Basis der erhobenen Daten berechnet werden, sollen im folgenden genauer dargestellt werden.

Exkurs: Probleme der einfachen Statistik

Betrachtet man den Organisationsgrad (OG) der Wohnbevölkerung zweier hypothetischer Länder in den jeweiligen Sportvereinen, so kann man diesen sowohl geschlechtsspezifisch:

$$geschlechtsspezifischer\ OG = \frac{Anzahl\ der\ Vereinsmitglieder\ eines\ Geschlechts}{Gesamtbevölkerung\ des\ gleichen\ Geschlechts} * 100$$

als auch geschlechtsunspezifisch:

$$Gesamt\text{-}OG = \frac{Anzahl\ der\ Vereinsmitglieder}{Gesamtbevölkerung} * 100$$

errechnen. Für zwei fiktive Länder ergeben sich damit die in Tabelle 2.1 dargestellten Werte.

Tab. 2.1: *Berechnung des Organisationsgrades in zwei fiktiven Ländern*

Land	Geschlecht	Wohn-bevölkerung	Vereins-mitglieder	geschlechts-spezifischer OG [%]	Gesamt-OG [%]
A	männlich	100000	30000	30,0	35,0
	weiblich	100000	40000	40,0	
B	männlich	200000	50000	25,0	36,0
	weiblich	800000	310000	38,75	

Man sieht leicht, daß Männer und Frauen im Land A einen höheren Organisationsgrad aufweisen als ihre jeweiligen Geschlechtsgenoss(inn)en im Land B:

30,0 > 25,0   (OGmA > OGmB) und
40,0 > 38,75 (OGwA > OGwB)

Man sieht ebenso leicht, daß die Gesamtbevölkerung im Land A einen niedrigeren Organisationsgrad aufweist als die Gesamtbevölkerung im Land B:
35,0 < 36,0   (OGA < OGB)

Diese Problem der einfachen Statistik treten bei allen Vergleichen von Prozentzahlen, die sich nicht auf gleich große und gleich verteilte Grundgesamtheiten beziehen, auf. Der Umschlag einer Richtung der Aussage in eine andere Richtung ist hierbei ein seltener Fall, der jedoch nicht auf konstruierte Extremfälle beschränkt ist, wie das folgenden Beispiel aus dem Bereich der FISAS 1996 belegt:

Betrachtet wird der ehrenamtliche Engagement-Grad (eEG):

$$eEG = \frac{Anzahl\ der\ ehrenamtlichen\ Mitarbeiter}{Anzahl\ der\ Vereinsmitglieder} * 100$$

der, wie der Organisationsgrad, sowohl geschlechtsspezifisch als auch auf das Gesamt bezogen berechnet werden kann. Für die Sportvereine in den Landessportbünden Niedersachsen und Rheinland-Pfalz ergeben sich dann die in Tabelle 2.2 dargestellten Werte.

Tab. 2.2: Berechnung des ehrenamtlichen Engagementgrades in Niedersachsen und Rheinland-Pfalz

Land	Geschlecht	Vereinsmitglieder	ehrenamtliche Mitarbeiter	geschlechtsspezifischer eEG [%]	Gesamt-eEG [%]
Niedersachsen	männlich	55191	4757	8,62	7,25
	weiblich	41540	2253	5,42	
Rheinland-Pfalz	männlich	28312	2387	8,43	7,34
	weiblich	15987	865	5,41	

Daraus ergibt sich der scheinbar paradoxe Schluß,

- *daß sich Frauen in niedersächsischen Sportvereinen stärker engagieren als ihre Geschlechtsgenossinnen in rheinland-pfälzischen Sportvereinen,*

- *daß sich Männer in niedersächsischen Sportvereinen stärker engagieren als ihre Geschlechtsgenossen in rheinland-pfälzischen Sportvereinen, und*

- *daß sich Menschen in rheinland-pfälzischen Sportvereinen stärker engagieren als Menschen in niedersächsischen Sportvereinen.*

Grundsätzlich ist bei den folgenden Analysen zu beachten, daß sich die ermittelten statistischen Kennwerte auf die Beobachtungseinheit „Sportverein" beziehen und nicht auf den Bereich des organisierten Sports insgesamt. Dieser Unterschied soll am Beispiel des Parameters „Anteil weiblicher Mitglieder" näher illustriert werden:

Der Anteil weiblicher Mitglieder in den Sportvereinen ist ein vieldiskutierter Wert, wobei sich in diesen Diskussionen organisationssoziologisch relevante Fragestellungen mit wertgebundenen Vorstellungen mischen. Der Diskussion liegen zwei verschiedene Parameter zugrunde:

- der mittlere Anteil der weiblichen Mitglieder in den Sportvereinen
- der Anteil weiblicher Mitglieder im organisierten Sport, womit der Anteil weiblicher Personen an der Gesamtzahl der im DSB indirekt über Landessportbünde bzw. Spitzenverbände organisierten Personen gemeint ist.

Die Wahl des Parameters ist dabei möglicherweise von der Einnahme jeweils unterschiedlicher Positionen abhängig, die sich in der Wahl der verschiedenen Verfahren zur Ermittlung dieses Anteils niederschlagen (s. hierzu etwa die Formulierung „Bedeutung der Vereine aufgrund ihrer jeweils unterschiedlichen Mitgliederzahl" bei HEINEMANN/SCHUBERT 1994, 98, Fußnote 56).

Der Anteil weiblicher Mitglieder im organisierten Sport läßt sich auf der Basis von FISAS-Daten als **Quotient der Summe der weiblichen Mitglieder in den antwortenden Sportvereinen durch die Summe aller Mitglieder in diesen Sportvereinen** errechnen. Betrachtet man den Anteil der weiblichen Mitglieder im Bereich des organisierten Sports in den dem DSB direkt oder indirekt angeschlossenen Organisationen, so läßt sich für den Zeitraum von 1961 bis 1996 im Bereich der alten Bundesländer ein im wesentlichen konstantes Wachstum feststellen (s. Abbildung 2.1). Im Bereich der alten Bundesländer beträgt der Anteil im Jahr 1996 41,2%, in den neuen Bundesländern 31,0%. Ob sich dort ein ähnlicher Trend wie in den alten Bundesländern einstellt, muß abgewartet werden. Für den Bereich des DSB ergibt sich ein Anteil weiblicher Mitglieder im organisierten Sport im Jahr 1996 von 40,2%, der zustande kommt durch die unterschiedlich hohen Mitgliederzahlen in den neuen und alten Bundesländern.

Methode, Instrument und Datenaufbereitung

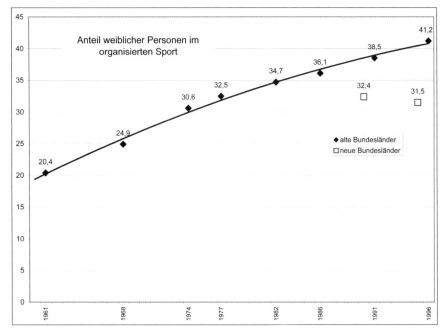

Abb 2.1: Anteil weiblicher Personen im organisierten Sport zu verschiedenen Zeitpunkten (Quelle: TROSIEN 1994, 72; HEINEMANN/SCHUBERT 1994, 99 sowie eigene Berechnungen)

Der mittlere Anteil weiblicher Sportvereinsmitglieder in den Sportvereinen läßt sich aus den FISAS-Daten schätzen als Mittelwert des für jeden Sportverein einzeln ermittelten Quotienten aus der Zahl der weiblichen Sportvereinsmitglieder durch die Gesamtzahl der Mitglieder. In diesen Wert gehen alle Sportvereine, ungeachtet ihrer Gesamt-Mitgliederzahl mit gleicher Gewichtung ein. Für die FISAS 1996 wurde ein mittlerer Anteil weiblicher Mitglieder in den Sportvereinen von 32,7% ermittelt. Für den Bereich der alten Bundesländer beträgt dieser Wert 33,6%, für die neuen Bundesländer 30,2%.

Damit wird deutlich, daß aus Aussagen über den Sportverein an sich, keine Aussagen über die Gesamtheit der Sportvereine auf der Systemebene ableitbar sind und vice versa. Dies beruht nicht zuletzt auf den häufig stark schiefen Verteilungen der Parameter in Abhängigkeit von der Mitgliederzahl in den Sportvereinen, hier speziell des Anteils weiblicher Personen. Analog gilt dies für viele andere Parameter wie die Gesamt-Haushaltssumme, die Mitgliederstruktur, die Abteilungszahl u. v. m. Von daher kann aus Aussagen über „den Sportverein", die mittels statistischer Kennwerte über viele verschiedene Sportvereine hinweg begründet werden, nicht auf den organisierten Sport insgesamt geschlossen werden und vice versa.

Die im folgenden dargestellten Ergebnisse der FISAS 1996 beziehen sich jeweils auf die Untersuchungseinheit „Sportverein". Ein Vergleich mit den jeweils analogen Parametern auf der Ebene des organisierten Sports wird nur in Ausnahmefällen vorgenommen. Bei allen Vergleichen mit Daten aus anderen Untersuchungen ist zu berücksichtigen, wie der jeweilige Parameter berechnet wurde[41].

Weiterhin ist darauf hinzuweisen, daß auch hier die von NOELLE-NEUMANN geprägte Aussage gilt, wonach Befunde der empirischen Sozialforschung, die an Stichproben gewonnen werden, nur mit einer bestimmten Wahrscheinlichkeit auf jede einzelne Beobachtungseinheit zutreffen, in der Kurzform also, daß sie „für alle, nicht für jeden" gelten (vgl. NOELLE-NEUMANN/PETERSEN 1996).

2.2.1 Kennwerte der Mitgliederdynamik

Ein Aspekt, dem in der empirischen Sportvereinsforschung häufig Beachtung geschenkt wird, ist die Frage, inwiefern sich die Zusammensetzung der Sportvereine ändert. Unter allen Mitgliederbewegungen (Zugänge, Abgänge durch Austritt oder Tod) in einem definierten Zeitraum (üblicherweise ein Jahr) kann unterschieden werden zwischen einem Anteil, der sich auf die Gesamt-Mitgliederzahl nicht auswirkt, also dem Teil der Abgänge, die durch Zugänge ausgeglichen werden und vice versa, sowie einem anderen Anteil, der den Mitgliederbestand verändert im Sinne eines Überhangs an Ab- oder Zugängen. Der erstgenannte Aspekt wurde mit dem Begriff „Fluktuation" bezeichnet (vgl. z. B. STROB 1994, 25; HEINEMANN/ SCHUBERT 1994, 156 ff.; EMRICH/PAPATHANASSIOU/PITSCH 1998, 50 ff.), teilweise allerdings unterschiedlich inhaltlich definiert und auch teilweise unterschiedlich berechnet. Der Begriff der „Fluktuation" ist irreführend, da er neben der rein soziologischen bzw. betriebs- oder volkswirtschaftlichen Verwendung dieses

---

[41] Vergleiche mit anderen Untersuchungen wurden auf der Ebene der Landessportbünde verschiedentlich vorgenommen und führten dann häufig zu Rückfragen bei den Autoren, z. B. wenn aus den Daten auf scheinbare Rückgänge im Anteil weiblicher Mitglieder zwischen der FISAS 1991 und der FISAS 1996 geschlossen wurden.

Begriffs (vgl. z. B. BAILLOD 1992; FLUCK 1992) auch in die Alltagssprache (nach Duden 1986: „Schwankung") sowie in die Sprache anderer Wissenschaftsbereiche Eingang gefunden hat. Dort wird dann z. B. auch „Die Fluktuation von Ackerwildkraut-Gesellschaften und ihre Beeinflussung durch Fruchtfolge und Bodenbearbeitungs-Zeitpunkt" (van ELSEN 1994) untersucht oder eine „Theorie der Dämpfung und Fluktuation des Polaritons aufgrund seiner Wechselwirkung mit Gitterschwingungen" (EGLER 1976) entwickelt. Die dadurch gegebene Vielfalt an Bedeutungen, die bei diesem Begriff konstatiert werden muß, erschwert die Formulierung präziser und möglichst wenig irreführender Aussagen. Zu dieser Einschätzung haben nicht zuletzt auch zahlreiche Reaktionen auf die Veröffentlichung der Ergebnisse der FISAS Pfalz 1995 (EMRICH/PAPATHANASSIOU/PITSCH 1998) beigetragen. Von daher soll im folgenden die Bezeichnung **„bestandsneutraler Mitgliederumsatz"** gewählt werden[42]. Er bezeichnet den **Anteil an Veränderungen im Mitgliederbestand an der mittleren Mitgliederzahl des Bezugsjahres, der die Gesamtzahl der Mitglieder des Sportvereins nicht beeinflußt** und wird nach der folgenden Formel berechnet:

$$bMu = \frac{(Eintritte + Austritte + Verstorbene) - |Eintritte + Austritte + Verstorbene|}{mittlere\ Mitgliederzahl} * 100$$

(bMu = <u>b</u>estandsneutraler <u>M</u>itglieder<u>u</u>msatz).

Die mittlere Mitgliederzahl (mMz) kann bei jährlicher Erfassung der Mitgliederdaten berechnet werden als

$$mMz = \frac{Mitgliederzahl\ am\ Jahresende + Mitgliederzahl\ am\ Jahresanfang}{2} * 100$$

Sofern man, wie im Fall der FISAS-Untersuchungen, die Mitgliederzahl am Jahresanfang aus der Mitgliederzahl am Jahresende und den Mitgliederbewegungen berechnet, ergibt sich aus dieser Formel der gleiche Wert, wie aus der Formel

---

[42] „In der Verzweifelung über die zunehmende Not, Worte für neugebildete Begriffe zu finden, an der keine Wissenschaft so schwer leidet wie die Soziologie, wagt man das Äußerste" (SOMBART 1959 [1931], 239, Nachschrift). Dem bleibt aus der Sicht der Autoren nichts hinzuzufügen.

$$mMz = \frac{\text{maximal mögliche Mitgliederzahl} + \text{minimal mögliche Mitgliederzahl}}{2} * 100$$

mit:
maximal mögliche Mitgliederzahl = Mitgliederzahl am Jahresende + Zahl der Austritte
und
minimal mögliche Mitgliederzahl = Mitgliederzahl am Jahresende - Zahl der Eintritte

Der bestandsneutrale Mitgliederumsatz bezieht sich auf die Zahl der Mitgliederbewegungen, die den Mitgliederbestand nicht verändern. Dieser Bezug wurde gewählt, weil Mitgliederbewegungen unabhängig von der Richtung der Bewegung (Ein- oder Austritt) für den Sportverein mit organisatorischen und vereinskulturellen Konsequenzen verbunden sind. So ist z. B. der Austritt eines langjährigen Mitglieds, das in der Kommune ein hohes Ansehen genießt, für einen kleinen Verein ein gravierendes Ereignis, das nicht durch den Eintritt eines Kindes aus einer neu hinzugezogenen Familie kompensiert wird.

Als zweiter Kennwert, der die Dynamik der Mitgliederentwicklung beschreibt, wird die an der Zahl der Vereinsmitglieder relativierte Mitgliederbilanz berechnet als

$$rMb = \frac{\text{Eintritte} - \text{Austritte} - \text{Verstorbene}}{\text{Mitgliederzahl} - (\text{Eintritte} - \text{Austritte} - \text{Verstorbene})} * 100$$

mit rMb = relativierte Mitgliederbilanz.

Nach dieser Formel wird also die Veränderung der Mitgliederzahl *im Jahr vor der Befragung,* relativiert am Mitgliederbestand, der *vor diesen Veränderungen* gegeben war, in Prozent ermittelt.

Die an der Gesamt-Mitgliederzahl relativierte Zahl der neu hinzugekommenen Mitglieder (Auffrischungsquote, Afq) im Bezugsjahr kann berechnet werden als

$$Afq = \frac{\text{Eintritte}}{\text{Mitgliederzahl am Jahresende}} * 100.$$

Sie drückt den prozentualen Anteil neuer Mitglieder am Mitgliederbestand aus und kann so Hinweise auf den Grad an Neuanpassungsleistungen geben. Diese sind einerseits von den neu hinzugekommen Mitgliedern zu erbringen, die durch die Form dieser Anpassung die Vereinskultur künftig mit beeinflussen, jedoch diese Situation selbstbestimmt gewählt haben. Andererseits müssen diese Neuanpassungsleistungen von den verbleibenden Mitgliedern erbracht werden, die

- zum einen diese Situation nicht selbst gewählt haben,
- zum anderen in ihren Möglichkeiten zur Verwirklichung eigener Interessen innerhalb des Vereins beschränkt sein können aufgrund einer eventuellen Konkurrenz mit Interessen bzw. Ambitionen der neuen Mitglieder.

2.2.2 Kennwerte der Heterogenität des Mitgliederbestandes

Die Heterogenität der Mitgliedschaft in Sportvereinen wird häufig bemüht, um organisatorische Aspekte der Angebotsgestaltung und Vereinsführung vor dem Hintergrund differenzierter Erwartungs- und Mitgliederstrukturen zu kennzeichnen. Allerdings gehen HEINEMANN und SCHUBERT (1994, 139 ff.) davon aus, daß eine völlig identische Repräsentation der Wohnbevölkerung in den Sportvereinen gleichbedeutend mit maximaler Heterogenität der Mitgliedschaft in den Sportvereinen einhergeht. Dies bedeutet vor dem Hintergrund der Forderung des Deutschen Sportbundes „Sport für Alle", daß die Integrationsfunktion des Sports auf Gesamt-Systemebene dann erfüllt ist, wenn seine Mitgliederstruktur in Alters- und Geschlechtskategorien derjenigen der Wohnbevölkerung entspricht. Ungelöst, weil aufgrund mangelnder statistischer Angaben nicht genau zu erschließen, bleibt darüber hinaus der Grad der Repräsentiertheit der ausländischen Wohnbevölkerung in deutschen Sportvereinen.

Dabei wurde übersehen, daß wohl das Sportsystem mit allen Sportvereinen im ganzen hinsichtlich seiner Integrationsfunktion zu beurteilen ist, was bedeutet, daß diese Funktion dann wirksam erfüllt wird, wenn in der Gesamtheit des organisierten Sports eine Mitgliederstruktur nachweisbar ist, die derjenigen der Wohnbevölkerung entspricht. Hier ist weder der Schluß vom ganzen System auf die einzelne Einheit zulässig noch umgekehrt[43]: Der organisierte Sport in Deutschland kann die Wohnbevölkerung in ihrer Struktur repräsentieren, selbst wenn kein einzelner Sportverein in seiner Mitgliederstruktur der Struktur der Wohnbevölkerung entspricht. Umgekehrt zeigen die Überlegungen zum Unterschied zwischen Ergebnissen, die sich auf Sportvereine und auf den organisierten Sport

---

[43] Genauso setzt sich ein Buch nicht aus vielen kleineren Büchern zusammen, sondern aus Seiten, Buchstaben und Einband und viele Bücher zusammen bilden ebenfalls unter Einhaltung weiterer Voraussetzungen kein größeres Buch, sondern eine Bibliothek.

insgesamt beziehen, daß die Repräsentation der Wohnbevölkerung auf Systemebene nicht gewährleistet sein kann, selbst wenn jeder einzelne Sportverein in seiner Mitgliederstruktur der jeweiligen lokalen bzw. regionalen Wohnbevölkerung entspräche.

Darüber hinaus ist es fraglich, ob die Gleichsetzung des Begriffs der Heterogenität mit der Repräsentation der Wohnbevölkerung für die Erklärung des Handelns in Organisationen und für die Erklärung der Komplexität jeweiliger vereinstypischer Ordnungen tragfähig ist. Vielmehr ist die Frage der Differenziertheit der Mitgliederstruktur gekoppelt mit unterschiedlichen Anforderungen und Erwartungen an die Organisation selbst und die Ebene der Leistungserstellung. Um den Zusammenhang zwischen der Mitgliederstruktur und unterschiedlichen Aspekten der Organisationskomplexität sowie verschiedenen Facetten der Leistungserstellung differenzierter zu betrachten, wird hier in Anlehnung an LIEBERSON (1969, 851) sowie AGRESTI und AGRESTI (1978, 206) der normierte „Diversity-Index" (in Anlehnung an den üblichen Sprachgebrauch in der Literatur als Heterogenitätsmaß bezeichnet, vgl. FRANZMANN/WAGNER 1999, 78 ff.) nach der Formel

$$D = \left(1 - \sum_{i=1}^{k} p_i^2\right) * \left(1 - \frac{1}{k}\right)$$

mit k = Anzahl der Kategorien und p_i = relative Häufigkeit der Besetzung der i-ten Kategorie herangezogen. **Der Heterogenitätswert von 1 entspricht einer Gleichverteilung der Beobachtungen über alle Kategorien, der Wert 0 einer Konzentration aller Beobachtungen auf eine Kategorie.**

Mit dieser Formel wird die mitgliederstrukturbezogene Heterogenität über die sieben Alterskategorien und über die Geschlechtskategorien getrennt berechnet. Diese Aufgliederung wurde einer kombinierten Betrachtung beider Dimensionen, also einer alters- und geschlechtspezifischen Betrachtung vorgezogen, weil die Zahl der Fälle, in denen etwaige Heterogenitätseffekte nicht unabhängig voneinander interpretierbar sind (z. B. im Fall von Schwangerschaftsgymnastik) eher marginal ist. Neben diesen Formen struktureller Heterogenität wurde die Angebotsheterogenität berechnet. Dieser Index beruht auf den Daten zur Nutzung der von den Vertretern der Sportvereine genannten Sportangebote sowie aus der ermittelten Zahl der nicht am Sportbetrieb teilnehmenden Vereinsmitglieder. Damit ist es erstmals möglich, den häufig konstatierten Zusammenhang zwischen struktureller und angebotsbezogener Heterogenität zu überprüfen.

2.2.3 Kategorien zur Analyse von Einnahmen und Ausgaben

Die im folgenden dargestellten Kategorisierungen (s. die Tabellen 2.3 und 2.4) sind das Ergebnis einer Expertendiskussion, innerhalb derer die Zuordnung der vordefinierten Einnahme- und Ausgabenpositionen im Fragebogen der FISAS 1996 zu den dargestellten analytischen Kategorien vorgenommen wurde. In dieser Zuordnung vermischen sich vereinzelt theoretisch-analytische mit empirischen Zuordnungskriterien, so z. B. im Fall der Einnahmen aus geselligen Veranstaltungen zur Kategorie der internen Finanzquellen. Dabei wird davon ausgegangen, daß es sich bei den Besuchern solcher Veranstaltungen zumindest mehrheitlich um Personen handelt, die die Veranstaltung in ihrer Rolle als Vereinsmitglied besuchen: also eine empirische begründete Zuordnung zu einer analytisch gewonnenen Kategorie.

Neben der Betrachtung der Finanzströme in den Sportvereinen im Rahmen der aufgezeigten Kategorien ist für eine Wirtschaftssoziologie des Sportvereins auch die Analyse der Finanzverwaltung wichtig. Auf die Frage der Bestimmungsgründe des Handelns von Entscheidungsträgern im Bereich der Finanzen kann hier jedoch nicht näher eingegangen werden.

Es ist allerdings zwingend davon auszugehen, daß es auch hier zu Wechselwirkungen zwischen objektiver Situation und subjektiver Haltung mit daraus resultierenden Folgen für wirtschaftliche Entscheidungen kommt, wobei grundsätzlich die wirtschaftlichen Sozialbeziehungen zwar institutionalisiert, d. h. sanktions- und normgebunden sind, jedoch in freiwilligen Vereinigungen größere Rollengestaltungsspielräume aufweisen als in formal organisierten Produktionseinrichtungen. Dieser Aspekt kann hier lediglich im Hinblick auf die Frage, welches Personal zur Finanzverwaltung eingesetzt wird, betrachtet werden: Wie, das heißt mit welchem personellen haupt- und ehrenamtlichen Aufwand, organisieren Sportvereine ihre Finanzverwaltung? Aussagen zur Systematik der Finanzverwaltung (Haushaltsplan) sowie zur soziologisch interessanten Frage der Entscheidungsfindung sind in diesem Zusammenhang nicht möglich.

Tab. 2.3: Zuordnung der vordefinierten Einnahmepositionen zu den analytischen Kategorien. Gekennzeichnet: Zuordnung zu der jeweiligen Kategorie

Einnahmeposition	stet	unstet	intern	extern	autonom	heteronom
Mitgliedsbeiträge	⊕		⊕		⊕	
Aufnahmegebühren		⊕	⊕		⊕	
Spenden		⊕				⊕
Zuschüsse der Sportorganisationen (Fachverbände etc.)	⊕			⊕		⊕
Zuschüsse des Landes	⊕			⊕		⊕
Zuschüsse des Kreises, der Stadt bzw. der Gemeinde	⊕			⊕		⊕
Zuschüsse aus Förderprogrammen (z. B. Arbeitsamt)		⊕		⊕		⊕
Vermögensverwaltung (Miet-/ Pachteinnahmen, Zinsen etc.)	⊕			⊕	⊕	
selbstbetriebene Gaststätte		⊕		⊕	⊕	
Sportveranstaltungen (Zuschauereinnahmen etc.)		⊕		⊕	⊕	
Leistungen für Mitglieder gegen Entgelt (Platz-, Hallenmieten o. ä.)		⊕	⊕		⊕	
gesellige Veranstaltungen (z. B. Sportlerball, Schützenfest)		⊕	⊕		⊕	
Werbeverträge: Trikot, Ausrüstung		⊕		⊕		⊕
Werbeverträge: Bande	⊕			⊕		⊕
Werbeverträge: Übertragungsrechte		⊕		⊕		⊕
Werbeverträge: Anzeigen		⊕		⊕		⊕
Werbeverträge: Sponsoren		⊕		⊕		⊕
eigene Wirtschaftsgesellschaft		⊕		⊕	⊕	
Kursgebühren		⊕		⊕	⊕	
Leistungen für Nicht-Mitglieder gegen Entgelt (Platz-, Hallenmieten o. ä.)		⊕		⊕	⊕	
Kreditaufnahme		⊕				⊕

Tab. 2.4: Zuordnung der vordefinierten Ausgabenpositionen zu den analytischen Kategorien. Gekennzeichnet: Zuordnung zu der jeweiligen Kategorie

Ausgabenposition	stet	unstet	autonom	heteronom
Personalkosten: Verwaltungspersonal	⊕		⊕	
Personalkosten: Trainer, Übungsleiter, Sportlehrer	⊕		⊕	
Personalkosten: Zahlungen an Sportler		⊕	⊕	
Personalkosten: Wartungspersonal, Platzwart etc.	⊕		⊕	
Sportbetrieb: Kosten für Sportgeräte und Sportkleidung		⊕	⊕	
Sportbetrieb: Kosten für die Unterhaltung und den Betrieb eigener Anlagen	⊕			⊕
Sportbetrieb: Mieten und Kostenerstattung für die Benutzung von nicht-vereinseigenen Sportanlagen bzw. -einrichtungen	⊕		⊕	
Sportbetrieb: Reisekosten für Übungs- und Wettkampfbetrieb	⊕		⊕	
Sportbetrieb: Kosten für die Durchführung eigener sportlicher Veranstaltungen			⊕	
Abgaben an Landes-, Stadt- oder Kreissportbünde o. ä.	⊕			⊕
Abgaben an Fachverbände	⊕			⊕
Steuern aller Art	⊕			⊕
Gema-Gebühren		⊕		⊕
allgemeine Verwaltungskosten	⊕		⊕	
Versicherungen (z. B. VBG)	⊕			⊕
Kosten für außersportliche Veranstaltungen (z. B. Feste)		⊕	⊕	
Kapitaldienst (Zinsen, Tilgungen)	⊕			⊕
Rückstellungen		⊕	⊕	

3 Empirische Bestandsaufnahme

Auch wenn eine der wichtigsten Funktionen der FISAS-Studien in der empirischen Bestandsaufnahme der Sportvereinslandschaft in Deutschland lag und auch aktuell noch liegt, ist es notwendig, gerade den spezifisch empirischen Teil der Untersuchung sachadäquat zu planen und diejenigen Überlegungen, welche Grundlage dieser Planung waren, darzulegen, und zwar aus mehreren Gründen: Zum einen sind die Ergebnisse der Untersuchung nicht unabhängig davon, mit welchem Instrumentarium, mit welchen Forschungsfragen und mit welcher Intention man das Datenmaterial bearbeitet und zum anderen kann nur so eine intersubjektive Überprüfbarkeit der Resultate, die Kriterium allen wissenschaftlichen Arbeitens ist, gewährleistet werden. Nicht zuletzt dient diese Planung auch dazu, den von HEGEL bereits beschriebenen Zustand eines planlosen und deshalb auch häufig nutzlosen Anhäufens großer Datenmengen möglichst zu vermeiden, nach dem die empirischen Tatsachen dem Denken über den Kopf wüchsen.

Von daher sollen zu Beginn der empirischen Bestandsaufnahme die forschungsleitenden Überlegungen dargelegt werden. Im Anschluß wird die Konstruktion spezifischer Instrumente zur Deskription der Sportvereinslandschaft, die auf der Basis der Daten gewonnen wurden, dargestellt, bevor im engeren Sinn die „Bestandsaufnahme" erfolgen kann.

3.1 Forschungsleitende Überlegungen

Hinsichtlich der statistischen Absicherung von Effekten erhält man angesichts der großen Datenmenge sehr häufig signifikante Ergebnisse. Für alle statistischen Entscheidungen wurde einheitlich ein scharfes Signifikanzniveau von 1‰ ($p<0{,}001$) gewählt. Um nicht der Versuchung zu erliegen, Ergebnisse aufgrund ihrer Signifikanz ohne Beachtung ihrer Effektstärke als bedeutsam zu interpretieren, wurde der Varianzklärung in bezug auf den jeweils betrachteten Effekt besondere Beachtung geschenkt:

- Im dem Fall, in dem statistische Tests ohne explizit formulierte Hypothese durchgeführt wurden, also im Sinne der Hypothesengenerierung in bezug auf

künftig hypothesengeleitet zu überprüfende Effekte, wurde eine minimale Effektstärke von 10% pragmatisch gewählt.
- Im Fall hypothesengeleiteter statistischer Überprüfungen dient die Betrachtung der Varianzklärung der Aufklärung der Stärke inhaltlicher Zusammenhänge ohne Berücksichtigung der pragmatischen 10%-Grenze.

3.1.1 Die Funktion der Beschreibung der Situation von Sportvereinen

Die hier vorliegende Untersuchung hat den Zweck, Strukturen und Problemlagen der Sportvereine näher zu beschreiben und zu analysieren sowie in einzelnen Aspekten mit vorliegenden Befunden zu vergleichen. Sie soll Sportorganisationen helfen, ihre Aktivitäten auf die Erwartungen der Sportvereine auszurichten und erlaubt darüber hinaus Ableitungen für die künftige Gestaltung der Arbeit der Dachverbände vor allem für die Unterstützung von Landesfachverbänden und Sportvereinen. Das Ziel der Untersuchung war die Erfassung von Informationen bezüglich folgender Aspekte der Situation von Sportvereinen:

- Strukturmerkmale und Mitgliederstruktur
- Angebotsstruktur und Angebotswahrnehmung
- Mitarbeiterstruktur
- Außenkontakte der Sportvereine, und zwar sportsystemintern und sportsystemextern
- Grad der Formalisierung der Ablauforganisation
- Darstellung des Sportvereins durch den jeweiligen Vertreter
- Wahrgenommene Mitgliederinteressen
- Gewinnung, Verwaltung und Verwendung finanzieller Ressourcen
- Beitragsstrukturen
- Anlagensituation und –nutzung.

3.1.2 Zum Unterschied zwischen Sportvereinen in den neuen und alten Bundesländern: Überlegungen zu Forschungsfragen

In der vorhergehenden FISAS 1991 (HEINEMANN/SCHUBERT 1994) unterschieden sich Sportvereine in den neuen Bundesländern in einer Vielzahl von Aspekten von solchen in den alten Bundesländern. Diese Unterschiede können jedoch auf verschiedene Ursachen zurückgeführt werden, die nicht zwingend auf einer Ost-West-

Differenz beruhen müssen. Sie sind deshalb nicht unabhängig vom Ursachengefüge zu bewerten. Im einzelnen ist an folgende Ursachen zu denken:

- Eine Ursache für Unterschiede, und ganz sicher die bedeutendste, beruht auf der Verschiedenheit der geschichtlichen Abläufe bis zum Zeitpunkt der deutschen Wiedervereinigung und ist Ausfluß unterschiedlicher Ausprägungen kultureller, sozialstruktureller und ökonomischer Faktoren auf System- und lebensweltlicher Ebene. Diese wirken sowohl bei Organisationsvertretern als auch bei Organisationsmitgliedern auf der Ebene der Leistungsempfänger einerseits im Sinne eines unterschiedlichen Verständnisses von Sinn und Zweck der Organisation wie auch andererseits im Sinne unterschiedlich ausgeprägter Erwartungen sowie differierender Funktions- und Bedeutungszuschreibungen zum Sport. Ein Nachwirken dieser Faktoren ist auch in der Phase nach der Wiedervereinigung zu vermuten.

- Eine zweite, ebenfalls zeithistorische Ursache für Unterschiede zwischen Sportvereinen in den neuen und alten Bundesländern, ist in unterschiedlichen Organisationsumwelten im Sinne rechtlich geregelter Übergangsfristen und Sonderregelungen für die neuen Bundesländer zu sehen.

- Eine dritte Ursache für Unterschiede zwischen Sportvereinen in den neuen und den alten Bundesländern sind die Wirkungen von Unterschieden in der Organisationsstruktur, die ihrerseits auf die beiden erstgenannten Faktoren zurückgehen können, jedoch auch unabhängig von diesen beiden mögliche Unterschiede erklären können. So haben Sportvereine in den neuen Bundesländern im Mittel deutlich weniger Mitglieder als Sportvereine in den alten Bundesländern. Geht man davon aus, daß die Zahl der Organisationsmitglieder, die wesentlich die Komplexität der Organisation als solche bestimmt, auf Mentalität und Verhalten sowie die Außendarstellung wirkt, können dadurch Unterschiede zwischen Sportvereinen in den neuen und alten Bundesländern entstehen, die rein auf der unterschiedlichen Mitgliederzahl beruhen und im Sinne soziologisch-historischer Ansätze Artefakte darstellen.

Die Bedeutung der Berücksichtigung dieser letztgenannten Ursache soll im folgenden kurz dargestellt werden. Dazu werden die Daten der DSB-repräsentativen Teilstichprobe für die neuen und alten Bundesländer getrennt herangezogen (s. Tabelle 3.1). Die Daten der Sportvereine im Landessportbund Berlin wurden hierbei nicht berücksichtigt, da die Datenlage keine eindeutige Zuordnung nach den vormaligen Grenzen erlaubte.

Tab. 3.1: *Struktur des DSB-repräsentativen Teilrücklaufs in der FISAS 1996*

Region	Anzahl der Sportvereine	Anteil [%]
Ost	469	16,03
West	2457	83,97

Entsprechend der Überlegungen zur Quelle von Unterschieden zwischen Sportvereinen in den neuen und den alten Bundesländern wird in einem ersten Schritt die Organisationsstruktur näher analysiert (s. Tabelle 3.2).

Tab. 3.2: *Zahl der Mitglieder und Abteilungen sowie Kennziffern zur Mitgliederstruktur und Mitgliederdynamik*[44]

	alte Bundesländer			neue Bundesländer		
	n	$\bar{x}$	s	n	$\bar{x}$	s
Mitgliederzahl	2091	349,82	490,77	388	138,62	168,48
Abteilungszahl	2386	2,95	7,00	460	2,63	2,57
Anteil weiblicher Mitglieder [%]	2387	33,59	21,62	463	30,22	24,44
Anteil männlicher Mitglieder [%]	2387	66,41	21,62	463	69,78	24,44
bestandsneutraler Mitgliederumsatz	2387	0,10	0,11	463	0,10	0,14
relativierte Mitgliederbilanz [%]	2370	4,88	106,97	458	6,47	107,22
Anteil der Teilnehmer in den Sportgruppen [%]	1612	64,70	43,85	338	92,03	54,20

---

[44] Trotz der grundsätzlichen Problematik der Betrachtung von Mittelwerten bei stark schiefen Verteilungen wurden hier die Mittelwerte angegeben, da die Kovarianzanalyse Mittelwertsunterschiede testet.

Forschungsleitende Überlegungen

Sportvereine in den neuen Bundesländern sind mitgliederärmere Organisationen als jene in den alten Bundesländern. Parallel dazu haben sie auch weniger Abteilungen. Betrachtet man jedoch die Abteilungszahl unter Berücksichtigung der niedrigeren Mitgliederzahl (Varianzanalyse im allgemeinen linearen Modell mit dem Kovariat „Mitgliederzahl"), so zeigt sich, daß Sportvereine in den neuen Bundesländern bei vergleichbarer Mitgliederzahl mehr Abteilungen, bzw. bei niedrigerer Mitgliederzahl annähernd gleich viele Abteilungen ($F=42,22$; $df=1;2418$; $p<0,001$; $\omega^2=44,5\%$) aufweisen. Die Unterschiede im Mittelwert sowohl bei Berücksichtigung des Einflusses der mittleren Mitgliederzahl als auch ohne deren Berücksichtigung sind in Abbildung 3.1 dargestellt.

Je nach Standpunkt hat dieser Sachverhalt verschiedene Implikationen:

- Für die im Sport in den neuen Bundesländern regional tätigen Organisationen ist das Faktum kleiner, aber stark differenzierter Gebilde unabhängig von möglichen Gründen für die Ausbildung dieser spezifischen Struktur in ihrer praktischen Beratungs- und Betreuungstätigkeit handlungsleitend.

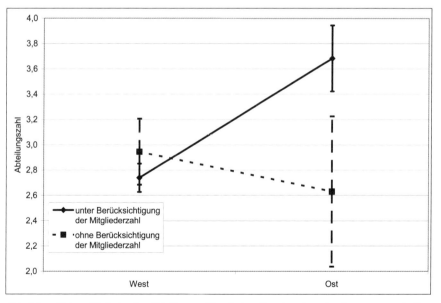

Abb. 3.1: Unterschiede in der Abteilungszahl zwischen Sportvereinen in den neuen und alten Bundesländern. Angegeben wurde die mittlere Abteilungszahl sowie das 95%-Konfidenzintervall des Mittelwerts.

- Für die theoretische Analyse von Organisationen im Sport ist von der Tendenz einer größeren Differenziertheit von Sportvereinen in den neuen Bundesländern bei theoretisch gleicher Mitgliederzahl auszugehen. Bei der Untersuchung, wie dieser Unterschied zustande kommt, konnten Überlagerungen durch andere Effekte wie z. B. das Vereinsalter oder kombinierte, strukturbeschreibende Indizes ausgeschlossen werden. Andere, an geographischen Räumen orientierte Differenzen (z. B. Nord-Süd-Vergleich), waren ebenfalls nicht nachzuweisen. Somit kann dieser Effekt auf unterschiedliche kulturell-soziale Einflüsse, denen Sportvereine in den neuen und alten Bundesländern ausgesetzt waren und/oder sind, zurückgeführt werden.

Diese kulturell-sozialen Einflüsse umfassen plausiblerweise mehrere Komponenten:

a) Neu gegründete oder ihren Betrieb wieder aufnehmende Sportvereine mit einem geringen Anteil passiver Mitglieder orientieren sich intensiver an Mitgliedererwartungen und -wünschen, während parallel dazu tradierte Angebote mit hoher Beharrungstendenz fehlen.

b) Die Integration neuer Sportangebote in den alten Bundesländern unter dem Dach vorhandener Verbände, wie z. B. dem Deutschen Turner-Bund, fehlte in den neuen Bundesländern weitgehend und führt statt dessen zu jeweils eigenen Abteilungen.

c) Der Aufbau des Sports in den neuen Bundesländern wird in seiner Anfangszeit begleitet und beraten von haupt- und ehrenamtlich tätigen Sportfunktionären der alten Bundesländer, die mehrheitlich die Ideologie des differenzierten, „Dienstleistungen" erbringenden Sportvereins favorisieren.

d) Eine sich im Zuge der Wende verändernde Sportlandschaft führt zur Wahrnehmung eines Drucks zur Differenzierung.

Die folgenden Ergebnisse beruhen jeweils auf Analysen, in denen der Einfluß der unterschiedlich großen Mitgliederzahl in den Sportvereinen in den neuen und den alten Bundesländern berücksichtigt wurde. Sie sollen die Bedeutung der Berücksichtigung der Mitgliederzahl noch einmal unterstreichen:

- Der Anteil weiblicher Sportvereinsmitglieder unterscheidet sich nicht signifikant zwischen den Sportvereinen in den neuen und in den alten Bundesländern (F=0,34; df=1;2447; n.s.).
- Der bestandsneutrale Mitgliederumsatz unterscheidet sich nicht signifikant zwischen den Sportvereinen in den neuen und in den alten Bundesländern (F=4,62; df=1;2447; n.s.).
- Die relativierte Mitgliederbilanz unterscheidet sich nicht signifikant zwischen den Sportvereinen in den neuen und in den alten Bundesländern (F=4,62; df=1;2447; n.s.).
- Der Anteil der Sportvereinsmitglieder, die das Angebot des Sportvereins wahrnehmen, ist in den Sportvereinen der neuen Bundesländern signifikant höher als in denjenigen der alten Bundesländer (F=99,25; df=1;1947; p<0,001; ω^2=4,8%), wobei der Grad der Varianzklärung das gesetzte Kriterium von mindestens 10% nicht erreicht.

Dies zeigt, daß es keinesfalls im Sinne einer systematischen Betrachtung von Sportvereinen ist, bei jedem betrachteten Detail Unterschiede zwischen Sportvereinen in den neuen und alten Bundesländern zu analysieren, sondern vielmehr notwendig scheint, die Untersuchung solcher Unterschiede auf diejenigen Fälle zu beschränken, in denen man in Auseinandersetzung mit der aktuellen Transformationsforschung (s. hierzu im Überblick BULMAHN 1997, 29 ff.) Effekte vermuten muß. Wichtig ist hierbei, daß im Sinne des Forschungskonzeptes der FISAS 1996 nicht alle sportbezogenen Effekte, die im Bereich der Transformationsforschung diskutiert werden, hier von Belang sein können. Ergebnisse aus Untersuchungen, die sich auf Tätigkeitsfelder und Motivlagen Einzelner beziehen, sind nur insofern relevant für die FISAS 1996, als sich daraus Effekte ableiten lassen, die sich auf der Ebene der Organisation „Sportverein" niederschlagen. So wurden verschiedentlich sportbezogene Interessen Jugendlicher im Ost-West-Vergleich diskutiert (vgl. z. B. WAGNER 1997, 95 ff.; zum Einfluß des Instrumentes in diesem Zusammenhang vgl. darüber hinaus GEORG 1992, 265 ff.). Eine Überprüfung der jeweiligen Ergebnisse und Interpretationen sowie deren Spezifizierung für den Bereich des organisierten Sports bedeutet jedoch eine Analyse, die nicht auf den Grad der Organisation Jugendlicher in den einzelnen Sportvereinen abzielt, sondern auf den Organisationsgrad Jugendlicher im Sport insgesamt.

Auf der Ebene der Sportvereine relevante Befunde der Transformationsforschung betreffen die folgenden Aspekte:

- Die persönlich geprägten Beziehungsgeflechte in der Funktion der Hilfestellung bei der Bewältigung von Alltagsproblemen, welche die DDR allgemein prägten, wurden in den Sportvereinen der neuen Bundesländer bewahrt, während sie ansonsten in weiten Bereichen durch Verrechtlichung und Bürokratisierung zurückgedrängt wurden (zu Sportvereinen als Inseln des Inkrementalismus s. BAUR/KOCH/TELSCHOW 1995, 158 ff., dort allerdings als „Durchwursteln" bezeichnet). Daher sollte sich das Verhältnis zwischen Sportvereinen und Sportverbänden in den alten und neuen Bundesländern unterscheiden.
- Bürger der DDR hatten die Verpflichtung zur „gesellschaftlich nützlichen Tätigkeit" (Art. 24(2) der Verfassung der DDR vom 6. 4. 1968 in der Fassung vom 7. 10. 1974). Aus diesem Grund könnte nach der Wiedervereinigung eine Art Gegenreaktion erfolgt sein und gesellschaftlich nützliche Arbeit in Form des ehrenamtlichen Engagements im allgemeinen eher abgelehnt werden (vgl. z. B. KLAGES 1998 a, 31 ff.). Andererseits könnten Sportvereine als Bereiche des apolitischen ehrenamtlichen Engagements wahrgenommen werden und so von diesem Effekt nicht betroffen sein.
- Die Einbindung weiblicher Sportvereinsmitglieder in die ehrenamtliche Arbeit in den Sportvereinen wird analog zur Einbindung weiblicher Sportvereinsmitglieder (s.o.) möglicherweise durch zwei unterschiedliche Tendenzen gleichzeitig beeinflußt. Aufgrund der starken Stellung der Frau im Sozialismus (z. B. Recht auf Berufsarbeit bei gleichzeitig entsprechender Betreuung der Kinder durch Kindergartenplätze; vgl. exemplarisch EIFLER 1998, 37 ff.; SPIESS 1998, 43 ff.) kann
  - ➢ einerseits von einem Weiterleben alter Muster ausgegangen und vermutet werden, daß in diesem Umfeld sozialisierte Frauen sich nach wie vor außerhäuslich, z. B. in freiwilligen Vereinigungen, stärker engagieren,
  - ➢ andererseits vermutet werden, daß nach dem Wegfall bzw. der Reduzierung staatlicher Unterstützungsleistungen und in Folge der Unsicherheit durch die Übergangssituation das Engagement von Frauen in freiwilligen Vereinigungen schwach ausgeprägt ist.
- Auch in der DDR waren Benachteiligungen für die Frauen im Alltag nachweisbar. So spricht z. B. NICKEL (1990, 39) von „patriarchalischer Gleichberechtigung statt sozialer Gleichheit" und bezieht sich mit dieser Formulierung auf eine stärkere berufliche Tätigkeit von Frauen in ausführenden, häufig pro-

sozial ausgerichteten Tätigkeiten, während Männer häufiger in Industrie und Produktion sowie in leitenden Positionen tätig waren. Spezifisch auf den Ebenen der Führung und Verwaltung der Sportvereine und auf der Ebene der Leistungserstellung läßt sich daraus ebenfalls eine zweifach gerichtete Hypothese ableiten:
- ➢ Im Sinne des Nachlebens alter Muster kann ein verstärktes Engagement weiblicher Sportvereinsmitglieder auf der Ausführungsebene und männlicher Sportvereinsmitglieder auf der Führungsebene der Sportvereine vermutet werden.
- ➢ Als Folge einer Kompensation erlebter Benachteiligung kann ein Engagement weiblicher Sportvereinsmitglieder sich verstärkt als Engagement in Führungspositionen, schwächer dagegen in ausführenden Positionen niederschlagen.
- Die Verunsicherung in der Übergangszeit ist begleitet von nostalgischen Erinnerungen und möglicherweise verklärenden Rückblicken in die Zeit der DDR (BRÄHLER/RICHTER 1999, 24 ff.). Damit einhergehend läßt sich eine stärker auf den Leistungssport bezogene Vereinsarbeit vermuten, wie sie die Sportgruppen und Sportclubs der DDR prägte.
- Das dominante Muster beruflicher Beschäftigung in der DDR waren Vollzeitarbeitsverhältnisse, deren Ausübung Anspruch auf soziale Absicherung beinhaltete. Nicht sozialversicherungspflichtige Teilzeitarbeitsverhältnisse[45], wie sie in der damaligen Bundesrepublik häufig vorkamen (geringfügig Beschäftigtenverhältnisse) waren in der DDR nicht üblich. Im Bereich hauptamtlicher Mitarbeit in den Sportvereinen kann also vermutet werden, daß als Ausdruck des Weiterlebens alter Muster in den neuen Bundesländern hauptamtliche sozialversicherungspflichtige Tätigkeiten häufiger vorkommen als in den alten Bundesländern.
- Die Tatsache, daß sich Sportvereine in den neuen Bundesländern im Kontext einer Sportsituation gründen, die durch das parallele Entstehen eines umfangreichen kommerziellen Sportangebotes geprägt ist, könnte auf eine starke Konkurrenz gewerblicher Sportanbieter mit Sportvereinen um Mitglieder bzw.

---

[45] Die Daten und Interpretationen beziehen sich auf die gesetzliche Regelung geringfügiger Beschäftigungsverhältnisse im Bezugsjahr 1996.

Kunden hindeuten (vgl. BAUR/KOCH/TELSCHOW 1995, 31 f.). Insofern fehlte den Sportvereinen in den neuen Bundesländern der Anfangsvorteil eines nur gering entwickelten gewerblichen Sportangebotes.

Diese Hypothesen werden in den einzelnen Kapiteln (s.u.) gesondert überprüft.

3.2 Datengestützte Entwicklung begrifflicher Instrumente und spezifischer Parameter

Eine systematische Auswertung der Angaben von Sportvereinsvertretern über Angebote ihrer Sportvereine kann angesichts der Vielzahl der in der FISAS 1996 genannten Angebotsformen nur auf der Basis einer kategorisierenden Betrachtung erfolgen.

3.2.1 Kategorisierung von Sportangeboten

Analysiert werden sollen in diesem Rahmen lediglich die von den Sportvereinen den Angeboten zugewiesenen Benennungen. Die in der folgenden Darstellung verwendeten Formulierungen wie z. B. „Sinnbezug", „Zielgruppenbezug" u. v. m. beziehen sich also auf explizit genannte Bezüge, die seitens der Sportvereine mit dem jeweiligen Angebot verknüpft werden bzw. als mit dem Angebot aus der Sicht der Akteure verknüpft gesehen werden. Dies ist nicht zu verwechseln mit dem Sinnbezug, den ein Akteur mit dem jeweiligen Angebot verknüpft. Gleiches gilt für die formalen Zielgruppenbezüge (z. B. Kinder, Jugendliche, ...), bei denen auch nicht danach kategorisiert wird, ob z. B. tatsächlich nur Kinder das jeweilige Angebot wahrnehmen, sondern danach, ob ein spezifisches Angebot für Kinder eingerichtet wurde.

Zwei verschieden strukturierte Kategorisierungssysteme sollen im folgenden verglichen werden. Dabei ist der Ausgangspunkt zur Konstruktion der Kategoriensysteme einmal ein formaler, nämlich die Fachverbandsgliederung des DSB, ein anderes Mal ein inhaltlicher, nämlich die Struktur der Sportart sowie die mit dem Sportangebot verknüpften Sinn- und Strukturbezüge.

Strukturen der Kategoriensysteme

Struktur der Kategorisierung nach der Fachverbandsgliederung des DSB

Eine Orientierung an der Fachverbandsgliederung im DSB führt zu einer relativ großen Zahl an Kategorien (mehr als 50). Diese Kategorisierung ist eine rein formale Gliederung des Gegenstandsbereiches. Partiell fällt zwar die formale Abgrenzung der Fachverbandszugehörigkeit mit inhaltlichen Kriterien zusammen wie z. B. im Fall des Deutschen Volleyballverbandes, in dem (bisher zumindest) nur Sportvereine mit Angeboten im Bereich des Sportspiels „Volleyball" sowie verwandter Formen (Beachvolleyball, Hobby-Volleyball) organisiert sind. In anderen Fällen vermischen sich jedoch formale, partiell sportpolitisch bestimmte Abgrenzungen mit inhaltlichen Abgrenzungen wie z. B. im Fall des Deutschen Aero-Clubs (Motorflug, Segelflug, Modellflug u. a.) oder des Deutschen Kanu-Verbandes (Kanurennsport, Kanupolo, Kanusegeln u. a.).

Eine Zuordnung von Sportangeboten zu den Fachverbänden kann zweifelsfrei nur dann erfolgen, wenn sicher ist, daß das Sportangebot Bestandteil eines Wettkampfsports mit geregeltem und verbandsmäßig organisiertem Wettkampfbetrieb ist. So kann z. B. ein Sportverein, in dem nur eine Sportart wettkampfmäßig betrieben wird, der also nur einem Fachverband zugeordnet ist, durchaus auch Angebote, die nicht diesem Fachverband zugeordnet werden können, machen. Dies gilt z. B. für Fußballvereine, die als weitere und nicht wettkampfmäßig betriebene Sportangebote zusätzlich alpinen Skilauf oder Tennis anbieten. Diese Situation führt in der Meldepraxis der Sportvereine im Rahmen der jährlichen Bestandserhebungen zwangsläufig zu Verwerfungen dergestalt, daß als Grundlage der Meldung die wettkampfmäßig betriebene Sportart zugrundegelegt wird, und dies in durchaus regional variierender Anpassungspraxis an unterschiedlich mitgliederabhängige Bezuschussungsmodi der Fach- und Dachverbände.

Eine Kategorisierung der in der FISAS 1996 genannten Sportangebote nach der jeweils angegebenen Sportart (also: Freizeitvolleyball zum Deutschen Volleyball-Verband, Kinderturnen zum Deutschen Turnerbund, Langlauf, da nicht entscheidbar, ob zum Deutschen Ski-Verband oder zum Deutschen Leichtathletik-Verband zur Residualkategorie) muß also zu anderen Häufigkeitsverteilungen über die Fachverbände hinweg führen als die Bestandserhebungen.

Daneben mußte aus pragmatischen Gründen eine Kategorie eingeführt werden, die verschiedene Mitgliedsorganisationen des DSB umfaßt. Dies betrifft die Kategorie, die im folgenden mit der Kurzform „AvD/ADAC/Motorsport" bezeichnet wird, da diese Organisationen weitgehende Überschneidung in ihrem wettkampfsportlichen Engagement aufweisen und sich die Angebotsformen zwar dieser Sammelkategorie, nicht jedoch den einzelnen Organisationen zuordnen lassen.

Die Liste der Fachverbandskategorien wurde um die Kategorien der außerhalb des DSB verbandlich organisierten Sportarten sowie der sportfremden Angebote erweitert. Die Vollständigkeit des Systems wurde durch die Aufnahme einer Residualkategorie erreicht.

Struktur der Kategorisierung nach Sportarten- sowie Zielgruppenkategorien

Das im folgenden skizzierte dreidimensionale Kategorisierungssystem für Sportangegote in deutschen Sportvereinen ist weniger an formalen als an inhaltlichen Kriterien orientiert, wenn auch in einer Dimension die inhaltliche Differenzierung über damit in Zusammenhang stehende formale Kriterien erfaßt wird. Das Kategoriensystem ist zum einen Ergebnis analytischer Überlegungen zum Problem der Kategorisierung, zum anderen ist sie ein Ergebnis der Überprüfung der empirischen Verwendbarkeit als sekundärem und rein pragmatischem Aspekt zur Beurteilung der Brauchbarkeit eines Kategoriensystems. Bei der Konstruktion des Kategoriensystems wurde allerdings lediglich ein Aspekt der empirischen Verwendbarkeit, nämlich die Überprüfung, inwiefern die Mehrzahl der Beobachtungen in den inhaltlichen Kategorien (also nicht in der Residualkategorie) des Kategoriensystems gefaßt werden kann, berücksichtigt, während der zweite Aspekt, ob die Verteilung der Beobachtungen auf die Kategorien zu Häufigkeiten führt, die Aussagen über den Gegenstand rechtfertigen können, Inhalt der Diskussion des Kategoriensystems sein soll.

Die folgenden drei Dimensionen werden unterschieden:

1. Unterscheidung zwischen Angeboten mit Wettkampf-Bezug und mit explizitem Nicht-Wettkampf-Bezug.

2. Inhaltlicher Zielgruppenbezug durch einen kompensatorischen oder präventiven Charakter des Sportangebotes in bezug auf reale oder empfundene körperliche und nicht-körperliche Beeinträchtigungen.

3. Formaler Zielgruppenbezug wie z. B. nach Alter, Geschlecht, Leistungsstand.

Sportangebote wurden in erster Linie so kategorisiert, daß ein Wettkampf-Bezug angenommen wurde. In den Fällen, in denen keine expliziten Hinweise darauf hindeuteten, daß diese Annahme unzulässig wäre, wurde nach dem Wettkampfcharakter der Sportart weiter unterschieden. Im Fall eines expliziten Nicht-Wettkampf-Bezugs sowie im Fall von Angaben, die eine Rückführung auf einen Wettkampf-Bezug nicht zuließen, wurden als Basis der Kategorisierung die mit dem Angebot verknüpften Sinnbezüge herangezogen. Infolge dessen können die Kategoriengrenzen im Fall des möglichen Wettkampf-Bezugs auch klar definiert werden, während im Fall des Nicht-Wettkampf-Bezugs die Grenzen weniger klar angebbar sind. Dieses Kategoriensystem ist eine Erweiterung des bereits von EMRICH/PAPATHANASSIOU/PITSCH (1999, 116 f.) verwendeten.

Gemeinsames Merkmal der vier Kategorien von Wettkampfsportangeboten ist, daß Leistungen innerhalb eines normativen Rahmens erreicht werden müssen, der zulässige Handlungen, Ausführungsmodi dieser Handlungen sowie Materialbeschaffenheit festlegt, wobei das Einhalten dieser Bestimmungen aufgrund eines Kriterienkataloges durch Kampfrichter beurteilt wird. Ein positives Ergebnis dieser Beurteilung ist notwendige Voraussetzung dafür, daß die im folgenden genannten differenzierenden Merkmale Grundlage der Leistungsermittlung sind:

künstlerisch-kompositorische Sportarten: Sportarten, in denen eine Wettkampfleistung als additives Ganzes aus verschiedenen Teilhandlungen zusammengesetzt wird, in deren Folge der Körper der Sportlers und/oder ein Sportgerät in einen bestimmten Zustand bzw. eine Folge von Zuständen versetzt werden soll, wobei das Erreichen des Zustandes aufgrund eines Kriterienkataloges durch Kampf- bzw. Preisrichter beurteilt wird. Das Ergebnis dieser Beurteilung ist die Wettkampfleistung.

Kampfsportarten: Sportarten, in denen im Wettkampf entweder in direkter körperlicher Auseinandersetzung mit einem Gegner oder in indirekter, durch Sportgeräte vermittelter Auseinandersetzung, dieser in einen definierten Zustand gebracht werden soll (bezwingen oder bezwungen werden; tertium non datur in Finalkämpfen) mit Kriterien für das Bezwingen sowie (meist) weiteren Kriterien, deren regelkonforme Erfüllung durch Kampfrichter beurteilt wird (Punktesysteme), wobei als Wettkampfleistung entweder das Bezwingen bzw. Unterliegen oder das Ergebnis der Beurteilung durch Kampfrichter gilt.

Sportspiele: Sportarten, in denen direkt oder indirekt ein Sportgerät gegen den Widerstand eines Gegners oder einer gegnerischen Mannschaft in einen bestimmten Zustand versetzt werden soll (ins Tor, auf den Boden, ...), wobei die Wettkampfleistung die Häufigkeit des Erreichens dieses Zustandes ist.

cgs-Sportarten: Sportarten, in denen direkt oder indirekt der Zustand eines Sportgeräts oder des menschlichen Körpers in bezug auf ein meßbares Kriterium zu optimieren ist (zurückgelegter Weg, benötigte Zeit, ...). Wettkampfleistung ist die Ausprägung des Gegenstandes und/oder des den Gegenstand bewegenden Akteurs auf der Merkmalsdimension.

Kategoriengrenzen überschreitende wettkampfbezogene Angebote: Sportarten, in denen entweder einzelne Sportler sich in mehreren, innerhalb der bisher definierten Kategorien unterschiedlichen Disziplinen (z. B. moderner Fünfkampf) bzw. Aspekten (z. B. Skispringen) bewähren müssen, oder die Sportlern die Möglichkeit zur sportlichen Betätigung in mehr als einer Kategorie eröffnen (z. B. Inline-Skating mit Inline-Speed-Wettkämpfen [cgs] oder Inline-Hockey [Sportspiel]).

Im Bereich der explizit nicht wettkampfbezogenen Angebote wurde der Sinnbezug als Grundlage der Abgrenzung zwischen verschiedenen Kategorien herangezogen. So wurde unterschieden in:

Freizeit-/Urlaubssportarten: Sportarten, die von der Mehrzahl der sie betreibenden Personen
  a) nicht im Rahmen eines organisierten Wettkampfsystems und/oder
  b) im Rahmen eines Urlaubsaufenthaltes ausgeübt werden.

Fitneß/Wellneß/präventiver Gesundheitsaspekt: Sportarten, die von der Mehrzahl der sie betreibenden Personen zum Zweck der Erhaltung der körperlichen und/oder seelischen Gesundheit oder, im Fall nicht pathologischer Defizite, zum Erreichen derselben ausgeübt werden.

Interventionistischer Gesundheitsaspekt: Sportarten, die ausschließlich von Personen mit definierten gesundheitlichen oder psychischen Defiziten betrieben werden:
- zum Zweck des Erreichens der körperlichen und/oder seelischen Gesundheit,
- zum Zweck der Kompensation von Krankheitssymptomen,
- zum Zweck der Erzielung von Vorteilen in außersportlichen Handlungszusammenhängen durch physiologische Effekte des Sporttreibens.

Im Bereich der sportfremden Angebote wurde inhaltlich nicht weiter differenziert. Die Vollständigkeit des Kategoriensystems wurde erreicht durch die Aufnahme einer Residualkategorie. Der Umfang der Residualkategorie ist somit zentrales Kriterium der empirischen Verwendbarkeit des Kategoriensystems. Dies betrifft die anderen Dimensionen dieses Kategoriensystems nicht in dem gleichen Maße, da auf diesen nur diejenigen Angebote kategorisiert wurden, in deren Definition ein expliziter Zielgruppenbezug, sei es kompensatorischer, präventiver oder formaler Art, genannt worden war.

Auf der Dimension des Zielgruppenbezugs durch einen kompensatorischen oder präventiven Charakter des Sportangebotes in bezug auf reale oder empfundene körperliche und nicht-körperliche Beeinträchtigungen wurde zwischen:

- einem Bezug auf gesundheitliche Beeinträchtigungen allgemein und
- einem spezifischen Bezug auf gesundheitliche Beeinträchtigungen nämlich
  > zur Rehabilitation sowie
  > für Behinderte und/oder chronisch Kranke

unterschieden.

Die Dimension „formaler Zielgruppenbezug" mußte, um die Angaben der Sportvereine möglichst umfassend kategorisieren zu können, weiter untergliedert werden. Die Aspekte „Altersgruppierung der Teilnehmer", „Geschlecht" und „Leistungsstand" mußten getrennt kategorisiert werden. Dadurch wird innerhalb des dreidimensionalen Kategorisierungssystems eine Dimension wiederum in drei inhaltlich voneinander unabhängige Teil- oder Sub-Dimensionen aufgegliedert.

Die Kategorisierung nach der Altersgruppierung, für die das Angebot definiert wurde, ist wie folgt strukturiert:

- Kinder und Jugendliche,
- junge Erwachsene,
- Erwachsene überhaupt und
- Senioren.

Die Kategorien „junge Erwachsene", „Erwachsene überhaupt" und „Senioren" wurden exklusiv gehandhabt, obwohl inhaltlich die erst- und letztgenannte Kategorie wiederum eine Untereinheit der Kategorie „Erwachsene überhaupt" darstellt. Die Logik der Definition von Angeboten widerspricht hier jedoch einer Subsumption dieser Kategorien unter die Kategorie „Erwachsene", da es für die Angebotsgestaltung sehr wohl Bedeutung hat, ob das Angebot speziell für Senioren, speziell für jüngere Erwachsene oder für Erwachsene im allgemeinen geplant und realisiert wird.

In den Fällen, in denen das Geschlecht der Akteure in der Formulierung des Angebots explizit genannt worden war, wurden drei Kategorien unterschieden:

- männlich,
- weiblich,
- gemischt geschlechtlich.

Ergänzend wurden die Angebote kategorisiert, in deren Formulierung ein expliziter Leistungsbezug im Sinne einer relativen Leistungsstärke (z. B. Anfängergruppe, Wettkampfgruppe, ...) genannt worden war.

Die empirische Verwendbarkeit der Kategoriensysteme

Bei der Betrachtung der empirischen Verwendbarkeit des Kategoriensystems ist zu unterscheiden zwischen der Analyse von Angebotsformen und von Angeboten:

- Unter Angeboten verstehen wir die verschiedenen Nennungen der Vertreter der Sportvereine in der ersten Spalte der Frage 11 des Fragebogens in der FISAS 1996 (s. Anhang). In diesem Sinn wurden in der DSB-Stichprobe insgesamt 8277 Angebote genannt.

- Als Angebotsformen sollen alle unterschiedlichen Benennungen bezeichnet werden, mit denen von Vertretern von Sportvereinen Angebote im o. g. Sinn sowie in anderen, strukturähnlichen Fragen im Fragebogen der FISAS 1996 genannt worden waren. Angebotsformen fassen also gleich benannte Angebote zusammen. In der FISAS 1996 wurden insgesamt 605 Angebotsformen ermittelt.

Ein Beispiel soll diese Unterscheidung erläutern: Während es die Angebotsform „Handball" genau einmal gibt, gibt es in den Sportvereinen in der DSB-Teilstichprobe 205 Angebote mit der Bezeichnung „Handball".

In einem ersten Schritt ist also zu überprüfen, welcher Anteil der 605 verschiedenen Angebotsformen in den inhaltlich definierten Kategorien des jeweiligen Kategoriensystems erfaßt werden kann und in einem zweiten Schritt, ob und inwiefern dies für die genannten 8277 Angebote in den Sportvereinen gilt.

Die Vollständigkeit in bezug auf die Angebotsformen

Die Zuordnung von Angebotsformen zu Fachverbands-Kategorien ist in Tabelle 3.3 dargestellt. Es zeigte sich, daß eine große Zahl von Fachverbänden nur jeweils eine Angebotsform umfaßt, während nur wenigen Sportfachverbänden eine große Zahl an Angebotsformen zugeordnet wurde. Die Zuordnung mehrerer Angebotsformen zu einer Fachverbandskategorie beruhte dabei meist auf einer Aufgliederung der Sportart in mehrere Disziplinen mit stark unterschiedlichem Charakter (z. B. Schützen, Leichtathletik). In mehreren Fällen konnten auch starke Ausdifferenzierungen von Angebotsformen in Abhängigkeit von Geschlechts-, Alters- oder anderen spezifischen Gruppierungsmerkmalen innerhalb eines Sportfachverbandes gefunden werden (z. B. Turnen).

Der Versuch, außerhalb des DSB verbandlich organisierte Sportarten gesondert zu kategorisieren, scheiterte an dem Problem, daß verläßliche Informationen über die Sportarten, die den Fachverbänden des DSB nicht eindeutig zugeordnet werden konnten, nur in wenigen Fällen gewonnen werden konnten, und daran, daß zudem diese Informationen, wenn sie verläßlich waren, den aktuellen Stand und nicht das Bezugsjahr der FISAS 1996 betrafen.

Die Residualkategorie umfaßte mit 24,79% der Angebotsformen eine Vielfalt verschiedener Nennungen. Zum einen sind hier Nennungen zugeordnet, die aufgrund unvollständiger Angaben im Fragebogen weder einem der Sportfachverbände noch einer der beiden Nicht-DSB-Kategorien eindeutig zugeordnet werden konnten (z. B. Nachwuchsgruppe), wobei hier weiter zu unterscheiden ist zwischen

- Angebotsformen, die für unspezifische Gruppen oder zum Erreichen unspezifischer Ziele definiert werden, wodurch Bedingungen des Sporttreibens nicht eingegrenzt werden (z. B. Familiensport) und
- Angebotsformen, die für spezifische Gruppen oder zum Erreichen spezifischer Ziele definiert werden, wodurch Bedingungen des Sporttreibens eingegrenzt werden (z. B. Sport für asthmakranke Kinder).
- Zum anderen sind hier Nennungen von Angebotsformen aufgeführt, die eindeutig von keinem, dem DSB angehörenden Fachverband vertreten werden und auch u. W. bisher nicht formal verbandlich organisiert sind (z. B. Arnis).
- Darüber hinaus sind hier Angebotsformen vertreten, die mehreren Fachverbänden im DSB zugeordnet werden könnten (z. B. Geschicklichkeitsfahren).

Tab. 3.3: Angebotsformen nach Sportfachverbands-Kategorien

Sportart/Fachverband (Kurzform)	Angebote Anzahl	Angebote Anteil	Sportart/Fachverband (Kurzform)	Angebote Anzahl	Angebote Anteil
Turnen	80	13,22	Basketball	2	0,33
Leichtathletik	27	4,46	Boccia/Boule/Pétanque	2	0,33
Schützen	24	3,97	DLRG	2	0,33
Radsport	19	3,14	Motoryacht	2	0,33
Ski	19	3,14	Rasenkraftsport	2	0,33
Behindertensport	16	2,64	Rudern	2	0,33
Reiten	16	2,64	Sportakrobatik	2	0,33
Tanzsport	16	2,64	Triathlon	2	0,33
Schwimmen	15	2,48	Aikido	1	0,17
AvD/ADAC/Motorsport	13	2,15	Amateur-Boxen	1	0,17
Kanu	12	1,98	American Football	1	0,17
Aero	9	1,49	Bahnengolf	1	0,17
Rollsport	9	1,49	Bob und Schlitten	1	0,17
Sporttaucher	8	1,32	Gehörlosen	1	0,17
Fußball	7	1,16	Handball	1	0,17
Sportfischer	6	0,99	Hockey	1	0,17
Alpenverein	5	0,83	Judo	1	0,17
Eissport	5	0,83	Ju-Jutsu	1	0,17
Golf	5	0,83	Karate	1	0,17
Schach	5	0,83	Mod. Fünfkampf	1	0,17
Segeln	5	0,83	Ringen	1	0,17
Volleyball	5	0,83	Rugby	1	0,17
Billard	4	0,66	Squash	1	0,17
Fechten	4	0,66	Taekwondo	1	0,17
Gewichtheben	4	0,66	Tennis	1	0,17
Wasserski	4	0,66	Tischtennis	1	0,17
Kegeln	3	0,50	Skibob	0	0,00
Badminton	2	0,33	sportfremde Angebote	53	8,76
Baseball/Softball	2	0,33	Residualkategorie	169	27,93

Damit kann diese Residualkategorie weder eine inhaltliche Information zum Umfang des nicht in den Fachverbänden organisierten Sporttreibens in den Sportvereinen bieten, noch bietet sie Informationen bezüglich der Möglichkeit einer Ausweitung des Fachverbandswesens innerhalb des DSB.

Tabelle 3.4 gibt einen Überblick darüber, inwiefern das Kategoriensystem nach Sportarten- sowie Zielgruppenkategorien auf den einzelnen Dimensionen vollständig in bezug auf die Angebotsformen ist und wieviele der verschiedenen Angebotsformen den jeweiligen Kategorien zugeordnet wurden.

Tab. 3.4: *Angebotsformen nach Sportarten-Kategorien*

Kategorie	Anzahl der Angebotsformen	Anteil der Angebotsformen [%]
cgs-Sportarten	144	23,80
künstlerisch-kompositorische Sportarten	71	11,74
Sportspiele	59	9,75
Kampfsportarten	27	4,46
Kategoriengrenzen überschreitende Angebote	33	5,45
Freizeit-/Urlaubs-Sportarten	57	9,42
Angebote mit Fitneß-/Wellneß- oder präventivem Gesundheitsaspekt	57	9,42
Angebote mit interventionistischem Gesundheitsaspekt	27	4,46
sportfremde Angebote	40	6,61
Summe der kategorisierten Angebotsformen	515	85,12
Residualkategorie	90	14,88

Die Residualkategorie umfaßte mit 14,88% der Angebotsformen einen kleineren Teil als in der zuvor geschilderten Kategorisierung auf der Basis der Zuordnung von Angebotsformen zu Fachverbänden (27,93%). Dies beruht partiell auf der größeren Reichweite der einzelnen Kategorien. So konnten z. B. verschiedene Angebotsformen als ostasiatische Kampfsportarten identifiziert und so der Kategorie „Kampfsportarten" zugeordnet werden, während sie aufgrund nicht gegebener formaler Vertretung den Fachverbänden des DSB nicht zugeordnet werden konnten.

Empirische Bestandsaufnahme

Im Rahmen der zusätzlichen Kategorisierung von Informationen zur Zielgruppenspezifik von Angeboten (s. Tabelle 3.5) wurde der Umfang der inhaltlich erschlossenen Angebotsformen weiter ausgeweitet.

Tab. 3.5: Angebotsformen nach Zielgruppen-Kategorien

Kategorie	Anzahl der Angebotsformen	Anteil der Angebotsformen [%]
Kinder und Jugendliche	38	6,28
junge Erwachsene	4	0,66
Erwachsene überhaupt	26	4,30
Senioren	11	1,82
Summe über die Alterskategorien	79	13,06
Bezug auf gesundheitliche Beeinträchtigungen allgemein	14	2,31
Rehabilitation	7	1,16
Behinderte/chronisch Kranke	26	4,30
Summe über die Kategorien des Bezugs auf gesundheitliche Beeinträchtigungen	47	7,77
männlich	16	2,64
weiblich	16	2,64
gemischt geschlechtlich	3	0,50
Summe über die Geschlechtskategorien	35	5,79
expliziter Leistungsbezug	17	2,81

Insgesamt wurden so 557 verschiedene Angebotsformen, d. h. 92,07%, den inhaltlich definierten Kategorien zugeordnet.

Vollständigkeit in bezug auf die Angebote

Da das Ziel der Entwicklung eines solchen Systems vor allem die möglichst weitgehende Erfassung der Angebote ist, ist der Aspekt der möglichst vollständigen Einordnung der Angebotsformen im Rahmen des Kategoriensystems nur ein erster Schritt in der Beurteilung der Qualität des Instrumentes. Diese beiden Aspekte sind zwar prinzipiell unabhängig voneinander, in der Anwendung zeigt sich jedoch nicht selten eine Parallelität.

Im Rahmen der Kategorisierung von Angeboten im Katalog der Sportfachverbands-Kategorien (s. Tabelle 3.6) wurden so 92,18% der Sportangebote erfaßt. In einzelnen Fällen waren in Fachverbandskategorien, die nur wenige Angebotsformen umfaßten, diese Angebotsformen nicht in der Frage 11 (s. den Fragebogen im Anhang) nach dem Sportangebot des Vereins genannt worden. Dadurch ergaben sich Kategorien, die mit der Häufigkeit 0 besetzt waren und die in Tabelle 3.6 nicht gesondert ausgewiesen wurden. Diese Fälle betrafen den Sport von Gehörlosen, den Modernen Fünfkampf, den Wasserskisport sowie den Bob- und Schlittensport.

Tab. 3.6: *Angebote von Sportvereinen in den Sportfachverbands-Kategorien*

	Anzahl der Sportvereine	Anzahl der Sportangebote	Anteil der Sportangebote [%]
Summe über die Fachverbandskategorien		7537	91,06
Residualkategorie: sportfremde Angebote	81	93	1,12
Residualkategorie: nicht kategorisierbare Angebote	491	647	7,82

Tab. 3.7: *Sportangebote nach Sportarten-Kategorien*

Kategorie	Anzahl der Sportvereine	Anzahl der Angebote	Anteil der Angebote [%]
cgs-Sportarten	1088	1499	18,11
künstlerisch-kompositorische Sportarten	976	1449	17,51
Sportspiele	1668	3198	38,64
Kampfsportarten	247	354	4,28
Kategoriengrenzen überschreitende Angebote	417	456	5,51
Freizeit-/Urlaubs-Sportarten	256	282	3,41
Angebote mit Fitneß-/Wellneß- oder präventivem Gesundheitsaspekt	394	602	7,27
Angebote mit interventionistischem Gesundheitsaspekt	72	84	1,01
sportfremde Angebote	47	52	0,63
Summe der Angebote		7976	96,36
Residualkategorie	240	301	3,64

Der Umfang der Residualkategorie nach der Kategorisierung auf der Basis des Wettkampfcharakters sowie des Sinnbezugs, der mit dem Angebot verknüpft ist, beträgt 3,64% (vgl. Tabelle 3.7).

Durch die zusätzliche Erfassung zielgruppenspezifischer Aspekte (s. Tabelle 3.8) konnten im Rahmen dieser mehrdimensionalen Kategorisierung insgesamt (d. h. über alle Dimensionen hinweg) 8040 Sportangebote (97,14%) erfaßt werden.

Tab. 3.8: Sportangebote nach Zielgruppen-Kategorien

Kategorie	Anzahl der Sport-vereine	Anzahl der Angebote	Anteil der Angebote [%]	
			an der jeweiligen Dimension	an den Angeboten insgesamt
Kinder und Jugendliche	230	316	43,65	3,82
Erwachsene überhaupt	229	323	44,61	3,90
Senioren	85	85	11,74	1,03
Summe über die Alterskategorien		724		8,75
Bezug auf gesundheitliche Beeinträchtigungen allgemein	97	102	47,44	1,23
Rehabilitation	52	53	24,65	0,64
Behinderte/chronisch Kranke	53	60	27,91	0,72
Summe über die Kategorien des Bezugs auf gesundheitliche Beeinträchtigungen		215		2,60
männlich	57	63	24,61	0,76
weiblich	172	190	74,22	2,30
gemischt geschlechtlich	3	3	1,17	0,04
Summe über die Geschlechtskategorien		256		3,09
expliziter Leistungsbezug	37	43		0,52

Abschließende Beurteilung der Kategoriensysteme

Kriterium für die Brauchbarkeit eines Kategoriensystems ist die Möglichkeit der Zuordnung einer möglichst großen Zahl von Untersuchungseinheiten zu inhaltlich abgegrenzten Kategorien. Der Grad der inhaltlichen Ausschöpfung des vorhandenen empirischen Materials bemißt sich dabei am Umfang der nicht zuordenbaren Untersuchungseinheiten, die in der Residualkategorie zusammengefaßt werden. Unter Berücksichtigung dieser Aspekte ergaben sich für die beiden hier vorgeschlagenen Kategorisierungssysteme prozentual unterschiedlich stark besetzte Residualkategorien (s. Tabelle 3.9), und zwar sowohl für die Angebotsformen als auch für die Angebote. In beiden Aspekten war die Kategorisierung nach Sportarten- sowie Zielgruppenkategorien derjenigen nach Fachverbandskategorien überlegen.

Tab. 3.9: Vergleich der Umfänge der Residualkategorien

Kategorisierung nach ...	Umfang [%] der Residualkategorie bezüglich	
	Angebotsformen	Angeboten
... Fachverbandskategorien	27,93	7,82
... Sportarten- sowie Zielgruppenkategorien	7,93	2,86

Damit empfiehlt sich, abschließend betrachtet und nach eingehender Prüfung der empirischen Verwendbarkeit, das folgende Instrumentarium, bei dem drei Dimensionen unterschieden werden:

1. Angebote mit Wettkampf-Bezug, explizitem Nicht-Wettkampf-Bezug und explizitem sportfremdem Inhalt.

2. Zielgruppenbezug durch einen kompensatorischen oder präventiven Charakter des Sportangebotes in bezug auf reale oder nur empfundene körperliche und nicht-körperliche Beeinträchtigungen.

3. Formaler Zielgruppenbezug wie z. B. nach Alter, Geschlecht, Leistungsstand.

Innerhalb dieses Kategoriensystems kann die Betrachtung der inhaltlichen Geschlossenheit der einzelnen Kategorien weitere Hinweise auf die Interpretierbarkeit spezifischer Ergebnisse liefern. Dazu wurde als Kennwert der **Diversifikation** der **Quotient aus dem Anteil der Angebotsformen durch den Anteil der Angebote in der jeweiligen Kategorie** berechnet. Entspricht der Anteil der Angebotsformen dem Anteil der Angebote, so nimmt dieser Bruch den Wert 1 an. Werte kleiner als 1 deuten auf eine inhaltliche Geschlossenheit in dem Sinn hin, daß ein verhältnismäßig großer Teil der Angebote auf einen kleinen Teil an Angebotsformen entfällt. Umgekehrt deuten Werte größer als 1 darauf hin, daß relativ wenige Angebote auf relativ viele Angebotsformen entfallen. Im Fall der größeren inhaltlichen Geschlossenheit sind sich die Elemente, die der Kategorie zugeordnet wurden, also relativ ähnlich, während der umgekehrte Fall darauf hindeutet, daß die Elemente, die der Kategorie zugeordnet wurden, sich stärker voneinander unterscheiden. Ob über die unterschiedliche Benennung dieser Angebotsformen hinausgehend auch inhaltlich Unterschiede vorliegen, kann allein auf der Basis der Daten nicht entschieden werden.

Tab. 3.10: Inhaltliche Geschlossenheit (Diversifikation) der Sportangebotskategorien

Kategorie	Anteil der Angebote [%]	Anteil der Angebotsformen [%]	Diversifikation
cgs-Sportarten	18,11	23,80	1,31
künstlerisch-kompositorische Sportarten	17,51	11,74	0,67
Sportspiele	38,64	9,75	0,25
Kampfsportarten	4,28	4,46	1,04
Kategoriengrenzen überschreitende Angebote	5,51	5,45	0,99
Freizeit-/Urlaubs-Sportarten	3,41	9,42	2,76
Angebote mit Fitneß-/Wellneß- oder präventivem Gesundheitsaspekt	7,27	9,42	1,30
Angebote mit interventionistischem Gesundheitsaspekt	1,01	4,46	4,42
sportfremde Angebote	0,63	6,61	10,49
Summe der Angebote	96,36	85,12	0,88
Residualkategorie	3,64	14,88	4,09

Die Betrachtung dieses Kennwertes in Tabelle 3.10 macht deutlich, daß unter den Angeboten mit Wettkampf-Bezug Sportspiele, gefolgt von den künstlerisch-kompositorischen Sportarten, die weitaus größte inhaltliche Geschlossenheit aufweisen. Insgesamt zeigen die wettkampfbezogenen Kategorien von Sportangeboten in der Tendenz eine größere inhaltliche Geschlossenheit, als die nicht wettkampfbezogenen Angebote. Damit wird deutlich, daß im Fall der nicht wettkampfbezogenen Sportangebote Aussagen nicht nur schwächer gestützt sind, da sie auf einer relativ kleinen Zahl von Beobachtungen beruhen (s. Tabelle 3.7), sondern auch, weil diese kleine Zahl an Beobachtungen inhaltlich zudem wenig geschlossen ist, jene Aussagen ein relativ breites Feld von Angebotsformen betreffen.

3.2.2 Zur verwendeten Strukturtypologie der Sportvereine

Ein Problem jeder Form der empirischen Sozialforschung ist es, die Realität handhabbar zu machen. Eine einfache, jedoch problematische Methode hierzu ist die Bildung von Klassen mit willkürlichen oder nicht inhaltlich begründeten Klassengrenzen, schlimmstenfalls ex post facto aufgrund von Verteilungskennziffern (vgl. hierzu z. B. die operationale Definition relativer Armut bei BERTRAM 1998, 31, nämlich weniger als 50% des Medians des Pro-Kopf-Familien-Einkommens nach der OECD-Äquivalenzskala). Hierbei ist zwar das Verfahren der Bestimmung, z. B. der Armutsgrenze, sehr genau definiert und die zugrundeliegenden Maßzahlen können auch mit großer Wahrscheinlichkeit genau bestimmt werden, allerdings hängt diese rechnerische Genauigkeit mit der Genauigkeit der Erfassung des Phänomens „Armut" jedoch nicht zusammen. Hier zeigt sich ein Analogon zur amerikanischen militärischen Logik im Golfkrieg: Wir wissen zwar nicht genau, was wir gemessen haben, aber was immer es auch gewesen sein mag, wir haben es mit beeindruckender Präzision gemessen[46]. Zu welchen Effekten die Wahl unterschiedlicher Klassengrenzen im Bereich der Untersuchung von Sportvereinen führen kann, verdeutlicht der Exkurs „Zum Einfluß der Wahl unterschiedlicher Klassengrenzen auf das Ergebnis von Analysen".

Exkurs: Zum Einfluß der Wahl unterschiedlicher Klassengrenzen auf das Ergebnis von Analysen

Im folgenden soll am Beispiel der Differenz zwischen der Zahl ehrenamtlich zu besetzender Positionen und der Zahl ehrenamtlicher Mitarbeiter der Einfluß der Wahl von Klassengrenzen auf das Ergebnis der Analyse von Verteilungen demonstriert werden:

1. Klassifizierung entsprechend dem Schema der FISAS 1991

Klassifiziert man Sportvereine nach ihrer Mitgliederzahl wie in der FISAS 1991 und

---

[46] Im Original wird dieser Ausspruch dem amerikanischen General SCHWARZKOPF zugeschrieben: „Wir wissen zwar nicht genau, was wir getroffen haben, aber was immer es auch gewesen sein mag, wir haben es mit beeindruckender Präzision getroffen."

Empirische Bestandsaufnahme

in anderen Untersuchungen an willkürlich gewählten Klassengrenzen in

- *Kleinstvereine (bis 100 Mitglieder),*
- *Kleinvereine (101 bis 300 Mitglieder),*
- *Mittelvereine (301 bis 1000 Mitglieder) und*
- *Großvereine (über 1000 Mitglieder),*

so zeigt sich, daß bei Kleinst- und Kleinvereinen ein Überschuß an Mitarbeitern herrscht, während bei Mittelvereinen die Zahl der ehrenamtlichen Mitarbeiter in etwa der Zahl der ehrenamtlich zu besetzenden Positionen entspricht. Bei den Großvereinen läßt sich dagegen ein deutlicher Mangel an Mitarbeitern feststellen (s. Abbildung 3.2).

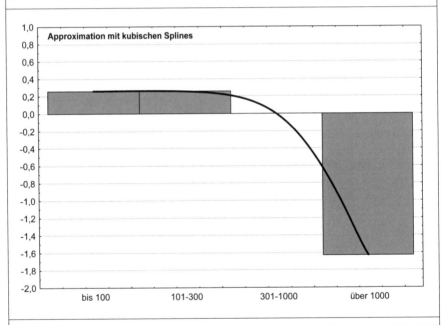

Abb. 3.2: Differenz zwischen der Zahl ehrenamtlich zu besetzender Positionen und der Zahl ehrenamtlicher Mitarbeiter in der FISAS 1996 bei Klassifizierung entsprechend der FISAS 1991 (willkürlich gewählte Klassengrenzen)

2. *Klassifizierung an quasi-binären Grenzen*

Wählt man als Klassengrenzen (zumindest nach mathematischen Gesichtspunkten systematisch) die Werte

$k=100*2n$ mit $n=1,2,3$ und 4,

so zeigt sich über die ersten vier Klassen (bis 200 Mitglieder, 201-400 Mitglieder, 401-800 Mitglieder und 801-1600 Mitglieder) eine deutliche Tendenz: Während in Sportvereinen mit bis zu 200 Mitgliedern noch ein Überschuß herrscht, ist die Situation in Sportvereinen mit 201-400 Mitgliedern annähernd ausgeglichen. In den Sportvereinen mit 401-800 Mitgliedern kann man dagegen einen Mangel feststellen, der sich noch stärker in Sportvereinen mit 801-1600 Mitgliedern zeigt. Bei noch größeren Sportvereinen (über 1600 Mitglieder) stellt sich allerdings wieder ein deutlicher Überschuß an Mitarbeitern ein (s. Abbildung 3.3).

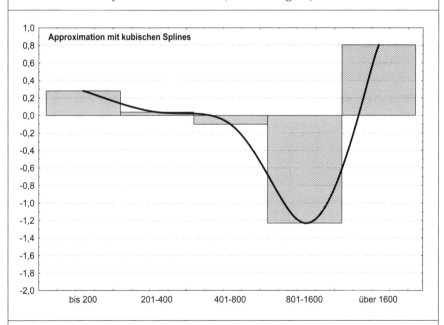

Abb. 3.3: Differenz zwischen der Zahl ehrenamtlich zu besetzender Positionen und der Zahl ehrenamtlicher Mitarbeiter in der FISAS 1996 bei Klassifizierung an quasi-binären Klassengrenzen

Um diese Probleme zu vermeiden wurde, von PITSCH 1997 ein Verfahren zur rein empirisch gestützten Konstruktion von Typologien entwickelt (1999, 146 ff.), das von EMRICH, PAPATHANASSIOU und PITSCH (1998, 41 ff. sowie in modifizierter Form 1999, 78 ff.) eingesetzt worden war (zum Vergleich verschiedener empirisch gestützter expliziter Typologien s. PITSCH/PAPATHANASSIOU/EMRICH i. V.; allgemein zu typologischen Methoden vgl. HEMPEL 1993). Im Rahmen der FISAS 1996 wird eine Mittelwerts-Typologie eingesetzt. Diese bietet den Vorteil, daß die Bezugspunkte, die als Typen definiert werden, in ihren Ausprägungen möglichen Beobachtungen entsprechen.

Ausgangspunkt dieser Typologie war eine nicht-hierarchische Clusteranalyse auf der Basis der z-transformierten Variablen „Mitgliederzahl", „Abteilungszahl" und „Gründungsjahr". Als Ausgangskonfiguration wurden Clustermittelpunkte mit äquidistanten Intervallen zwischen den Clustern sowie zwischen den Clustermittelpunkten mit dem jeweils höchsten und niedrigsten Wert und den Extrema auf den Skalen gewählt. Die Zahl der Cluster wurde von 2 ausgehend sukzessive so weit erhöht, bis eine Varianzanalyse der Variablen zwischen den Clustern eine Varianzklärung von circa 50% ergab, bis also die Hälfte der Varianz dieser strukturbeschreibenden Variablen durch die Zuordnung der Beobachtungen zu den Clustern erklärt wurde. Als Ergebnis dieses Verfahrens ergab sich eine vier-Cluster-Lösung (s. Tabelle 3.11).

Tab. 3.11: Ergebnis der Varianzanalyse zwischen den Clustern

Dimension	F-Wert	p	ω^2 [%]
Mitgliederzahl	2788,28	<0,001	78,1
Gründungsjahr	883,86	<0,001	53,0
Abteilungszahl	780,34	<0,001	49,9

Eine Erhöhung der Clusterzahl auf 5 erbrachte eine erhöhte Varianzklärung bezüglich der Dimension „Gründungsjahr" von 77,1%, wirkte sich jedoch auf die Varianzklärung bzgl. der Dimension „Abteilungszahl" nicht aus. Zudem wurde diese Erhöhung der Varianzklärung durch die Identifikation eines Clusters „erkauft", das nur fünf Sportvereine umfaßte. Eine Ausgangskonfiguration mit maximalen initialen Clusterdistanzen ergab dagegen bzgl. der Dimension „Abteilungszahl" eine niedrigere Varianzklärung von 41,1%. Von daher wurde das in Tabelle 3.12 sowie Abbildung 3.4 dargestellte Ergebnis der Clusteranalyse als Ausgangspunkt für die explizite Mittelwertstypologie gewählt.

Tab. 3.12: Mittelwerte der vier Cluster auf den Dimensionen (ohne z-Transformation)

	n	Mitgliederzahl	Abteilungszahl	Gründungsjahr
Cluster 1	236	1111	9	1904
Cluster 2	615	321	3	1917
Cluster 3	1475	144	2	1973
Cluster 4	25	3245	16	1886

Strukturell entspricht das Ergebnis dieser Clusteranalyse im wesentlichen dem von PITSCH (1999, 146 ff.) dargestellten Ergebnis einer Clusteranalyse nach dem gleichen Verfahren auf der Basis der FISAS 1991. Von daher wurden als Benennung der vier Vereinstypen, die auf dem Ergebnis dieser Clusteranalyse basieren, auch die gleichen Benennungen gewählt, nämlich:

Cluster 1:   Vereinstyp mittel-alt,

Cluster 2:   Vereinstyp klein-alt,

Cluster 3:   Vereinstyp klein-jung,

Cluster 4:   Vereinstyp groß-alt.

Wie aus Abbildung 3.4 ersichtlich, entspricht diese Benennung nicht ganz den statistischen Gegebenheiten. Der Mittelpunkt des Clusters 2 auf den Dimensionen „Mitgliederzahl" und „Abteilungszahl" liegt bei z-transformierten Daten nahe bei 0, also in der Nähe des Mittelwerts dieser beiden Variablen über alle Beobachtungen. Von daher wäre für diesen Vereinstyp eigentlich die Benennung „mittel" zutreffender als „klein". Insofern orientiert sich die Wahl der Benennung, die ja immer auch zu bestimmten Konnotationen führen kann, die über die Reichweite der statistischen Begründung hinweg führen, einerseits am Sprachgebrauch in anderen Zusammenhängen und andererseits am Problem, daß aufgrund der großen Spannweite der Dimensionen „Mitgliederzahl" und „Abteilungszahl" sprachlich nicht gut zwischen den jetzt als „mittel-alt" und „groß-alt" bezeichnetem Sportvereinstypen differenziert werden könnte.

Empirische Bestandsaufnahme

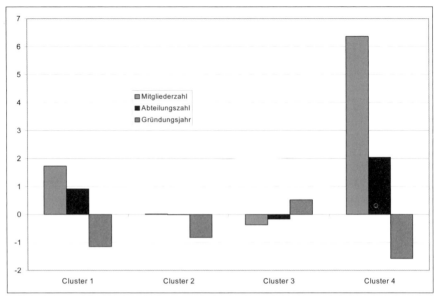

Abb. 3.4: Mittelwerte der vier Cluster auf den Dimensionen nach z-Transformation

Ein Überblick über die Verortung der Sportvereine relativ zu den Sportvereinstypen (s. Abbildung 3.5) gibt Aufschluß darüber, inwiefern diese Typen in der praktischen Anwendung tragfähig scheinen. Die Tatsache, daß in der Nähe der Typen „klein-jung" und „klein-alt" eine Vielzahl von Sportvereinen liegt, deutet auf die hohe Bedeutung von Aussagen, die diese Typen betreffen, für die praktische Anwendung hin. Dies gilt auch tendenziell für den Typ „mittel-alt", während Aussagen zum Typ „groß-alt" bezüglich ihrer praktischen Bedeutung eher weniger wichtig erscheinen. Da in der Nähe dieses Typs nur wenige Sportvereine liegen, ist die Wahrscheinlichkeit groß, daß die Prognose von Effekten auf der Basis von Aussagen, die sich auf die Typikalität von Sportvereinen relativ zu diesem Typ beziehen und die immer nur probabilistisch gültige Aussagen sind, nur begrenzt zutreffen, da immer auch andere als die hier betrachteten strukturellen Einflußfaktoren wirksam sind, die unter den wenigen hier zugrundeliegenden Sportvereinen weit variieren können.

Datengestützte Entwicklung begrifflicher Instrumente und spezifischer Parameter

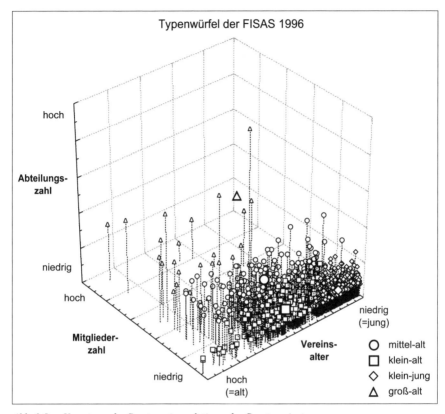

Abb. 3.5: Verortung der Sportvereine relativ zu den Sportvereinstypen

3.2.3 Faktorenanalysierte Skalen im FISAS-Fragebogen

Im Fragebogen der FISAS 1996 waren drei verschiedene Itemlisten enthalten (s. Anhang), auf denen die Vertreter der Sportvereine

1) ihr Bild ihres Sportvereins,
2) die von ihnen wahrgenommenen Mitgliederinteressen sowie
3) die Aufgaben, die aus ihrer Sicht der Sportverein zu lösen hat,

darstellen sollten.

Im ersten Fall sprechen wir im folgenden von der „Selbstdarstellungs-Skala", da das Bild, das die Vertreter der Sportvereine von ihrem Sportverein jeweils haben, auch ihre Darstellung des Sportvereins nach außen beeinflussen dürfte. Die zweite Liste wird „Mitgliedererwartungs-Skala" genannt, wobei hier zu bedenken ist, daß es sich nicht in jedem Fall um geäußerte bzw. im Sportverein intern vorgebrachte Mitgliedererwartungen handelt, sondern um die Sicht der Vereinsführung von den Erwartungen der Mitglieder. Die dritte Skala wird im folgenden „Aufgaben-Skala" genannt.

Die Listen, die der Selbstdarstellung-Skala und der Mitgliedererwartungs-Skala zugrunde lagen, umfaßten jeweils 55 komplementär formulierte Items, die als Aspekt der Selbstdarstellung in der Form „Unser Verein ..." (z. B. „... holt die Kinder von der Straße") und die als Aspekt wahrgenommener Mitgliedererwartungen in der Form „Der Verein soll ..." (z. B. „... die Kinder von der Straße holen") erfragt wurden. Die Items zur Selbstdarstellungs-Skala waren hinsichtlich ihres Zutreffens von -2 = „trifft überhaupt nicht zu" bis +2 = „trifft voll und ganz zu" zu beurteilen. Für die Mitgliedererwartungs-Skala war die Stärke des jeweiligen Mitgliederinteresses von 0 = „gar nicht" bis 4 = „stark" anzugeben. Die Itemliste zur Aufgabenskala umfaßte 34 Items, wobei die Bedeutung der Lösung der Aufgabe von -2 = „völlig unwichtig" bis +2 = „äußerst wichtig" skaliert wurde. Zusätzlich konnte angegeben werden, wenn eine Aufgabe einen Sportverein überhaupt nicht betraf, wie z. B. die Aufgabe, Schulden zu tilgen, einen Sportverein ohne Schulden nicht betrifft.

Über die Itemlisten wurden zur Auswertung Faktorenanalysen nach dem Hauptkomponenten-Verfahren gerechnet, um die Vielzahl an erfragten Aspekten auf eine handhabbare Zahl von Dimensionen zu reduzieren. Als Datenbasis wurde die DSB-Stichprobe gewählt. Damit gingen Sportvereine in den neuen und den alten Bundesländern in der Proportion in die Berechnung ein, die ihrem Anteil am DSB-Gesamt entspricht. Getrennt berechnete Faktorenanalysen für die neuen und alten Bundesländer zeigten, daß sich bei gleicher Wahl des Verfahrens und gleichem Kriterium zur Begrenzung der Zahl der Faktoren inhaltlich unterschiedliche Lösungen ergeben. Zur Interpretation der Bedeutung dieser Unterschiede (s. z. B. OSWALD 1997, 53 ff.) ist diese vorliegende Darstellung der Ergebnisse der FISAS 1996 weder der gebotene Raum noch entspricht die Diskussion dieser Unterschiede den forschungsleitenden Fragestellungen. Eine ausführliche Diskussion dieser Unterschiede muß also einem eigenen Elaborat vorbehalten bleiben.

Problematisch erwies sich in allen Fällen die Wahl der Zahl der zu extrahierenden Faktoren. Wie häufig bei großen Stichprobenumfängen und einer hohen Zahl an analysierten Variablen (vgl. BORTZ 1985, 662), führte das Kaiser-Kriterium zu unpraktikablen und nicht konsistent interpretierbaren Lösungen. Das gleiche gilt auch für das Kriterium nach HORN (1965, 179 ff.), sofern man als Datenbasis die jeweils gleiche Zahl an Datensätzen heranzieht, die auch der jeweiligen Faktorenanalyse zugrunde lag. Von daher wurde das Scree-Kriterium gewählt, wobei allerdings bei unklarer Entscheidungslage verschiedene Faktorenzahlen als Basis der Faktorenanalyse gewählt wurden und die Lösungen hinsichtlich der Konsistenz der Interpretation der Faktoren verglichen wurden (vgl. hierzu z. B. BORTZ/DÖRING 1997, 355, die von „Daumenregeln" sprechen und konstatieren, daß „sinnvolle Interpretierbarkeit ein wichtiges Entscheidungskriterium bei der Wahl des Faktorenmodells" ist).

Im folgenden werden also nur die Ergebnisse der Faktorenanalyse auf der Basis der DSB-Stichprobe dargestellt. Die spezifischen Ergebnisse sowie der Vergleich zwischen Sportvereinen in den neuen und alten Bundesländern sind im Kapitel 3.3.9 und 3.3.10 dargestellt.

Faktorenanalyse der Selbstdarstellungs-Skala

Von den 55 Items, die zur Erfassung der verschiedenen Aspekte der Darstellung des Sportvereins durch seine Vertreter dienten, mußte eines wegen eines Satzfehlers im Fragebogen von der Analyse ausgeschlossen werden. Aus den verbleibenden 54 Items wurden die Dimensionen der Selbstdarstellung mittels einer Faktorenanalyse extrahiert. Dazu wurde eine Faktorenanalyse nach der Hauptkomponentenmethode bei paarweisem Ausschluß fehlender Werte berechnet. Von dem verwertbaren Rücklauf in der DSB-Stichprobe von 1484 Sportvereinen gingen somit die Daten von 1210 in die Faktorenanalyse ein.

Nach dem Scree-Kriterium (s. Abbildung 3.6) wurde die Zahl der Faktoren auf vier begrenzt. Auf diese vier Faktoren entfallen 37,7% der Gesamt-Varianz (s. Tabelle 3.13).

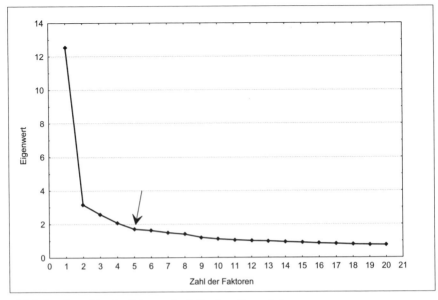

Abb. 3.6: Scree-Plot der Faktoren der Selbstdarstellungsskala

Tab. 3.13: Eigenwertcharakteristik der Vier-Faktoren-Lösung der Selbstdarstellungs-Skala

	Eigenwert	erklärter Anteil an der Gesamt-Varianz	kumulierter erklärter Anteil an der Gesamt-Varianz
Faktor 1	12,55	23,25	23,25
Faktor 2	3,16	5,85	29,10
Faktor 3	2,58	4,79	33,88
Faktor 4	2,07	3,84	37,72

Die so gewonnene Vier-Faktoren-Lösung wurde nach dem Varimax-Kriterium orthogonal rotiert, so daß die vier Faktoren unabhängig voneinander als Dimensionen der Selbstdarstellung interpretiert werden können. In dieser rotierten Vier-Faktoren-Lösung ergaben sich viele Items, die auf keinem der Faktoren substantiell luden. In Tabelle 7.1 (im tabellarischen Anhang) sind die Items aufgelistet, die aufgrund einer Faktorenladung kleiner als 0,5 als für alle vier Faktoren nicht bedeutsam klassifiziert wurden. Die Items mit Ladungen über 0,5 (s. Tabelle 3.14) wurden zum Zweck der Wahl einer inhaltlich adäquaten Benennung der Faktoren nach der Höhe ihrer Ladung sortiert.

Für jeden Sportverein wurde daraufhin einzeln der Wert auf den vier Dimensionen

- Selbstdarstellung: innovativer Breiten- und Freizeitsportanbieter
- Selbstdarstellung: Leistungs- und Wettkampfsport
- Selbstdarstellung: Solidaritätsdenken
- Selbstdarstellung: Gemeinwohlorientierung

als Mittelwert der Beurteilungen der Items, die auf diesen Faktoren mit Ladungen über 0,5 geladen hatten (s. Tabelle 3.14), berechnet (zu den Ergebnissen s. Kapitel 3.3.10).

Tab. 3.14: *Faktorenladungen der Items der Selbstdarstellungs-Skala. Grau unterlegt: Ladungen >0,5.*

	Faktor 1	Faktor 2	Faktor 3	Faktor 4
Selbstdarstellung: innovativer Breiten- und Freizeitsportanbieter				
... engagiert sich im Breitensport	0,68	0,11	0,15	0,05
... wird künftig vermehrt neue Formen von Bewegung und Spiel anbieten	0,56	0,14	-0,01	0,31
... engagiert sich im Freizeitsport	0,56	-0,04	0,29	-0,03
... versucht, mit zusätzlichen Freizeitsportangeboten neue Mitglieder zu gewinnen	0,54	0,14	0,12	0,27
... organisiert sportliche Freizeitangebote	0,53	0,03	0,28	0,22
... hat einen hohen Anteil an weiblichen ehrenamtlichen Mitarbeitern	0,52	0,11	0,04	0,16
... entwickelt sich zu einem Dienstleistungsbetrieb in Sachen Sport	0,51	0,21	-0,17	0,29
Selbstdarstellung: Leistungs- und Wettkampfsport				
... engagiert sich im Wettkampfsport	0,00	0,82	0,10	0,05
... ist bestrebt, mit möglichst vielen Mannschaften am regelmäßigen Wettkampfbetrieb teilzunehmen	0,03	0,76	0,18	0,05
... ist stolz auf seine Erfolge im Leistungssport	-0,03	0,76	0,00	0,14
... engagiert sich im Leistungssport	0,03	0,74	-0,07	0,11
... fördert sportliche Talente	0,09	0,72	0,10	0,26
... legt Wert auf Präsenz in den Medien	0,18	0,55	0,01	0,30

Tab. 3.14: (Fortsetzung) Faktorenladungen der Items der Selbstdarstellungs-Skala. Grau unterlegt: Ladungen >0,5.

	Faktor 1	Faktor 2	Faktor 3	Faktor 4
Selbstdarstellung: Solidaritätsdenken				
... legt viel Wert auf Geselligkeit und Gemeinschaft	0,07	0,05	0,65	0,07
... ist ein Hort der Geselligkeit	0,09	0,08	0,65	0,14
... zeichnet sich durch ein starkes Zusammengehörigkeitsgefühl seiner Mitglieder aus	-0,12	0,08	0,59	0,23
... lebt in erster Linie von der Mitarbeitsbereitschaft seiner Mitglieder	0,00	0,07	0,54	0,07
Selbstdarstellung: Gemeinwohlorientierung				
... schützt Kinder und Jugendliche vor radikalen politischen Einflüssen	0,07	0,26	0,19	0,65
... hilft, Schranken in Europa abzubauen	0,11	0,11	0,06	0,65
... engagiert sich für den Frieden	0,06	0,13	0,24	0,65
... beugt dem Mißbrauch von Drogen und Genußmitteln vor	0,05	0,20	0,14	0,65
... schützt die Umwelt	0,14	-0,06	0,22	0,62
... engagiert sich im Kampf gegen das Doping	0,12	0,19	0,08	0,60
... organisiert Informationsveranstaltungen	0,20	0,09	0,05	0,58
... ist ein Übungsfeld für Demokratie	0,17	0,15	0,15	0,58
... bewahrt Kinder und Jugendliche vor kriminellen Einflüssen	0,11	0,36	0,20	0,57
... trägt zum wirtschaftlichen Aufschwung in der Region bei	0,21	0,10	0,03	0,55
... ist der Stolz der Region	0,13	0,33	0,20	0,52
... ist sportpolitisch aktiv	0,20	0,14	0,06	0,51
erklärter Anteil an der Gesamt-Varianz	8,76	9,42	6,51	13,09

Faktorenanalyse der Mitgliedererwartungs-Skala

In die Faktorenanalyse der Itemliste zur Mitgliedererwatungs-Skala gingen die Daten von insgesamt 1145 Sportvereinen ein. Nach dem Scree-Kriterium ergab sich hier ebenfalls eine Vier-Faktoren-Lösung (s. Abbildung 3.7 sowie Tabelle 3.15). Insgesamt 19 Items (s. Tabelle 7.2 im tabellarischen Anhang) konnten nicht den Dimensionen zugeordnet werden, da die Ladungen auf allen diesen Faktoren unter 0,5 lagen.

Tab. 3.15: Eigenwertcharakteristik der Vier-Faktoren-Lösung der Mitgliedererwartungs-Skala

	Eigenwert	erklärter Anteil an der Gesamt-Varianz	kumulierter erklärter Anteil an der Gesamt-Varianz
Faktor 1	17,30	31,45	31,45
Faktor 2	3,25	5,91	37,36
Faktor 3	2,57	4,68	42,03
Faktor 4	2,52	4,59	46,63

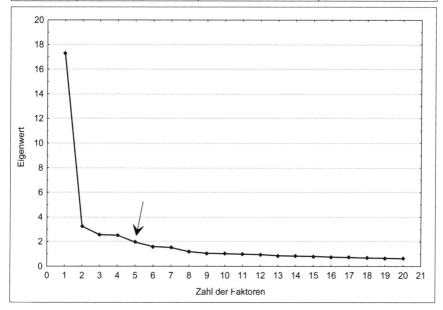

Abb. 3.7: Scree-Plot der Faktorenanalyse der Mitgliedererwartungs-Skala

Einen Überblick über die Zuordnung der Items zu den vier Dimensionen gibt Tabelle 3.16. Analog zur Vorgehensweise bei der Selbstdarstellungs-Skala wurden auch hier die Mittelwerte der Items mit Ladungen über 0,5 als Ausprägung auf den vier Dimensionen

- Mitgliedererwartung: innovativer Breiten- und Freizeitsportanbieter
- Mitgliedererwartung: Leistungs- und Wettkampfsport
- Mitgliedererwartung: Gemeinwohlorientierung

- Mitgliedererwartung: Solidaritätsdenken

ermittelt. Die spezifischen Ergebnisse sind in Kapitel 3.3.10 dargestellt.

Tab. 3.16: Ladung der Items auf den vier Faktoren der Mitgliedererwartungs-Skala. Grau unterlegt: Ladungen >0,5.

	Faktor 1	Faktor 2	Faktor 3	Faktor 4
Mitgliedererwartung: innovativer Breiten- und Freizeitsportanbieter				
... sich im Breitensport engagieren	0,69	0,19	0,10	0,17
... künftig vermehrt neue Formen von Bewegung und Spiel anbieten	0,69	0,12	0,23	-0,13
... sich im Freizeitsport engagieren	0,68	0,02	0,13	0,22
... sportliche Freizeitangebote organisieren	0,64	0,07	0,14	0,13
... außersportliche Freizeitangebote organisieren	0,64	0,06	0,18	0,18
... versuchen, mit zusätzlichen Freizeitsportangeboten neue Mitglieder zu gewinnen	0,61	0,25	0,21	0,02
... Alternativen zum traditionellen Sportangebot anbieten	0,61	0,09	0,26	-0,09
Mitgliedererwartung: Leistungs- und Wettkampfsport				
... sich im Wettkampfsport engagieren	0,04	0,81	0,10	0,12
... stolz auf seine Erfolge im Leistungssport sein	0,00	0,76	0,21	0,03
... sich im Leistungssport engagieren	0,00	0,76	0,12	-0,05
... bestrebt sein, mit möglichst vielen Mannschaften am regelmäßigen Wettkampfbetrieb teilzunehmen	0,10	0,74	0,10	0,20
... sportliche Talente fördern	0,15	0,72	0,24	0,12
... in der Region für Gesprächsstoff sorgen	0,23	0,63	0,24	0,14
... der Stolz der Region sein	0,12	0,57	0,25	0,18
... Wert auf Präsenz in den Medien legen	0,29	0,56	0,24	0,05
... das Ansehen des Orts/der Stadt stärken	0,26	0,51	0,33	0,26

Tab. 3.16: (Fortsetzung) Ladung der Items auf den vier Faktoren der Mitgliedererwartungs-Skala. Grau unterlegt: Ladungen >0,5.

	Faktor 1	Faktor 2	Faktor 3	Faktor 4
Mitgliedererwartung: Gemeinwohlorientierung				
... Kinder und Jugendliche vor radikalen politischen Einflüssen schützen	0,15	0,26	0,74	0,12
... die Umwelt schützen	0,12	-0,03	0,73	0,24
... sich für den Frieden engagieren	0,13	0,10	0,73	0,17
... Kinder und Jugendliche vor kriminellen Einflüssen bewahren	0,18	0,34	0,70	0,13
... sich im Kampf gegen das Doping engagieren	0,14	0,27	0,69	0,11
... dem Mißbrauch von Drogen und Genußmitteln vorbeugen	0,17	0,27	0,68	0,15
... ein Hüter der Natur sein	0,17	-0,06	0,67	0,23
... Ausländer integrieren	0,10	0,12	0,64	0,09
... ein Übungsfeld für Demokratie sein	0,18	0,15	0,64	0,23
... auf die Gleichberechtigung der Geschlechter achten	0,13	0,11	0,63	0,18
... sich neuen Bevölkerungsgruppen öffnen	0,28	0,22	0,62	0,07
... helfen, Schranken in Europa abzubauen	0,20	0,22	0,60	0,14
... Behinderte integrieren	0,22	0,13	0,60	0,12
... die Zukunft als Herausforderung betrachten	0,30	0,27	0,54	0,21
... Informationsveranstaltungen organisieren	0,39	0,12	0,53	0,07
... die Kinder von der Straße holen	0,33	0,33	0,53	0,14
Mitgliedererwartung: Solidaritätsdenken				
... viel Wert auf Geselligkeit und Gemeinschaft legen	0,24	0,10	0,10	0,70
... ein Hort der Geselligkeit sein	0,24	0,06	0,13	0,70
... sich durch ein starkes Zusammengehörigkeitsgefühl seiner Mitglieder auszeichnen	0,16	0,19	0,18	0,67
... in erster Linie von der Mitarbeitsbereitschaft seiner Mitglieder leben	0,13	0,10	0,19	0,63
erklärter Anteil an der Varianz	11,39	10,74	17,44	7,05

Zum Zusammenhang zwischen Selbstdarstellungs- und Mitgliedererwartungs-Skala

Die inhaltliche Struktur der Vier-Faktoren-Lösung der Faktorenanalyse der Mitgliedererwartungs-Skala stimmt weitgehend mit dem Ergebnis der Faktorenanalyse der Selbstdarstellungs-Skala überein. Von daher mußte überprüft werden, ob diese Übereinstimmung aus einem weitgehend übereinstimmenden Antwortverhalten auf der Itemebene resultiert oder eher auf der Ebene der extrahierten Dimensionen der Selbstdarstellung und der Wahrnehmung von Mitgliedererwartungen zu verorten ist. Zu diesem Zweck wurde die Interkorrelation zwischen den beiden Itemlisten einerseits und zwischen den Dimensionen andererseits bestimmt. Zum Vergleich dienen die mittleren Korrelationen zwischen den Items, die der jeweiligen Dimension in der Selbstdarstellungs- sowie der Mitgliedererwartung-Skala zugeordnet worden waren, und die Korrelationen zwischen der Ausprägung auf den jeweiligen Dimensionen (s. Tabelle 3.17). Es zeigte sich, daß die Korrelationen auf der Ebene der Dimensionen mir Ausnahme der Dimension Leistungs- und Wettkampfsport deutlich über den mittleren Korrelationen zwischen den Items liegen. Das bedeutet, daß man also von keiner systematischen Beeinflussung des Antwortverhaltens auf der Ebene der Items im Sinne der kontrollierten Herstellung von Übereinstimmungen ausgehen muß, sondern daß viel eher die Übereinstimmung auf der Ebene der Dimensionen insgesamt in dem Sinn besteht, daß Vertreter der Sportvereine bei ihren Mitgliedern jene Erwartungsdimensionen tendenziell als stärker ausgeprägt wahrnehmen, die auch in den Dimensionen ihrer Selbstwahrnehmung des Sportvereins einen höheren Wert erreichen.

Tab. 3.17: Korrelationen zwischen Selbstdarstellungs- und Mitgliedererwartungs-Skala auf der Basis von Items

	Korrelation auf der Basis der Items in der Skala ...		Korrelation der Ausprägungen auf den Dimensionen
	... Selbstdarstellung	... Mitgliedererwartung	
innovativer Breiten- und Freizeitsportanbieter	0,504	0,517	0,647
Leistungs- und Wettkampfsport	0,732	0,688	0,740
Solidaritätsdenken	0,533	0,533	0,654
Gemeinwohlorientierung	0,581	0,584	0,685
Gesamt	0,567		0,684

Faktorenanalyse der Aufgaben-Skala

Basis der Faktorenanalyse der Aufgabenskala waren die Daten von 476 Sportvereinen. Die niedrige Zahl resultiert einmal daraus, daß es sich um eine Frage in der Teilstichproben-Befragung handelte und nur 1540 Sportvereine in der DSB-Teilstichprobe diese Frage überhaupt beantwortet hatten, und zum zweiten daraus, daß viele der erfragten Aufgaben von den Vertretern einzelner Sportvereine als irrelevant bezeichnet wurden. Nachdem die Aufgaben, die von mehr als der Hälfte der Sportvereine mit „diese Aufgabe stellt sich uns nicht" beantwortet worden waren, von der Analyse ausgeschlossen worden waren (s. Kapitel 3.3.9), gingen letztlich 27 Items in die Faktorenanalyse ein.

Das Scree-Kriterium ergab hier keine eindeutige Lösung für die Frage der Zahl zu extrahierender Faktoren (s. Abbildung 3.8), da die Entscheidung für drei, für vier aber auch für sieben Faktoren hätte ausfallen können. Ein Vergleich der Ergebnisse von drei Faktorenanalysen mit drei, vier und sieben Faktoren ergab, daß nach orthogonaler Varimaxrotation das Ergebnis der Vier-Faktoren-Lösung inhaltlich am klarsten interpretierbar war. Damit ergab sich eine Varianzklärung von insgesamt 47,02% (s. Tabelle 3.18).

Tab. 3.18: Eigenwertcharakteristik der Vier-Faktoren-Lösung der Aufgaben-Skala

	Eigenwert	erklärter Anteil an der Gesamt-Varianz	kumulierter erklärter Anteil an der Gesamt-Varianz
Faktor 1	7,86	29,12	29,12
Faktor 2	1,80	6,66	35,78
Faktor 3	1,69	6,26	42,04
Faktor 4	1,35	4,98	47,02

Empirische Bestandsaufnahme

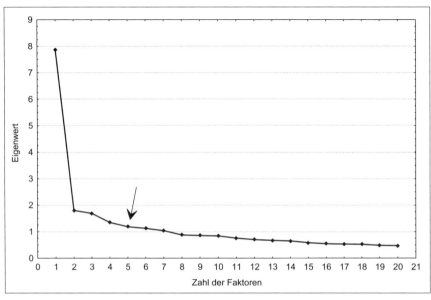

Abb. 3.8: Scree-Plot der Faktorenanalyse der Aufgaben-Skala

Nachdem acht Items, die nach orthogonaler Varimax-Rotation auf keinem der Faktoren mit Ladungen über 0,5 luden, von der Analyse ausgeschlossen worden waren (s. Tabelle 7.3 im tabellarischen Anhang), ergab sich die in Tabelle 3.19 dargestellte Faktorenlösung. Als zentrale Dimensionen des Aufgabenkatalogs erwiesen sich

- Mitglieder-Bestandssicherung und -erweiterung,
- Pflege und Erhalt von Sportanlagen und Natur,
- adressatenbezogene Angebotsentwicklung sowie
- personelle und finanzielle Ressourcenmobilisierung.

Zur Ermittlung der Ausprägung der Sportvereine auf den Dimensionen wurde für jeden Sportverein der Mittelwert der Beurteilung der Bedeutung derjenigen Aufgaben berechnet, die auf dem jeweiligen Faktor mit Ladungen über 0,5 luden. Zu den Ergebnissen siehe Kapitel 3.3.9.

Tab. 3.19: Ladung der Items auf den vier Faktoren der Aufgaben-Skala. Grau unterlegt: Ladungen > 0,5.

	Faktor 1	Faktor 2	Faktor 3	Faktor 4
Mitglieder-Bestandssicherung und -erweiterung				
den Mitgliederstand zu halten	0,76	0,11	-0,01	0,11
neue Mitglieder zu gewinnen	0,75	0,04	0,15	0,17
die Mitgliederfluktuation zu verringern	0,69	0,03	0,16	0,17
unsere Attraktivität zu erhöhen	0,58	0,14	0,28	0,18
Pflege und Erhalt von Sportanlagen und Natur				
Sportanlagen zu erhalten	0,09	0,79	0,02	0,18
Sportanlagen zu pflegen	0,12	0,77	0,09	0,18
Sportanlagen dem Bedarf anzupassen	0,08	0,71	0,30	0,18
die Natur nicht zu belasten	0,00	0,67	0,20	0,09
adressatenbezogene Angebotsentwicklung				
das bestehende Sportangebot auszuweiten	0,12	0,08	0,77	0,23
das bestehende Sportangebot attraktiver zu machen	0,20	0,09	0,67	-0,07
neue Sportangebote aufzunehmen	0,00	0,01	0,66	0,36
die Trainerkompetenz zu verbessern	0,06	0,21	0,55	0,26
die Qualifikation der ehrenamtlichen Mitarbeiter zu verbessern	0,08	0,26	0,52	0,39
neue Bevölkerungsgruppen zu erschließen	0,27	0,14	0,51	0,35
sich an den Bedürfnissen seiner Mitglieder zu orientieren	0,25	0,31	0,50	-0,06
personelle und finanzielle Ressourcenmobilisierung				
höhere Einnahmen zu erzielen	0,23	0,15	0,03	0,70
Sponsoren zu gewinnen	0,20	0,17	-0,01	0,66
Nicht-Vereinsmitglieder für Ehrenämter zu gewinnen	-0,04	0,08	0,32	0,59
Mitglieder zu bewegen, sich ehrenamtlich zu engagieren	0,14	0,06	0,24	0,54
erklärter Anteil an der Varianz	9,45	10,80	13,47	13,30

3.3 Aspekte der Struktur der Sportvereins-Landschaft

Zur Darstellung der Strukturmerkmale der Sportvereine und ihrer Interdependenz mit anderen Merkmalen sollen im folgenden Fallbeispiele mit vier verschiedenen Sportvereinen verwendet werden, die sich am Ergebnis der Konstruktion der verschiedenen Mittelwertstypen (s. Kapitel 3.2.2) orientieren.

> Fallbeispiele: Vier unterschiedliche Sportvereine
>
> 1. Der **TV Altmittelhütte** wurde zu Beginn des 20. Jahrhunderts gegründet. Nach einer Phase, in der im Verein ausschließlich geturnt wurde und die bis in die fünfziger Jahre anhielt, erweiterte sich sowohl das Sportangebot als auch die Zahl der Sportvereinsmitglieder. Heute zählt der **TV Altmittelhütte** über 1000 Mitglieder in neun verschiedenen Abteilungen.
>
> 2. Der **ASC Kleinaltschloß** wurde 1917 gegründet. Seine circa 300 Mitglieder verteilen sich auf eine sehr mitgliederstarke Handballabteilung und eine kleinere Faustball- sowie eine neu hinzugekommene Aerobic-Abteilung.
>
> 3. Im **KSC Kleinjungheim**, gegründet im Jahr 1973, wird von den 150 Mitgliedern vor allem Aikido betrieben. Außerdem gibt es eine kleine Quang Qui Gong-Gruppe.
>
> 4. Die über 3000 Mitglieder des im Jahre 1886 gegründeten **SV Großaltburg** verteilen sich auf insgesamt 15 Abteilungen. Sie können sowohl im Ligabetrieb als auch als Freizeitsportler zwischen verschiedenen Sportspielen, Kampfsportarten und gesundheitsorientierten Angeboten für Jedermann wählen.

3.3.1 Alter der Sportvereine und organisationale Komplexität

Betrachtet man das Alter und die Struktur der Sportvereine, so sind neben den Maßen der zentralen Tendenz auch die Verteilung der Sportvereine interessant. Betrachtet man z. B. das Gründungsjahr, so ergibt sich mit dem mittleren Gründungsjahr 1951 (s=41,45) ein durchschnittliches Vereinsalter zum Zeitpunkt der Befragung von 45 Jahren. Aufgrund einer deutlichen Verteilungsschiefe – es gibt wesentlich mehr relativ junge als relativ alte Sportvereine – ist aber der Median mit

1961 die bessere Schätzung der zentralen Tendenz. Bezüglich des Alters der Sportvereine im DSB können wir aufgrund dieser Daten schätzen,

- daß ein Viertel der Sportvereine vor 1926 gegründet wurde, also älter als 70 Jahre ist,
- daß ein Viertel der Sportvereine zwischen 1926 und einschließlich 1961 gegründet wurde,
- daß ein Viertel der Sportvereine zwischen 1961 und einschließlich 1979 gegründet wurde und
- daß ein Viertel der Sportvereine nach 1979 gegründet wurde.

Da in dieser Betrachtung Unterschiede in der Gründungsdynamik innerhalb dieser Intervalle, die unter anderem auch durch zeithistorisch relevante Ereignisse mitbedingt sein dürften, nicht berücksichtigt werden, soll der Dynamik der Sportvereinsgründungen im folgenden genauer nachgegangen werden. Von zentraler Bedeutung ist in diesem Zusammenhang der Unterschied zwischen Sportvereinen in den neuen und alten Bundesländern (s. Abbildung 3.9), wobei die unterschiedlichen Klassenbreiten[47] durch die Berücksichtigung soziohistorischer Aspekte der deutschen Entwicklung zustande kamen.

Im Vergleich alter und neuer Bundesländer fällt auf, daß der Anteil der Vereine, die nach 1989 gegründet wurden, in den neuen Bundesländern wesentlich höher liegt als in den alten Bundesländern. Unter den Sportvereinen in den neuen Bundesländern, die ein Gründungsjahr nach 1989 angegeben haben, befinden sich Sportvereine,

- die bei der Frage nach dem Gründungsjahr das Jahr der formalen Gründung nach der Wiedervereinigung auf der rechtlichen Basis der Bundesrepublik Deutschland angeben und so implizit eine eventuelle „DDR-Vergangenheit" ausblenden,
- die sich als Sportgruppen unter DDR-Bedingungen informell vor 1989 organisiert, den Akt der formalen Vereinsgründung jedoch erst nach 1989 vollzogen haben,

---

[47] Der Begriff „Klasse" wird hier im statistischen Sinn und nicht im soziologisch-politischen verwandt.

- die erst nach 1989 entstanden sind.

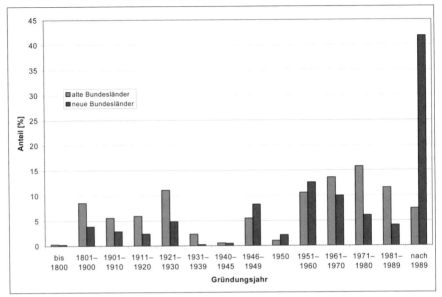

Abb. 3.9: Sportvereine in den neuen und alten Bundesländern nach dem Gründungsjahr

Die Sportvereine in den neuen Bundesländern, die ein Gründungsjahr vor 1989 angegeben haben, orientieren sich an der Tradition des Sportvereins, unabhängig von den äußeren politischen Bedingungen der Gründung und sehen den erst 1989 oder später formal ins Leben gerufenen Sportverein als ein und dieselbe Organisation an wie die zuvor auf anderer rechtlicher Grundlage bestehende; es handelt sich hierbei also um eine kontinuierliche Vereinstradition. Aufgrund dieses spezifischen Effekts ist es sinnvoll, zum Vergleich der Dynamik der Vereinsgründungen die jüngere Vergangenheit ab 1989 auszublenden und die Analyse zu beschränken auf den davorliegenden Zeitraum.

Um den Einfluß der stark unterschiedlichen Klassenbreiten (s. Abbildung 3.9) zu kompensieren, wurde für diesen Vergleich ein Maß der relativen zeitlichen Dichte der Vereinsgründungen gewählt, speziell ein Maß für den prozentualen Anteil von Vereinsgründungen innerhalb eines Jahres (s. Abbildung 3.10). Im Zeitraum vor dem zweiten Weltkrieg fällt auf, daß die Trennung zwischen Turnern und übrigen Sportlern im Jahre 1926 mit einer hohen relativen Dichte der Vereinsgründungen in dieser Dekade einhergeht.

Aspekte der Struktur der Sportvereins-Landschaft

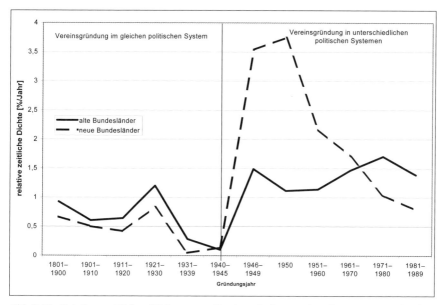

Abb. 3.10: Relative zeitliche Dichte von Vereinsgründungen in den neuen und alten Bundesländern

Der weitere Verlauf der Kurve für die Vereine, die heute in den alten Bundesländern gemeldet sind, verdeutlicht, daß der sogenannte „Sport- und Mitgliederboom", nachdem in den 20 Jahren von 1961 bis 1980 fast ebensoviele Vereine gegründet wurden, wie in den 40 Jahren zuvor (vgl. HEINEMANN/SCHUBERT 1994, 59), im wesentlichen auf dem hemmenden Einfluß sozialer Krisenereignisse wie der Weltwirtschaftskrise, den politischen Einflüssen der Nazidiktatur („Gleichschaltung") sowie den Wirren des zweiten Weltkrieges beruhen dürfte. Insofern handelt es sich weniger um einen Boom als um insgesamt günstigere und im wesentlichen konstante äußere sozioökonomische Bedingungen für Vereinsgründungen, die auch Ergebnis des „Goldenen Planes" (bis Ende der siebziger Jahre) war.

Der steile Anstieg der Kurve für die Sportvereine auf dem Gebiet der DDR in der Zeit nach 1945 deutet auf Aspekte der politischen Instrumentalisierung des Sports hin, die wiederum, das zeigen die hohen Werte, auf Akzeptanz in der Bevölkerung insoweit traf, als eine Vielzahl von Sportgruppen[48] zunächst in der sowjetischen Besatzungszone und nachfolgend in der DDR entstanden. Die Etablierung von Sportgruppen impliziert, daß die Indienstnahme des Sports als Mittel zum Zweck der Entwicklung der sozialistischen Persönlichkeit (vgl. hierzu Artikel „Persönlichkeit, sozialistische" in BERGER et al. 1978, 553 f.) durch enge Verschränkung von Körperkultur, Sport und gesellschaftlichem Leben zumindest akzeptiert, wenn nicht sogar systematisch vorangetrieben wurde. Damit scheint allseits das erklärte Ziel, nämlich „durch das gemeinsame Wirken der staatlichen Organe und gesellschaftlichen Organisationen, insbesondere der Tätigkeit des Deutschen Turn- und Sportbundes der DDR [...] mit den spezifischen Mitteln, Methoden und Werten der Körperkultur und des Sports zur Lösung der Hauptaufgabe" beizutragen, „planmäßig das materielle und kulturelle Lebensniveau unserer Bevölkerung zu erhöhen" (Handbuch DDR 1984, 691; generell zur Indienstnahme des Sports zur Entwicklung der sozialistischen Persönlichkeit ebd., 690 ff.) erfolgreich realisiert worden zu sein. Die Mitgliedschaft in Sportgruppen allgemein wird auf diesem Weg für den DDR-Bürger zur normativen Verpflichtung, deren Einhaltung im Rahmen sozialer Kontrolle auch positiv sanktioniert wird.

Unter den Mitgliedern und Gründern der Sportvereine in der DDR können vornehmlich vier verschiedene Gruppierungen vermutet werden, wobei auch Zwischenformen bzw. Kombinationen möglich sind:

- Sport-Enthusiasten, die unabhängig von Fragen der politischen Instrumentalisierung des Sports eben Sport treiben wollen und auf die formale Etablierung ihrer Sportgruppe angewiesen sind, um sich notwendige Ressourcen für das Sporttreiben zu erschließen;
- Personen, die sich für sich selbst oder für ihre Angehörigen aus der Mitgliedschaft in einer Sportgruppe soziale Vorteile versprachen (siehe z. B. das Privileg der Reisen ins westliche Ausland für Spitzensportler);

---

[48] Welche Funktion die offensichtliche Vermeidung des Wortes „Verein" für Massenorganisationen der Turner und Sportler (z. B. auch in allen einschlägigen Wörterbüchern) im Rahmen der offiziellen DDR-Ideologie hatte, kann hier nicht diskutiert werden.

- Personen, die sich für sich selbst aus der demonstrativen Beteiligung an der politischen Instrumentalisierung des Sports politische und wirtschaftliche Vorteile versprachen (z. B. Beförderung einer Parteikarriere);
- Personen, die sich aus dem Glauben an die Mission des Kommunismus und des Sozialismus als notwendiger eigenständiger Zwischenetappe sowie an das Ziel der vollständig entwickelten sozialistischen Persönlichkeit (vgl. z. B. Artikel 35 der Verfassung der DDR vom 6. 4. 1968 in der Fassung vom 7. 10. 1974) für Sportgruppen einsetzten.

Allein auf der Basis der Datenlage kann auf die Anteile dieser verschiedenen Gruppierungen in den Sportgruppen nicht geschlossen werden, den Gründungsboom allein auf das Wirken Sportbegeisterter zurückzuführen scheint, vor allem im Vergleich mit dem Verlauf in den alten Bundesländern, fragwürdig. Dagegen weisen DDR-interne Untersuchungen (DOHNKE et. al. 1979) zum Zusammenhang zwischen Wertorientierungen und Freizeitverhalten darauf hin, daß die Orientierung „materieller Wohlstand" eine der wichtigsten Wertorientierungen unter Werktätigen in der DDR war. Unter den Freizeitaktivitäten korrelierte diese Wertorientierung am höchsten mit dem Item „Sport treiben" (ebd., 122 f., 154 ff.). Dagegen zeigten sich keine deutlichen Zusammenhänge zwischen dem Sport treiben als Freizeitaktivität und der eigentlich mit dem Ideal der entwickelten sozialistischen Persönlichkeit am stärksten verbundenen Wertorientierung „für die Entwicklung unserer Gesellschaft einen aktiven Beitrag leisten". Damit dürfte der Zulauf zu den Sportgruppen in der DDR, der auf der Oberfläche als Zeichen der Akzeptanz der offiziellen Doktrin gesehen werden kann, in der Bevölkerung gerade Ausdruck einer der offiziellen Ideologie zuwiderlaufenden materiell-hedonistischen Orientierung gewesen sein.

In diesem Fall muß also festgestellt werden, daß für einen Großteil der Clubs (entspricht: Sportvereine) die Werteorientierung der Mitglieder nicht der von der Sport- und der politischen Führung aufoktroyierten Werteideologie entspricht: Auf der Ebene der Clubs ist das Verhalten zumindest als in Übereinstimmung mit der politisch-ideologisch aufoktroyierten Wertsphäre interpretierbar, während die Werteorientierung der Mitglieder in der Mehrzahl im Widerspruch zu dieser Wertsphäre steht.

Das zentrale Merkmal der Sportvereine, das die Komplexität der Organisation kennzeichnet, nämlich die Zahl der Abteilungen, wurde im Ost-West-Unterschied bereits diskutiert. Über alle Sportvereine hinweg zeigt sich in der zentralen Tendenz eine deutliche Verschiebung des Mittelwerts gegenüber dem Median (s. Tabelle 3.20). Dies liegt an der großen Zahl einspartiger Sportvereine (insgesamt 57%) im Vergleich mit der sehr geringen Zahl von Sportvereinen mit teilweise deutlich mehr Abteilungen (s. Abbildung 3.11).

Tab. 3.20: Anzahl der Abteilungen

	n	$\bar{x}$	s	25. Perzentil	Median	75. Perzentil
Zahl der Abteilungen	2938	2,77	3,35	1	1	3

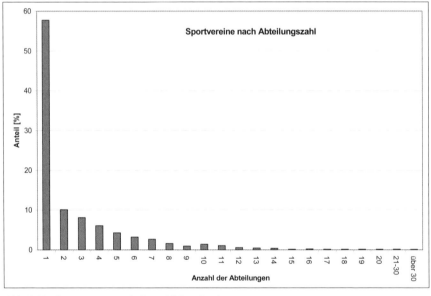

Abb. 3.11: Sportvereine nach der Zahl der Abteilungen

Unter den circa 43% der Sportvereine mit mehreren Abteilungen ist allerdings genauer zu beachten, was eigentlich mit „Abteilung" gemeint ist (s. Tabelle 3.21). Betrachtet man die Zahl der Abteilungen, so liegt sie deutlich über der Zahl derjenigen Abteilungen, die über eine eigene Abteilungsleitung verfügen und ebenfalls deutlich über der Zahl der Fachverbände, denen der Verein Mitglieder meldet (einfaktorielle Varianzanalyse, F=252,03; df=2;1906; p<0,001; ω^2=20,7%). Unter „Abteilung" wird also nicht in jedem Fall eine Untereinheit der Organisation „Sportverein" verstanden, die formal eingerichtet und mit funktional spezifischen

Rollenerwartungen an die darin handelnden Personen verknüpft ist. Ebenfalls ist eine Gleichsetzung des Begriffs der „Abteilung" mit Untereinheiten, die im Rahmen der Fachverbandsgliederung des DSB bzw. der Landessportbünde unterschiedliche Sportarten betreiben, unzulässig. Viel eher vermischen sich hier diese beiden formalen Aspekte mit der Abgrenzung zwischen Gruppierungen innerhalb der Sportvereine, die unterschiedliche Interessen verfolgen, wobei die Abgrenzung zwischen diesen Interessen nicht der Differenzierung von Sportarten in den Dachorganisationen folgen muß: Es ist sehr wohl möglich, daß Abteilungen sich nicht (nur) in der inhaltlichen Definition der Sportart, die betrieben wird, unterscheiden, sondern auch im Ziel, das mit dem Betreiben dieser Sportart verbunden ist.

Tab. 3.21: *Anzahl der Abteilungen in differenzierter Betrachtungsweise*

	n	$\bar{x}$	s	25. Perzentil	Median	75. Perzentil
Zahl der Abteilungen	1241	5,20	4,04	3	4	6
Zahl der Abteilungen mit eigener Abteilungsleitung	1008	4,51	3,96	2	3	6
Zahl der Fachverbände, denen der Verein angeschlossen ist	1154	3,40	2,97	2	2	4

Unabhängig von der Strukturiertheit der Abteilungen eines Sportvereins ist die Voraussetzung für eine Differenzierung des Sportvereins das Vorhandensein divergierender sportbezogener Interessen von Mitgliedern. Dies allein reicht jedoch nicht aus, um das Vorhandensein bzw. Nicht-Vorhandensein einer Abteilungsgliederung zu erklären. Ob ein Sportverein eine interne Differenzierung vornimmt, hängt möglicherweise noch von weiteren Faktoren ab: So erhöht das Vorhandensein verschiedener Gruppierungen mit unterschiedlichen Sportinteressen und mit nur geringen personellen Überschneidungen sowie die Organisation des Sportbetriebs dieser Gruppierungen zu unterschiedlichen Zeiten und/oder an unterschiedlichen Orten die Wahrscheinlichkeit, daß diese Differenziertheit auch als Abteilungsgliederung formalisiert wird. Als weitere förderliche Faktoren sind hier die Teilnahme der Gruppierungen an einem Ligabetrieb sowie die Nutzung unterschiedlicher personeller und materieller Ressourcen zu vermuten.

Als Folgen einer Aufgliederung eines Sportvereins in mehrere Abteilungen ergibt sich:

- der Koordinationsbedarf steigt,
- der Ressourcenverbrauch erhöht sich,
- der Gruppencharakter des Gesamtvereins schwächt sich ab,
- die Zahl ehrenamtlicher Positionen steigt,
- den ehrenamtlichen Positionen wird eine höhere Bedeutung zugewiesen, sowohl auf der Vereins- als auch auf der neu hinzugekommenen Abteilungsebene, der vormaligen Ebene der Sportgruppe.

3.3.2 Mitgliederstrukturen

Sportvereine sind in der Mehrzahl eher kleine Gebilde. Diese Aussage hat Bestand, unabhängig davon, ob man die angegebene Gesamtzahl der Mitglieder oder die Summe über die angegebenen Mitgliederzahlen in den einzelnen Alters- und Geschlechtskategorien betrachtet. Nach den globalen Angaben der Sportvereinsvertreter haben die Sportvereine in der DSB-Stichprobe im Mittel 314 Mitglieder (s=460,1). Die durchschnittliche Summe über die Alters- und Geschlechtskategorien ergeben eine mittlere Mitgliederzahl in der DSB-Stichprobe von 297,9 (s=459,1)[49]. Angesichts der Verteilungsschiefe (s. Abbildung 3.12) ist dieser Mittelwert als Schätzung der zentralen Tendenz allerdings deutlich nach oben verzerrt. So liegt der Median bei 144, die Grenze des unteren Quartils bei 56 und diejenige des oberen bei 353. Insgesamt stellen die kleinen Sportvereine den größten Teil der Sportorganisationen im Vereinssystem und binden gleichzeitig einen nur geringen Teil der Sportvereinsmitglieder.

Dies sollte nicht dazu verleiten, die Bedeutung der kleinen Sportvereine unter- und die der großen Sportvereine überzubewerten. Das Argument, das in diesem Zusammenhang benutzt wird, entspricht der folgenden Logik: Während in den 50%

---

[49] Dieser Wert liegt allen folgenden Berechnungen zugrunde. Damit wurde der Einfluß von Antwortverweigerungen sowie von Additionsfehlern durch die Befragten hier verringert. Zudem ergibt sich so ein mit den Analysen der Mitgliederstruktur konsistentes Datenmaterial. In anderen, meist im politischen Raum angesiedelten Darstellungen, wurde dagegen die mittlere Mitgliederzahl auf der Basis der Gesamt-Angaben der Sportvereinsvertreter verwendet.

der Sportvereine mit bis zu 144 Mitgliedern nur circa 11% der Sporttreibenden organisiert sind, sind in den 5% der Sportvereine mit mehr als 1100 Mitgliedern mehr als 30% der Sporttreibenden organisiert. Also sind die großen Sportvereine für den Sport bedeutender als die kleinen.

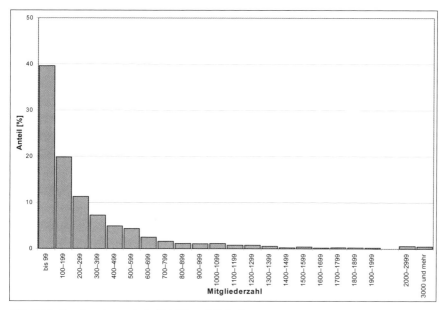

Abb. 3.12: Sportvereine nach der Zahl ihrer Mitglieder

Dieses Argument, das sich als sportpolitisches Argument verschiedentlich bewährt hat, basiert auf einer unspezifischen Verwendung des Begriffs „Bedeutung": Man muß hier spezifizieren, für wen der Sportverein eine Funktion erfüllt:

1. Für die Sporttreibenden: Je nach Interesse des Sportvereinsmitgliedes kann ein großer Sportverein von Vorteil, er kann aber auch von Nachteil sein. Dabei muß man jedoch berücksichtigen, daß Sportvereinsmitglieder in ihrer Beitrittsentscheidung zwar frei sind, in vielen Fällen aber nicht frei wählen können. In dem Fall, daß ein Mitglied ein spezifisches Interesse an einer bestimmten Sportart hat, wird es sich danach richten, welcher Verein diese Sportart anbietet, welche Zeit-Wege-Kosten mit der Teilnahme an diesem Sportangebot verbunden sind, welche sonstigen Vorteile dieses Angebot möglicherweise hat usw. In diesem Fall spielt die Mitgliederzahl des Sportvereins in der Regel keine Rolle.

Im Fall eines unspezifischen Sportinteresses kann dagegen die Mitgliederzahl ein ausschlaggebendes Kriterium für die Beitrittsentscheidung sein, da damit in der Regel Abteilungszahl und Angebotsvielfalt steigen.

2. Für den ehrenamtlichen Mitarbeiter im Sportverein auf der Vorstandsebene: Für diesen „Funktionär" spielt die Mitgliederzahl eine bedeutende Rolle, da davon Einfluß im kommunalpolitischen Umfeld, finanzielle und sächliche Ressourcen sowie die Möglichkeiten der Machtausübung abhängen.

3. Für den (ehrenamtlichen oder hauptamtlichen) Mitarbeiter im regionalen Dachverband: Auf dieser Ebene muß man zwei verschiedene Aspekte unterschieden: Im sportpolitischen Umfeld wirken die gleichen Zusammenhänge wie auf der Vereinsebene, sind also auch hier eher große Sportvereine bedeutender als eher kleine. Für die inhaltlich-programmatische Arbeit muß man die Zusammenhänge jedoch differenzierter sehen. Steht das konkrete Sporttreiben im Zentrum der Aktivitäten, so sind Programme mit weniger Aufwand durchführbar, je größer die jeweils in dem Verband organisierten Sportvereine sind. Steht dagegen die Arbeit der Mitarbeiter in den Sportvereinen im Zentrum der Aktivität, wie z. B. im Bereich der Aus- und Weiterbildung, so sind gerade kleine Sportvereine um so bedeutender, da dort die Mehrzahl der potentiellen Interessenten an solchen Angeboten zu finden ist.

Eine Gegenüberstellung der Bedeutung „kleiner" und „großer" Sportvereine vor dem Hintergrund sportbezogener Werte ist also keine Frage, die auf der Basis wissenschaftlicher Kriterien zugunsten der einen oder der anderen Position entschieden werden könnte. In der Gesamtschau dienen eher kleine Gebilde der Dynamik des Sportsystems insgesamt und eher große Gebilde der Dynamik innerhalb des Systems und der systembezogenen medialen Darstellung, die dann auch die Anschlußkapazität des Sportsystems in den Bereichen Wirtschaft und Politik steigert. Die hier angesprochenen Aspekte der Dynamik sind folgendermaßen zu verstehen:

- Die Dynamik des Systems zeigt sich nicht nur in der Erweiterung des Kataloges der in Sportvereinen organisierten Sportarten, sondern auch darin, daß konvergierende Sportinteressen innerhalb personaler oder lokaler Einheiten, die vorher nicht formal organisiert waren, im Sportsystem ihren Ort finden. In diesen Fällen handelt es sich also initial um die Organisation eher homogener

Interessen, die, aus welchen Gründen auch immer, vorher nicht im Sportsystem organisiert waren.
- Als Dynamik innerhalb des Systems sind alle Prozesse zu verstehen, die zur Organisation von Sportinteressen von Gruppierungen führt, die bereits aufgrund anderer Sportinteressen Teil des Systems sind. In diesem Fall werden auch homogene Interessen organisiert, möglicherweise allerdings in formal differenzierter Form (z. B. als eigene Sportgruppen oder Abteilungen) und so die Notwendigkeit zur Befriedung divergierender Interessen in den Prozeß des Interessenausgleiches zwischen Teilstrukturen hinein verlagert.

Aspekte der Repräsentation der bundesdeutschen Wohnbevölkerung in den Sportvereinen[50]

Aussagekräftig werden Zahlen zur Verteilung der Sportvereinsmitglieder nach Alter und Geschlecht (s. Tabelle 3.22) letztendlich erst in der Relation zu den jeweiligen Anteilen der alters- und geschlechtsgleichen Gruppierung an der bundesdeutschen Wohnbevölkerung (zur Logik dieser Vorgehensweise vgl. EMRICH/PAPATHANASSIOU/PITSCH 1999, 66 ff.).

Basierend auf den Angaben zum Umfang der Wohnbevölkerung läßt sich die Mitgliederzusammensetzung in Sportvereinen sowohl als Entwicklung über die Zeit als auch im Vergleich der verschiedenen regionalen Einheiten, z. B. der verschiedenen Sportbünde bzw. Bundesländer, darstellen. Dazu wird der **Anteil der jeweiligen Alters- und Geschlechtsgruppierung an den Sportvereinsmitgliedern durch den Anteil der entsprechenden Gruppierung an der jeweiligen Wohnbevölkerung dividiert**. Dieser Parameter, der im folgenden als **sportbezogener Organisationsindex** bezeichnet wird, dient dazu, festzustellen, ob die ver-

---

[50] Der Aspekt der Repräsentation der Wohnbevölkerung ist insofern ein Merkmal, das auf den einzelnen Sportverein bezogen werden kann, als dessen Mitgliedschaft in ihrer Struktur über verschiedene Alters- und Geschlechtskategorien hinweg der Wohnbevölkerung mehr oder weniger entsprechen kann. Der Grad dieser Entsprechung ist unabhängig von der anteilsmäßigen Repräsentation der Wohnbevölkerung, die häufig als Organisationsgrad angegeben wird. Dieser Parameter kann allerdings nur, wie der Leser leicht erkennen wird, auf den Bereich des organisierten Sports bezogen berechnet werden, und wird hier deswegen nicht weiter betrachtet (s.o.).

schiedenen Gruppierungen im Sportverein entsprechend ihrem Anteil an der Wohnbevölkerung repräsentiert sind (s. Abbildung 3.13 sowie Tabelle 7.4 im tabellarischen Anhang).

Tab. 3.22: *Verteilung der Sportvereinsmitglieder nach Alter und Geschlecht*

	Anzahl		Anteil [%]	
	$\bar{x}$	s	$\bar{x}$	s
weibliche Mitglieder	n=3024		n=2753	
bis 6 Jahre	6,92	20,70	2,80	5,48
7 bis 14 Jahre	23,63	54,89	15,66	18,02
15 bis 18 Jahre	9,64	18,92	8,52	11,47
19 bis 26 Jahre	11,75	24,94	11,97	14,35
27 bis 40 Jahre	27,19	61,40	26,08	19,59
41 bis 60 Jahre	28,47	54,72	26,04	20,23
über 60 Jahre	9,52	22,12	8,93	15,16
männliche Mitglieder	n=3024		n=2919	
bis 6 Jahre	7,16	19,13	2,51	5,89
7 bis 14 Jahre	31,10	58,86	13,37	13,69
15 bis 18 Jahre	14,62	23,98	7,79	7,98
19 bis 26 Jahre	19,86	31,67	11,74	10,47
27 bis 40 Jahre	38,97	61,52	25,36	15,54
41 bis 60 Jahre	43,98	63,96	27,95	15,99
über 60 Jahre	16,96	26,76	11,28	13,93
Mitglieder insgesamt	n=3024		n=2942	
bis 6 Jahre	14,07	38,71	2,45	4,83
7 bis 14 Jahre	54,73	107,08	14,22	13,75
15 bis 18 Jahre	24,26	40,34	8,16	7,99
19 bis 26 Jahre	31,61	52,27	11,82	9,95
27 bis 40 Jahre	66,16	112,52	25,69	14,81
41 bis 60 Jahre	72,45	109,95	27,19	15,25
über 60 Jahre	26,48	44,22	10,47	13,02

Je nach Fragestellung gibt es nun zwei verschiedene Methoden zur Berechnung des sportbezogenen Organisationsindexes: Ist man an einem Vergleich der Verteilung der Vereinsmitglieder und der Wohnbevölkerung auf die verschiedenen Alters- und Geschlechtsgruppierungen interessiert, so wird die Gesamt-Wohnbevölkerung als relevantes Aggregat in der Berechnung berücksichtigt. Ist man dagegen am Grad der Einbindung einer bestimmten Gruppierung interessiert, so empfiehlt es sich, den Anteil dieser Alters- und Geschlechtsgruppierung am geschlechtsgleichen Anteil der Vereinsmitglieder an der geschlechtsgleichen Wohnbevölkerung als relevantem Bezugsaggregat zu relativieren. In diesem Fall werden die Werte als **geschlechtsspezifischer sportbezogener Organisationsindex** bezeichnet. Je nach dem Berechnungsverfahren ergeben sich hierdurch unterschiedlich zu interpretierende Zahlenwerte.

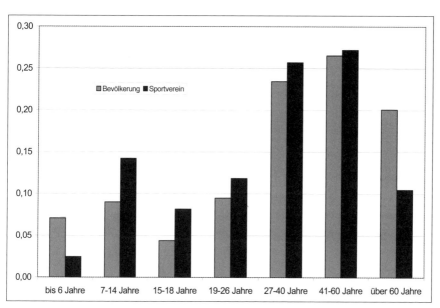

Abb. 3.13: Anteile verschiedener Altersgruppierungen an der Gesamt-Wohnbevölkerung und im Sportverein

Der sportbezogene Organisationsindex ist unabhängig von dem Berechnungsverfahren wie folgt zu interpretieren: Bei Werten kleiner als 1 ist die jeweilige Gruppierung in den Sportvereinen mit geringeren Anteilen vertreten, als an der Gesamtbevölkerung bzw. am geschlechtsgleichen Anteil der Gesamtbevölkerung. Der Wert 1 entspricht einem Anteil in den Sportvereinen, der dem an der Be-

Empirische Bestandsaufnahme

völkerung bzw. am relevanten Bevölkerungsanteil entspricht, während Werte größer als 1 einer überproportionalen Einbindung dieser Gruppierung in den Sportvereinen entsprechen.

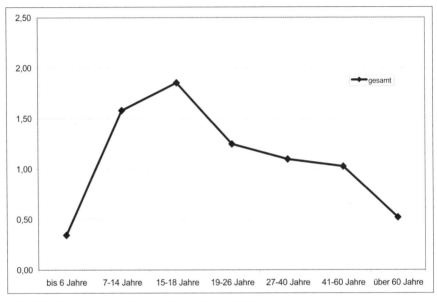

Abb. 3.14: Sportbezogener Organisationsindex nach Altersgruppierung

Angesichts der deutlich überhöhten sportbezogenen Organisationsindizes bei den 7- bis 14jährigen und bei den 15- bis 18jährigen (s. Abbildung 3.14) sind Sportvereine vor allem als Organisationen zu kennzeichnen, die jüngere Jahrgänge verstärkt binden. Sportvereine sind damit also zumindest zahlenmäßig wichtige Sozialisationsagenten, die zu den Institutionen unserer Kultur hinführen. Von daher kommt ihnen auch eine hohe Verantwortung zu, da Sozialisation immer auch die Hinführung zu devianten Mustern der jeweiligen Kultur bedeutet. Neben der Tatsache, daß hiermit also die Grundlagen für die Erfüllung einer, auch von Sportorganisationen reklamierten Eu-Funktion der Sportvereine für die Vereinsumwelt nachgewiesen wurden, impliziert dies auch, daß Mitarbeiter in den Sportvereinen sich dieser Verantwortung, die damit verbunden ist, bewußt werden müssen, wenn die Sportvereine dem damit erhobenen Anspruch gerecht werden sollen. Denn der Kontakt mit dem organisierten Sport bringt Jugendliche auch in Kontakt mit

- Situationen, in denen sich das Handeln jedes Einzelnen am Regelwerk orientiert, in denen aber auch das Übertreten von Regeln zu Vorteilen verhilft.
- Thematisierungen einer Verwerflichkeit des Dopings, in denen aber auch deutlich wird, daß auch die Regelüberwacher wie z. B. Sportfunktionäre das Doping nicht in jedem Fall konsequent verfolgen und nicht jeder Dopingsünder gleichermaßen bestraft wird.
- Menschen anderer Nationalität, jedoch nicht nur im Sinne einer friedlichen Völkerverständigung, sondern auch in der Rolle der Gegner, gegen die man antritt.
- Menschen, die sich ehrenamtlich engagieren und im Dienst an der Sache ihre eigene Person in den Hintergrund treten lassen, aber auch mit ehrenamtlichen Mitarbeitern, die ihr Amt öffentlichkeitswirksam zur eigenen Selbstpräsentation und -überhöhung instrumentalisieren.

Alleine das Vorliegen der Voraussetzung zur Erfüllung der Sozialisationsfunktion reicht also nicht aus, um auch tatsächlich diese Funktion in der erwünschten und oftmals auch behaupteten Weise zu erfüllen. Aspekte der Sportideologie verhindern aber weitgehend eine offene Diskussion dieses Problemfeldes in den Sportorganisationen, so daß zur Zeit die Sozialisation von Kindern und Jugendlichen im Sportverein im Sinne einer Hinführung zu Konformität behauptet wird, die möglichen ungewollten Nebenfolgen des Handelns aber häufig nicht bewußt werden.

Interessant ist hierbei der Unterschied zwischen den Geschlechtern: Ungeachtet der Tatsache, daß der Anteil weiblicher Sportvereinsmitglieder in den Sportvereinen in allen Alterskategorien unter dem Anteil der männlichen Sportvereinsmitglieder lag (s. Tabelle 3.23), ist der geschlechtsspezifische sportbezogene Organisationsindex weiblicher Personen in den Sportvereinen am jeweils geschlechtsgleichen Anteil der Gesamt-Mitgliederzahl in allen Alterskategorien außer bei den über 60jährigen deutlich höher als im Fall männlicher Sportvereinsmitglieder. Ein Grund für diesen Effekt ist in den gegenläufigen Trends des Anteils weiblicher Personen in den Sportvereinen und in der Bevölkerung mit steigender Alterskategorie zu vermuten: Während in den Sportvereinen mit steigendem Alter der Anteil weiblicher Sportvereinsmitglieder sinkt, steigt dieser Anteil in der Wohnbevölkerung im Altersbereich der 40- bis 60jährigen leicht, im Bereich der über 60jährigen deutlich an.

Insgesamt ist die Mitgliederzahl in den Sportvereinen **durch einen deutlich überhöhten Anteil** (relativ zu ihrem Anteil an der Wohnbevölkerung) **7- bis 18jähriger** gekennzeichnet, was für den Bereich weiblicher Sportvereinsmitglieder noch wesentlich deutlicher nachweisbar ist, als für männliche (s. Abbildung 3.15 sowie Tabelle 7.5 im tabellarischen Anhang).

Tab. 3.23: Vergleich des Anteils weiblicher Sportvereinsmitglieder in den jeweiligen Alterskategorien mit dem entsprechenden Anteil weiblicher Personen in der Wohnbevölkerung

	Anteil in den Sportvereinen [%]			Anteil in der Wohnbevölkerung [%]
	n	$\bar{x}$	s	
bis 6 Jahre	1339	41,56	28,46	48,68
7 bis 14 Jahre	2322	37,40	28,01	48,67
15 bis 18 Jahre	2450	34,72	28,71	48,61
19 bis 26 Jahre	2681	32,62	27,27	48,67
27 bis 40 Jahre	2869	33,35	24,52	48,33
41 bis 60 Jahre	2860	30,59	23,79	49,61
über 60 Jahre	2503	26,47	26,51	60,84

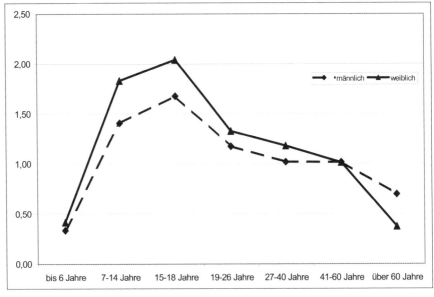

Abb. 3.15: Sportbezogener Organisationsindex nach Alters- und Geschlechtsgruppierung

Im Hinblick auf die Vereinstypen ergeben sich folgende Zusammenhänge (s. Tabelle 3.24 sowie Tabelle 7.6 im tabellarischen Anhang) Mit der Nähe zum Strukturtyp „mittel-alt" steigt sowohl der Anteil unter 6jähriger als auch der Anteil über 60jähriger weiblicher Sportvereinsmitglieder am geschlechtsgleichen Anteil der Sportvereinsmitglieder. Diese Effekte treffen auch für den Sportvereinstyp „groß-alt" zu, wobei mit der Nähe zu diesem Typ auch der Anteil der 7- bis 14jährigen weiblichen Sportvereinsmitglieder steigt. Mit der Nähe zum Typ „klein-jung" sinkt dagegen der Anteil weiblicher Sportvereinsmitglieder bis 6 Jahre.

Tab. 3.24: Zusammenhang zwischen Altersstruktur im Bereich weiblicher Sportvereinsmitglieder und Strukturtypen (n=2293). Nur signifikante Effekte mit einer Varianzklärung über 10%.

Strukturtyp	Anteil weiblicher Mitglieder	Spearman R	R^2 [%]
mittel-alt	bis 6 Jahre	0,481	23,1
mittel-alt	über 60 Jahre	0,339	11,5
klein-jung	bis 6 Jahre	-0,420	17,6
groß-alt	bis 6 Jahre	0,566	32,1
groß-alt	7 bis 14 Jahre	0,339	11,5
groß-alt	über 60 Jahre	0,345	11,9

Für männliche Sportvereinsmitglieder (s. Tabelle 3.25 sowie Tabelle 7.7 im tabellarischen Anhang) gilt, daß der Anteil in den Alterskategorien bis 6 Jahre und 7 bis 14 Jahre mit steigender Nähe zu den Typen „mittel-alt" und „groß-alt" steigt. Der Anteil der über 60jährigen steigt mit der Nähe zum Typus „klein-alt" und, übereinstimmend mit den Befunden zum Bereich weiblicher Sportvereinsmitglieder, sinkt der Anteil männlicher bis 6jähriger Sportvereinsmitglieder mit der Nähe zum Typ „klein-jung".

Betrachtet man die hier diskutierten Effekte ohne Berücksichtigung der Geschlechtsspezifik (vgl. Tabelle 7.8 im tabellarischen Anhang), so ergeben sich die gleichen Effekte, die bereits bei den männlichen Sportvereinsmitgliedern diskutiert wurden. Dies beruht einerseits darauf, daß mehrere geschlechtsspezifische Effekte, da gleichgerichtet, sich auch genauso bei geschlechtsunspezifischer Betrachtung zeigen, und daß in allen Alterskategorien der Anteil männlicher Sportvereinsmitglieder über dem Anteil weiblicher Sportvereinsmitglieder liegt. Für eher große und eher alte Sportvereine läßt sich also eine stärkere Überrepräsentiertheit von Kindern (bis 6 Jahre) und Jugendlichen (7 bis 14 Jahre) feststellen, während diese Gruppierungen in kleinen und jungen Sportvereinen eher schwach vertreten sind.

Tab. 3.25: Zusammenhang zwischen Altersstruktur im Bereich männlicher Sportvereinsmitglieder und Strukturtypen (n=2293). Nur signifikante Effekte mit einer Varianzklärung über 10%.

Strukturtyp	Anteil männlicher Mitglieder	Spearman R	R^2 [%]
mittel-alt	bis 6 Jahre	0,535	28,58
mittel-alt	7 bis 14 Jahre	0,381	14,49
klein-alt	über 60 Jahre	0,332	11,00
klein-jung	bis 6 Jahre	-0,446	19,93
groß-alt	bis 6 Jahre	0,623	38,76
groß-alt	7 bis 14 Jahre	0,450	20,24

Fallbeispiele: Vier unterschiedliche Sportvereine

Der **TV Altmittelhütte** und der **SV Großaltburg** haben einerseits überproportional viele Kinder und Jugendliche unter ihren Mitgliedern und andererseits viele weibliche Mitglieder im Altersbereich über 60 Jahre.

Im **KSC Kleinjungheim** sind eher wenige Kinder und Jugendliche unter den Mitgliedern.

Im Mitgliederbestand des **ASC Kleinaltschloß** sind Männer im Altersbereich über 60 Jahre verstärkt vertreten.

Ein eigenständiger Sportverein von Kindern und Jugendlichen ist bereits aus rechtlichen Gründen nicht möglich. Sportgruppen für diese Altersbereiche entstehen möglicherweise erst nach einer gewissen Zeit der Existenz des Sportvereins und vor allem dort, wo Erwachsene ohnehin die jeweilige Sportart betreiben. Sie mehren so den Mitgliederbestand dieser Sportvereine. Gerade die großen Sportvereine können am ehesten auch spezifische Wünsche einer in Sportvereinen sonst eher schwach vertretenen Gruppierung, nämlich ältere Frauen, umsetzen. Die Überrepräsentiertheit älterer Männer in alten und kleinen Sportvereinen kann Ausfluß eines Alterns im und mit dem Verein sein.

Anteile der Mitglieder nach Geschlecht

Bei der Frage nach dem Anteil weiblicher Mitglieder im organisierten Sport (s.o.) ist das Phänomen der reinen „Männer-„ bzw. reinen „Frauenvereine" (vgl. zum Anteil reiner Männer bzw. Frauenvereine in Ost- und Westdeutschland BAUR/BECK 1999, 90 unter Bezug auf HEINEMANN/SCHUBERT 1994, 97 f.) nicht von Belang. Betrachtet man dagegen den Anteil von Mitgliedergruppierungen, hier denjenigen weiblicher Mitglieder, in seinen organisationssoziologischen Implikationen, so sind drei natürliche Kategorien zu unterscheiden: Sportvereine ohne weibliche Mitglieder, Sportvereine mit weiblichen und männlichen Mitgliedern und Sportvereine ohne männliche Mitglieder (s. Tabelle 3.26). Der mittlere Anteil weiblicher Mitglieder in den Sportvereinen ist von daher eigentlich nur aussagekräftig in bezug auf die Sportvereine, die sowohl männliche als auch weibliche Mitglieder haben.

Tab. 3.26: Merkmale von Sportvereinen, die ausschließlich männliche oder ausschließlich weibliche Mitglieder aufweisen

	nur männliche Mitglieder			nur weibliche Mitglieder		
	n	$\bar{x}$	s	n	$\bar{x}$	s
Gründungsjahr	174	1965,21	46,05	20	1969,35	24,79
Mitgliederzahl	189	43,04	51,64	22	55,05	70,17
Abteilungszahl	188	1,08	0,31	22	1,14	0,47
bMu	189	0,09	0,11	22	0,19	0,28
rMb	187	3,17	15,00	22	1,31	11,79
Afq	189	9,85	13,41	22	12,54	17,57

Wie aus Tabelle 3.26 ersichtlich, sind die Sportvereine, die ausschließlich männliche oder ausschließlich weibliche Mitglieder haben, eher kleine Vereine. In den strukturbeschreibenden Variablen unterscheiden sich die Sportvereine zwischen den beiden Kategorien nicht deutlich voneinander. Lediglich im bestandsneutralen Mitgliederumsatz zeigte sich ein signifikanter Unterschied zwischen den beiden Kategorien (einfaktorielle Varianzanalyse, $F=9,52$; $df=1;209$; $p<0,005$): Die Sportvereine mit ausschließlich weiblichen Mitgliedern sind durch ein stärkeres Kommen und Gehen gekennzeichnet als diejenigen, die ausschließlich aus männlichen Mitgliedern bestehen.

Empirische Bestandsaufnahme

In den Sportvereinen, in denen sowohl männliche als auch weibliche Mitglieder zu finden sind, beträgt der durchschnittliche Anteil weiblicher Mitglieder 34,5% (s=20,4)[51]. Zum Vergleich seien hier Anteile weiblicher Mitglieder in politischen Organisationseinheiten dargestellt (BMFSFJ 1998, 5):

- 13. Deutscher Bundestag: 26,2%,
- Landesparlamente: Zwischen 17% und 40%,
- in den gewählten Vertretungen der Gemeinden mit mehr als 10000 Einwohnern: 20%,
- in den im Bundestag vertretenen politischen Parteien: zwischen 24,9% und 46,4%,
- in den Gewerkschaften: circa 30%.

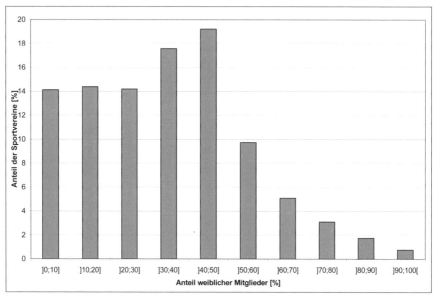

Abb. 3.16: Sportvereine nach dem Anteil weiblicher Mitglieder

---

[51] Um allen eventuellen Mißverständnissen vorzubeugen, verweisen wir hier ausdrücklich auf die dargestellte Problematik der Bezugsgröße bei Anteilsmaßen (s. Kapitel 1.1.2). Entsprechend der Systematik dieser Darlegungen handelt es sich hier um den Anteil weiblicher Sportvereinsmitglieder **in den Sportvereinen** und **nicht im organisierten Sport**!

Ein Viertel aller Sportvereine hat weniger als 18% weibliche Mitglieder und ein Viertel hat über 47% weibliche Mitglieder. Den großen Anteil der Sportvereine mit einem geringen Anteil weiblicher Mitglieder verdeutlicht Abbildung 3.16.

Zusammenhänge des Anteils weiblicher Mitglieder mit den Strukturtypen zeigten sich durchweg als signifikant, jedoch bei Varianzklärungen von unter 7% (s. Tabelle 7.9 im tabellarischen Anhang). Der in vorhergehenden Untersuchungen (s. z. B. HEINEMANN/SCHUBERT 1994, 98 ff.; EMRICH/PAPATHANASSIOU/PITSCH 1998, 57 f.) verschiedentlich festgestellte Einfluß der Mitgliederzahl auf den Anteil weiblicher Sportvereinsmitglieder konnte zwar bestätigt werden (Spearman R=0,26 bei n=2731; p<0,001), die Korrelation erklärt jedoch weniger als 7% der Varianz der Variablen „Anteil weiblicher Mitglieder". Ein substantieller Einfluß der Attraktivität des Angebotes großer Sportvereine auf weibliche potentielle Sportvereinsmitglieder kann also nicht bestätigt werden. Der in der FISAS 1991 konstatierte Unterschied zwischen Sportvereinen in den alten und den neuen Bundesländern ließ sich im Rahmen eines allgemeinen linearen Modells ebenfalls nicht bestätigen. Der Ost-West-Unterschied ließ sich auf den generellen Unterschied in der Mitgliederzahl zwischen Sportvereinen in den neuen und in den alten Bundesländern zurückführen. Auch der unabhängige Einfluß der Abteilungszahl und der Mitgliederzahl auf den Anteil weiblicher Mitglieder im Sportverein (HEINEMANN/SCHUBERT 1994, 100 ff.) konnte nicht bestätigt werden. Die Partialkorrelationen in der multiplen Regressionsanalyse mit den unabhängigen Variablen Mitgliederzahl und Abteilungszahl erklärten jeweils weniger als 1% der Varianz der abhängigen Variablen.

Die Dynamik des Mitgliederbestandes der Sportvereine

Betrachtet man die Kennziffern der Mitgliederdynamik (s. Tabelle 3.27), so zeigt sich deutlich, daß die Zahl der Eintritte die der Austritte zuzüglich der Zahl verstorbener Mitglieder im Mittel deutlich übersteigt. Der bestandsneutrale Mitgliederumsatz von im Mittel 0,10 bedeutet, daß auf je 100 Sportvereinsmitglieder im Mittel 5 eintreten und 5 austreten. Die mittlere relativierte Mitgliederbilanz von 6,63% ist wesentlich darauf zurückzuführen, daß wenige Sportvereine ein sehr hohes Wachstum an den Tag gelegt haben (im Maximum bis 3300%), während prinzipiell ein Sportverein nicht mehr als 100% seiner Mitglieder verlieren kann. Dies zeigt deutlich ein Vergleich mit dem Median (s. Tabelle 3.27). Immerhin weisen 30,3% der Sportvereine eine negative relativierte Mitgliederbilanz auf und 17,3% der

Sportvereine haben eine relativierte Mitgliederbilanz von 0. Eine positive relativierte Mitgliederbilanz weisen 52,4% aller Sportvereine auf. Deutliche Einflüsse der Vereinsstruktur konnten hier nicht festgestellt werden (vgl. Tabelle 7.10 im tabellarischen Anhang).

Tab. 3.27: Kennziffern der Mitgliederdynamik in den Sportvereinen

	n	$\bar{x}$	s	25. Perzentil	Median	75. Perzentil
Anzahl der Eintritte	3024	26,34	75,48	2	8	24
Anzahl der Austritte	3024	19,09	56,74	1	4	15
Anzahl verstorbener Mitglieder	3024	1,08	1,91	0	0	2
bestandsneutraler Mitgliederumsatz	2942	0,10	0,12	0,01	0,07	0,14
relativierte Mitgliederbilanz	2917	6,63	85,33	-1,09	0,55	4,82
Auffrischungsquote	2934	9,41	12,62	2,56	6,38	11,89

In der Auffrischungsquote zeigt sich, daß Sportvereine bezüglich ihrer Attraktivität für neue Mitglieder keineswegs skeptisch zu beurteilen sind. Vielmehr deutet die niedrige relativierte Mitgliederbilanz in Verbindung mit der Auffrischungsquote auf sportsysteminterne Wandlungsprozesse hin, die als systeminterne Anpassungen verstanden werden können, andererseits kann es sich auch um systeminterne Wanderungen entsprechend aufkommender Moden, aber auch vereinsspezifischer Mitgliedschaftsanreize (z. B. Aufstieg in eine hohe Spielklasse) handeln.

3.3.3 Struktur des sportbezogenen und außersportlichen Angebotes

Der Begriff des Sport*angebotes* verdient besondere Beachtung. Sportangebote von Sportvereinen dürfen nicht wie Angebote in einem Markt verstanden werden, da es sich dabei ausschließlich um eingerichtete und wahrgenommene Sportgelegenheiten handelt. Der Sonderfall, daß ein Sportverein eine Sportgelegenheit einrichtet, diese aber nicht von Vereinsmitgliedern oder Vereinsfremden in Anspruch genommen wird, findet hier aus zweierlei Gründen keine Beachtung: Erstens wurden Sportangebote mit einer Teilnehmerzahl von 0 nicht angegeben. Sportgelegenheiten, die in bezug auf Raum, Zeit und verantwortliche Person organisiert, dann aber nicht wahrgenommen werden, sind also offensichtlich über alle Sportvereine hinweg eine

Marginalie. Zweitens können Sportangebote, die nicht wahrgenommen werden, nicht auf der Basis des damit verbundenen Sinnbezugs oder anderen hier relevanten Aspekten kategorisiert werden, könnten also bei der Mehrzahl der folgenden Analysen ohnehin nicht berücksichtigt werden. Im folgenden bedeutet also Sportangebot immer wahrgenommenes Sportangebot.

Angebotsstruktur und Angebotswahrnehmung

In den Sportvereinen im Deutschen Sportbund werden die folgenden Sportarten mit den in der Tabelle 3.28 dargestellten Häufigkeiten angeboten. Sie werden in der Reihenfolge der Häufigkeit der Nennungen von Angeboten aufgeführt, die der jeweiligen Fachverbandskategorie zugeordnet werden konnten. Die Bedeutung der Nachfrage nach einem traditionellen Sportangebot wird aus dieser Übersicht deutlich, was für den hier mit „Turnen" bezeichneten Bereich allerdings nur cum grano salis gelten kann, da unter dem Dach des Deutschen Turnerbundes vielfältige, auch turnsportfremde Bewegungsaktivitäten subsumiert werden. Daraus lassen sich jedoch keine Aussagen über die Bedeutung von sogenannten Trend- und Fun-Sportarten ableiten, da diese entweder (noch) nicht in einem eigenen Verband organisiert sind oder von anderen Verbänden mit vertreten werden, wie z. B. im Fall des rope skipping, das in der Mehrzahl in Sportvereinen betrieben wird, die dem Deutschen Turnerbund angeschlossen sind.

Daneben macht diese Übersicht deutlich, daß die Bedeutung der Sportart im deutschen Sport außer von der reinen Zahl der Sportvereine mit Angeboten in der jeweiligen Kategorie auch von anderen Faktoren abhängt. So sind mehrfach Sportarten, in denen deutsche Athleten auf internationalem Niveau erfolgreich sind, in Fachverbandskategorien zu finden, auf die weniger als 1% der Sportangebote insgesamt entfallen (s. z. B. Rudern, Ringen, Fechten, Hockey u. v. m.).

Tab. 3.28: Die am häufigsten angebotenen Sportarten im Deutschen Sportbund

	Anzahl der Sportvereine	Anzahl der Angebote	Anteil der Angebote [%]		Anzahl der Sportvereine	Anzahl der Angebote	Anteil der Angebote [%]
Turnen	963	1715	20,72	Sporttaucher	41	45	0,54
Fußball	973	1017	12,29	AVD/AVD/Motorsport	28	35	0,42
Tischtennis	526	529	6,39	Billard	35	35	0,42
Volleyball	422	434	5,24	Triathlon	31	31	0,37
Schützen	276	366	4,42	Taekwondo	28	28	0,34
Tennis	354	363	4,39	Amateur-Boxen	27	27	0,33
Leichtathletik	328	352	4,25	Fechten	23	25	0,30
Kegeln	224	229	2,77	Bahnengolf	18	18	0,22
Handball	205	205	2,48	DLRG	17	17	0,21
Badminton	200	201	2,43	Rudern	17	17	0,21
Schwimmen	174	189	2,28	Squash	17	17	0,21
Tanzsport	166	185	2,24	Hockey	15	15	0,18
Reiten	128	180	2,17	Ringen	15	15	0,18
Ski	134	171	2,07	Baseball/Softball	12	14	0,17
Radsport	136	169	2,04	Rollsport	13	14	0,17
Schach	115	119	1,44	Gewichtheben	12	12	0,14
Basketball	115	117	1,41	Golf	9	12	0,14
Judo	98	100	1,21	Alpenverein	9	11	0,13
Kanu	57	72	0,87	Aikido	10	10	0,12
Sportfischer	62	70	0,85	Boccia/Boule/Pétanque	8	8	0,10
Aero	47	63	0,76	American Football	6	6	0,07
Karate	63	63	0,76	Motoryacht	6	6	0,07
Segeln	51	53	0,64	Rasenkraftsport	5	5	0,06
Ju-Jutsu	48	50	0,60	Sportakrobatik	4	4	0,05
Behindertensport	44	48	0,58	Rugby	3	3	0,04
Eissport	43	47	0,57				

Das Sportangebot in kategorialer Betrachtung

Die Erfassung des Angebots von Sportvereinen bringt eine Reihe von Abgrenzungsproblemen mit sich (s. hierzu Kapitel 3.2.1). Von daher bieten ausschließlich **mehrere unabhängige, jeweils eindimensionale** Kategorisierungen die

Möglichkeit, verschiedene Aspekte der Differenzierung zwischen Sportangeboten zu berücksichtigen, ohne einen zu großen Informationsverlust durch die Datenanalyse zu provozieren. Wie bereits diskutiert, führt die getrennte Analyse in vielen der möglichen Kategorien auch aufgrund des stark differentiellen Antwortverhaltens der Befragten in vielen Fällen zu Häufigkeiten der Kategorienbesetzung, die keine verläßlichen Aussagen über den Sport in den Sportvereinen mehr rechtfertigen. Von daher soll das Angebot im folgenden vor allem auf der Basis der Differenzierung zwischen wettkampfbezogenem und explizit nicht wettkampfbezogenem Angebot inklusive der jeweiligen Subkategorien analysiert werden.

Die Häufigkeit der Besetzung der einzelnen Kategorien (s. Tabelle 3.29) verdeutlicht, daß nicht wettkampfbezogene Sportangebote in den Sportvereinen eine eher untergeordnete Rolle spielen. Unter diesen Angeboten ist ausschließlich die Kategorie der Angebote mit Fitneß-, Wellneß- oder präventivem Gesundheitsaspekt durch eine solche Häufigkeiten ihrer Nennung gekennzeichnet, wie sie auch im Bereich der wettkampfbezogenen Angebote auftritt. Spezifisch interventionistische Sportangebote haben dagegen eine zahlenmäßig geringere Bedeutung. Dies deutet nicht nur darauf hin, daß die Sportvereine kein Ort der Behandlung von Krankheiten darstellen, sondern auch darauf, daß möglicherweise jeder Form des eindeutig instrumentalisierten Sporttreibens in den Sportvereinen enge Expansionsgrenzen gesetzt sind. Eine Funktionalisierung des organisierten Sports im Dienste einer Gemeinwohlorientierung, die sich vor allem auf die Behebung von gesundheitlichen und anderen Einschränkungen von Minderheiten bezieht, scheint sich an der Struktur der Sportvereine und den überwiegenden Interessen ihrer Mitglieder (s. Kapitel 3.3.10) zu brechen.

Dies gilt um so mehr, wenn man sich die Effekte im Bereich der aktiv Sporttreibenden betrachtet. In Tabelle 3.30 ist dargestellt:

- welcher Anteil der Sportvereine Angebote in der jeweiligen Kategorie hat, wobei mehrspartige Sportvereine hier mehrfach zugeordnet sein können, sofern die unterschiedlichen Angebote verschiedenen Kategorien zugeordnet sind,
- wie groß der Anteil der Sportvereinsmitglieder an der Gesamtzahl der Sportvereinsmitglieder in der Stichprobe in den Sportvereinen ist, die Angebote in den jeweiligen Kategorien haben, wobei auch hier die oben genannten Mehrfachzuordnungen auftreten und

- wie groß der Anteil der Aktiven, also der Mitglieder in den Sportgruppen, die der jeweiligen Kategorie zugeordnet sind, an der Gesamtzahl der Sportvereinsmitglieder in der Stichprobe ist.

Tab. 3.29: *Verteilung von Sportangeboten auf verschiedene Kategorien*

	Anzahl der Sportvereine	Anzahl der Angebote	Anteil der Angebote [%]
wettkampfbezogene Angebote			
cgs-Sportarten	1088	1499	18,11
künstlerisch-kompositorische Sportarten	976	1449	17,51
Sportspiele	1668	3198	38,64
Kampfsportarten	247	354	4,28
Kategoriengrenzen überschreitende Angebote	417	456	5,51
Summe über die wettkampfbezogenen Angebote		6956	84,04
explizit nicht wettkampfbezogene Angebote			
Freizeit/Urlaubs-Sportarten	256	282	3,41
Angebote mit Fitneß-/Wellneß- oder präventivem Gesundheitsaspekt	394	602	7,27
Angebote mit interventionistischem Gesundheitsaspekt	72	84	1,01
sportfremde Angebote	47	52	0,63
Summe über die explizit nicht wettkampfbezogenen Angebote		1020	12,32
Summe der Angebote insgesamt		7976	96,36
Residualkategorie	240	301	3,64

So zeigt sich z. B. der hohe Stellenwert der Sportspiele sowohl auf der Ebene der Sportvereine als auch auf der Ebene der Sportvereinsmitglieder und der Aktiven. In den cgs-Sportarten, die auf der Ebene der Sportvereine und der Sportvereinsmitglieder den zweiten Platz einnehmen, muß im Bereich der aktiv Sporttreibenden dagegen ein wesentlich niedrigerer Stellenwert konstatiert werden. Das gleiche gilt noch wesentlich deutlicher für Kampfsportarten und für die Kategoriengrenzen überschreitende Angebote.

Tab. 3.30: Anteil der Sporttreibenden an den Mitgliedern im organisierten Sport nach Angebotskategorien

	Anteil der Sportvereine mit Angeboten in den Kategorien [%]	Anteil der Mitglieder in den Sportvereinen mit Angeboten in der Kategorie [%]	Anteil der Aktiven an den im Sport insgesamt organisierten Mitgliedern [%]
wettkampfbezogene Angebote			
cgs-Sportarten	35,98	41,86	6,82
künstlerisch-kompositorische Sportarten	32,28	34,20	11,51
Sportspiele	55,16	54,19	20,16
Kampfsportarten	8,17	32,78	1,90
Kategoriengrenzen überschreitende Angebote	13,79	36,40	1,79
explizit nicht wettkampfbezogene Angebote			
Freizeit/Urlaubs-Sportarten	8,47	33,31	0,97
Angebote mit Fitneß-/Wellneß- oder präventivem Gesundheitsaspekt	13,03	26,79	1,97
Angebote mit interventionistischem Gesundheitsaspekt	2,38	20,82	0,33
sportfremde Angebote	1,55	17,16	0,14
Residualkategorie	7,94	22,87	1,12

Die niedrige Bedeutung explizit nicht wettkampfbezogener und häufig instrumentalisierter Angebote ist ein Effekt, der die Ebene der Sportvereine und der aktiv Sporttreibenden betrifft: Nur relativ wenige Sportvereine geben Angebote im explizit nicht wettkampfbezogenen Bereich an. Da dies häufig eher große Sportvereine sind, ist der Anteil der Mitglieder in diesen Sportvereinen an der Gesamtzahl der Mitglieder relativ hoch. Der niedrige Anteil aktiv an diesen Angeboten Partizipierender an der Gesamtzahl der Sportvereinsmitglieder zeigt jedoch, daß auch in diesen großen Sportvereinen nur wenige Mitglieder diese Angebote wahrnehmen. Intensive und meist verbandlich organisierte Aktivitäten in diesen Bereichen treffen also höchstens die Interessen eher großer Sportvereine und nicht die Interessen einer großen Zahl an Sportvereinsmitgliedern, wohl aber (möglicherweise ideologisch verankerte; vgl. PITSCH 1999, 26) Interessen der Initiatoren.

Die hier dargestellte kategoriale Analyse betrifft allerdings nur den Bereich der regelmäßig organisierten Angebote der Sportvereine. Daneben gibt es einen Angebotsbereich, in dem außersportliche und zusätzliche sportliche Angebote in mehr oder minder unregelmäßiger Folge organisiert werden. Die Aktivitäten der Sportvereine in diesen Bereichen sind nicht unabhängig voneinander zu betrachten: Diejenigen Sportvereine, die außersportliche Angebote organisieren, organisieren auch überzufällig häufig zusätzliche Sportangebote und vice versa (χ^2=91,3; df=1; p<0,001; ϕ=0,177). Die Höhe des Korrelationskoeffizienten ϕ zeigt jedoch, daß es sich um einen relativ schwachen Zusammenhang handelt, den man als Aktivitätstendenz im Bereich zusätzlicher Angebote über den regulären Übungs- und Trainingsbetrieb hinaus interpretieren könnte.

Tab. 3.31: *Häufigkeit außersportlicher und zusätzlicher sportlicher Angebote*

	Häufigkeit		Anteil [%]	
	selten	häufig	selten	häufig
außersportliche Angebote				
Feiern zu besonderen Anlässen	1423	881	55,0	34,1
gesellige Angebote	1005	1087	38,8	42,0
Ausflüge	1397	416	54,0	16,1
außersportliche Hobbyaktivitäten	795	241	30,7	9,3
Reisen, Urlaub o. ä.	669	199	25,9	7,7
zusätzliche Sportangebote				
Spiel- und Sportfeste, Spieltreffs	661	270	42,8	17,5
Wandern, Radwandern o. ä.	509	277	33,0	17,9
Erwerb des Sportabzeichens	264	304	17,1	19,7
Lauftreffs, Volksläufe o. ä.	226	215	14,6	13,9

Einen Überblick über die angegebenen Häufigkeiten, in denen einzelne Formen dieser Angebote organisiert werden, gibt Tabelle 3.31. Insgesamt organisieren 87,1% (n=2549) der Sportvereine außersportliche Angebote; zusätzliche Sportangebote werden von 52,4% der Sportvereine (n=1535) vorgehalten. Am häufigsten werden im Bereich der außersportlichen Angebote „Feiern zu besonderen Anlässen" und „gesellige Angebote" genannt. Mit diesen hohen Häufigkeiten können die außersportlichen, unregelmäßig organisierten Angebote begründet als eine zentrale, jedoch über das Kernangebot hinaus übernommene, zusätzliche Funktion von Sportvereinen bezeichnet werden.

Dem Bereich der zusätzlichen Sportangebote, der von einem deutlich niedrigeren Anteil der Sportvereine realisiert wird, kann eine solch zentrale Funktion nicht zugeschrieben werden. Im Unterschied zu den außersportlichen Angeboten finden sich hier auch Angebote, die sich zumindest zum Teil auch an eine vereinsexterne Öffentlichkeit wenden, wie z. B. der Erwerb des Sportabzeichens[52], Spieltreffs oder die Volksläufe. Im Bereich des Sportangebotes liegt der Schwerpunkt des Engagements in den Sportvereinen also offensichtlich im Bereich des regelmäßig stattfindenden Trainings-, Übungs- und Wettkampfbetriebs.

Angebotsausrichtung und wahrgenommene Angebotserwartungen

Die hier relevante Frage lautet, ob und inwiefern das Angebot in den Sportvereinen mit der angebotsbezogenen Darstellung der Vereine nach außen in Einklang steht und wenn ja, wie stark die Zusammenhänge sind. Dem Sport im allgemeinen sowie demjenigen in Sportvereinen im besonderen sind vielfach Funktionen zugeschrieben worden, die über den Bereich der reinen sportlichen Betätigung Interessierter weit hinausgehen. Zu diesen Funktionen insgesamt konstatiert HEINEMANN (1979, 210), daß die Frage, ob und in welchem Maß diese Funktionszuschreibungen tatsächlich zutreffen, bisher noch weitestgehend ungeklärt ist. Konkret ist hierbei interessant, in welchem Zusammenhang das Sportangebot in den Sportvereinen mit der Darstellung von Sinnbezügen, die mit dem Sportangebot verknüpft sind, steht. Die hier interessierende Forschungsfrage wird wie folgt überprüft:

---

[52] Der Erwerb des Sportabzeichens z. B. in Form von sogenannten „Sportabzeichen-Wettbewerben" kann hierbei als nach außen offene Aktion verstanden werden, die in ihrer Wirkung zwar über den Sportverein hinausgeht, sich jedoch kaum auf eine sportexterne Öffentlichkeit bezieht (vgl. EMRICH/PITSCH 1995).

1. Die Ausrichtung des Sportangebotes wird in Hinblick auf ihre dimensionale Struktur untersucht.

2. Zusammenhänge zwischen der Angebotsausrichtung und der kategorialen Struktur des Sportangebotes (s.o.) werden untersucht.

Die Angebotsausrichtung in den Sportvereinen gemäß der Darstellung durch die Sportvereinsvertreter war in einem ersten, rein analytischen Schritt (vgl. zur neueren Differenzierung zwischen „analytischen Sätzen" und „synthetischen Sätzen" LEINFELLNER 1967, 161 ff.; zur klassischen Festlegung der Dichotomie vgl. KANT 1956 [1787], B10 ff., B190 ff., B189 ff.) auf den in Tabelle 3.32 dargestellten Dimensionen systematisiert worden.

Tab. 3.32: Analytische Dimensionen der Angebotsausrichtung. Markiert: In den synthetischen Faktoren (s. Tabelle 3.33) anders zugeordnete Items.

traditionelle Ausrichtung
Der Sportverein spricht Leistungssportler an
Der Sportverein bietet ein kinderfreundliches Angebot an
Der Sportverein spricht Jugendliche an
sozialkompensatorische Ausrichtung
Der Sportverein bietet frauenspezifische Angebote an
Der Sportverein spricht ältere Menschen an
Der Sportverein spricht Behinderte an
modernitätsorientiete Ausrichtung
Der Sportverein bietet ganzheitliche Körpererfahrung an
Der Sportverein spricht Erlebnishungrige an
Der Sportverein bietet Entspannungs- und Meditationsmöglichkeiten
gesundheitsorientierte Ausrichtung
Der Sportverein bietet Gesundheitssport für „Alle" an
Der Sportverein bietet Gesundheitssport für Menschen mit Risikofaktoren an
Der Sportverein bietet Rehabilitationssport an
Der Sportverein spricht chronisch Kranke an

Eine faktorenanalytische Überprüfung dieser Struktur ergab, daß diese aus der Sicht der Vertreter der Sportvereine eine geringfügig davon abweichende Konsistenz hat.

Diese synthetisch gewonnene Struktur repräsentiert also die Dimensionen der Selbstdarstellung der Sportvereine durch ihre Vertreter. Die Faktoren wurden wie in Tabelle 3.33 dargestellt benannt:

Tab. 3.33: Synthetische Faktoren der Angebotsausrichtung. Markiert: In den analytischen Dimensionen (s. Tabelle 3.32) anders zugeordnete Items.

Faktor „Tradition"
Der Sportverein spricht Leistungssportler an
Der Sportverein bietet ein kinderfreundlichen Angebot an
Der Sportverein spricht Jugendliche an
Faktor „diffuse Fürsorge"
Der Sportverein bietet frauenspezifische Angebote an
Der Sportverein spricht ältere Menschen an
Der Sportverein bietet Gesundheitssport für „Alle" an
Faktor „Modernität"
Der Sportverein bietet ganzheitliche Körpererfahrung an
Der Sportverein spricht Erlebnishungrige an
Faktor „interventionistische Gesundheitsorientierung"
Der Sportverein spricht Behinderte an
Der Sportverein bietet Gesundheitssport für Menschen mit Risikofaktoren an
Der Sportverein bietet Rehabilitationssport an
Der Sportverein spricht chronisch Kranke an
nicht zugeordnete Items
Der Sportverein bietet Entspannungs- und Meditationsmöglichkeiten

Analytisch war die Angebotsausrichtung als Mittelwert der Ausprägung der Orientierungen auf den einzelnen Dimensionen berechnet. Dabei zeigte sich, daß in den Sportvereinen die traditionelle Angebotsausrichtung ($\bar{x}$=0,42; s=1,01) vor einer sozial-kompensatorischen ($\bar{x}$=-0,37; s=1,03) rangiert. Es folgen mit absteigender Bedeutung eine „modernitätsorientierte" Angebotsausrichtung ($\bar{x}$=-0,70; s=1,04) vor einer „gesundheitsorientierten" ($\bar{x}$=-0,78; s=0,93; einfaktorielle Varianzanalyse; signifikanter Haupteffekt, $p<0,001$; Varianzklärung: 34,6%). Diese Reihenfolge gilt unverändert für Sportvereine in den alten und in den neuen Bundesländern. Sportvereine verquicken diese, verschiedentlich als sich gegenseitig ausschließend diskutierten Orientierungen: Es ergaben sich ausschließlich positive Interkorrelationen zwischen den Angebotsausrichtungen auf den vier Dimensionen (vgl. EMRICH/PITSCH 1999 b).

Die Stärke der Orientierung an den einzelnen synthetischen Faktoren wurde über die Faktorenscores ermittelt. Der Versuch, das Bild, das die Vertreter der Sportvereine vom Angebot ihrer Sportvereine transportieren, möglichst realitätsnah zu erfassen, hat dabei zur Folge, daß Unterschiede in der Stärke der verschiedenen Ausprägungen über alle Sportvereine hinweg nicht mehr analysierbar sind. Wichtig ist hierbei jedoch, daß es sich bei den Faktoren um das Ergebnis einer Faktorenrotation mit orthogonalen Faktoren handelt. Damit sind die Ausprägungen auf den verschiedenen Dimensionen unabhängig voneinander. Dies widerspricht also eindeutig einer Interpretation der Faktoren „Tradition" und „Modernität" als sich gegenseitig ausschließende Ausprägungen auf einer eindimensional bipolaren Dimension.

Tab. 3.34: Varianzklärung in univariaten Effekten (ALM) des Vorhandenseins von Angeboten in bestimmten Kategorien in bezug auf die Stärke der Darstellung des Angebots in den vier synthetischen Faktoren der Angebotsausrichtung

Faktor	signifikante univariate Effekte: Sportangebot in der Kategorie ...	Varianz-klärung	Gesamt-Varianz-klärung
diffuse Fürsorge	... künstlerisch-kompositorische Sportarten	10,6%	24,7%
	... Fitneß-/Wellneß-/präventiver Gesundheitsaspekt	2,8%	
interventionistischer Gesundheitsaspekt	... interventionistischer Gesundheitsaspekt	7,6%	12,9%
	... cgs-Sportarten	2,2%	
Modernität	... Sportspiele	5,6%	11,5%
	... Kampfsportarten	1,4%	
Tradition	... Sportspiele	1,3%	2,8%
	... Kategoriengrenzen überschreitende Angebote	1,3%	

Die Zusammenhänge zwischen dem Sportangebot der Sportvereine und der Darstellung der Orientierung des Angebotes durch die Vertreter der Sportvereine wurde im Rahmen eines allgemeinen linearen Modells (ALM) varianzanalytisch überprüft. Die folgende Darstellung (s. Tabelle 3.34) beschränkt sich auf die univariaten Effekte, die mindestens ein Prozent der Varianz der abhängigen Variablen erklärten. Eine zusätzliche Betrachtung multivariater Effekte erhöht die Gesamt-Varianzklärung ohnehin nur in marginalem Umfang. Es ergaben sich gleichgerichtete Zusammenhänge in dem Sinn, daß mit einem Angebot in der jeweiligen Kategorie auch eine höhere Ausprägung auf dem jeweiligen Faktor einherging. Eine Ausnahme hiervon bildete der umgekehrt gerichtete Zusammenhang zwischen einem Angebot in der Kategorie „Sportspiele" und der Ausprägung auf dem Faktor „Modernität".

In der Zusammenschau verdichten sich zwei zentrale Befunde:

- Die Zusammenhänge zwischen dem Sportangebot und der Darstellung der Orientierung des Angebotes sind weitgehend klar interpretierbar. Es zeigten sich nur in Details überraschende Effekte.
- Die Gesamt-Varianzklärung ist außerordentlich niedrig. Aus der Kenntnis des Sportangebotes in den beschriebenen Kategorien läßt sich also nur mit engen Einschränkungen auf die Darstellung des Sportangebotes schließen.

Als zentrale Aussagen bleiben nun festzuhalten: **Entscheidungsträger in Sportvereinen entwickeln ein spezifisches Bild des Sportangebotes ihres Sportvereins, das mit der Vereinsumwelt kommuniziert wird. Mit diesem nach außen transportierten Bild eines Sportangebotes verknüpfen sich spezifische Sinnbezüge, also Aspekte derart, welche Wirkungen ein solchen Angebot bei Nutzern beinhaltet, für wen es besonders geeignet sei etc. Aus der Kenntnis dieser kommunizierten Sinnbezüge kann man allerdings nicht immer auf das Vorhandensein tatsächlicher Angebote sowie auf deren reale Nutzung durch Mitglieder spezifischer Vereinsgruppierungen schließen. Umgekehrt kann man aus der Kenntnis des Angebots der Sportvereine nur begrenzt darauf schließen, ob und wie die Sportvereine die Sinnbezüge, die sie als mit dem Sportangebot verknüpft sehen, kommunizieren.**

Dies ist ein weiterer Hinweis darauf, daß eine Sichtweise des Sportvereins als Sportanbieter, der auf einem Markt um Kunden wirbt (vgl. hierzu z. B. die Ausführungen von HEINEMANN/SCHUBERT 1994, 176 zu einer Entwicklung „von einem

Anbietermarkt zu einem Nachfragermarkt"), an der Realität der Vielzahl der Sportvereine und der Struktur und Qualität des Kontaktes zwischen Sportverein und potentiellem Mitglied vorbeigehen muß. Ein Anbieter, der dem potentiellen Kunden kein inhaltlich zutreffendes Bild der zu erwartenden Leistung vermittelt, kann auf einem Nachfragermarkt auf längere Sicht nicht bestehen. Die Daten zur Mitgliederdynamik in Sportvereinen deuten jedoch auf eine hohe Stabilität der Organisationsform „Sportverein" hin. Die von BAUR/KOCH/TELSCHOW (1995, 28 f.) diskutierte vermeintliche Entwicklung hin zu modernitätsorientierten Sportvereinen als „Dienstleistungseinrichtungen" für „Kunden" ist in diesem Zusammenhang kritisch zu sehen. Hier sind die Autoren offensichtlich dem Phänomen erlegen, daß sie zwar publicityträchtige, zahlenmäßig aber wenige Sportvereine, die Sportereignisse für einen erweiterten „Kunden"-Kreis mit Unterstützung der Medien aufbereiten, pars pro toto genommen haben. Nur für diese wenigen Sportvereine mag eine eher ökonomisch orientierte und die Gepflogenheiten des Marktes berücksichtigende Sichtweise angebracht sein.

Zielgruppenspezifik von Sportangeboten

Im folgenden soll den Fragen nachgegangen werden:

- In welchem Umfang sind Mitglieder spezifischer Gruppierungen und zwar Ältere, Jugendliche sowie Frauen in Sportvereinen organisiert und in welcher Form und in welchem Umfang werden Sportangebote in Sportvereinen von ihnen wahrgenommen?
- Steht die Wahrnehmung von Sportangeboten durch die Mitglieder dieser Gruppierungen in den Sportvereinen in Zusammenhang mit der Darstellung des Sportvereins durch seine Vertreter?
  - ➢ Inwieweit nehmen Mitglieder dieser Gruppierungen am Sportbetrieb teil, wenn Sportvereine sich als Organisationen, die sich an deren spezifischen Interessen (und Möglichkeiten) orientieren, begreifen?
  - ➢ Stellen sich Sportvereine als an den Interessen und Möglichkeiten dieser Mitglieder orientiert dar, wenn Mitglieder dieser Gruppierungen das Sportangebot nutzen?

Das Beispiel des Sports Älterer in den Sportvereinen

Im Bereich des Sports Älterer in den Sportvereinen wird im folgenden unterschieden zwischen Sportangeboten,

- die als spezifische Sportangebote ausschließlich für ältere Menschen eingerichtet und auch nur von Älteren genutzt werden und solchen,
- die als Teil des allgemeinen Sportangebotes der Sportvereine mit prinzipiell offenen Altersgrenzen eingerichtet und auch von Älteren genutzt werden.

In der Kurzform wird die erste Kategorie als Sport für Ältere im Sinne eines altersspezifischen Angebots und die zweite als Sport von Älteren im Rahmen weitgehend altersunspezifischer Angebote bezeichnet. Zur Kategorisierung der Sportangebote wird das im Fragebogen der FISAS 1996 erfaßte Alter des jüngsten Teilnehmers sowie das Alter des ältesten Teilnehmers an dem jeweiligen Sportangebot herangezogen. Bei dieser Kategorisierung ist folgendes zu bedenken:

Unter den Sportangeboten, die als Teil des allgemeinen Sportangebotes der Sportvereine auch von Älteren genutzt werden, kann nicht festgestellt werden, ob und in welchem Umfang hier eigene Sport*gruppen* von Älteren bestehen. In vielen Fällen muß dies aber vermutet werden, wie z. B. in den Spielsportarten, in denen häufig sogenannte AH- (AD-) Mannschaften als eigene Trainingsgruppen bestehen. Es handelt sich hierbei aber um Sportangebote, die inhaltlich mit den Angeboten, die von jüngeren Vereinsmitgliedern wahrgenommen werden, in Übereinstimmung stehen. Bei den Sportangeboten, die ausschließlich von Älteren wahrgenommen werden, handelt es sich in jedem Fall aber um inhaltlich vom weiteren Sportangebot des Sportvereins abweichende Angebotsformen oder um Sportvereine, in denen ausschließlich Sport von und für ältere Menschen betrieben und offeriert wird.

Die Kategoriengrenzen wurden wie folgt gewählt: Ist der älteste Teilnehmer am Sportangebot über 60 Jahre alt, so wurde das Angebot als „von Älteren wahrgenommen" kategorisiert. Ist der jüngste Teilnehmer über 50 Jahre alt, so wurde dieses Angebot als „ausschließlich von älteren wahrgenommen" kategorisiert.

Die Altersgrenze von 60 Jahren wurde aus zwei Gründen gewählt: Zur Erfassung der Altersstruktur der Mitglieder der Sportvereine wurden die Alterskategorien der Bestandserhebungen der Sportbünde gewählt, so daß diese Grenze in bezug auf die Nutzer der Sportangebote eine vergleichende Betrachtung mit dem Anteil dieser Alterskategorie an der Gesamtzahl der Sportvereinsmitglieder erlaubt. Zudem kann diese Altersgrenze, da in dem Bereich angesiedelt, in dem heute auch Frühpensionierungs- und Altersteilzeitmodelle diskutiert werden, zumindest für Berufstätige als Beginn eines Überganges aus dem aktiven Berufsleben in den Altersruhestand mit allen damit in Zusammenhang stehenden psychosozialen und sozialstrukturellen Konsequenzen gesehen werden.

Die Altersgrenze für den jüngsten Teilnehmer am Sportangebot wurde bei 50 Jahren festgesetzt, um Angebote, die von Frührentnern als Seniorensportangebote wahrgenommen werden, nicht durch eine zu enge Grenzziehung von der Analyse auszuschließen.

Es ergeben sich damit drei Kategorien (s. Abbildung 3.17):

- nicht von Älteren wahrgenommen: Alter des ältesten Teilnehmers bis 60 Jahre
- auch von Älteren wahrgenommen: Alter des jüngsten Teilnehmers bis 50 Jahre und Alter des ältesten Teilnehmers über 60 Jahre
- nur von Älteren wahrgenommen: Alter des jüngsten Teilnehmers über 50 Jahre und Alter des ältesten Teilnehmers über 60 Jahre

Die vierte theoretisch mögliche Kategorie „Alter des jüngsten Teilnehmers über 50 Jahre und Alter des ältesten Teilnehmers bis 60 Jahre" ist unbesetzt.

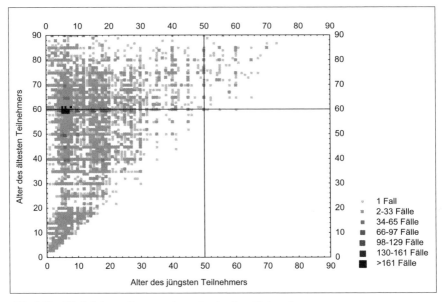

Abb. 3.17: Häufigkeit von Sportangeboten in einzelnen Kategorien

Der Unterschied zwischen Sportvereinen in den alten und neuen Bundesländern (s. Tabelle 3.35) ist hierbei zwar signifikant (χ^2=30,95; df=2; p<0,001), jedoch nicht auf Unterschiede zwischen den Kategorien „auch von Älteren" vs. „nur von Älteren wahrgenommen" zurückzuführen, sondern auf den insgesamt höheren Anteil der Sportangebote, die nicht von Älteren wahrgenommen werden.

Tab. 3.35: Verteilung der Sportangebote auf die verschiedenen Kategorien. Prozentangaben beziehen sich auf die Spalten.

Alter des jüngsten Teilnehmers	Alter des ältesten Teilnehmers	Gesamt	alte Bundesländer	neue Bundesländer
bis 50 Jahre	bis 60 Jahre	4559 64,2%	3770 62,9%	789 71,6%
bis 50 Jahre	über 60 Jahre	2450 34,5%	2146 35,8%	304 27,6%
über 50 Jahre	über 60 Jahre	87 1,2%	78 1,3%	9 0,8%
Gesamt		7096	5994	1102

Die Sportangebote, die von den Sportvereinen genannt worden waren (insgesamt 604 verschiedene Nennungen), wurden in der Verteilung auf die Angebotskategorien ebenfalls als „nur von Älteren" und „auch von Älteren betrieben" kategorisiert. Für den Bereich der wettkampfbezogenen Angebote ergab sich das in Abbildung 3.18 skizzierte Ergebnis.

Biologische Handicaps wirken vor allem in den Sportspielen und in den Kampfsportarten so, daß Ältere kaum in einen Ligabetrieb integriert werden (können). Spezifische Sportangebote für Ältere in der Kategorie „Sportspiele" sind, da meist Mannschaftssportarten, mit einem größeren organisatorischen Aufwand verbunden als in den cgs- und in den künstlerisch-kompositorischen Sportarten. Die Sportspiele, in denen aus der Wettkampferfahrung Leistungsvorteile bis ins hohe Alter resultieren (z. B. Billard, Schach), sind unter den Sportspielen insgesamt eine Marginalie. Das gleiche gilt auch für einzelne künstlerisch-kompositorische Sportarten (z. B. Dressurreiten) sowie cgs-Sportarten (z. B. Kegeln).

Empirische Bestandsaufnahme

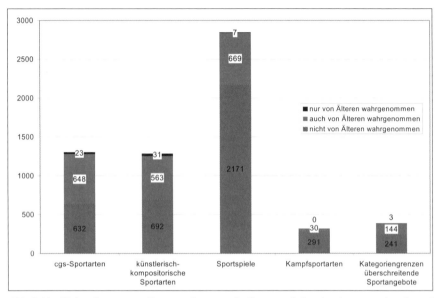

Abb. 3.18: Wahrnehmung von Sportangeboten nach Alters- und Angebotskategorie (wettkampfbezogene Sportangebote)

Das Verhältnis der Häufigkeit der Besetzung der Alterskategorien entspricht im Fall der Sportarten mit Fitneß-, Wellneß- und präventivem Gesundheitsaspekt (s. Abbildung 3.19) dem insgesamt festgestellten Verhältnis von circa 2:1. Im Bereich der Freizeit- und Urlaubssportarten und der Sportarten mit interventionistischem Gesundheitsaspekt ist dieses Verhältnis jedoch zugunsten der Kategorie „Nutzung auch durch Ältere" verschoben. Im Bereich der Freizeit- und Urlaubssportarten handelt es sich vor allem um Angebote, die eher Erwachsene und viel weniger Kinder und Jugendliche ansprechen[53].

---

[53] Im Fall der Angebote mit interventionistischem Gesundheitsaspekt, bei denen es sich in vielen Fällen um stark zielgruppenspezifische Angebote handelt (Koronarsport, Diabetessport), wird deutlich, daß der „Gesundheitssport" in den Sportvereinen in seinem interventionistischen Aspekt stark an sogenannten Zivilisationskrankheiten, die auch stärker in der zweiten Lebenshälfte auftreten, orientiert ist. Angebote wie „Asthmasport für Kinder" sind hier wesentlich seltener zu finden.

Aspekte der Struktur der Sportvereins-Landschaft

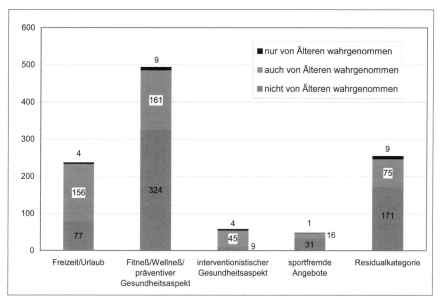

Abb. 3.19: *Wahrnehmung von Sportangeboten nach Alters- und Angebotskategorie (explizit nicht wettkampfbezogene Angebote)*

Die folgende sportvereinsbezogene Analyse der Angebotsstruktur (s. Tabelle 3.36) beruht auf den Angaben von 2551 Sportvereinen mit Sportangeboten in den verschiedenen Kategorien.

Tab. 3.36: *Verteilung der Sportvereine auf die Nutzerkategorien*

Sportvereine mit Angeboten, die ... wahrgenommen werden	Anteil [%]
... nicht von Älteren ...	41,8
... auch von Älteren ...	55,6
... nur von Älteren ...	2,7

Teil des Fragebogens der FISAS 1996 (s. Anhang) waren auch Fragen

- zu Älteren als spezifischer Zielgruppierunge der Sportvereine,
- zur Ausrichtung des Angebotes auf die Interessen Älterer,
- sowie zum Selbstverständnis des Sportvereins als Integrationsinstanz für Ältere und,

- zum Selbstverständnis der Sportvereine als Generationengrenzen überwindende Integrationsinstanz.

Die dort gegebenen Antworten können auch herangezogen werden, um den Zusammenhang zwischen Angebotswahrnehmung und gegenstandsbezogener Darstellung des Vereinshandelns aufzuschlüsseln.

Betrachtet man, inwiefern Sportvereine sich als Integrationsinstanzen Älterer verstehen, so stellt man fest, daß Sportvereine, in denen Ältere am Sportbetrieb teilnehmen, sich eher als Integrationsinstanz für Ältere sehen. In Sportvereinen, in denen keine Älteren am Sportbetrieb teilnehmen, wird die Aussage „Unser Sportverein integriert Senioren" eher verneint ($F=123,22$; $df=1;1123$; $p<0,001$) Die Varianzklärung beträgt allerdings nur 9,8%, was bedeutet, daß die Zustimmung bzw. Ablehnung zu dieser Aussage noch durch weitere Faktoren bedingt wird. Zur weiteren Aufschlüsselung dient die Tabelle 3.37.

Tab. 3.37: Nutzung des Sportangebotes durch Ältere in Abhängigkeit vom Selbstverständnis der Sportvereine als Integrationsinstanzen für Ältere

Angebotswahrnehmung ...	Sportvereine, die die Aussage „Unser Verein integriert Senioren" ...		
	... eher verneinen	... eher bejahen	Gesamt
... nicht durch Ältere	65	321	386
... durch Ältere	22	572	594
darunter ...			
... auch durch Ältere	21	565	
... nur durch Ältere	2	31	
Gesamt	87	893	980

Immerhin sehen 91% der Sportvereine sich als Organisation, innerhalb derer Senioren integriert werden. In 321 Sportvereinen nehmen keine Älteren am Sportbetrieb teil, trotzdem werden die Sportvereine als „Ältere integrierend" dargestellt. Nun kann man Ältere auch im Bereich außersportlicher Angebote integrieren. In 83 dieser Sportvereine, also in über 25%, sind jedoch unter den Mitgliedern keine über 60jährigen vorhanden. Hier scheint zumindest bei diesem Teil der Antwortenden eine „globale Integrationsideologie" zu wirken. In 22 Sportvereinen nehmen Ältere das Sportangebot wahr, trotzdem wird die Aussage „Unser Verein integriert Senioren" eher verneint. Diese Fälle weisen darauf hin, daß ältere Teilnehmer an diesen Angeboten nicht als „Senioren" etikettiert werden.

Sportvereine, in denen Ältere das Sportangebot in Anspruch nehmen, werden von ihren Vertretern eher als Organisationen dargestellt, die mit ihrem Angebot Senioren ansprechen, als Sportvereine, in denen keine Älteren am Sportbetrieb teilnehmen (einfaktorielle Varianzanalyse, F=231,2; df=1;1176; p<0,001, s. Tabelle 3.38). Die Varianzklärung beträgt hierbei 16,4%. Also ist es auch hier hilfreich, den Effekt weiter aufzuschlüsseln.

Tab. 3.38: Nutzung des Sportangebotes durch Ältere in Abhängigkeit vom Selbstverständnis der Sportvereine als „Ältere ansprechend"

Angebotswahrnehmung ...	Sportvereine, die die Aussage „Unser Verein spricht mit seinem Angebot Senioren an" ...		
	... eher verneinen	... eher bejahen	Gesamt
... nicht durch Ältere	239	118	357
... durch Ältere	129	450	579
darunter ...			
... auch durch Ältere	128	447	
... nur durch Ältere	5	23	
Gesamt	368	568	936

In 129 Sportvereinen nehmen Ältere am Sportbetrieb teil, während der Sportverein nicht als mit seinem Angebot Senioren ansprechend dargestellt wird. Hier handelt es sich möglicherweise um Ältere, die in ihrer Wahrnehmung des Sportangebotes sich der Etikettierung als „Senioren" entziehen, z. B. durch die Teilnahme am Wettkampfbetrieb. Andererseits können hier auch Personen betroffen sein, die, obwohl sie als „Senioren" wahrgenommen werden, an Angeboten partizipieren, die nicht für Senioren gedacht wurden, dort jedoch als Mitglieder „geduldet" werden (müssen). In 118 Sportvereinen nehmen keine Älteren am Sportbetrieb teil, der Sportverein wird jedoch als mit seinem Angebot Senioren ansprechend dargestellt. Hier können auch Angebotsformen enthalten sein, die von der Struktur des Angebotes her für Senioren geeignet sind, von solchen aber (bisher) nicht wahrgenommen werden.

Bei der Frage, ob die Sportvereine ein zielgruppenspezifisches Angebot für Senioren haben, zeigte sich ein zu erwartender signifikanter Effekt im Hinblick auf die Teilnahme Älterer am Sportbetrieb ($\chi^2=63,33$; df=1; p<0,001). Aber auch bei dieser kategorial zu beantwortenden Frage zeigen sich Inkonsistenzen, wenn man die Teilnahme Älterer am Sportbetrieb betrachte (s. Tabelle 3.39). In den 48 Sportvereinen, die zielgruppenspezifische Angebote für Senioren angeben, in denen jedoch Ältere nicht das Sportangebot nutzen, kann es sich in Einzelfällen um Sportvereine handeln, in denen zum Zeitpunkt der Befragung gerade Sportangebote eingerichtet worden waren, die aber (noch) auf keine Resonanz bei den vorhandenen oder potentiellen neuen Mitgliedern gestoßen sind. In der Mehrzahl der Fälle muß hier eine ideologisch überformte Darstellung des Sportvereins vermutet werden. In 541 Fällen handelt es sich dagegen um eine echte Integration Älterer zumindest im Bereich des Sporttreibens, in 17 Fällen um eine echte angebotsbezogene Separierung Älterer im Sportverein. In den 13 Fällen, in denen keine zielgruppenspezifischen Angebote für Ältere angegeben worden waren, jedoch nur Ältere das Sportangebot wahrgenommen haben, kann es sich

- um eine freiwillige Separierung Älterer in spezifischen Sportvereinen,
- um überalterte Sportvereine oder
- um eine Okkupation des Sportangebotes durch Ältere

handeln.

Tab. 3.39: Nutzung des Sportangebotes durch Ältere in Abhängigkeit von der Darstellung des Sportvereins als Verein mit bzw. ohne zielgruppenspezifische Angebote „für Senioren"

Angebotswahrnehmung ...	Sportvereine ...		Gesamt
	... ohne zielgruppenspezifische Angebote für Ältere	... mit zielgruppenspezifischen Angeboten für Ältere	
... nicht durch Ältere	457	48	505
... durch Ältere	545	214	759
darunter ...			
... auch durch Ältere	541	212	
... nur durch Ältere	13	17	
Gesamt	1002	262	1264

Spezifische, für Ältere eingerichtete und von diesen genutzte Sportgelegenheiten sind in deutschen Sportvereinen sowohl in bezug auf die Breite der Angebotspalette als auch in bezug auf die Zahl der Sportvereine, die solche Angebote realisieren, eine Ausnahmeerscheinung. Die Teilnahme Älterer am Sportbetrieb außerhalb spezifischer Angebote ist dagegen in vielen Sportvereinen die Regel.

In der Darstellung des Angebotes der Sportvereine sowie im Selbstverständnis wirken offenbar Verzerrungen, die als Akquieszenztendenz in bezug auf eine Orientierung der Sportvereine auf den Bereich der Älteren betrachtet werden können. Dies kann Ausfluß spezifischer Aktivitäten von Dachorganisationen wie z. B. von Landessportbünden, Fachverbänden oder dem Deutschen Sportbund sein. Aus der Darstellung des Angebotes bzw. des Sportvereins nach außen kann jedenfalls nur begrenzt auf ein tatsächliches Sporttreiben Älterer bzw. auf das Vorhandensein spezifischer Angebote geschlossen werden.

Das Beispiel der Sport-Angebotswahrnehmung durch Kinder und Jugendliche

Eine wichtige Mitgliedergruppierung in den Sportvereinen stellen Kinder und Jugendliche dar, die nach wie vor den größten Teil der Mitgliedschaft ausmachen (s. Kapitel 3.3.2). Dies schlägt sich auch in der Angebotsgestaltung resp. der Angebotswahrnehmung in den Sportvereinen nieder, wobei auch hier, wie bereits im Fall der Sportangebotswahrnehmung durch Ältere, explizit als kinder- und jugendspezifisch gekennzeichnete Angebote eher Sonderfälle darstellen (s. Tabelle 3.40). Das bedeutet nicht, daß in den Sportvereinen die Angebotswahrnehmung generell altersübergreifend stattfindet, sondern daß die Wahrnehmung eines formal gleichen Sportangebotes (z. B. Fußball) in altersspezifisch abgegrenzten Gruppierungen (z. B. A-Jugend-Mannschaft) erfolgt. Von daher stellt das generell in den Sportvereinen vorhandene Sportangebot auch das von Kindern und Jugendlichen präferierte Angebot dar.

Tab. 3.40: Verteilung der Sportangebote auf die verschiedenen Alterskategorien im Altersbereich der Kinder und Jugendlichen. Prozentangaben beziehen sich auf die Spalten.

Alter des jüngsten Teilnehmers	Alter des ältesten Teilnehmers	Gesamt	alte Bundesländer	neue Bundesländer
über 18 Jahre	über 18 Jahre	1905 26,7%	1514 25,1%	391 35,0%
bis 18 Jahre	bis 18 Jahre	564 12,1%	494 8,2%	70 6,3%
bis 18 Jahre	über 18 Jahre	4676 65,4%	4020 66,7%	656 58,7%
Gesamt		7145	6028	1117

Interessant ist in diesem Zusammenhang, daß sich ein signifikanter Unterschied zwischen Sportvereinen in den neuen und alten Bundesländern ergeben hat ($\chi^2=48,1$; df=2; p<0,001), wonach die Angebote, die von unter 19jährigen (sowohl exklusiv als auch als Teilgruppierung der Nutzer) wahrgenommen werden, in den neuen Bundesländern einen geringeren Anteil der Angebote ausmachen, als in den alten Bundesländern. Dieser Effekt kann aus dem insgesamt höheren Anteil aktiver Mitglieder in den Sportvereinen der neuen Bundesländer resultieren (s. Kapitel 3.1.2). Während in den alten Bundesländern der Anteil aktiver Mitglieder unter den Kindern und Jugendlichen wahrscheinlich nicht deutlich unter demjenigen in den Sportvereinen der neuen Bundesländer liegt, unterscheidet sich der Aktivenanteil unter den erwachsenen Sportvereinsmitgliedern deutlich, was dazu führen kann, daß auch ein höherer Anteil von Sportangeboten ausschließlich von Erwachsenen wahrgenommen wird.

Aspekte der Struktur der Sportvereins-Landschaft

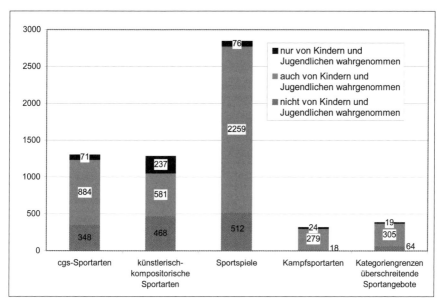

Abb. 3.20: Wahrnehmung von Sportangeboten nach Alters- und Angebotskategorie im Bereich der bis 18jährigen (wettkampfbezogene Sportangebote)

Inhaltlich läßt sich feststellen, daß die Sportangebote, die exklusiv oder die Altersgrenzen überschreitend von Kindern und Jugendlichen wahrgenommen werden, vor allem im wettkampfbezogenen Bereich liegen (s. Abbildung 3.20 und 3.21). Vor allem die Kampfsportarten, in denen die Sportangebote zu 94,4% zumindest auch von Kindern und Jugendlichen wahrgenommen werden, sind hier zu nennen. In der Rangfolge folgen die Kategoriengrenzen überschreitenden Sportangebote mit 83,5% und die Sportspiele mit 82,0%.

Sowohl den Umfang als auch die Anteile betreffend machen nicht wettkampfbezogene Sportangebote einen deutlich geringeren Teil der von Kindern und Jugendlichen wahrgenommenen Sportangebote aus als wettkampfbezogene Sportangebote. Auch der häufig an einem eher jugendorientierten Lebensstil ausgerichtete Angebotsbereich „Fitneß/Wellneß/präventiver Gesundheitsaspekt" (s. Abbildung 3.21) wird nur zu 54,9% speziell von Jugendlichen wahrgenommen.

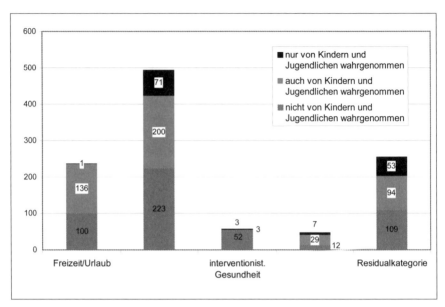

Abb. 3.21: Wahrnehmung von Sportangeboten nach Alters- und Angebotskategorie im Bereich der bis 18jährigen (explizit nicht wettkampfbezogene Sportangebote)

Tab. 3.41: Nutzung des Sportangebotes durch Kinder und Jugendliche in Abhängigkeit vom Selbstverständnis der Sportvereine als „Jugendliche ansprechend"

Angebotswahrnehmung ...	Sportvereine, die die Aussage „Unser Verein zieht mit seinem Angebote Jugendliche an" ...		
	... eher verneinen	... eher bejahen	Gesamt
... nicht durch Jugendliche	80	62	142
... durch Jugendliche	83	1491	1574
darunter ...			
... auch durch Jugendliche	63	1206	
... nur durch Jugendliche	20	285	
Gesamt	163	1553	1716

In Übereinstimmung mit den Befunden zum Bereich der Angebotswahrnehmung durch Ältere zeigen sich auch hier Verwerfungen zwischen dem Selbstverständnis der Sportvereine als „Jugendliche ansprechend" und der Gestaltung sowie der

Wahrnehmung des Angebotes durch Jugendliche (s. Tabelle 3.41). Allerdings sind die Verzerrungen, die möglicherweise aus einer im Sportsystem verbreiteten generell positiven Wertbesetzung des Bereichs „Sport von Kindern und Jugendlichen" resultieren, aufgrund der großen Häufigkeit der Sportvereine, in denen Kinder und Jugendliche Sport treiben, zahlenmäßig wesentlich schwächer als im Bereich des Seniorensports.

Das Beispiel der Sport-Angebotswahrnehmung durch Frauen

Bei der Frage der Geschlechtsspezifik in der Angebotswahrnehmung muß unterschieden werden zwischen der Wahrnehmung durch männliche und weibliche Sportvereinsmitglieder und derjenigen durch Männer und Frauen (mindestens 18jährige männliche und weibliche Sportvereinsmitglieder), die von der ersteren allein aufgrund der großen Zahl jugendlicher Sportvereinsmitglieder zu differenzieren ist.

Betrachtet man die Häufigkeit, in der Sportangebote ausschließlich von weiblichen sowie von weiblichen und männlichen Mitgliedern wahrgenommen werden (s. Tabelle 3.42), dann zeigt sich, daß auch in diesem Bereich in den Sportvereinen die Geschlechtertrennung im Sportangebot eine zunächst formale ist. In der Mehrzahl werden Sportangebote von weiblichen und männlichen Mitgliedern wahrgenommen, was in der Logik der hier vorliegenden Analyse nicht bedeutet, daß in der Regel weibliche und männliche Mitglieder gemeinsam Sport treiben, sondern nur, daß spezifische Angebote, die ausschließlich von weiblichen oder ausschließlich von männlichen Mitgliedern wahrgenommen werden, einen geringeren Anteil an der Sportlandschaft ausmachen. Dagegen wird in der Mehrzahl der Fälle die jeweils gleiche Sportart in den Sportvereinen sowohl von weiblichen als auch von männlichen Mitgliedern betrieben. Dieser Effekt war vor dem Hintergrund der Mitglieder- und Abteilungsstruktur der Sportvereine zu erwarten. So wird in der überwiegenden Zahl der einspartigen Sportvereine in geschlechtsspezifisch getrennten Sportgruppen die gleiche Sportart betrieben. Die Aussagen zur Geschlechtsspezifik der Angebotswahrnehmung dürfen damit weniger als Aussagen über das Sporttreiben in Sportvereinen, denn als Aussagen über die Sportartenstruktur, die natürlich wiederum von der Sportvereinsstruktur abhängt, verstanden werden.

Tab. 3.42: Verteilung der Sportangebote auf die verschiedenen Kategorien der Geschlechterzusammensetzung. Prozentangaben beziehen sich auf die Spalten.

Geschlechterzusammensetzung der Teilnehmer	Gesamt	alte Bundesländer	neue Bundesländer
nur männliche Teilnehmer	1160 17,5%	884 15,9%	276 25,7%
männliche und weibliche Teilnehmer	4744 71,5%	4112 73,9%	632 58,9%
nur weibliche Teilnehmer	732 11,0%	566 10,2%	166 15,5%
Gesamt	6636	5562	1074

Hierbei ergab sich ein Unterschied zwischen Sportvereinen in den neuen und alten Bundesländern ($\chi^2=100,9$; df=2; p<0,001), der jedoch nur 1,5% der Gesamt-Varianz erklärte. Tendenziell werden danach Sportangebote in den Sportvereinen in den neuen Bundesländern häufiger geschlechtsspezifisch organisiert und auch wahrgenommen als in den alten Bundesländern. Dieser Effekt kann jedoch auf der durchschnittlich niedrigeren Mitgliederzahl in den Sportvereinen in den neuen Bundesländern beruhen. Damit ist die Wahrscheinlichkeit, daß sich in den Sportvereinen ausreichend große geschlechtshomogene Sportgruppen finden, was gerade in den Wettkampfsportarten Voraussetzung für einen Sportbetrieb ist, niedriger als in den alten Bundesländern, was dazu führt, daß die Häufigkeit, in der ein Sportangebot, das in einem Sportverein bisher von weiblichen Sportvereinsmitgliedern wahrgenommen wurde, in der Folge auch von männlichen Mitgliedern genutzt wird und vice versa, verringert.

Zur genaueren Analyse des Sporttreibens **von Frauen** werden im folgenden spezifisch nur die Sportangebote betrachtet, die zumindest auch von Teilnehmerinnen im Altersbereich zwischen 18 und 60 Jahren wahrgenommen werden[54]. Die Eingrenzung der Angebote auf der Dimension des Alters der Teilnehmer erfolgt also so, daß das Alter des jüngsten Teilnehmers nicht berücksichtigt wurde, also nur Angebote berücksichtigt werden, für die ein Alter des ältesten Teilnehmers von mindestens 18 Jahren angegeben wurde. Eine Eingrenzung auf den Bereich der ausschließlich erwachsenen Sportvereinsmitglieder hätte, infolge der großen Häufigkeit, in der jugendliche aktive Sportvereinsmitglieder angegeben worden waren, zu sehr niedrigen Häufigkeiten geführt und das Bild der Sportangebotsnutzung in den Sportvereinen durch Frauen sicherlich nur verzerrt wiedergegeben.

Tab. 3.43: Verteilung der Sportangebote auf die verschiedenen Kategorien der Geschlechterzusammensetzung bei Wahrnehmung des Angebotes auch durch erwachsene Nicht-Senioren. Prozentangaben beziehen sich auf die Spalten.

Geschlechterzusammensetzung der Teilnehmer	Gesamt	alte Bundesländer	neue Bundesländer
nur Männer	1082 18,2%	826 16,7%	256 26,1%
Männer und Frauen	4219 71,0%	3647 73,5%	572 58,3%
nur Frauen	642 10,8%	489 9,9%	153 15,6%
Gesamt	5943	4962	981

In der Nutzung der Sportangebote (s. Tabelle 3.43) zeigten sich Befunde, die mit denen zur Nutzung durch männliche und weibliche Sportvereinsmitglieder übereinstimmen. Damit gilt die Aussage, daß eine geschlechts**un**spezifische Angebots-

---

[54] Aufgrund der Überschneidung der Kategorien „ältere Sportvereinsmitglieder" und „Frauen" wurde, der größeren Klarheit der Ergebnisse halber, die hier erfolgende Analyse auf den Bereich der weiblichen erwachsenen Nicht-Seniorinnen unter den Sportvereinsmitgliedern eingegrenzt.

nutzung in der oben geschilderten Logik der häufigste Fall in den Sportvereinen darstellt, auch für den Bereich des Sporttreibens durch Frauen. Analog zum Bereich des Sports Älterer handelt es sich hier also auch um eine echte Integration in dem Sinn, daß Frauen in Sportvereinen in der Mehrzahl nicht als besondere Mängelwesen verstanden werden, für die gesonderte Formen des Sporttreibens eingerichtet werden müßten, sondern als spezifische Gruppierung, die allerdings **den gleichen Sport treibt wie Männer.**

Betrachtet man die Häufigkeit, in der Sportangebote ausschließlich von Frauen wahrgenommen werden in den einzelnen Sportarten-Kategorien (s. Abbildung 3.22 und 3.23), dann zeigt sich, daß im Bereich der wettkampfbezogenen Sportangebote die Kategorie „künstlerisch-kompositorische Sportarten" und im Bereich der explizit nicht wettkampfbezogenen Sportangebote die Kategorie „Fitneß/Wellneß/präventiver Gesundheitsaspekt" am häufigsten auftritt.

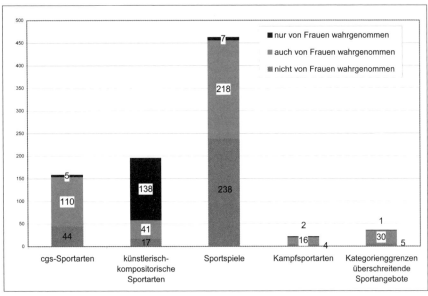

Abb. 3.22: Wahrnehmung von Sportangeboten nach Geschlechterzusammensetzung und Angebotskategorie (wettkampfbezogene Sportangebote)

Weitere Besonderheiten bei dieser Betrachtung zeigen sich im Bereich der Sportspiele, die im Vergleich sowohl von Frauen als auch von Männern selten betrieben werden. Dieser Effekt ist vor allem auf den großen Anteil der Angebote in der „Männersportart" Fußball innerhalb dieser Kategorie zurückzuführen.

Wie weit der implizite Integrationsgedanke in den Sportvereinen reicht, kann der Tabelle 3.44 entnommen werden. Auffällig ist dort die hohe Zahl an Sportvereinen, die die Aussage „Unser Verein bietet frauenspezifische Angebote an", eher verneinen, in denen Sportangebote jedoch von Frauen wahrgenommen werden. Dies stützt weiterhin die obige Interpretation des geschlechterübergreifenden Sportbetriebs der selben Sportart, die als nicht frauenspezifisch wahrgenommen wird, obwohl es in der Regel (zumindest in den wettkampfbezogenen Bereichen) in geschlechtshomogenen Gruppen betrieben wird.

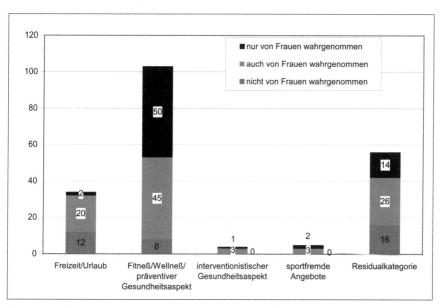

Abb. 3.23: Wahrnehmung von Sportangeboten nach Geschlechterzusammensetzung und Angebotskategorie (explizit nicht wettkampfbezogene Sportangebote)

Tab. 3.44: Nutzung des Sportangebotes durch Frauen in Abhängigkeit vom Selbstverständnis der Sportvereine als „Sportverein mit frauenspezifischen Angeboten"

Angebotswahrnehmung ...	Sportvereine, die die Aussage „Unser Verein bietet frauenspezifische Angebote an" ...		
	... eher verneinen	... eher bejahen	Gesamt
... nicht durch Frauen	67	11	78
... durch Frauen	273	425	698
darunter ...			
... auch durch Frauen	251	241	
... nur durch Frauen	22	184	
Gesamt	340	436	776

Zur Bindung erfolgreicher Sportler an den Sportverein

Eine leistungssportliche Orientierung von Sportvereinen schlägt sich nicht nur in der Darstellung des Sportvereins nach außen nieder (s. Kapitel 3.2.3 und 3.3.10), sondern impliziert in der Regel auch Maßnahmen zur Bindung erfolgreicher Sportler an die Sportvereine. Die Häufigkeit, in der in den Sportvereinen versucht wird, die Humanressource Athlet über besondere Maßnahmen zu sichern (s. Tabelle 3.45), unterscheidet sich nicht signifikant zwischen Sportvereinen in den neuen und den alten Bundesländern.

Tab. 3.45: Häufigkeit, in der Sportvereine Maßnahmen zur Bindung erfolgreicher Sportler an den Verein ergreifen

besondere Maßnahmen zur Bindung erfolgreicher Sportler	Gesamt	alte Bundesländer	neue Bundesländer
keine Maßnahmen ergriffen	1204 85,6%	1019 85,7%	185 85,3%
Maßnahmen ergriffen	202 14,4%	170 14,3%	32 14,8%
Gesamt	1406	1189	217

Zu beachten ist hierbei, daß trotz der hohen Bedeutung der Dimension „Leistungs- und Wettkampfsport" in der Selbstdarstellung der Sportvereine nur 14,4% der Sportvereine angeben, erfolgreiche Sportler durch besondere Maßnahmen an den Sportverein zu binden. Hierbei darf allerdings nicht übersehen werden, daß in der Vielzahl der Sportvereine Sportarten betrieben werden, die selbst auf höchstem Leistungsniveau kaum mediale Präsenz erreichen. Damit sind die Bedingungen für eine Kommerzialisierung in diesen Bereichen und für das Entstehen einer Konkurrenz zwischen den Sportvereinen um erfolgreiche Sportler entsprechend schlecht. Damit kann man begründet vermuten, daß für die Vielzahl der Sportvereine, selbst wenn die Sportler sich auf hohem Leistungsniveau betätigen, besondere Maßnahmen zur Bindung dieser Sportler nicht notwendig sind. Hierauf deutet auch das Muster der punkt-biserialen Korrelationskoeffizienten für die Korrelation zwischen den Strukturtypen und dem Ergreifen von Maßnahmen zur Bindung erfolgreicher Sportler hin. Diese waren im Fall der Typen „mittel, alt", „groß, alt" und „klein, jung" zwar signifikant, verfehlten jedoch ausnahmslos deutlich die Grenze einer Varianzklärung von 10%. Allerdings deutet die Richtung der Korrelationen darauf hin, daß mit der Nähe zu den Typen „groß-alt" und „mittel-alt" die Häufigkeit von Maßnahmen zur Bindung erfolgreicher Sportler steigt, während mit der Nähe zum Typ „klein-jung" diese abnimmt. Lediglich in einigen wenigen Sportarten mit starker massenmedialer Präsenz scheint die Bindung erfolgreicher Sportler an den Sportverein vom Ergreifen besonderer Maßnahmen abhängig zu sein.

Unter den verschiedenen Formen, Anreize für erfolgreiche Sportler zu bieten, dominiert eindeutig der Bereich der finanziellen Zuwendungen durch den Sportverein (s. Tabelle 3.46). Danach folgen mit deutlich niedrigerer Bedeutung die Vermittlung besonderer Bezugsquellen bzw. besonderer Konditionen für Kauf, Miete, Leasing usw. sowie unbare Leistungen (z. B. Auto), die den Sportlern dauerhaft zugeeignet werden. Mit der niedrigsten Häufigkeit wird die Anstellung von Sportlern beim Verein sowie unbare Leistungen, die den Sportlern nur temporär zur Verfügung gestellt werden, genannt.

Tab. 3.46: *Formen von Anreizen zur Bindung erfolgreicher Sportler an den Sportverein. Anteile [%] wurden berechnet an der Zahl der Sportvereine, die besondere Maßnahmen zur Bindung erfolgreicher Sportler angegeben hatten (n=202) sowie an der Gesamtzahl der antwortenden Sportvereine (n=1406). Mehrfachantworten möglich.*

	Anzahl	Anteil an den Sportvereinen mit bes. Maßnahmen	Anteil an den Sport-vereinen insgesamt
Anstellung von Sportlern beim Verein	27	13,4	1,9
finanzielle Zuwendungen	96	47,5	6,8
unbare Leistungen zur Nutzung	23	11,4	1,6
unbare Leistungen als Eigentum	35	17,3	2,5
Vermittlung besonderer Bezugsquellen bzw. Konditionen für Kauf, Miete, Leasing usw.	39	19,3	2,8
Sonstiges:	75	37,1	5,3
darunter ...			
Formen trainingsbezogener Anreize	29	14,4	
ideelle Anreize	19	9,4	
Anreize durch Eröffnen spezifischer Möglichkeiten zum Gelderwerb	13	6,4	

Unter den weiteren Nennungen ist der Bereich der trainings- und wettkampfbezogenen Anreize besonders wichtig, der im offenen Teil der Frage von immerhin 14,4% der Sportvereine genannt wurde, die angegeben hatten, besondere Maßnahmen zur Bindung erfolgreicher Sportler einzusetzen. Diesem Bereich sind

- finanzielle Unterstützungen beim Kauf spezifischer Sportgeräte,
- die Möglichkeit zur Nutzung spezieller Sportgeräte
- spezielle Trainingsbedingungen sowie
- trainingsmethodische Maßnahmen (wie z. B. die Zusammenfassung von besonders leistungsfähigen Sportlern in eigenen Sportgruppen)

zuzuordnen.

Interessant ist, daß trotz der häufig beklagten Kommerzialisierung des Leistungssports und der damit einhergehend häufig beklagten hohen finanziellen Zuwendungen bereits im mittleren Leistungsbereich doch auch ideelle Anreize relativ häufig genannt werden. Darunter fallen sowohl vergesellschaftete Anreizformen wie z. B. „Auszeichnungen, Medaillen, Urkunden, Pokale", größtenteils auch in „Ehrungen" formalisiert und einer externen Öffentlichkeit zugänglich, aber auch das Ergebnis des Prozesses der Vergemeinschaftung im Sportverein, das in Nennungen wie „Einbeziehung ins Vereinsleben", „ein freundliches Lächeln" oder „Freundschaft!" seinen Ausdruck finden.

Tab. 3.47: Anreizformen zur Bindung erfolgreicher Sportler an den Sportverein durch Dritte (Sponsoren, Förderer oder Gönner). Anteile wurden berechnet an der Zahl der Sportvereine, die die Unterstützung durch Förderer angegeben hatten (n=121), sowie an der Gesamtzahl der antwortenden Sportvereine (n=1406). Mehrfachantworten möglich.

	Anzahl	Anteil an den Sportvereinen mit bes. Maßnahmen	Anteil an den Sportvereinen insgesamt
Sportler werden von Förderern beschäftigt	27	22,3	1,9
Förderer verhelfen Sportlern zu Anstellungen	47	38,8	3,3
finanzielle Zuwendungen von Förderern	52	43,0	3,7
unbare Leistungen zur Nutzung	15	12,4	1,1
unbare Leistungen als Eigentum	20	16,5	1,4
besondere Konditionen für Kauf, Miete, Leasing usw.	21	17,4	1,5
Sonstiges:	20	16,5	1,4
darunter ...			
unmittelbare, personenbezogene Förderung der erfolgreichen Sportler	12	9,9	
mittelbare Förderung der erfolgreichen Sportler über nicht zweckgebundene Zuwendungen	7	5,8	

Trotz der großen Bedeutung, die in den Medien dem Sportsponsoring vor allem im Bereich des Leistungssports beigemessen wird, geben nur 8,6% aller Sportvereine (n=121), das sind 59,9% der Sportvereine, die besondere Maßnahmen zur Bindung erfolgreicher Sportler ergreifen, an, bei ihren Bemühungen durch Dritte (Sponsoren, Gönner, Mäzene o.a.) unterstützt zu werden, wobei sich auch hier kein signifikanter Unterschied zwischen Sportvereinen in den neuen und alten Bundesländern ergab. Durch diese Unterstützung wird der Katalog der Maßnahmen, die von Sportvereinen ergriffen werden, um die in Tabelle 3.47 aufgeführten Maßnahmen ergänzt.

Im Gegensatz zu den Maßnahmen, die die Sportvereine direkt ergreifen, weist hier der Bereich der Sicherung des beruflichen Fortkommens der Sportler, die größte Bedeutung auf. Dahinter rangieren erst allerdings finanzielle Zuwendungen an die Sportler. Im Bereich der weiteren Nennungen fällt auf, daß auch Formen der Förderung des Vereins, die nur mittelbar besonders erfolgreichen Sportlern zugute kommen, ebenfalls in diesem Leistungskatalog zu finden sind. Hier schlägt sich ein Nebeneffekt einer erfolgreichen Leistungssportorientierung nieder, da auch nicht leistungssportlich orientierte Sportvereinsmitglieder ebenfalls von Zuflüssen an den Verein profitieren dürften, die durch das leistungssportliche Engagement des Vereins erst möglich geworden sind.

Bei diesen Leistungen ist zu berücksichtigen, daß in der Hälfte der Fälle eine konkrete Gegenleistung vom Sportverein bzw. von seinen Mitgliedern erwartet wird. In der Mehrzahl der Fälle (n=40; 67,8%) handelt es sich hierbei um Werbemöglichkeiten. Daneben wurden in geringer Zahl direkte oder indirekte Mittelrückflüsse über die Vergabe von Aufträgen oder über die Gewinnung der Mitglieder als Kunden sowie sport- bzw. vereinsbezogene Gelegenheiten zur Selbstdarstellung des Sponsors genannt.

3.3.4 Strukturelle und angebotsbezogene Heterogenität

Die Heterogenität (s. Kapitel 2.2.2) der Mitgliedschaft in den Sportvereinen in den Dimensionen Alter und Geschlecht ist in Tabelle 3.48 dargestellt. Der Mittelwert und die Standardabweichung geben hierbei nur einen unzureichenden Eindruck der Ausprägungen dieser Indizes bei den Sportvereinen. In Abbildung 3.24 und 3.25 sind die Verteilungen dieser Parameter gesondert dargestellt. Zum besseren Verständnis wird der Zusammenhang zwischen der Heterogenität und den Anteilen weiblicher und männlicher Sportvereinsmitglieder noch einmal erläutert: Sind beide Anteile gleich groß, so nimmt das Heterogenitätsmaß den Wert 1 an. Mit dem Grad, in dem die Besetzung der einen Kategorie diejenige der anderen Kategorie überwiegt, nähert sich das Heterogenitäsmaß dem Wert 0. Ist eine Kategorie unbesetzt, so nimmt das Maß den Wert 0 an. In dem äußersten linken Balken in Abbildung 3.24 finden sich also Sportvereine sowohl mit fast ausschließlich weiblichen als auch mit fast ausschließlich männlichen Mitgliedern. In dem äußerst rechten Balken finden sich Sportvereine, in denen der Anteil weiblicher und männlicher Mitglieder jeweils um 50% beträgt. Deutlich zeigen sich in der Geschlechtsheterogenität die relativ hohen Häufigkeiten von Sportvereinen mit extrem niedriger und eher hoher Heterogenität bei annähernder Gleichverteilung über die dazwischenliegenden Klassen.

Tab. 3.48: *Überblick über spezifische Heterogenitätsmaße*

	n	$\bar{x}$	s
Altersheterogenität	2942	0,826	0,157
Geschlechtsheterogenität	2942	0,685	0,330
Angebotsheterogenität	2331	0,488	0,251

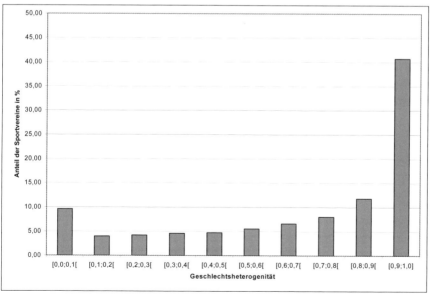

Abb. 3.24: *Verteilung der Sportvereine nach der Geschlechtsheterogenität des Mitgliederbestandes*

Die Darstellung der Verteilung der Altersheterogenität (Abbildung 3.25) macht deutlich, daß eine Beschränkung der Mitgliedschaft auf eine oder wenige Alterskategorien bei eindeutiger Dominanz einer Kategorie ein sehr seltenes Phänomen ist. Den Regelfall stellt viel eher die deutliche Streuung über mehrere oder alle Alterskategorien hinweg dar, wobei keine Dominanz einer Alterskategorie erkennbar ist: Mehr als 70% der Sportvereine weisen eine Altersheterogenität von über 0,8 auf. Für die Mehrzahl der Sportvereine ist damit die Wahrscheinlichkeit, daß sie mit geäußerten oder nicht geäußerten Erwartungen der Mitglieder (aus der Organisationssicht: wahrgenommenen oder antizipierten Erwartungen) konfrontiert werden, relativ hoch.

Die Altersheterogenität korreliert mit der geschlechtsbezogenen zwar signifikant ($R=0,29$; $p<0,001$), jedoch nicht substantiell ($R^2=8,4\%$). Dagegen zeigten sich zwischen der Altersheterogenität und den Typikalitätswerten für die verschiedenen Strukturtypen deutliche Korrelationen (s. Tabelle 3.49), nicht jedoch für die geschlechtsbezogen berechnete Heterogenität. Mit der Nähe zu den Vereinstypen „mittel-alt" und „groß-alt" steigt die Altersheterogenität, mit der Nähe zum Typ „klein-jung" sinkt sie.

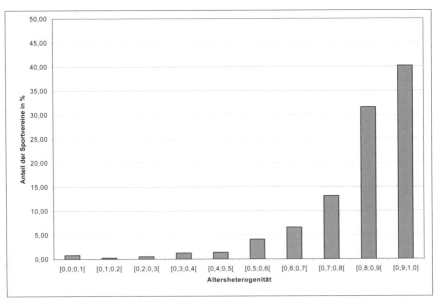

Abb. 3.25: Verteilung der Sportvereine nach der Altersheterogenität des Mitgliederbestandes

Im Vergleich mit den strukturbezogenen Heterogenitätswerten (altersbezogen: 0,83, geschlechtsbezogen: 0,69) ist die Angebotsheterogenität mit durchschnittlich 0,49 (s. Tabelle 3.48) deutlich schwächer ausgeprägt. Auch hier gibt die Betrachtung der Verteilung (Abbildung 3.26) näheren Aufschluß über die Differenziertheit der Angebotsnutzung in den Sportvereinen. In dem äußerst linken Balken überwiegen deutlich die Sportvereine, in denen alle Sportvereinsmitglieder am einzigen Sportangebot des Vereines teilnehmen: Diese Organisationen machen immerhin 10,9% aller Sportvereine aus. Ansonsten zeigt es sich, daß eine deutliche zahlenmäßige Dominanz der Nutzer eines Angebotes über die Nutzer anderer Angebote bzw. über die Zahl der sportlich nicht Aktiven unter den Sportvereinen genauso einen Sonderfall darstellt wie die gleichmäßige Verteilung aller Sportvereinsmitglieder über die verschiedenen Kategorien hinweg.

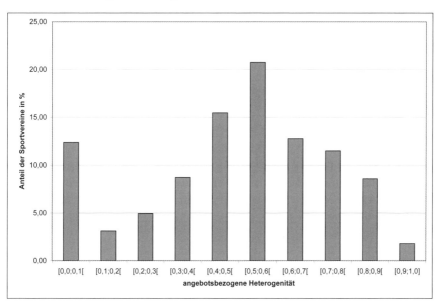

Abb. 3.26: Verteilung des angebotsbezogenen Heterogenitätsmaßes

Die Angebotsheterogenität korreliert mit der altersbezogenen mit R=0,39 (n=2044), was einer Varianzklärung von 15,2% entspricht. Mit der Geschlechtsheterogenität beträgt die Korrelation R=0,37 (n=2044), was einer Varianzklärung von 13,7% entspricht. Strukturelle Heterogenität kann also als ein Faktor betrachtet werden, der neben anderen, nicht bzw. noch nicht identifizierten Faktoren die Heterogenität der Angebotsnutzung beeinflußt.

Tab. 3.49: Zusammenhang zwischen Heterogenität und Strukturtypen (n=2293). Nur signifikante Effekte mit einer Varianzklärung über 10%; Altersheterogenität: n=2320; Angebotsheterogenität: n=1632.

Strukturtyp	Heterogenität	Spearman R	R^2 [%]
mittel-alt	Altersheterogenität	0,604	36,54
mittel-alt	Angebotsheterogenität	0,471	22,21
klein-jung	Altersheterogenität	-0,476	22,63
klein-jung	Angebotsheterogenität	-0,359	12,91
groß-alt	Altersheterogenität	0,654	42,79
groß-alt	Angebotsheterogenität	0,505	25,47

So gibt es einen deutlichen Zusammenhang zwischen der Angebotsheterogenität und den Typikalitätswerten (s. Tabelle 3.49 sowie Tabelle 7.11 im tabellarischen Anhang): Mit der Nähe zu den Typen „mittel-alt" und „groß-alt" steigt die Angebotsheterogenität, während sie mit der Nähe zum Typ „klein-jung" abnimmt. Zusammenfassend weist somit der Typ „klein-jung" sowohl in bezug auf die Angebots- als auch auf die Altersheterogenität nur schwache Ausprägungen auf. Seine Mitglieder konzentrieren sich auf eine oder wenige Alterskategorien und nutzen fast ausschließlich ein Angebot. Die Typen „mittel-alt" und „groß-alt" sind dagegen durch eine Verteilung der Mitglieder auf viele verschiedene Alterskategorien und auf viele verschiedene Angebote gekennzeichnet.

Fallbeispiele: Die Angebotsheterogenität in unterschiedlichen Sportvereinen

Im **TV Altmittelhütte** und im **SV Großaltburg** verteilen sich die Mitglieder gleichmäßig über alle Alterskategorien. Hier treffen sich alte und junge Sportvereinsmitglieder. Damit ist auch die Interessenlage der Mitglieder meist eher heterogen, was sich auch in der höheren Zahl an Abteilungen zeigt. Über diese verteilen sich die Mitglieder im großen und ganzen gleichmäßig: Es gibt keine Hauptsportart, sondern mehrere gleich wichtige Abteilungen.

Im **KSC Kleinjungheim** gehört die Mehrzahl der Mitglieder der gleichen Alterskategorie an. Neben den weitgehend übereinstimmenden sportlichen Interessen – die Mitglieder gehören weitgehend einer Abteilung an – sind die Chancen für gleiche oder ähnliche Interessenlagen auch im außersportlichen Bereich eher gegeben.

Über die Heterogenität des Mitgliederbestandes des **ASC Kleinaltschloß** können wir keine Auskunft geben. Die Mitglieder könnten sich sowohl über verschiedene Alterskategorien verteilen als auch nur einer Alterskategorie angehören; sie könnten sich sowohl auf ein einzelnes Angebot konzentrieren als auch über verschiedene Angebote hinweg streuen.

3.3.5 Ehrenamtliche Mitarbeit in Sportvereinen

Bei der Betrachtung der Zahl ehrenamtlicher Mitarbeiter ist es wichtig, zwischen den verschiedenen Arbeitsbereichen zu unterschieden (s. Tabelle 3.50), wobei die Betrachtung des Mittelwertes der Mitarbeiterzahl nur unzureichend die Situation in den Sportvereinen widerspiegelt. So variiert die Zahl ehrenamtlicher Mitarbeiter auf der Ebene der Führung und Verwaltung über viele Sportvereine hinweg nur wenig, während die Zahl der Mitarbeiter auf der Ausführungsebene meist mit der Mitgliederzahl eng korreliert (s. PITSCH/EMRICH 1997). Dadurch ergibt sich im Mittelwert ein deutlicher Unterschied zwischen diesen Arbeitsebenen, der, wie bereits die Betrachtung der Quartilsgrenzen zeigt, der Situation in vielen Sportvereinen nicht entspricht. Der Anteil der Sportvereine, in denen auf der Ausführungsebene mehr ehrenamtliche Mitarbeiter tätig sind als auf der Ebene der Führung und Verwaltung, beläuft sich auf 48,9%. Abbildung 3.27 macht das Verhältnis zwischen der Zahl der ehrenamtlichen Mitarbeiter auf den beiden Arbeitsebenen noch einmal deutlich.

Tab. 3.50: Zahl ehrenamtlicher Mitarbeiter in den Sportvereinen, differenziert nach Arbeitsbereich und Geschlecht

Anzahl ehrenamtlicher Mitarbeiter	n	$\bar{x}$	s	25. Perzentil	Median	75. Perzentil
... auf der Vorstandsebene	2954	8,29	4,58	6	7	10
... auf der Ausführungsebene	2258	16,51	27,46	3	8	19
... männlich	2938	14,98	17,52	6	9	18
... weiblich	2392	7,43	11,21	2	4	8
... Gesamt	2242	25,18	29,04	10	16	29

Die Zuordnung der einzelnen erfragten Positionen zu den beiden Arbeitsebenen erfolgte analog zur Systematik anderer Untersuchungen (EMRICH/PAPATHANASSIOU/PITSCH 1998; 1999; PITSCH/EMRICH 1997; PITSCH 1999), nämlich

- differenziert in eine Ebene der Führung und Verwaltung: Vorsitzender, stellvertretender Vorsitzender, Geschäftsführer, Schriftführer, Schatzmeister/ Kassenwart, Sportwart, Pressewart, Jugendwart, Frauenwartin/Frauenbeauftragte[55], Seniorenwart,
- und in eine Ausführungsebene: Mitglieder in Abteilungsvorständen, Schieds-/Kampfrichter, Trainer und Übungsleiter.

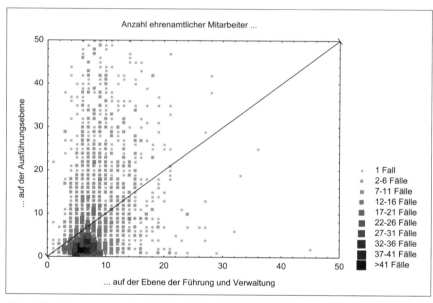

Abb. 3.27: *Häufigkeit der Kombinationen unterschiedlich hoher Zahlen ehrenamtlicher Mitarbeiter auf den verschiedenen Arbeitsebenen*

Diese Unterscheidung folgt dem Prinzip der größtmöglichen analytischen Klarheit insofern, als die Inhaber der Positionen, die der Führungsebene zugerechnet werden,

---

[55] In diesem speziellen Fall gilt „Verbum hoc ‚si quis' tam feminas quam masculos complectitur" (in Anlehnung an: Corpus Iuris Civilis).

ihr Handeln an allen Sportvereinsmitgliedern unabhängig von den jeweiligen sportlichen Interessen orientieren müssen, also jeweils den Kontext des Vereins insgesamt zu berücksichtigen haben, während auf der Ausführungsebene eine Orientierung an sportartbezogen homogenen Interessen vorliegt.

Die Zahl ehrenamtlicher Mitarbeiter allein gibt keinen Aufschluß über die häufig diskutierte Krise des Ehrenamtes. Als erster Zugang zu diesem Phänomen kann allerdings sowohl die Differenz zwischen der Zahl ehrenamtlich zu besetzender Positionen und der Zahl ehrenamtlicher Mitarbeiter insgesamt als auch diejenige auf der Ebene der Führung und Verwaltung und auf der Ausführungsebene (s. Abbildung 3.28)[56] genutzt werden. In diesen Darstellungen zeigt sich deutlich der sehr hohe Grad an besetzten Positionen in den Sportvereinen. Der weitaus überwiegende Teil der Sportvereine gibt genauso viele ehrenamtliche Mitarbeiter wie zu besetzende Positionen an. In den Fällen, in denen mehr ehrenamtliche Mitarbeiter angegeben werden als Positionen, handelt es sich möglicherweise um die bewußte Gestaltung eines Überganges, indem der Nachfolger im Amt bereits mit in die Arbeit integriert wird; teilweise handelt es sich auch um besonders verdiente Personen, deren Engagement man würdigen bzw. deren Willen zum Engagement man durch Kooptation in die Führungsriege entgegenkommen will, ohne dafür gesonderte Positionen zu schaffen. Über die beiden Arbeitsbereiche hinweg ergibt sich im Mittel ein Grad der Positionsbesetzung von 101,8%. Auf der Ebene der Führung und Verwaltung des Sportvereins beträgt dieser Wert 100,6%, auf der Ausführungsebene 102,4%[57]. **Eine umfassende Krise in dem Sinne, daß in einer**

---

[56] Die in dieser Abbildung und den analog aufgebauten Abbildungen benutzten Begriffe „Mangel" und „Überschuß" beziehen sich auf die Zahl der Mitarbeiter im Verhältnis zur Zahl der Positionen. Man könnte umgekehrt jedoch genauso gut die Zahl der Positionen auf die Zahl der Mitarbeiter beziehen. Was im ersten Fall als Überschuß an Mitarbeitern bezeichnet wird, wäre dann ein Mangel an Positionen und vice versa. Die in den Abbildungen dargestellte Variante wurde gewählt, da sie u. E. dem geistigen Klima der innersportlichen Diskussion um das Thema „Ehrenamt im Sportverein" am ehesten entspricht.

[57] Da, wie geschildert, eine Aussage über Sportvereine keine Ableitungen über das System des organisierten Sports insgesamt rechtfertigt, sei hier der Vergleichswert für den Bereich des organisierten Sports angeführt. Der Grad der Positionsbesetzung insgesamt beträgt 99,996% (hier ausnahmsweise mit drei Nachkommastellen angegeben, da sich bei Rundung 100,0% ergeben), auf der Ebene der Führung und Verwaltung 99,8%, auf der Ausführungsebene 101,2%.

Vielzahl von Sportvereinen ehrenamtlich zu besetzende Positionen nicht besetzt werden könnten, kann also mit den Daten der FISAS 1996 nicht belegt werden.

Als weiterer Hinweis, der gegen das Vorliegen einer „Krise des Ehrenamts" in dem Sinne, daß für zu besetzende ehrenamtliche Positionen keine Kandidaten gefunden werden könnten spricht, kann die Zahl der angegebenen weiteren Funktionen ehrenamtlicher Mitarbeiter über den geschlossen erfragten Funktionenkatalog hinaus gesehen werden: Vertreter von 848 Sportvereinen nannten solche Positionen im Bereich des Vorstandes und von 359 Sportvereinsvertretern im ausführenden Bereich. Hierunter wurden neben relativ bekannten bzw. in der Aufgabenzuweisung nachvollziehbaren Funktionen wie z. B. „Gebäudewart", „Sportabzeichenprüfer", „Wanderwart" oder „Hallensprecher" auch eher überraschende Aufgabenbereiche genannt wie z. B. „Ehrenrat", „Vergnügungswart", „Ältestenrat", „Organisator der Verpflegung", „Statistiker", „Resozialisierungswart", „Umweltgestalter", „Verantwortlicher für Kultur und Archiv", „Fahnenträger" sowie „Mitgliederverwalter". Außerdem wurden verschiedentlich Funktionen genannt, die in der Regel nicht ehrenamtlich ausgeübt werden wie z. B. „Hausmeister", „Wirt des Clubheims", „Reinigungskräfte" oder „Schreibkraft". Die hohe Zahl dieser Nennungen insgesamt sowie die Vielfalt an unterschiedlichen Funktionsbezeichnungen gemahnt eher an eine „Krise des Ehrenamts" mit umgekehrtem Vorzeichen: Entweder werden selbst für temporär mehr oder weniger begrenzt benötigte Funktionen ehrenamtliche Positionen geschaffen, um die Tätigkeit aufzuwerten und so die Mitarbeitsbereitschaft zu fördern, oder es gibt verschiedentlich mehr potentielle ehrenamtliche Funktionsträger als für den Verein notwendige Positionen. Letzteres kann auch bedeuten, daß mitarbeitswilligen Personen in einem aktuell nicht benötigten Amt eine Möglichkeit zur Mitarbeit gegeben und so die Chance erhöht wird, bei künftig wechselndem Bedarf auf einen größeren Mitarbeiterbestand zurückgreifen zu können.

Der Grad der ehrenamtlichen Neubesetzung freigewordener Positionen ist insgesamt und differenziert nach den beiden Aufgabenbereichen in Abbildung 3.29 dargestellt. Dabei zeigt sich deutlich, daß die Mehrzahl der Sportvereine alle frei

Aspekte der Struktur der Sportvereins-Landschaft

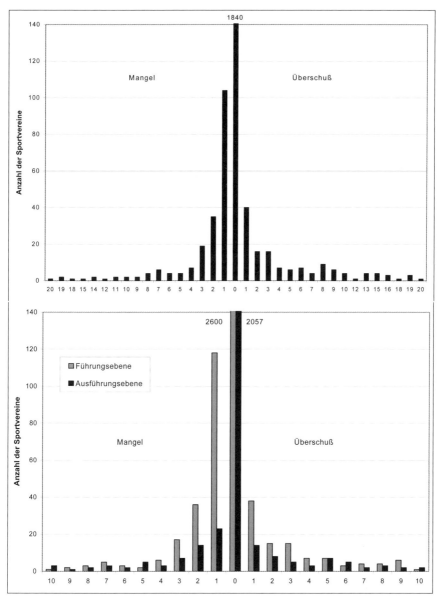

Abb. 3.28: *Differenz zwischen der Zahl ehrenamtlich zu besetzender Positionen und ehrenamtlicher Mitarbeiter insgesamt(oben), differenziert nach den Arbeitsebenen (unten)*

Empirische Bestandsaufnahme

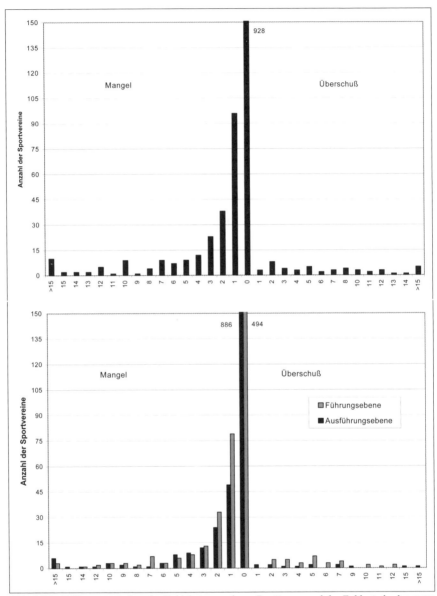

Abb. 3.29: Differenz zwischen der Zahl freigewordener Positionen und der Zahl wieder besetzter Positionen insgesamt (oben), differenziert nach den Arbeitsebenen (unten)

werdenden Positionen wieder besetzen konnte. Weder die Differenz zwischen der Zahl ehrenamtlich zu besetzender Positionen und der Zahl ehrenamtlicher Mitarbeiter noch die Differenz zwischen der Zahl freigewordener und neubesetzter Positionen korreliert signifikant und substantiell mit den Strukturtypen (s. Tabellen 7.12 und 7.13 im tabellarischen Anhang). Die Varianzklärung erreichte im Höchstfall 1,87%.

Damit können an anderem Ort behauptete Zusammenhänge zwischen der Engagementbereitschaft im Ehrenamt und der Mitgliederzahl der Sportvereine (s. HEINEMANN/SCHUBERT 1994, 232 ff.; TIMM 1979, 165 ff.[58]), die aus methodologischer Sicht bereits kritisiert wurden (s. PITSCH/EMRICH 1997; PITSCH 1999) und die sich in anderen Untersuchungen nicht bestätigen ließen (s. EMRICH/PAPATHANASSIOU/PITSCH 1998; 1999), für den Bereich der Sportvereine in der gesamten Bundesrepublik nach der Wiedervereinigung nicht nachgewiesen werden.

Erstaunlicherweise gaben 51,2% der Sportvereinsvertreter (n=1512) an, daß in ihrem Sportverein aus Mangel an Bereitschaft zu ehrenamtlicher Mitarbeit Positionen nicht hätten besetzt werden können. In 20,3% dieser Fälle (n=300) mußte nach Angaben der Befragten das bestehende Sportangebot eingeschränkt werden, in 13,1% der Fälle (n=187) führte dies zu Einschränkungen im Bereich des außersportlichen Angebotes. In diesen Fällen kann die Differenz zwischen der Zahl der Positionen und der Zahl der Mitarbeiter trotzdem 0 sein, wenn die Position weggefallen ist, nachdem die Person, die diese Position zuvor besetzt hatte, ihre Funktion nicht mehr ausübt: So gibt es die Funktion des Übungsleiters einer Sportgruppe nicht mehr, wenn diese sich aufgelöst hat, weil sich kein Übungsleiter in einem angemessenen Zeitraum finden ließ. Angesichts der Tatsache, daß die Zahl der Sportvereine, die von diesem Problem betroffen sein könnten, nur 300 beträgt bei

---

[58] Die Tatsache, daß die Zuordnung der Abteilungsleitung hier anders als bei TIMM erfolgte, berührt diese Kritik nicht. TIMM (1979, 165 ff.) argumentiert genau wie HEINEMANN und SCHUBERT ausschließlich auf der Basis des Verhältnisses der Zahl der Mitarbeiter zur Mitgliederzahl. Die ausführliche Diskussion der Überlegungen anderer Autoren zu diesen Zusammenhängen (ebd., 166), innerhalb derer er explizit auch die „*relative Abnahme*" des administrativen Aufwandes" thematisiert, hat in seiner Analyse der Daten keinen Niederschlag gefunden.

einem Stichprobenumfang von 3024, besteht keine Veranlassung, eine gravierende Krise des Ehrenamtes zu vermuten.

Die Einrichtung neuer Sportangebote konnte nach der Aussage der Vertreter derjenigen Sportvereine, in denen aus Mangel an Bereitschaft zu ehrenamtlicher Mitarbeit Positionen nicht besetzt werden konnten in 34,1% der Fälle (n=340) nicht stattfinden, die Einrichtung außersportlicher Angebote war in 15,5% der Fälle (n=223) davon betroffen. Ein Abgleich mit den Antworten auf die Frage, ob in der Vergangenheit die Einrichtung neuer Sportangebote im Sportverein geplant worden sei, zeigt, daß diese Angaben durch eine gewisse Widersprüchlichkeit gekennzeichnet sind: In 62,3% der Sportvereine, in denen aus Mangel an Bereitschaft zu ehrenamtlichem Engagement die Einrichtung neuer Sportangebote nicht möglich gewesen sein soll, bestand auch keine Absicht, solche einzurichten[59].

Das relative ehrenamtliche Engagement in den Sportvereinen, ausgedrückt als Quotient: „Zahl der Mitglieder, dividiert durch die Zahl der ehrenamtlichen Mitarbeiter", kann nach den oben angestellten Überlegungen nur in geringem Maße Hinweise auf Aspekte der Machtkonzentration auf der Ebene der Führung und Verwaltung des Sportvereins geben. Vielmehr scheint er auf der Ausführungsebene eher geeignet, als Indikator für die ehrenamtliche Betreuungsdichte der Sportvereinsmitglieder zu dienen. Als Bezugsgröße kann dann die Zahl der aktiv sporttreibenden Mitglieder des Sportvereins dienen. Für die DSB-Stichprobe ergab sich eine ehrenamtliche Betreuungsdichte von 19,72 Mitgliedern pro ehrenamtlichem Mitarbeiter auf der Ausführungsebene (n=1829; s=24,94; Median=12,93). Hierbei ist zu beachten, daß die teilweise recht hohen Werte bei diesem Parameter (bis zu 340) zum Teil bei Sportvereinen auftreten, die auf der Ausführungsebene auch hauptamtliche Mitarbeiter einsetzen. Zum Teil mögen sie darauf zurückgehen, daß in einzelnen Sportvereinen von wenigen Übungsleitern mehrere Sportangebote organisiert und durchgeführt werden, bei denen jeweils große Teilnehmerzahlen

---

[59] Man fühlt sich hier an das Aussagenmuster der Ziege im Märchen der Brüder GRIMM „Tischchen, deck dich, Goldesel und Knüppel aus dem Sack" (Märchen 36 der vollständigen Ausgabe) erinnert, die auf die Frage der Söhne, ob sie satt sei, antwortet: „Ich bin so satt, Ich mag kein Blatt: Meh! Meh!", auf Nachfragen des Vaters dagegen beklagte: „Wovon sollt ich satt sein? Ich sprang nur über Gräbelein Und fand kein einzig Blättelein: Meh! Meh!"

von nur einer Person betreut werden können (z. B. Ski- oder Konditionsgymnastik, Aerobic). Interessanterweise ergaben sich hierbei keine deutlichen Zusammenhänge mit den Strukturtypen (vgl. Tabelle 7.14 im tabellarischen Anhang), die eigentlich aufgrund deren Korrelationen mit der Angebotsheterogenität zu erwarten gewesen wären.

Neben der Frage nach der Zahl vorhandener und besetzter Positionen ist auch die Art der Position, die jeweils als vorhanden angegeben wird, interessant (s. Tabelle 3.51). Hierbei muß unterschieden werden zwischen Positionen, die

1. prinzipiell in jedem Sportverein vorhanden sein müssen (Vorsitzender, und zumindest ein weiteres Vorstandsmitglied, meist der Kassenwart), und die von der überwiegenden Zahl der Sportvereine auch angegeben worden waren;

2. in Abhängigkeit von Art und Umfang der regelmäßig auftretenden Aufgaben in speziellen Arbeitsfeldern eingerichtet werden (z. B. Geschäftsführer, Pressewart, Übungsleiter), die in deutlich unterschiedlichen Häufigkeiten angegeben worden waren;

3. in Abhängigkeit von der organisationalen Struktur eingerichtet werden, nämlich Mitglieder in Abteilungsvorständen, wobei zu berücksichtigen ist, daß in 12,1% der Fälle (n=79), in denen in dieser Position ehrenamtliche Mitarbeiter angegeben worden waren (n=653), der Verein zuvor als einspartig bezeichnet worden war;

4. in Abhängigkeit vom Vorhandensein bzw. dem Wunsch nach Rekrutierung spezifischer Bevölkerungsteile eingerichtet werden (z. B. Jugendwart, Frauenwartin) und erwartungsgemäß in deutlich unterschiedlicher Häufigkeit angegeben worden waren.

In den unter 2. und 3. genannten Fällen kann aus strukturbeschreibenden Variablen kein Hinweis darauf gewonnen werden, aus welchen Gründen diese Positionen vorhanden bzw. nicht vorhanden sind. Von Interesse ist dagegen der vierte genannte Fall, da die Frage der institutionalisierten Vertretung von Mitgliedergruppierungen in Abhängigkeit von ihrem jeweiligen Anteil an der Gesamt-Mitgliederzahl hier analysiert werden kann. Nimmt man bei diesen Positionen die Funktion der Vertretung der Interessen einer Minderheit im Vereinsvorstand an, so ergibt sich die folgende Annahme hinsichtlich eines Zusammenhanges:

Empirische Bestandsaufnahme

- Bereits bei einem geringen Anteil der Gruppierung an der Mitgliederschaft im Sportverein erfolgt eine institutionalisierte Vertretung der Interessen dieser Gruppierung im Vereinsvorstand.
- Überschreitet der Anteil dieser Gruppierung an der Mitgliederschaft ein bestimmtes Maß, so ist eine gesonderte Vertretung ihrer Interessen im Vereinsvorstand nicht mehr notwendig. So müßte man sich nach der Funktion einer Frauenwartin in einem Sportverein mit ausschließlich weiblichen Mitgliedern fragen.

Tab. 3.51: Häufigkeit des Vorhandenseins von Positionen

	Anzahl der Sportvereine	Anteil der Sportvereine [%]
Ebene der Führung und Verwaltung		
Vorsitzender	2936	99,5
stellvertretender Vorsitzender	2775	94,0
Geschäftsführer	964	32,7
Schriftführer	2223	75,3
Schatzmeister/Kassenwart	2851	96,6
Sportwart	1888	64,0
Pressewart	1310	44,4
Jugendwart	2148	72,8
Frauenwartin/Frauenbeauftragte	856	29,0
Seniorenwart	349	11,8
Ausführungsebene		
Mitglieder in Abteilungsvorständen	653	22,1
Schieds-/Kampfrichter	1130	38,3
Trainer und Übungsleiter	1956	66,3

Aus Abbildung 3.30 wird ersichtlich, daß dieser angenommene Zusammenhang keineswegs die Einrichtung der Positionen Frauenwartin, Jugendwart und Seniorenwart erklären kann. Im Fall des Seniorenwartes, der allerdings nur in 12% der Sportvereine, in denen der Seniorenanteil über 0 und unter 100% liegt, vorhanden ist, kann die Funktion der Vertretung der Interessen einer Gruppierung noch

Aspekte der Struktur der Sportvereins-Landschaft

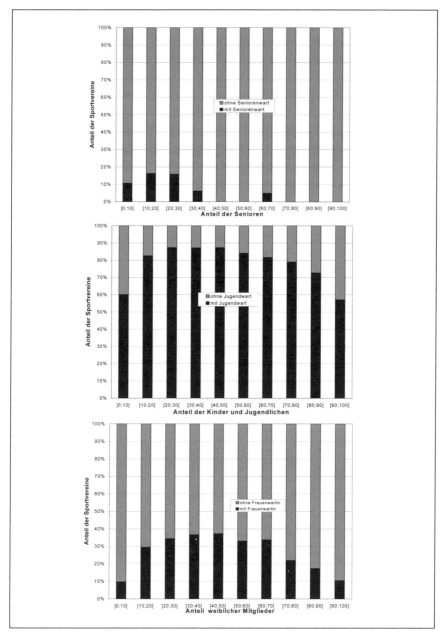

Abb. 3.30: Institutionalisierte Vertretung der Interessen einzelner Gruppierungen im Vereinsvorstand in Abhängigkeit vom Anteil der Gruppierung an der Mitgliederschaft

am ehesten angenommen werden. Im Fall des Jugendwartes wird dieser angenommene Zusammenhang davon überlagert, daß sich Kinder und Jugendliche per definitionem nicht selbst im Vereinsvorstand rechtskräftig vertreten können, was insbesondere bei hohen Anteilen dieser Mitgliedergruppierung im Sportverein zur Einrichtung der Position „Jugendwart" führen kann.

Im Fall der Position „Frauenwartin/Frauenbeauftragte" muß auch die Überlagerung der Funktion einer Minderheitenvertretung durch andere Einflüsse vermutet werden. Darauf deuten die hohen Anteile der Sportvereine mit der Position Frauenwartin im Vorstand hin, bei denen weibliche Sportvereinsmitglieder die Mehrheit der Mitglieder stellen. Zudem ist die institutionalisierte Vertretung im Fall der deutlichen Minderheit weiblicher Mitglieder (]0;10[) ebenso häufig, wie im Fall der deutlichen Mehrheit ([90;100[). In 30,3% der Sportvereine (n=810), die weder ausschließlich männliche noch ausschließlich weibliche Sportvereinsmitglieder haben, ist die Position der Frauenwartin im Vorstand eingerichtet. In insgesamt 20,1% dieser Sportvereine stellen weibliche Sportvereinsmitglieder die Mehrheit im Sportverein und in insgesamt 16,8% dieser Sportvereine (n=136) sind weibliche Personen auch im Vereinsvorstand in der Mehrheit. Berücksichtigt man die Tatsache, daß auch in vier Sportvereinen mit ausschließlich weiblichen Mitgliedern (n=22) die Position der Frauenwartin im Vereinsvorstand eingerichtet ist, drängt sich die Vermutung auf, daß man hier mit einer gewissen Berechtigung von einer Art Modernitätssymbol sprechen kann; offensichtlich ist die Einrichtung einer solchen Position im Sportsystem sozial in hohem Maße erwünscht und möglicherweise ihr Fehlen negativ sanktioniert.

Positionenbündelungen

Das Phänomen, daß eine Person mehrere Ämter und/oder Positionen innehat, verschiedentlich auch als „Ämterhäufung" bezeichnet (z. B. TIMM 1979, 170; EMRICH/PAPATHANASSIOU/PITSCH 1998, 87 f; 1999, 109 f.), tritt in 65,0% der Sportvereine auf. Um im folgenden jede mögliche negativ besetzte Konnotation im

Sinne eines bis zur Machtgier steigerbaren Einflußstrebens zu vermeiden, wollen wir in diesen Fällen im folgenden von Positionenbündelung sprechen[60].

Zur Analyse der Frage, in welchem Anteil der Sportvereine welche Positionen in Kombination mit jeweils welchen anderen bekleidet werden, wurden nur diejenigen Positionen ausgewählt, die im Fragebogen vorgegeben worden waren (s. Anhang). Somit war eine eindeutige Zuordnung zu den Arbeitsebenen möglich. Dabei wurden die Nennungen von Positionenbündelungen im Fragebogen, die maximal drei verschiedene Positionen umfaßten, in dyadische Positionenverknüpfungen umgewandelt, wobei für jeden Sportverein ausschließlich ermittelt wurde, ob die jeweilige Positionenbündelung auftritt. Die Information:

- der erste Vorsitzende ist auch Kassenwart und Übungsleiter

wurde also umgewandelt in drei dyadische Beschreibungen:

- Die Verknüpfung „Position: Erster Vorsitzender" mit „Position: Kassenwart" tritt auf.
- Die Verknüpfung „Position: Erster Vorsitzender" mit „Position: Übungsleiter" tritt auf.
- Die Verknüpfung „Position: Kassenwart" mit „Position: Übungsleiter" tritt auf.

Zu beachten ist hierbei, daß die Verknüpfung qua Personalunion der Positionsinhaber besteht, daß der Bezugspunkt der folgenden Betrachtungen jedoch nicht die jeweilige Position bzw. Kombination von Positionen und ebenfalls nicht die Person des jeweiligen Positionsinhabers ist, sondern die Organisation „Sportverein". Hier wird also nicht gefragt, welche bzw. wie viele Personen Positionen in welcher Verknüpfungen bekleiden, sondern in wie vielen Sportvereinen die jeweiligen Verknüpfungen von Positionen auftreten (s. Tabelle 3.52).

---

[60] „Die Selbstkritik hat viel für sich.
Gesetzt den Fall, ich tadle mich:
So hab ich erstens den Gewinn,
Daß ich so hübsch bescheiden bin;
Zum zweiten denken sich die Leut,
Der Mann ist lauter Redlichkeit;

Auch schnapp ich drittens diesen Bissen
Vorweg den anderen Kritikküssen;
Und viertens hoff ich außerdem
Auf Widerspruch, der mir genehm.
So kommt es denn zuletzt heraus,
Daß ich ein ganz famoses Haus." (*Wilhelm BUSCH*)

Empirische Bestandsaufnahme

Tab. 3.52: *Anzahl und Anteil der Sportvereine, in denen Positionenbündelungen vorkommen. Anteile wurden berechnet auf der Basis der Gesamtzahl derjenigen Sportvereine, von denen die jeweiligen Positionen als vorhanden angegeben worden waren. Grau unterlegt: Häufigkeiten über 3%.*

I	erster Vorsitzender[61]	VIII	Frauenwartin
II	stellvertretender Vorsitzender	IX	Sportwart
III	Geschäftsführer	X	Seniorenwart
IV	Schriftführer	XI	Mitglieder in Abteilungsvorständen
V	Schatzmeister	XII	Schieds- / Kampfrichter
VI	Pressewart	XIII	Trainer / Übungsleiter
VII	Jugendwart		

Anzahl												
	I	II	III	IV	V	VI	VII	VIII	IX	X	XI	XII	XIII
I		13	25	23	29	46	9	1	12	1	13	42	358
II	13		13	19	28	22	11	4	10	4	14	15	168
III	25	13		26	38	14	2	0	2	0	0	9	69
IV	23	19	26		49	55	8	8	7	0	1	7	120
V	29	28	38	49		13	8	2	2	1	5	11	132
VI	46	22	14	55	13		6	1	9	0	1	2	35
VII	9	11	2	8	8	6		4	8	0	3	5	91
VIII	1	4	0	8	2	1	4		1	0	1	0	24
IX	12	10	2	7	2	9	8	1		0	2	8	47
X	1	4	0	0	1	0	0	0	0		0	0	4
XI	13	14	0	1	5	1	3	1	2	0		1	53
XII	42	15	9	7	11	2	5	0	8	0	1		57
XIII	358	168	69	120	132	35	91	24	47	4	53	57	

Anteil [%]												
	I	II	III	IV	V	VI	VII	VIII	IX	X	XI	XII	XIII
I		0,47	2,61	1,04	1,02	2,44	0,69	0,05	1,44	0,31	1,99	3,73	18,38
II	0,47		1,48	0,88	1,04	1,22	0,87	0,19	1,25	1,31	2,23	1,39	9,06
III	2,61	1,48		4,35	4,20	2,10	0,37	0,00	0,62	0,00	0,00	2,10	10,27
IV	1,04	0,88	4,35		2,25	3,60	0,75	0,47	1,00	0,00	0,19	0,82	8,09
V	1,02	1,04	4,20	2,25		0,70	0,62	0,10	0,24	0,32	0,78	0,99	6,92
VI	2,44	1,22	2,10	3,60	0,70		0,60	0,07	1,41	0,00	0,26	0,27	2,77
VII	0,69	0,87	0,37	0,75	0,62	0,60		0,35	1,54	0,00	0,88	0,84	9,64
VIII	0,05	0,19	0,00	0,47	0,10	0,07	0,35		0,14	0,00	0,19	0,00	1,58
IX	1,44	1,25	0,62	1,00	0,24	1,41	1,54	0,14		0,00	0,71	1,85	7,21
X	0,31	1,31	0,00	0,00	0,32	0,00	0,00	0,00	0,00		0,00	0,00	1,53
XI	1,99	2,23	0,00	0,19	0,78	0,26	0,88	0,19	0,71	0,00		0,22	9,27
XII	3,73	1,39	2,10	0,82	0,99	0,27	0,84	0,00	1,85	0,00	0,22		5,62
XIII	18,38	9,06	10,27	8,09	6,92	2,77	9,64	1,58	7,21	1,53	9,27	5,62	

---

[61] Die Formulierungen entsprechen dem Fragetext, wobei auch Nennungen mit anderen, jedoch äquivalenten Funktionsbezeichnungen hier subsummiert wurden, wie z. B. erster Vorsitzender / Präsident; stellvertretender Vorsitzender / Vizepräsident / zweiter Vorsitzender usf.

In der Aufschlüsselung der Häufigkeit von Positionenbündelungen zeigen sich einige charakteristische Muster, wie die grau unterlegten Anteile (über 3% der Sportvereine, in denen die jeweiligen Positionen als vorhanden angegeben waren) zeigen. Die meisten Fälle von Positionenbündelungen betreffen hierbei die Position des Übungsleiters, die in relativ vielen Sportvereinen in Kombination mit anderen Positionen ausgeübt wird. Daneben gibt es Positionenbündelungen mit geringerem Anteil im Bereich „Geschäftsführer/Schriftwart", „Geschäftsführer/Kassenwart" und „Schriftwart/Pressewart". In diesen Fällen handelt es sich offenbar um funktionelle Verknüpfungen, wobei im Fall der Verknüpfung Geschäftsführer/Kassenwart die Frage der Funktionalität für die Organisation „Sportverein" bzw. der Legalität der Positionenverknüpfung von der jeweiligen Definition der Rolle des Geschäftsführers abhängen wird.

Im Fall der Position „Frauenwartin", bei der auf der Basis der vorherigen Auswertungen die Vermutung bestand, ihre Einrichtung folge nicht ausschließlich funktionalen Erfordernissen, kann festgestellt werden, daß diese Position relativ selten in Kombination mit anderen Positionen ausgeübt wird. Man kann hier begründet vermuten, daß diese Position, die auch der Anhebung der Zahl weiblicher Vorstandsmitglieder dienen kann, nur dann eingerichtet wird, wenn auch Mitglieder des Sportvereins, die bisher nicht ehrenamtlich aktiv waren, sich bereit finden, die Position einzunehmen. Ähnliche Effekte können auch im Fall der Position „Seniorenwart" vermutet werden.

Für die verschiedenen Arbeitsebenen ergibt sich das folgende Bild: In 13,9% der Sportvereine gibt es Positionenbündelungen auf der Ebene der Führung und Verwaltung des Vereins, in 9,1% gibt es Kombinationen auf der Ausführungsebene und in 34,8% der Sportvereine gibt es solche über die beiden Ebenen hinweg. Insgesamt sind also Positionenbündelungen kein Ausdruck einer weit verbreiteten Oligarchisierung der Führungs- und Verwaltungsebene in den Sportvereinen. Vielmehr deutet die große Zahl der Bündelungen über die Arbeitsebenen hinweg darauf hin, daß die Trennung zwischen diesen Ebenen eine mehr oder weniger analytische Trennung bleibt, die sich im Handeln der ehrenamtlich Tätigen in vielen Sportvereinen nicht widerspiegelt. Darauf deuten auch die Angaben zu Konsequenzen aus der Positionenbündelung hin. Von den Vertretern der Sportvereine, in denen es zu Positionenbündelungen kommt, werden nämlich in 65,7% (n=1141) der Fälle weder Vor- noch Nachteile angegeben, die daraus resultieren. In 17,1% der Fälle (n=298) werden ausschließlich Vorteile gesehen, in 12% der Fälle (n=209) ausschließlich Nachteile und in 5,2% (n=90) sowohl Vor- als auch Nachteile. Wie bereits in anderen Untersuchungen (EMRICH/PAPATHANASSIOU/PITSCH 1998, 87 f; 1999, 109 f.) stellte sich auch hier heraus, daß die genannten Vorteile vor allem auf der Seite der Organisation anfallen (z. B. besserer Informationsfluß, intensivere Kontakte zwischen Vorstand und Mitgliedern), während die Nachteile vor allem auf der Seite der Positionsinhaber gesehen werden (z. B. Überlastung, Zeitmangel). Im Gegensatz zu den genannten Untersuchungen war hier jedoch erstmals die Zahl der Sportvereine, in denen Vorteile aus der Positionenbündelung gesehen werden (n=388), deutlich höher als die Zahl derer, die darin Nachteile sahen (n=299). Die in der Grundtendenz positive Bilanz der Positionenbündelung für die Organisation „Sportverein" sowohl auf der Ebene der Führung und Verwaltung als auch auf der Ausführungsebene sowie in der Verschränkung der beiden Arbeitsebenen konnte also wiederum bestätigt werden. Der spezifische Vorteil dieser Positionenbündelung läßt Rückschlüsse auf den Charakter des Sportvereins als orales System und die hohe Bedeutung informalen Organisierens zu[62].

Frauen in Ehrenämtern

Die Frage, in welchem Umfang weibliche Vereinsmitglieder durch Geschlechtsgenossinnen auf der Ebene der Führung und Verwaltung sowie auf der Ausführungsebene repräsentiert werden, war innerhalb des DSB mehrfach Anlaß zu politischen Kampagnen und hat auch in der Literatur zu Sportvereinen verschiedentlich besondere Beachtung gefunden (z. B. HEINEMANN/SCHUBERT 1994, 224 ff.; BAUR/BECK 1999, 123 ff., 212 ff.). Hierbei ist zu unterscheiden zwischen dem Anteil weiblicher Personen unter den ehrenamtlichen Mitarbeitern als Kennwert, der die Struktur ehrenamtlicher Mitarbeit in den Sportvereinen betrifft einerseits und dem Anteil der weiblichen Sportvereinsmitglieder, die in ehrenamtlichen

---

[62] Auch in anderen freiwilligen Vereinigungen, z. B. auf der Ebene politischer Parteien, bewährt sich dieses Muster, allerdings in der spezifischen Ausformung der Funktionenbündelung, wenn sich z. B. Parteivorsitzende als Quasi-Kassenwarte betätigen und Gelder außerhalb der formalen Wege einsammeln, danach verteilen und zumindest weite Teile der Partei über die getroffenen Entscheidungen nicht, wenigstens nicht schriftlich informieren: Also auch dort eine orale Kultur!

Positionen tätig sind als Kennwert, der das Engagement weiblicher Sportvereinsmitglieder betrifft, andererseits.

In einem ersten Zugang soll der Frage der Repräsentation weiblicher Sportvereinsmitglieder in den Führungspositionen des Sportvereins im Sinne einer auf die Organisation bezogenen Analyse nachgegangen werden, wobei zwischen den verschiedenen Arbeitsebenen zu unterscheiden ist. Die Forderung nach einer ihrem Anteil an der Zahl der Sportvereinsmitglieder entsprechenden Repräsentation weiblicher Personen auf der Ebene der Führung und Verwaltung des Sportvereins kann als Ableitung aus einem erweiterten Demokratiegedanken (eigentlich: [Zwangs-]Partizipationsgedanken, denn das Einfordern spezifischer Quoten widerspricht dem Demokratiegedanken; vgl. zu beiden Begriffen z. B. die Stichwörter in MICKEL 1986) politisch-ideologisch gerechtfertigt werden, während diese Forderung auf der Ebene der Leistungserstellung sowohl egoistischen Interessen der Sportvereinsmitglieder als auch funktionalen Überlegungen auf der Organisationsebene zuwiderlaufen kann. Von daher erfolgen die folgenden Analysen für die beiden Arbeitsebenen getrennt, wobei die Sportvereine, die ausschließlich männliche oder ausschließlich weibliche Mitglieder angegeben haben, davon ausgeschlossen wurden.

Der Anteil weiblicher Mitarbeiter auf der Ausführungsebene unterschied sich nicht signifikant von demjenigen auf der Ebene der Führung und Verwaltung (s. Tabelle 3.53; einfaktorielle Varianzanalyse, F=0,96; df=1;2078 n.s.). Damit ergibt sich kein Hinweis auf unterschiedliche Zugangschancen für weibliche Sportvereinsmitglieder in Abhängigkeit von der jeweiligen Arbeitsebene, wie dies verschiedentlich vermutet worden war (vgl. HEINEMANN/SCHUBERT 1994, 223).

Tab. 3.53: *Anteil weiblicher Mitarbeiter in ehrenamtlich besetzten Positionen*

Anzahl weiblicher ehrenamtlicher Mitarbeiter	n	$\bar{x}$	s	25. Perzentil	Median	75. Perzentil
... auf der Vorstandsebene	2681	25,67	21,39	10,00	22,22	37,50
... auf der Ausführungsebene	2092	26,48	25,01	0,00	24,22	42,31

Der Anteil weiblicher ehrenamtlicher Mitarbeiter auf der Ebene der Führung und Verwaltung korrelierte mit R=0,561 (n=2681; p<0,001; R^2=31,5%) mit dem Anteil weiblicher Mitglieder im Sportverein. Die entsprechende Korrelation für den Anteil weiblicher Mitarbeiter auf der Ausführungsebene beträgt R=0,574 (n=2092; p<0,001; R²=32,9%). Der Anteil weiblicher Mitarbeiter in ehrenamtlich besetzten Positionen läßt sich also unabhängig von der Arbeitsebene zu circa 30% aus dem Anteil weiblicher Mitglieder im Sportverein ableiten.

Die Abbildung 3.31 verdeutlicht, warum der Grad der erklärten Varianz nicht höher liegt: Die Punktwolke im oberen Teil der Abbildung gruppiert sich relativ weit um die lineare Regressionsgerade herum. Eine vollständige Varianzklärung wäre dann erreicht, wenn alle Punkte genau auf der Geraden lägen.

Zum Vergleich mit den Überlegungen HEINEMANNs und SCHUBERTs zu anteilsabhängig variierenden Zugangsschranken für Frauen in Führungsfunktionen (1994, 222 f.), wurde neben der linearen Regression auch eine nichtlineare, polynomische Regression berechnet, wobei die beste Annäherung der Regressionsfunktion an die Daten bei einem Polynom fünften Grades erreicht wurde[63]. Ein Vergleich der Varianzklärungen ergab jedoch, daß die Regressionsfunktion

$$y = 0,028 + 0,603 * x + 0,2809 * x^2 - 14,774 * x^3 + 24,688 * x^4 - 13,117 * x^5$$

mit 33,5% in der Varianzklärung eine um nur 0,6% bessere Schätzung darstellte als die Regressionsfunktion

$$y = 0,048 + 0,604 * x.$$

---

[63] Unter Hinzuziehung der Sportvereine, von denen ausschließlich weibliche und ausschließlich männliche Sportvereinsmitglieder angegeben worden waren, ergab sich ein Verlauf der nichtlinearen Regressionsfunktion, die in etwa dem von HEINEMANN/SCHUBERT dargestellten (1994, 223; Abb. 6.1) Sachverhalt entspricht, wobei auch in diesem Fall die Varianzklärung durch die nichtlineare Regression diejenige der linearen Regression nicht deutlich überstieg.

Aspekte der Struktur der Sportvereins-Landschaft

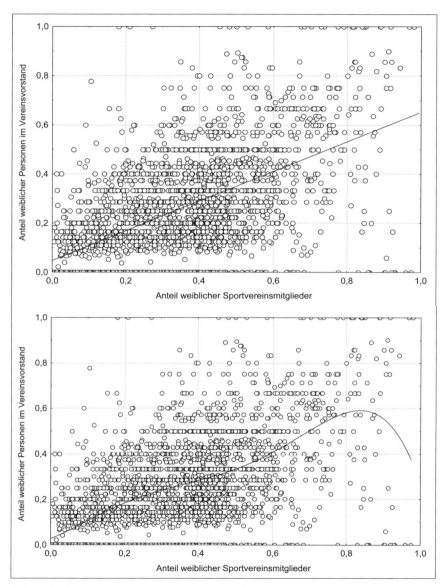

Abb. 3.31: Lineare und nicht-lineare Regression des Anteils weiblicher ehrenamtlicher Mitarbeiter auf der Ebene der Führung und Verwaltung des Sportvereins auf den Anteil weiblicher Sportvereinsmitglieder

Wir ziehen daher in Beachtung des Ockham'schen Prinzips[64] die einfachere Beschreibung der komplizierteren vor. Das gleiche Befundmuster ergibt sich für den Bereich ehrenamtlicher Mitarbeit auf der Ausführungsebene (s. die Regressionsgleichungen im Anhang). Anteilsabhängig variierende Zugangschancen zu ehrenamtlich besetzten Positionen konnten also nicht bestätigt werden.

Betrachtet man den Anteil weiblicher und männlicher Sportvereinsmitglieder, die sich ehrenamtlich im Sportverein engagieren (s. Tabelle 3.54)[65], so ergibt sich ein zwar signifikanter ($F=88,27$; $df=1;2063$; $p<0,001$), jedoch ausnehmend schwacher Effekt ($\omega^2=0,37\%$). Die niedrige Varianzklärung verweist darauf, daß in dem Einflußgefüge von persönlicher Engagementbereitschaft, Engagementbedarf und -möglichkeiten, individueller Disposition, vereinsexterner Einflüsse und -interner Kultur die Variable Geschlecht nur eine von vielen möglichen Einflußbedingungen des Engagements ist, wobei vielfache Vernetzungen zwischen den Elementen dieses Einflußgefüges vermutet werden müssen. Zielgerichteten Aktivitäten zur stärkeren Einbindung von Frauen in die ehrenamtliche Vereinsarbeit scheint damit der Umfang, in dem sich weibliche Sportvereinsmitglieder ehrenamtlich engagieren direkt nicht zugänglich.

---

[64] Das im englischen Sprachraum auch als Ockham's razor bezeichnete Prinzip lautet: „Entia praeter necessitatem non sunt multiplicanda" (zit. nach VORLÄNDER 1919, 525).

[65] Hierbei ist zweierlei zu berücksichtigen: Erstens kann aus unterschiedlichen Graden der Abbildung der Geschlechteranteile der Sportvereinsmitglieder auf der ehrenamtlichen Ebene nicht zwingend auf ein geschlechtsspezifisch unterschiedlich starkes Engagement geschlossen werden. Grund dafür sind die Verteilungsunterschiede zwischen den verschiedenen Sportvereinen. Die Ableitung des Engagements weiblicher Sportvereinsmitglieder aus dem Grad ihrer Repräsentation setzt die zusätzliche Betrachtung des Anteils weiblicher Personen im Sportverein, der Zahl ehrenamtlich besetzter Positionen sowie des die Betrachtung des Engagements männlicher Sportvereinsmitglieder voraus. Zweitens sind hier individuelle Ereignisrisiken (hier: das Ereignisrisiko, ehrenamtlich tätig zu werden) zu betrachten, bei denen die Eingrenzung der Risikopopulation aufgrund von Plausibilitätskriterien (z. B. Alter) eine wichtige Rolle spielt. Das Engagement der Sportvereinsmitglieder müßte also auf der Basis des Anteils der Mitglieder, die altersbedingt in der Lage sind, ehrenamtlich tätig zu werden, berechnet werden. Da dies in allen vergleichbaren Studien im Sport im Gegensatz zur Bevölkerungswissenschaft (vgl. z. B. MUELLER 1993) so nicht geschehen ist, wird dieser Gedanke hier nicht weiter verfolgt.

Tab. 3.54: *Anteil weiblicher Positionsinhaber in den Sportvereinen, die sowohl männliche als auch weibliche Mitarbeiter auf der jeweiligen Arbeitsebene angeben*

	n	Anteil weiblicher Positionsinhaber	
		$\bar{x}$	s
Ebene der Führung und Verwaltung			
Vorsitzender	2131	8,9	34,1
stellvertretender Vorsitzender	2041	16,8	40,8
Geschäftsführer	701	27,8	43,9
Schriftführer	1709	53,3	49,3
Schatzmeister/Kassenwart	2085	35,8	46,5
Sportwart	1471	16,3	35,2
Pressewart	1074	29,7	53,0
Jugendwart	1674	30,2	44,0
Frauenwartin/Frauenbeauftragte	809	95,6	22,2
Seniorenwart	291	25,2	42,7
Ausführungsebene			
Mitglieder in Abteilungsvorständen	581	32,6	29,8
Schieds-/Kampfrichter	822	17,4	26,8
Trainer und Übungsleiter	1292	37,2	32,2

Angesichts des Anteils weiblicher Mitglieder in den Sportvereinen von 34,2% (s.o.), muß man auf der Vorstandsebene im Fall des Vorsitzenden, seines Stellvertreters, sowie des Sportwarts von einer deutlichen Unterrepräsentiertheit weiblicher Sportvereinsmitglieder ausgehen. Die Position des Schriftführers scheint für weibliche Sportvereinsmitglieder dagegen besonders attraktiv zu sein.

Gründe für die genannte spezifische Unterrepräsentiertheit können kulturell verankert sein oder in der geschlechtsunabhängig betrachteten Eignung der Kandidaten wurzeln. Eine eventuelle kulturelle Verankerung im Sinne einer planvollen Aussperrung von Frauen aus höchsten Führungsämtern durch eine männliche Majorität ist nicht plausibel: Von den Sportvereinen, in denen Frauen unter den wahlberechtigten und wählbaren Mitgliedern die Mehrheit haben, und sich also einem realen oder vermeintlichen „Diktat der Männer" nicht unterwerfen müssen, haben 66,9% einen männlichen Vorsitzenden. Denkbar wäre also auch vor dem Hintergrund, daß für geschlechtsspezifisch strukturell unterschiedliche Interessenlagen keine Hinweise gefunden werden konnten (s. o.),

- daß unter den Kandidaten Männer mehrheitlich die bessere Eignung aufweisen und/oder ihnen eine solche zugeschrieben wird,
- daß der Anteil der Frauen, die sich selbst die Bekleidung einer solchen Position nicht zutrauen, größer ist, als der entsprechende Anteil unter den Männern,
- daß das Interesse weiblicher Sportvereinsmitglieder an der Einnahme hoher ehrenamtlicher Führungspositionen geringer ist als das der männlichen Sportvereinsmitglieder, daß sie also
  > entweder (nach Wilhelm BUSCH) es mit Fips dem Affen halten, der die „ekligen Sachen, ohne neidisch zu sein, von anderen machen" ließ
  > oder bei Vorhandensein männlicher Kandidaten diese ihre „Ambitionen" ausleben lassen.

Das Befundmuster auf der Ausführungsebene, auf der Frauen bezogen auf Schieds- oder Kampfrichterpositionen unterrepräsentiert sind, kann ebenfalls mit den beiden letztgenannten Interpretationen erklärt werden. Über die beiden Arbeitsebenen hinweg läßt sich also feststellen, daß in den Positionen, in denen Entscheidungen, die den Verein insgesamt oder einzelne Mannschaften bzw. Sportler positiv oder negativ tangieren, und die gegenüber einer vereinsexternen Öffentlichkeit vertreten und u.U. auch verteidigt werden müssen, Frauen unterrepräsentiert sind.

Finanzielle Entschädigungen für ehrenamtliche Mitarbeiter

Im Zusammenhang mit Überlegungen zum Bereich des Ehrenamts war auch der Aspekt der Gewährung finanzieller Entschädigungen für den Einsatz der Mitarbeiter diskutiert worden. **In 44,1% aller Fälle werden ehrenamtlichen Mitarbeitern keine finanziellen Entschädigungen gewährt, was darauf hindeutet, daß das ursprüngliche Honoratiorenprinzip durchaus noch seine Geltung hat.** Man kann hier davon ausgehen, daß, obwohl durch den ehrenamtlichen Einsatz dem Einzelnen auch Kosten entstehen (z. B. für die Teilnahme an Sitzungen), diese offensichtlich nicht vom Verein übernommen werden. Daneben sind verschiedene Formen der Gewährung finanzieller Entschädigungen (s. Tabelle 3.55) in den Sportvereinen ebenfalls keine Seltenheit. In insgesamt 55,9% der Sportvereine werden ehrenamtlichen Mitarbeitern in unterschiedlicher Form finanzielle Zuwendungen gewährt. Hierbei zeigten sich zwar signifikante punkt-biseriale Korrelationen mit den Typikalitätswerten für die Strukturtypen (positive Korrelationen mit den Typikalitätswerten „groß-alt" und „mittel-alt"; negativ mit dem Typikalitätswert „klein-jung", s. Tabelle 7.15 im tabellarischen Anhang), diese erklärten jedoch durchweg weniger als 10% der Varianz der abhängigen Variablen.

Tab. 3.55: Finanzielle Entschädigungen bzw. Entgelte für Inhaber ehrenamtlicher Positionen (in Klammern: Anteile in Prozent)

Auf der Ebene der Führung und Verwaltung	Auf der Ausführungsebene		
	keine finanzielle Entschädigung	finanzielle Entschädigung	Gesamt
keine finanzielle Entschädigung	1301 (44,1)	720 (24,4)	2021 (68,5)
finanzielle Entschädigung	292 (9,9)	639 (21,7)	931 (31,5)
Gesamt	1593 (54,0)	1359 (46,0)	2952

Tab. 3.56: Formen der finanziellen Entschädigung ehrenamtlicher Mitarbeiter nach Position

	aufwandsabhängig	pauschal	zeitabhängig
Ebene der Führung und Verwaltung			
Vorsitzender	597	113	17
stellvertretender Vorsitzender	489	80	11
Geschäftsführer	229	61	20
Schriftführer	328	54	8
Schatzmeister/Kassenwart	463	113	23
Sportwart	364	58	19
Pressewart	225	28	5
Jugendwart	435	58	23
Frauenwartin/Frauenbeauftragte	157	21	3
Seniorenwart	72	11	0

Tab. 3.55 (Fortsetzung): Finanzielle Entschädigungen bzw. Entgelte für Inhaber ehrenamtlicher Positionen (in Klammern: Anteile in Prozent)

	Ausführungsebene		
Mitglieder in Abteilungsvorständen	145	18	2
Schieds-/Kampfrichter	346	51	73
Trainer und Übungsleiter	685	191	702

Eine an der aufgewandten Zeit orientierte Berechnung des Entgeltes tritt dabei fast ausschließlich im Bereich „Trainer und Übungsleiter" auf (s. Tabelle 3.56), wobei in circa einem Fünftel (n=237) der Sportvereine, die Trainern und Übungsleitern finanzielle Entschädigungen gewähren, sowohl aufwands- als auch zeitabhängig die Höhe der Entschädigung ermittelt wird. In den anderen erfaßten Positionen herrscht deutlich eine aufwandsabhängige Entschädigung vor.

Ost-West-Unterschiede

Zum Phänomenbereich „ehrenamtliche Mitarbeit" waren mehrere Vermutungen zu Unterschieden zwischen Sportvereinen in den neuen und den alten Bundesländern formuliert worden, die sowohl die Gesamtzahl als auch die geschlechtsspezifischen Anteile des Engagements betrafen, wobei hier die grundsätzliche Differenzierung zwischen den Arbeitsebenen berücksichtigt werden soll. Einen Überblick über die Zahl ehrenamtlicher Mitarbeiter auf den verschiedenen Arbeitsebenen im Ost-West-Vergleich gibt Tabelle 3.57.

Die Zahl ehrenamtlicher Mitarbeiter in den Sportvereinen der neuen Bundesländer ist, unter Berücksichtigung des Einflusses der Mitgliederzahl, vergleichsweise höher als diejenige in den alten Bundesländern (F=57,3; df=1;1902; p<0,001; ω^2=2,9%), wobei sich der Grad der Besetzung ehrenamtlicher Positionen zwischen beiden nicht signifikant unterscheidet (s. Abbildung 3.32).

Aspekte der Struktur der Sportvereins-Landschaft

Tab. 3.57: Ehrenamtliche Mitarbeiter nach Arbeitsebene und Geschlecht im Ost-West-Vergleich

	alte Bundesländer			neue Bundesländer		
Mitarbeiter ...	n	x̄	s	n	x̄	s
... auf der Ebene der Führung und Verwaltung	2397	8,70	4,52	460	6,37	4,60
... auf der Ausführungsebene	1792	16,95	28,70	408	14,40	19,55
... männlich	2383	15,07	17,86	459	14,71	15,30
... weiblich	1967	7,78	11,79	356	5,77	6,80
... Gesamt	1780	26,17	30,35	404	20,82	20,75

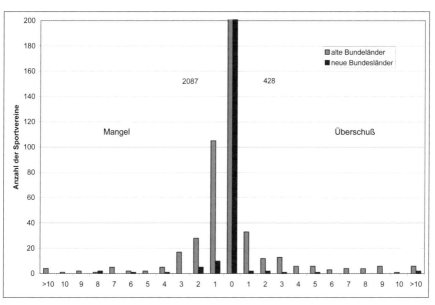

Abb. 3.32: Differenz zwischen der Zahl ehrenamtlich zu besetzender Positionen und ehrenamtlicher Mitarbeiter insgesamt, differenziert nach Sportvereinen in den neuen und alten Bundesländern

Die stärkere ehrenamtliche Einbindung der Vereinsmitglieder betrifft beide Geschlechter (s. Abbildung 3.33): Im Vergleich mit Sportvereinen der alten Bundesländer haben diejenigen in den neuen Bundesländern sowohl mehr ehrenamtlich tätige männliche als auch mehr ehrenamtlich tätige weibliche Mitglieder. Damit ist die Annahme einer nachwirkenden spezifischen DDR-Sozialisation im

Sinne der Verpflichtung zu gesellschaftlich nützlicher Arbeit bestätigt, während die diesbezüglichen geschlechtsspezifischen Überlegungen sich als empirisch nicht tragfähig erwiesen haben.

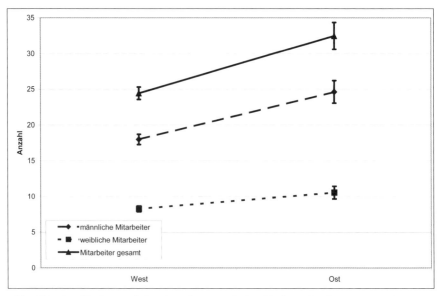

Abb. 3.33: Anzahl ehrenamtlicher Mitarbeiter nach Geschlecht in den Sportvereinen der neuen und alten Bundesländer

Betrachtet man hierbei die beiden Arbeitsebenen getrennt (s. Abbildung 3.34), zeigt sich, daß die Zahl der ehrenamtlichen Mitarbeiter auf der Ebene der Führung und Verwaltung in den Sportvereinen der neuen Bundesländer vergleichsweise niedriger ist als in denjenigen der alten Bundesländer (F=49,8; df=1;1683; p<0,001; ω^2=2,5%). Dagegen ist die Zahl ehrenamtlicher Mitarbeiter auf der Ausführungsebene in den Sportvereinen der neuen Bundesländer vergleichsweise höher (F=92,29; df=1;1683; p<0,001; ω^2=2,1%). Dieser Effekt bleibt auch erhalten, wenn man neben der Mitgliederzahl auch den Einfluß des Anteils der Teilnehmer in den Sportgruppen mitberücksichtigt.

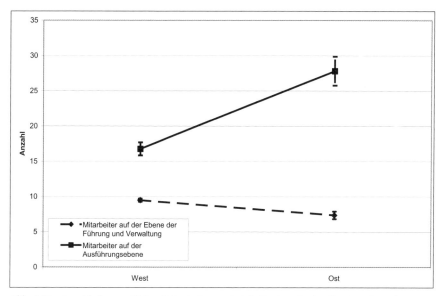

Abb. 3.34: *Anzahl ehrenamtlicher Mitarbeiter nach Arbeitsebene in den Sportvereinen der neuen und alten Bundesländer*

Für das Engagement weiblicher und männlicher Sportvereinsmitglieder in ehrenamtlich besetzten Positionen ergab sich

- ein insgesamt stärkeres Engagement der Sportvereinsmitglieder in den neuen Bundesländern (F=130,54; df=1;2006; ω^2=6,1%),

- keine geschlechtsspezifische Differenzierung in dem generellen Unterschied zwischen neuen und alten Bundesländern (F=3,38; df=1;2006; n.s.),

- eine geschlechtsspezifische Differenzierung im Engagement männlicher und weiblicher Sportvereinsmitglieder in den neuen Bundesländern bei der vergleichenden Betrachtung der beiden Arbeitsebenen. Unabhängig vom generell stärkeren Engagement der Männer insgesamt engagieren sie sich überproportional stark auf der Ausführungsebene (F=14,0; df=1;2006; ω^2=0,6%).

Die erwarteten allgemeinen geschlechtsspezifischen Unterschiede zwischen Sportvereinen der neuen und alten Bundesländer ließen sich auch hier nicht nachweisen. Insgesamt ist das Engagement der Sportvereinsmitglieder in den neuen Bundesländern stärker als das in den alten Bundesländern. Dagegen ergab sich der erwartete geschlechtsspezifische Effekt für die Arbeitsebenen, wenn auch mit sehr niedriger Varianzklärung.

Im Hintergrund stand die Vermutung, daß aufgrund der auch in der DDR nachweisbaren Benachteiligungen für die Frauen im Alltag (s.o.) sich diese auf der Ausführungsebene entweder im Sinne des Nachlebens alter Muster verstärkt engagieren sollten oder, als Folge einer Kompensation erlebter Benachteiligung, entweder Mitarbeit generell ablehnen oder verstärkt ein Engagement in Führungspositionen anstreben. In den neuen Bundesländern ergab sich zwischen Frauen und Männern kein Unterschied im Grad der Einbindung der Sportvereinsmitglieder auf der Ebene der Führung und Verwaltung, dagegen ein deutlicher Unterschied auf der Ausführungsebene, die durch ein vergleichsweise starkes Engagement männlicher Sportvereinsmitglieder gekennzeichnet ist.

Die Auskunft erteilenden Vertreter der Sportvereine

In der FISAS 1996 wurden die Fragebögen von einem Funktionsträger des jeweiligen Sportvereins beantwortet, der die Funktionen der ihn dabei unterstützenden weiteren Mitarbeiter angeben sollte. Die Personen, die angegeben hatten, den Fragebogen im wesentlichen stellvertretend für den Sportverein beantwortet zu haben, verteilten sich nicht zufällig auf die verschiedenen, geschlossen erfragten ehrenamtlichen Funktionen (s. Tabelle 3.58). Darüber hinaus wurden 191 (8,8%) weitere, offen erfragte ehrenamtliche Funktionen genannt. In der Mehrzahl wurde der Fragebogen von ehrenamtlichen Funktionsträgern auf der Vorstandsebene der Sportvereine ausgefüllt, wobei vor allem der erste Vorsitzende, der Kassenwart und der Geschäftsführer des Sportvereins zu nennen ist. Hierbei ist zu berücksichtigen, daß die hier betrachtete Zahl der genannten Positionen aufgrund der häufig auftretenden Positionenbündelungen – circa ein Viertel der antwortenden Personen hatte zum Befragungszeitpunkt mehr als ein Amt inne – die Zahl der antwortenden Personen übersteigt.

In 44,8% der Sportvereine (n=1317) wurde der Antwortende durch einen oder mehrere andere Funktionsträger unterstützt, wobei in unterstützenden Funktionen vor allem

- der Kassenwart/Schatzmeister (n=911; 69,7%),
- Mitglieder in Abteilungsvorständen (194; 14,7%) sowie

- der erste Vorsitzende (n=182; 13,8%) genannt worden waren.

Tab. 3.58: Ehrenamtliche Funktionen der antwortenden Personen

	Anzahl der Nennungen	Anteil der Nennungen [%]
Ebene der Führung und Verwaltung		
Vorsitzender	882	40,2
Stellvertretender Vorsitzender	123	5,6
Geschäftsführer	210	9,6
Schriftführer	167	7,6
Schatzmeister/Kassenwart	267	12,2
Sportwart	48	2,2
Pressewart	43	2,0
Jugendwart	25	1,1
Frauenwartin/Frauenbeauftragte	2	0,1
Seniorenwart	0	0,0
Ausführungsebene		
Mitglieder in Abteilungsvorständen	44	2,0
Schieds-/Kampfrichter	15	0,7
Trainer und Übungsleiter	174	7,9

Von den antwortenden Funktionsträgern waren 86,9% männlichen, 13,1% weiblichen Geschlechts, was angesichts der Verteilung der Geschlechter in den unterschiedlichen Funktionen in Sportvereinen (s. Kapitel 3.3.5) nicht erstaunt. In Tabelle 3.59 sind weitere Eckdaten der „Sportvereinskarriere" der antwortenden Personen aufgezeigt. Die antwortenden Funktionsträger sind im Mittel seit ca. 20 Jahren Mitglied des Sportvereins und seit ca. 12 Jahren in ehrenamtlichen Funktionen in dem jeweiligen Sportverein tätig. Dabei haben die Personen im Laufe der Zeit und/oder parallel im Mittel 2 verschiedene Ämter bekleidet (n=2940; $\bar{x}$=1,9; s=1,2; Median=2). Die mittlere Verweildauer in den einzelnen Positionen, die aus der Darstellung der ehrenamtlichen „Laufbahn" der antwortenden Personen ermittelt wurde, beträgt 8,92 Jahre (s=8,17; Median=6) bei einer maximal ermittelten Verweildauer von 49 Jahren, die sich allerdings auf die ehrenamtlich ausgefübte Funktion „Übungsleiter" bezog.

Tab. 3.59: Eckdaten der Sportvereinskarrieren der antwortenden Personen

		n	$\bar{x}$	s
Alter	[a]	2930	48,0	11,8
Mitgliedschaftsdauer im Sportverein	[a]	2721	19,8	12,6
Gesamtdauer ehrenamtlicher Tätigkeit(en)	[a]	2917	12,9	11,0
aufgewandte Zeit pro Woche	[h]	2821	7,4	7,6
		25. Perzentil	Median	75. Perzentil
Alter	[a]	39	48	57
Mitgliedschaftsdauer im Sportverein	[a]	9	19	29
Gesamtdauer ehrenamtlicher Tätigkeit(en)	[a]	4	10	19
aufgewandte Zeit pro Woche	[h]	3	5	10

[a]: Jahre   [h]: Stunden

Die Antworten zur wöchentlich aufgewandten Zeit für das bekleidete Ehrenamt (s. Tabelle 3.59) bestätigten den Beschluß, im Fragebogen auf eine Erfassung des wöchentlichen zeitlichen Umfanges aller im Sportverein ehrenamtlich Tätiger zu verzichten. Selbst in dem hier vorliegenden Fall, in dem die Angaben ausschließlich auf die antwortende Person bezogen waren[66], ergab sich eine außerordentlich hohe Spannweite der Antworten. So wurde maximal ein zeitlicher Aufwand von 168 Stunden pro Woche (entspricht 24 Stunden an 7 Tagen) angegeben. Die Verteilung der angegebenen zeitlichen Umfänge (s. Abbildung 3.35) zeigt, daß der überwiegende Teil der Vertreter der Sportvereine wöchentlich einen eher geringen zeitlichen Arbeitsumfang angibt, daß aber auch ein nicht unerheblicher Teil eher große Zeitumfänge nennt. So geben 82,9% (n=1765) der antwortenden Funktionsträger einen wöchentlichen zeitlichen Umfang von 7 Stunden oder weniger an (entsprechend bis zu einer Stunde täglich), während 9,5% der Funktionsträger (n=202)

---

[66] In der FISAS 1991 sollten die antwortenden Funktionsträger diese Angaben nicht nur für sich selbst, sondern auch *für alle anderen Funktionsträger* machen.

einen wöchentlichen zeitlichen Umfang von 20 Stunden oder mehr angeben, was dem Umfang von mindestens einer Halbtagsstelle entspricht.

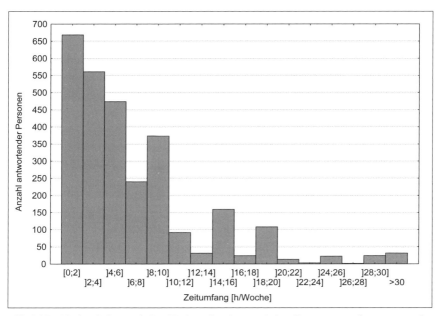

Abb. 3.35: Wöchentlicher zeitlicher Umfang des ehrenamtlichen Engagements der antwortenden Personen

Das ehrenamtliche Engagement der antwortenden Funktionsträger ist in 54,6% der Fälle (n=1554) auf denjenigen Sportverein beschränkt, für den der jeweilige Fragebogen ausgefüllt wurde. In 45,4% der Fälle (n=1294) werden noch weitere ehrenamtliche Tätigkeiten ausgeübt. Diese verteilen sich wie folgt:

- ehrenamtliche Tätigkeit in einem (n=239; 8,4%) oder mehreren (n=120; 4,2%) Sportvereinen: insgesamt n=359; 12,6%
- ehrenamtliche Tätigkeit in einem (n=344; 12,1%) oder mehreren (n=92; 3,2%) Sportverbänden: insgesamt n=436; 15,3%

- ehrenamtliche Tätigkeit in einem oder mehreren anderen Bereichen: n=878; 30,8%[67]

Unter anderen Bereichen wurden vor allem Engagements in politischen oder religiösen Vereinigungen, im Bereich des „kulturellen Schaffens" sowie im Katastrophenschutz genannt. Das ehrenamtliche Engagement über den jeweiligen Sportverein hinaus erstreckte sich in 34,8% der Fälle (n=990) auf nur einen weiteren Engagementbereich (d. h. entweder auf die Vereinsebene, die Verbandsebene oder den außersportlichen Bereich), in 262 Fällen (9,2%) auf zwei solcher Bereiche (Vereinsebene und Verbandsebene, Vereinsebene und außersportlicher Bereich oder Verbandsebene und außersportlicher Bereich) und in 42 Fällen (1,5%) auf alle drei erfragten Bereiche.

3.3.6 Hauptamtliche Mitarbeit in Sportvereinen

Der Anteil hauptamtlich Beschäftigter in den Sportvereinen wird verschiedentlich als Indikator für die Professionalisierung der Arbeit in den Sportvereinen betrachtet (zu verschiedenen Aspekten diese Begriffs s.o.). Interessant ist in diesem Zusammenhang, daß es entgegen anderslautender Aussagen bisher aus empirischen Studien keinen Hinweis auf eine voranschreitende Verlagerung der Arbeit in den Sportvereinen in den Bereich des hauptamtlichen Engagements gibt (vgl. hierzu PITSCH/EMRICH 1999 a, 83 ff.).

Einen Überblick über den Bereich hauptamtlicher Arbeit in den Sportvereinen geben die folgenden Zahlen: In 11,5% der Sportvereine (n=348) wird die Mitarbeit hauptamtlich Tätiger angegeben, wobei deren Zahl im Mittel 2,16 (s=1,48; Median=2) beträgt. Tabelle 3.60 gibt einen Überblick über den Anteil derjenigen Sportvereine, die hauptamtliche Mitarbeiter in den verschiedenen Anstellungs-

---

[67] In den anderen Bereichen war nicht nach der Zahl der Organisationen gefragt worden. Da einige Angaben der Befragten eher kategorialer Art waren (z. B. „politische Vereinigungen"), andere eher konkret (z. B. „Landfrauenverband"), konnten die Daten nicht analog zum Bereich der Sportorganisationen ausgewertet werden.

formen auf den beiden Arbeitsebenen einsetzen[68]. In deren Zahl in unterschiedlichen Anstellungsformen sowie auf den verschiedenen Arbeitsebenen zeigt sich im Mittel über die Sportvereine (Abbildung 3.36) eine deutliche Dominanz geringfügig Beschäftigter auf der Ausführungsebene.

Tab. 3.60: Sportvereine mit hauptamtlichen Mitarbeitern nach Anstellungsform und Arbeitsebene. Anteile beziehen sich auf die 11,5% aller Sportvereine, die hauptamtliche Mitarbeiter angegeben haben (n=348; Mehrfachnennungen möglich).

Anstellungsform	Mitarbeiter ...			
	... auf der Ebene der Führung und Verwaltung		... auf der Ausführungsebene	
	Anzahl	Anteil [%]	Anzahl	Anteil [%]
nicht sozialversicherungspflichtig	63	18,1	205	58,9
sozialversicherungspflichtig, Teilzeit	22	6,3	71	20,4
Vollzeit	40	11,5	99	28,4

In der geringen Zahl der Sportvereine, die überhaupt hauptamtliche Mitarbeiter angegeben hatten (11,5%), wobei dort gewöhnlich auch nur eine geringe Zahl dieser Mitarbeiter zu verzeichnen ist, zeigt sich bereits, daß Sportvereine kein wesentlicher Arbeitsmarktfaktor sind. Dies bestätigt sich auch bei der Betrachtung der Finanzsituation der Sportvereine (vgl. Kapitel 3.3.11). Die direkte arbeitsmarktpolitische Bedeutung des Vereinssports wird zudem durch die Tatsache geschmälert, daß die Anstellung meist in Form einer geringfügigen Beschäftigung erfolgt. In Übereinstimmung mit den theoriegeleiteten Überlegungen zur marginalen Bedeutung einer Professionalisierung für Sportvereine müssen Aussagen zu einem „Arbeitsmarkt Sportverein" (s. hierzu den Exkurs „Numerische Peripetien zum „Arbeitsmarkt Sportverein") eher als durch zeitgenössische Ideologien beeinflusst, denn als empirisch fundierte Aussagen gewertet werden.

---

[68] Wir unterscheiden analog zum Bereich ehrenamtlicher Mitarbeit zwischen den Ebenen der Führung und Verwaltung und der Ausführungsebene.

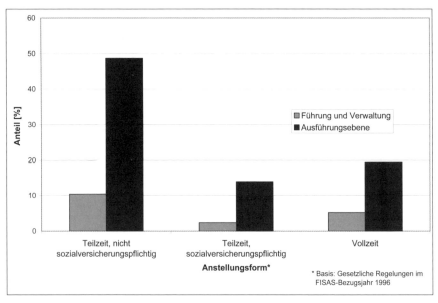

Abb. 3.36: Abhängig Beschäftigte nach Arbeitsebene und Anstellungsform

Die Zahl abhängig Beschäftigter unterscheidet sich in denjenigen Sportvereinen, die hauptamtliche Mitarbeiter beschäftigen, nicht zwischen neuen und alten Bundesländern. Betrachtet man jedoch die Beschäftigungsstruktur, so zeigen sich deutliche Spezifika:

- Auf der Ebene der Führung und Verwaltung ergeben sich keine signifikanten Unterschiede zwischen den Sportvereinen neuer und alter Bundesländer (Kovarianzanalyse im allgemeinen linearen Modell mit dem Kovariat „Mitgliederzahl": F=4,02; df=2;590; n.s.).
- Auf der Ausführungsebene sind in den neuen Bundesländern dagegen wesentlich weniger Mitarbeiter in den Sportvereinen als geringfügig Beschäftigte tätig als in den alten Bundesländern (F=52,25; df=1;372; p<0,001; ω^2=11,0%) und erheblich mehr Personen als Vollzeit-Beschäftigte (F=96,41; df=1;372; p<0,001; ω^2=20,0%; s. Abbildung 3.37).

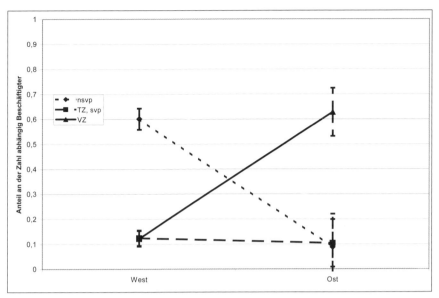

Abb. 3.37: *Abhängig Beschäftigte auf der Ausführungsebene nach Anstellungsform im Ost-West-Vergleich. VZ = Vollzeit-Beschäftigung; TZ, svp = sozialversicherungspflichtige Teilzeitbeschäftigung; nsvp = nicht sozialversicherungspflichtige Beschäftigung*

Letzteres ist eine deutliche Bestätigung des vermuteten Weiterlebens alter Muster in den neuen Bundesländern im Bereich der Anstellungsformen hauptamtlicher Mitarbeiter in den Sportvereinen.

Der Umfang, in dem die Arbeit in den Sportvereinen durch soziale Arbeit (z. B. Zivildienst) oder durch Arbeitsbeschaffungsmaßnahmen unterstützt bzw. geleistet wurde, ist über alle Sportvereine hinweg marginal. Nur in 3,5% aller Fälle (n=103) wurde ein Einsatz von Mitarbeitern im Rahmen solcher Maßnahmen angegeben, allerdings mit einem deutlichen Unterschied zwischen den Sportvereinen neuer und alter Bundesländer (s. Tabelle 3.61; $\chi^2=150{,}7$; df=1; p<0,001; $\phi=0{,}229$), der jedoch mit 5,2% die pragmatische Grenze der Varianzklärung von mindestens 10% nicht erreichte.

Tab. 3.61: Einsatz von Mitarbeitern im Rahmen sozialer Arbeit oder ABM in Sportvereinen der neuen und alten Bundesländer

Mitarbeiter im Rahmen sozialer Arbeit bzw. ABM	West		Ost		Gesamt
ohne Mitarbeiter	2362	(98,4%)	400	(87,0%)	2762
mit Mitarbeitern	39	(1,6%)	60	(13,0%)	99
Gesamt	2401		460		2861

Exkurs: Numerische Peripetien zum „Arbeitsmarkt Sportverein"

Die unterschiedlichsten Bestrebungen, dem Vereinssport in Deutschland ein „beträchtliches Beschäftigungspotential" zu attestieren (vgl. KREIß 1999, 64), haben dazu geführt, daß wenig seriöse Zahlen und Zahlenkombinationen sowie Hochrechnungen produziert wurden, die allerdings so dargestellt wurden, daß implizit oder explizit auf die Tatsache, daß die Basis der Schätzung fragwürdig ist, hingewiesen wurde. Im einzelnen sieht dies so aus:

Nachdem WEBER et al. angeben, daß die von ihnen ermittelten Zahlen zur Beschäftigung in Sportvereinen reine Funktionenzahlen sind und „nicht mit der Anzahl der Mitarbeiter gleichzusetzen sind, da eine Person mehrere Funktionen ausüben kann" (1995, 273), setzen sie im nächsten Satz „die in den Vereinen von haupt- und nebenberuflich Beschäftigten wahrgenommenen Funktionen gleich der Mitarbeiterzahl" (ebd.) und (über-)schätzen so die Zahl der Mitarbeiter auf 280524.

KREIß argumentiert auf der Basis der Daten von WEBER et al. wie folgt. Nachdem er die ermittelte Zahl der Funktionen ebenfalls als Zahl der Beschäftigten interpretiert, allerdings ohne Hinweis auf die zugrundeliegende Problematik, benutzt er diese um auszuführen: „der Sport bietet ein beachtliches Beschäftigungspotential" (1999, 64). Im nächsten Satz allerdings relativiert er diese Aussagen durch die Formulierung „Die Frage bleibt offen, wieweit es sich dabei um berufliche Arbeit handelt". Danach beantwortet er diese Frage auf der Basis der Schätzung des Anteils Ganz- und Halbtagsbeschäftigter an der Gesamtzahl der Beschäftigten durch WEBER et al: „unter 10%".

Diese von WEBER *et al. ermittelte und von* KREIß *referierte marginale Bedeutung des Vereinssports als Grundlage für Beschäftigungsformen, die merklich zur Sicherung der Subsistenzmittel beitragen können, wird nicht weiter analysiert, sondern in einem optimistischen Ausblick kommentiert: „Die derzeitige Situation zeigt, daß der Anteil hauptberuflicher Tätigkeit im Sport noch relativ gering ist, aber es läßt sich ein deutliches Wachstum registrieren [...] Der Arbeitsmarkt Sport wird sich ausweiten. Es wird mehr Hauptberuflichkeit im Sport geben" (*KREIß *1999, 65 f.), ohne für diese, den Gegenstandsbereich „Sportverein" überschreitende Prophezeiung eine empirische Grundlage anzugeben.*

Auf der Grundlage von Daten der FISAS 1986 und 1991, die möglicherweise bereits von WEBER *et. al., in jedem Fall aber von* KREIß *hätten genutzt werden können, konstatieren* PITSCH/EMRICH *(1999 a, 94): „Hinweise für einen Anstieg im Einsatz bezahlter Mitarbeiter in den Sportvereinen im Sinne des weiten Begriffs der Verberuflichung konnten im Vergleich zwischen den [FISAS] Erhebungsjahren 1986 und 1991 nicht gefunden werden."*

3.3.7 Sportsysteminterne und -externe Kontakte

Die Bedeutung kommerzieller Sportanbieter als Konkurrenzfaktor für Sportvereine ist ein vielfach behandeltes Thema (s. z. B. DSB 1996, 18), das oft unter dem Aspekt einer Bedrohung der Sportvereine fokussiert wird. Daß dies nicht für alle Sportvereine in gleichem Maße gilt, zeigt die Tatsache, daß in 10,4% aller Fälle die Vertreter der Sportvereine angeben, über die Existenz kommerzieller Sportanbieter im Einzugsgebiet ihres Sportvereins keine Kenntnis zu haben. Andererseits berichten 68,4% der Sportvereine von mindestens einem kommerziellen Sportanbieter in ihrem Einzugsbereich (s. Tabelle 3.62). Wichtig erscheint in diesem Zusammenhang auch die Frage, inwiefern andere nicht-kommerzielle Sportanbieter wie z. B. Volkshochschulen sowie andere Sportvereine sich im Einzugsgebiet eines Sportvereines befinden, um den möglichen Grad an Konkurrenz mit kommerziellen Sportanbietern in die Relation zu anderen möglichen Konkurrenzeinrichtungen zu stellen.

Der Grad der Informiertheit der Vertreter der Sportvereine erwies sich im Fall anderer nicht-kommerzieller Sportanbieter mit 13,8% der Nennungen in der

Kategorie „weiß nicht" als ähnlich hoch wie im Bereich kommerzieller Sportanbieter. Auch diese mögliche Konkurrenz trifft also nicht in allen Fällen in den Sportvereinen auf Beachtung. Deutlich höher ist der Grad der Informiertheit allerdings im Fall anderer Sportvereine im Einzugsgebiet, was angesichts der vielfältigen Kontakte zwischen Sportvereinen nicht nur auf sportlicher Ebene nicht verwundern kann. Die Zahlen zum Vorhandensein anderer Sportanbieter im Einzugsgebiet der Sportvereine deuten darauf hin, daß das Potential für mögliche Konkurrenzverhältnisse zu anderen Sportvereinen mit 91,8% der Sportvereine deutlich höher ist als das für Konkurrenzverhältnisse zu anderen nicht-kommerziellen Sportanbietern (73,7%) oder kommerziellen Sportanbietern (68,4%).

Tab. 3.62: Andere Sportanbieter im Einzugsbereich der Sportvereine. Anteile wurden berechnet ohne Berücksichtigung der jeweiligen Zahl der Nennungen in der Kategorie „weiß ich nicht"

	kommerzielle Sportanbieter		nicht-kommerzielle Sportanbieter*		andere Sportvereine	
	n	Anteil [%]	n	Anteil [%]	n	Anteil [%]
keine Anbieter	426	31,6	338	26,3	122	8,2
einen Anbieter	225	16,7	246	19,1	116	7,8
mehrere Anbieter	696	51,7	701	54,6	1247	84,0
weiß ich nicht	156		206		16	

* außer Sportvereinen, also z. B. Volkshochschulen, Volksbildungswerke u. ä.

Aber auch unter den Sportvereinen, die andere Sportanbieter in ihrem Einzugsgebiet nennen, ist nicht in jedem Fall von einer echten Konkurrenzsituation auszugehen. Hierbei muß vor allem beachtet werden, worauf sich die angenommene Konkurrenz bezieht. Ein Konkurrieren mit anderen Sportanbietern um Personen in ihrer Rolle als Sportvereinsmitglieder, Kursteilnehmer bzw. Kunden ist aus mehreren Gründen nur in begrenztem Umfang möglich. Eine Nutzung des Sportangebotes anderer Sportanbieter schließt die Mitgliedschaft in einem Sportverein prinzipiell nicht aus. Eine Konkurrenz um Personen ist also nur in den Fällen gegeben, in denen das Sportangebot des Sportvereins sich mit dem Angebot der anderen Anbieter überschneidet und diese anderen Sportanbieter sich an das Klientel wenden, das traditionsgemäß in Sportvereinen zu finden ist (vgl. hierzu z. B. MRAZEK 1988). Daneben ist es Kennzeichen des Sportangebotes vieler Sportvereine, daß diese

Angebote in der Regel exklusiv und damit nicht von anderen Sportanbietern außerhalb des verbandlich organisierten Sports angeboten werden. Dies gilt z. B.

- für die Mehrzahl der Sportspiele, insbesondere für die Mannschafts-Sportspiele wie Handball, Fußball, Faustball, Hockey usw.,
- für viele cgs-Sportarten, in denen die Nutzung spezieller Anlagen und/oder Geräte notwendig ist wie z. B. Leichtathletik, Schwimmen, Radsport,
- für fast alle künstlerisch-kompositorischen Sportarten sofern sie wettkampfbezogen trainiert werden, wie z. B. Gerätturnen, Wasserspringen, Rhythmische Sportgymnastik.

Wenn es in diesem Bereich zu Überschneidungen im Angebot zwischen verschiedenen Sportvereinen kommt, ist eine Konkurrenz um Mitglieder nur dann gegeben, wenn es sich um ein ähnliches Leistungsniveau handelt. In diesen Fällen handelt es sich dann meist um eine sportliche Konkurrenz zwischen benachbarten Sportvereinen, die sich häufig in Form einer Imagerivalität äußert. Bei tatsächlichem Mitgliederrückgang in diesem Bereich entstehen zuweilen dann Kooperationen in Form von Startgemeinschaften.

Von daher kann das Konkurrenzpotential zu anderen Sportanbietern, außer im Fall anderer Sportvereine, über den Umfang abgeschätzt werden, in dem Überschneidungen im Sportangebot angegeben werden. Sollten Überschneidungen angegeben werden, würde dies auf die Möglichkeit einer faktischen Konkurrenzsituation mit anderen kommerziellen oder nicht-kommerziellen Sportanbietern hindeuten, aber mehr auch nicht, denn selbst das Vorhandensein eines kommerziellen Tenniscenters in unmittelbarer Nachbarschaft eines Tennisvereins ist kein sicherer Hinweis darauf, daß zwischen beiden Einrichtungen eine Konkurrenzsituation bestehen muß. Erstens können beide Organisationen jeweils ein verschiedenes Klientel ansprechen, zweitens können Vereinsmitglieder auch durchaus im kommerziellen Bereich Tennis spielen und umgekehrt, und drittens sind Formen der Kooperation nicht ausgeschlossen, z. B. in der vergünstigten gegenseitigen Überlassung von freien Plätzen bis hin zur Beschäftigung des gleichen Personals.

Eine weitere Dimension der Konkurrenz betrifft nicht die Mitglieder, sondern infrastrukturelle Ressourcen. So konkurrieren Sportvereine zunächst untereinander um Belegungszeiten in öffentlichen Sportanlagen und andererseits konkurrieren alle Vereine theoretisch mit anderen nicht-kommerziellen Sportanbietern ebenfalls um solche Belegungszeiten, wie z. B. mit Volkshochschulen um freie Hallenzeiten. Die

Konkurrenz mit kommerziellen Sportanbietern in diesem Bereich ist praktisch ausgeschlossen.

Tab. 3.63: Kooperation und Überschneidung im Sportangebot mit anderen Sportanbietern. Anteile wurden berechnet auf der Basis der Gesamtzahl der Sportvereine, die im jeweiligen Fragenkomplex andere Sportanbieter angegeben hatten.

	kommerzielle Sportanbieter		nicht-kommerzielle Sportanbieter		andere Sportvereine	
	n	Anteil [%]	n	Anteil [%]	n	Anteil [%]
Sportvereine mit anderen Sportanbietern im Einzugsgebiet	921		947		1363	
Von den Sportvereinen mit anderen Sportanbietern im Einzugsgebiet geben Überschneidung an	280	18,6	248	16,6	540	36,0
darunter geben auch Kooperation an	39	2,6	69	4,6	283	18,9
Von den Sportvereinen mit anderen Sportanbietern im Einzugsgebiet geben keine Überschneidung an	641	69,6	699	73,8	823	60,4
darunter geben Kooperation an	90	9,8	142	15,0	301	22,1

Eine mögliche Konkurrenz um infrastrukturelle Ressourcen mit anderen Sportvereinen gibt es für 90,8% aller Sportvereine (s. Tabelle 3.63) und für 63,5% gibt es ein mögliches Konkurrieren mit anderen nicht-kommerziellen Sportanbietern um infrastrukturelle Ressourcen. Davon ist also offensichtlich ein großer Teil der Sportvereine betroffen. Bei der Frage nach möglichen Konkurrenzsituationen um Personen zeigt es sich, daß in nur 9,8% aller Fälle (16,0% der Sportvereine, die kommerzielle Sportanbieter im Einzugsbereich angegeben hatten), eine solche

Konkurrenz mit kommerziellen Sportanbietern möglich scheint[69] und in 7,6% aller Fälle eine solche mit nicht-kommerziellen Sportanbietern. Damit erscheint das Thema „Konkurrenz zwischen Sportvereinen und anderen Sportanbietern", zumindest was die Möglichkeit zur Rekrutierung und Bindung von Mitgliedern angeht, aus Sicht der Befragten von nachrangiger Bedeutung.

Betrachtet man den Bereich möglicher Konkurrenz zwischen Sportvereinen und anderen Sportanbietern im Vergleich neuer und alter Bundesländer, so sollten (s.o.) mögliche Konkurrenzsituationen um Personen (als Mitglieder bzw. Kunden) in den neuen Bundesländern häufiger auftreten als in den alten Bundesländern. Analog sollte in den neuen Bundesländern das Potential für ein Konkurrieren um Personen im Bereich anderer nicht-kommerzieller Sportanbieter ebenfalls größer sein. Ausgeschlossen ist in diesem Zusammenhang aber auch nicht, daß durch die Neuaufteilung einer relativ großen sportinteressierten Risikopopulation, der von vereinsmäßig und vereinsextern organisierten nicht-kommerziellen sowie gewerblichen Anbieter Möglichkeiten zum Sporttreiben offeriert werden, Konkurrenz eher schwach ausgeprägt ist und Interessenten in unterschiedlich stark besetzte Segmente relativ stabil aufgeteilt sind.

Für Interpretationsprobleme in diesem Zusammenhang kann auch der schwierig zu operationalisierende Begriff „Einzugsgebiet" sorgen. So variiert die Dichte der Sportvereine zwischen neuen und alten Bundesländern, was zu unterschiedlich großen flächenbezogenen Einzugsbereichen führen kann. Vorausgesetzt, der Bereich gewerblicher Sportanbieter ist ähnlich weit entwickelt wie in den alten Bundesländern, wären theoretisch im Einzugsbereich der Sportvereine in den neuen Bundesländern mehr kommerzielle Sportanbieter zu finden. Weiterhin ist das Rekrutierungspotential in den neuen Bundesländern, also der Anteil der in den Sport-

---

[69] Eine latente Funktion der kommerziellen Sporteinrichtungen, vor allem im großstädtischen Raum liegt sicher auch darin, Vermittlungsinstanz für die Anbahnung privater Kontakte, bevorzugt solcher von Singles, zu sein – hier also in die Funktion von ehemals bürgerlichen Tanzsalons zu treten, allerdings kaum mehr als Heiratsmarkt, sondern eher als geringer formalisierter Beziehungsmarkt. Im Sportverein ist dies trotz der in der Regel hohen Geschlechtsheterogenität (s. Tabelle 3.48 sowie Abbildung 3.24) aufgrund der ebenfalls hohen Altersheterogenität des Mitgliederbestandes (s. Tabelle 3.48 sowie Abbildung 3.25) nur bedingt möglich.

vereinen nicht organisierten Wohnbevölkerung, größer als in den alten Bundesländern. Andererseits ist die Zahl der von den Vereinsmitgliedern ansprechbaren potentiellen Neuzugänge pro Sportverein aufgrund der durchschnittlich niedrigeren Mitgliederzahl kleiner als in den alten Bundesländern.

Tab. 3.64: Vorhandensein anderer Sportanbieter im Einzugsbereich von Sportvereinen im Vergleich neuer und alter Bundesländer

	West		Ost	
	n	Anteil [%]	n	Anteil [%]
kommerzielle Sportanbieter				
keine Anbieter	338	30,53%	83	41,92%
ein Anbieter	184	16,62%	37	18,69%
mehrere Anbieter	585	52,85%	78	39,39%
weiß ich nicht	119		29	
nicht-kommerzielle Sportanbieter				
keine Anbieter	262	24,67%	69	37,50%
ein Anbieter	210	19,77%	33	17,93%
mehrere Anbieter	590	55,56%	82	44,57%
weiß ich nicht	156		40	
andere Sportvereine				
keine Anbieter	97	8,02%	25	11,06%
ein Anbieter	95	7,85%	21	9,29%
mehrere Anbieter	1018	84,13%	180	79,65%
weiß ich nicht	13		2	

Betrachtet man den Umfang, in dem Sportvereine in den neuen Bundesländern andere Sportanbieter in ihrem Einzugsgebiet nennen (s. Tabelle 3.64), fällt auf, daß der Anteil der Vertreter von Sportvereinen, die über ein Vorhandensein anderer Sportanbieter nicht informiert sind (Antwort: „weiß ich nicht") bzw. nicht daran interessiert sind, mit 12,8% in den neuen Bundesländern im Bereich kommerzieller Sportanbieter und mit 17,8% im Bereich nicht-kommerzieller Sportanbieter größer ist als in den alten Bundesländern mit 9,7% resp. 12,8%. Lediglich im Bereich „andere Sportvereine" zeigten sich hier keine Unterschiede.

Die Hypothese, daß Sportvereine in den neuen Bundesländern auf eine härtere Konkurrenz kommerzieller Sportanbieter träfen, konnte also nicht bestätigt werden. Im Gegenteil: Es werden von Vertretern der Sportvereine in den neuen Bundesländern seltener kommerzielle Sportanbieter in ihrem Einzugsgebiet genannt, wenn auch der Test die Signifikanzgrenze p<0,001 knapp verfehlte (χ^2=13,16; df=2; p<0,005). Das gleiche gilt für den Bereich anderer nicht-kommerzieller Sportanbieter (χ^2=13,50; df=2; p<0,005). Im Bereich anderer Sportvereine im Einzugsgebiet zeigten sich keine signifikanten Effekte. Insofern kann von einer verschäften Konkurrenz zwischen Sportvereinen und anderen Sportanbietern in den neuen Bundesländern nicht gesprochen werden. Viel eher scheinen die Vermutungen zum Ausbalancieren einer friedlichen Koexistenz (s.o.) zuzutreffen, wie auch die in Tabelle 3.65 dargestellten Ergebnisse zeigen.

Tab. 3.65: Kooperation und Überschneidung im Sportangebot mit anderen Sportanbietern im Ost-West-Vergleich. Anteile wurden basierend auf der Gesamtzahl der Sportvereine, die im jeweiligen Fragenkomplex andere Sportanbieter angegeben hatten, berechnet.

	West		Ost	
	n	Anteil [%]	n	Anteil [%]
mit kommerziellen Sportanbietern				
Überschneidung	244	33,52	27	25,71
keine Überschneidung	484	66,48	78	74,29
Kooperation	97	12,85	29	25,89
keine Kooperation	658	87,15	83	74,11
mit nicht-kommerziellen Sportanbietern				
Überschneidung	215	27,99	24	22,02
keine Überschneidung	553	72,01	85	77,98
Kooperation	155	19,77	50	44,64
keine Kooperation	629	80,23	62	55,36
mit anderen Sportvereinen				
Überschneidung	313	43,23	37	37,76
keine Überschneidung	411	56,77	61	62,24
Kooperation	291	39,27	58	54,72
keine Kooperation	450	60,73	48	45,28

Der Umfang, in dem es zu Überschneidungen im Sportangebot mit kommerziellen und nicht-kommerziellen Sportanbietern sowie mit Sportvereinen kommt, unterscheidet sich nicht signifikant zwischen den Sportvereinen in den neuen und alten Bundesländern (kommerzielle Sportanbieter: χ^2=2,55; df=1; n.s.; nicht-kommerzielle Sportanbieter: χ^2=1,72; df=1; n.s.; andere Sportvereine: χ^2=1,06; df=1; n.s.). Dagegen werden von den Vertretern der Sportvereine in den neuen Bundesländern im Bereich kommerzieller und nicht-kommerzieller Sportanbieter deutlich häufiger Kooperationen genannt als in den alten Bundesländern (kommerzielle Sportanbieter: χ^2=13,36; df=1; p<0,001; Varianzklärung: 1,5%; nicht-kommerzielle Sportanbieter: χ^2=34,36; df=1; p<0,001; Varianzklärung: 3,8%). Lediglich im Bereich der Kooperation mit Sportvereinen zeigte sich mit p<0,005 ein nicht signifikanter, in der Tendenz den anderen Bereichen jedoch entsprechender Befund (χ^2=9,13; df=1; n.s.). Dieses Ergebnis kann vorsichtig als ein weiterer Hinweis auf ein Weiterleben alter, solidaritätsorientierter Muster, hier im Bereich der Kooperationen, gedeutet werden. Die stete Mangelsituation in der DDR in bezug auf Ressourcen aller Art verlangte im Hinblick auf „Organisieren" einen intensiven gegenseitigen Abstimmungsprozeß, um mittels informeller Unterstützungs-, Hilfe- und Austauschleistungen bei der Beschaffung und Sicherung von Ressourcen erfolgreich zu sein. Dieses Muster wirkt offensichtlich so intensiv nach, daß auch mit gewerblichen Sportanbietern in höherem Maße kooperiert wird. Dazu kommt, daß die Chancen zur wechselseitigen Abstimmung dadurch gegeben war, daß sowohl der Bereich des vereinsorganisierten Sports als auch der des gewerblich organisierten sich gleichzeitig etablierten und/oder konsolidierten und keiner Organisationsvorteile größerer Art gegenüber dem anderen hatte. In einer solchen Anfangsphase fallen Abstimmungsleistungen generell leichter und werden andere Anbieter (noch) nicht prinzipiell als bedrohliche Konkurrenz etikettiert.

3.3.8 Merkmale der formalen Vorstandsarbeit

Der Grad, in dem die Arbeit in den Vorständen der Sportvereine formalisiert ist, ist nicht nur ein Indikator für eine ω–Professionalisierung (s. Kapitel 1.1.3), sondern auch ein Hinweis darauf, inwiefern sich Sportvereine in ihrem alltäglichen Organisationsablauf den Standards einer bürokratischen Verwaltung annähern, also geht es im engeren Sinn um die Schriftlichkeit und Aktenmäßigkeit der Verwaltungsvorgänge und die Protokollierung getroffener Entscheidungen etc. (vgl. zum Modell bürokratischer Herrschaft vor allem WEBER 1980 [1921], 125 ff.;

551 ff.)⁷⁰. Die bürokratische Organisation der Verwaltung, die mancherorts auch von Verbänden zumindest unterstützt wird (s. z. B. die Maßnahmen im Bereich der Organisationsleiter-Ausbildung), ist einerseits nachvollziehbar, da im Austausch mit anderen Systemen (Wirtschaft, Recht etc.) sowie in manchen Fällen systemintern (z. B. im Wettkampfbetrieb der Verbände) eine Rationalisierung und Formalisierung von Abläufen unumgänglich ist. Andererseits konterkariert gerade diese Tendenz die sportbezogene Kameradschafts- bzw. Gemeinschaftsideologie. Insofern ist es interessant, Anteile formaler und informaler Abläufe in Sportvereinen zu verfolgen.

Die Häufigkeit, mit der in den Sportvereinen Sitzungen des Vorstandes stattfinden, variiert zwischen einer Sitzung pro Jahr (5,0% aller Fälle) und circa einer pro Woche (2,0%). Die mittlere Zahl pro Jahr beträgt 7,5 (s=5,5; Median=6). Dabei ist die Zahl der Sitzungen wahrscheinlich auch von der Notwendigkeit zur Abstimmung von Entscheidungen innerhalb des Sportvereins abhängig. Dies belegen die positiven Korrelationen zwischen der Zahl der Sitzungen und den Typikalitätswerten für die Strukturtypen „mittel-alt" (Rs=0,336; p<0,001) und „groß-alt" (Rs=0,387; p<0,001). Allein aufgrund der Zahl der Sitzungen kann allerdings nicht auf den Grad der Formalisiertheit der Arbeit im Vereinsvorstand geschlossen werden. Ein weiterer Hinweis darauf kann aus Angaben zur Form der Einladung zur Sitzung (s. Tabelle 3.66) sowie zur fristgemäßen schriftlichen Bereitstellung des Protokolls der jeweils letzten Sitzung (s. Tabelle 3.67) gezogen werden.

Fallbeispiele: Vier unterschiedliche Sportvereine

Im **TV Altmittelhütte** und im **SV Großaltburg** finden recht häufig Sitzungen des Vereinsvorstandes statt. Dies ist vor allem Ausfluß des erhöhten Koordinationsbedarfs aufgrund der Abteilungsgliederung, der relativ hohen Mitgliederzahl, der relativ hohen Zahl an Mannschaften im Wettkampfbetrieb usw. Dies macht diese Vereine wesentlich weniger überschaubar, als z. B. den **KSC Kleinjungheim** oder

---

[70] LUHMANN (1976) definiert z. B. Verwaltungen als Betriebe zur Herstellung **verbindlicher** Entscheidungen. Schon hierbei wird das Problem offensichtlich, daß neben der formalen Organisationsform auch die informale zu berücksichtigen ist, innerhalb derer ebenfalls verbindliche Entscheidungen produziert werden.

den **ASC Kleinaltschloß**.

Tab. 3.66: Häufigkeit der Einladung nach Form der Einladung (Mehrfachnennungen möglich)

	mündlich	schriftlich	telefonisch
n	604	844	510
Anteil [%]	40,0	55,9	33,8

Betrachtet man die Häufigkeit der Nennungen in Tabelle 3.66 für diejenigen Sportvereine, in denen die Einladung schriftlich oder zumindest auch in schriftlicher Form erfolgt und für diejenigen Sportvereine, in denen die Einladung ausschließlich mündlich oder telefonisch vorgenommen wird, zeigt sich, daß in 41,6% der Fälle die Einladung an das gesprochene Wort in aktuellen oder fernmündlichen face-to-face Interaktionen gebunden ist, daß also auf den zumindest indirekten Kontakt zwischen den Vorstandsmitgliedern in diesem Zusammenhang nicht verzichtet wird.

Tab. 3.67: Zustellung des Protokolls jeweils vor der nächsten Sitzung

	nein	ja, ...	
		meistens	regelmäßig
n	515	318	644
Anteil [%]	34,9	21,5	43,6

Interessant ist, daß von den Vertretern eines Drittels der Sportvereine angegeben wird, das Protokoll der Sitzung gehe den Vorstandsmitgliedern nicht vor der jeweils nächsten Sitzung zu. Das Instrument „Protokoll" zur formalen Herstellung der Verbindlichkeit von Entscheidungen nebst derer Überzeitlichkeit wird in diesen Fällen nicht konsequent im Sinne einer bürokratischen Ordnung eingesetzt.

Tab. 3.68: Form der Zustellung des Protokolls. Anteile basierend auf der Zahl der Sportvereine, die eine Zustellung vor der jeweils nächsten Sitzung als „meistens" oder „regelmäßig" angegeben hatten, berechnet.

	n	Anteil [%]
Erhalt ohne Eigeninitiative		
per Post	266	27,7
durch Überbringer (z. B. Schriftführer)	134	13,9
Erhalt im Zusammenhang mit Partizipation am Vereinsleben		
am Stammtisch	135	14,0
im Trainings- bzw. Übungsbetrieb	49	5,1
in der nächsten Sitzung[71]	149	15,5
Erhalt von Eigeninitiative abhängig		
wird abgeholt / per Aushang	206	21,4
ohne Angaben/nicht kategorisierbar	23	2,4

Die Häufigkeit, in der die verschiedenen Formen der Zustellung des Protokolls genutzt werden (vgl. Tabelle 3.68), gibt einen nur unzureichenden Eindruck von der Spannweite möglicher vereinskulturell variierender Ausprägungen.

In einer Vielzahl von Sportvereinen (n=406, entsprechend 41,8%) waren Formen genannt worden, die von den standardisiert erfragten Formen abwichen. Interessant ist hierbei, daß der Erhalt des Protokolls als „rechtzeitig vor einer Sitzung" bezeichnet wird, das Protokoll jedoch unter diesen 149 Fällen (15,5%) zumindest in einigen Sportvereinen in der Sitzung verlesen bzw. verteilt wird, in der es in der Regel auch genehmigt werden soll. Man kann hier also weder von Rechtzeitigkeit im Sinne der Möglichkeit, sich gründlich mit dem Protokoll und möglichen Folgen auseinandersetzen zu können, sprechen, noch eigentlich, zumindest in den Fällen, in denen das Protokoll verlesen wird, von einem „Erhalt" des Protokolls im strengen Sinn des Wortes. Daneben zeigt sich auch (n=49, entsprechend 5%) die Aushändigung des Protokolls im Rahmen anderer Treffen wie z. B. im Übungsbetrieb,

---

[71] Zu dieser Kategorie siehe insbesondere die Ausführungen im Text zum Verständnis von Fristgemäßheit.

also eine Form der Verteilung, die den gesicherten Erhalt des Protokolls nicht garantiert.

Insgesamt lassen sich also in den Vorständen der Sportvereine von Formen einer ausdifferenzierten bürokratischen Verwaltung über rudimentäre Bürokratie bis hin zu Formen assoziativen Gemeinschaftshandelns deutlich unterschiedliche Ausprägungen der Formalisiertheit der Vorstandsarbeit finden.

3.3.9 Zukunftsaufgaben aus der Sicht der Sportvereine

Betrachtet man in der Itemliste zur Aufgaben-Skala (s. Anhang) die Häufigkeit der Nennungen „diese Aufgabe stellt sich uns nicht", dann betreffen sieben der erfragten 34 Aufgaben weniger als die Hälfte der Sportvereine (s. Tabelle 3.69). Diese Liste von sieben Aufgaben beinhaltet drei Items, die sich auf eine Konkurrenz zu bzw. Kooperation mit Krankenkassen beziehen.

Die Interpretation der Antworten bei diesen drei Aufgaben muß sich von derjenigen bei den anderen vier Aufgaben unterscheiden. Bei den Aufgaben

- die Zusammenarbeit zwischen hauptamtlichen und ehrenamtlichen Mitarbeitern zu verbessern,
- Schulden zu tilgen,
- Ärger mit Wohnanliegern zu vermeiden und
- Umweltauflagen zu erfüllen,

ist die Zahl der Nennungen „Diese Aufgabe stellt sich uns nicht" ein Indikator ausschließlich dafür, wie selten die jeweilige Situation in Sportvereinen auftritt.

Im Fall der Antworten „Diese Aufgabe stellt sich uns nicht" bei den Aufgaben

- die Konkurrenz mit Krankenkassen abzubauen,
- die Kooperation mit Krankenkassen fortzuführen und
- die Kooperation mit Krankenkassen anzustreben,

kann die Antwort nicht interpretiert werden ohne zu berücksichtigen, daß die Gesetzesgrundlage für spezifische Kooperationsmöglichkeiten mit Krankenkassen im Bereich sportlicher Veranstaltungen im Bezugsjahr der FISAS 1996 nicht mehr gegeben war. Das Antwortverhalten weist darauf hin, daß über die zuvor gegebenen gesetzlich geregelten Kooperationsmöglichkeiten hinweg für circa 30% der Sportvereine das Thema „Kooperation mit Krankenkassen" auch im Jahr 1996 aktuell war. Um welche Formen der Kooperation es sich dabei handelt (z. B. im sportlichen oder im außersportlichen Bereich), kann aufgrund der Daten nicht erschlossen werden.

Tab. 3.69: Häufigkeit der Nennung „Diese Aufgabe stellt sich uns nicht" bei Items zur Aufgaben-Skala mit einer Häufigkeit >50%

Aufgabe	n	Anteil [%]
die Zusammenarbeit zwischen hauptamtlichen und ehrenamtlichen Mitarbeitern zu verbessern	1126	80,26
die Konkurrenz mit Krankenkassen abzubauen	1116	79,43
die Kooperation mit Krankenkassen fortzuführen	1014	72,64
die Kooperation mit Krankenkassen anzustreben	940	67,00
Schulden zu tilgen	918	65,34
Ärger mit Wohnanliegern zu vermeiden	834	59,02
Umweltauflagen zu erfüllen	803	56,99

Bei den drei diskutierten Items zu Konkurrenz bzw. Kooperation mit Krankenkassen zeigte sich, daß die Sportvereine die Bedeutung der Lösung der jeweiligen Aufgabe mit Werten von -0,20 (s=1,21) für die Konkurrenz mit Krankenkassen über 0,12 (s=1,34) für die Fortführung einer Kooperation bis zu 0,23 (s=1,20) für das Anstreben einer Kooperation im wesentlichen als weder besonders wichtig noch besonders unwichtig einschätzen.

Im Gegensatz zu den Aufgaben, die mehr als die Hälfte der Sportvereine nicht betreffen, zeigt Tabelle 3.70 einen Überblick über die Aufgaben, die für höchstens 10% der Sportvereine irrelevant sind, also mindestens 90% betreffen. Unter diesen vier Aufgaben sind zwei Items zu finden, die sich direkt auf die Bindung und die Gewinnung von Mitgliedern beziehen, wobei auch das Item „unsere Attraktivität zu erhöhen" ähnliche Inhalte betrifft.

Tab. 3.70: Häufigkeit der Nennung „Diese Aufgabe stellt sich uns nicht" für Items der Aufgaben-Skala mit einer Häufigkeit <10%

Aufgabe	n	Anteil [%]
den Mitgliederstand zu halten	143	9,65
Mitglieder zu bewegen, sich ehrenamtlich zu engagieren	125	8,66
unsere Attraktivität zu erhöhen	119	8,40
neue Mitglieder zu gewinnen	61	4,14

In der Bedeutung, die von den Vertretern der Sportvereine den vier Dimensionen der Aufgabenskala beigemessen werden, zeigten sich keine signifikanten Unterschiede zwischen Sportvereinen in den neuen und alten Bundesländern (F=4,00; df=1;1127; n.s.). In der Reihenfolge der Bedeutung rangieren die Dimensionen „Mitglieder-Bestandssicherung und -erweiterung" und „Pflege und Erhalt von Sportanlagen und Natur" deutlich vor der „personellen und finanziellen Ressourcenmobilisierung", die sich wiederum signifikant von der Bedeutung der Dimension „adressatenbezogene Angebotsentwicklung" unterscheidet (s. Tabelle 3.71). Insgesamt scheint, ausgerichtet an den beiden Dimensionen, die an der Sicherung und am Erhalt des Status Quo orientiert sind, eine eher konservative Haltung in den Sportvereinen stärker zu sein als eine „moderne" und vermeintlich progressive Haltung im Sinne der Angebotsentwicklung. Zu berücksichtigen ist hierbei allerdings, daß es sich um unabhängige Dimensionen handelt, daß also, wie in anderen Untersuchungen auch (vgl. EMRICH/PAPATHANASSIOU/PITSCH 1998, 128 ff.; 1999, 134 ff.; PITSCH 1999, 230 ff.), scheinbar widersprechende Pole der Orientierung in den Sportvereinen gleichzeitig vorhanden und durchaus miteinander vereinbar sind.

Tab. 3.71: Bedeutung von Zukunftsaufgaben für die Sportvereine in den vier Dimensionen der Aufgabenskala

	$\bar{x}$	s
Mitglieder-Bestandssicherung und -erweiterung	1,43	0,61
Pflege und Erhalt von Sportanlagen und Natur	1,38	0,69
personelle und finanzielle Ressourcenmobilisierung	1,19	0,67
adressatenbezogene Angebotsentwicklung	1,03	0,62

Zwischen der Bedeutung der Zukunftsaufgaben für die Sportvereine in den vier Dimensionen der Aufgabenskala und der Typikalität bezüglich der Strukturtypen ergaben sich keine substantiellen Korrelationen. Die verschiedenen Aufgabenbereiche scheinen also Sportvereine unabhängig von ihrer Struktur in ähnlichem Umfang zu betreffen.

3.3.10 Selbstdarstellung und Mitgliedererwartungen

Zwischen den vier Dimensionen der Selbstdarstellung (s. Kapitel 3.2.3) zeigten sich signifikante Unterschiede ($F=386,20$; $df=3;3906$; $p<0,001$; $\omega^2=22,69\%$). Mit absteigender Reihenfolge der Ausprägung auf den Dimensionen ergab sich das in Tabelle 3.72 dargestellte Bild, wobei auch alle Einzelunterschiede auf dem Niveau $p<0,001$ signifikant waren. In dieser Reihenfolge fallen einige Aspekte deutlich ins Auge: Zum einen rangiert die Dimension „Selbstdarstellung: Solidaritätsdenken" (Items wie: „Unser Verein legt viel Wert auf Geselligkeit und Gemeinschaft" oder „Unser Verein ist ein Hort der Geselligkeit" s. Kapitel 3.2.3) deutlich vor allen anderen Dimensionen. Eine grundlegende „Modernitäts"-Tendenz läßt sich also über alle Sportvereine hinweg nicht feststellen, was auch mit der Tatsache vereinbar ist, daß die Dimension „Selbstdarstellung: Leistungs- und Wettkampfsport" (Items wie „Unser Verein engagiert sich im Wettkampfsport" oder „Unser Verein ist stolz auf seine Erfolge im Leistungssport"), die vor allem traditionell mit den Sportvereinen verknüpfte Zielsetzungen bündelt, an zweiter Stelle dieser Rangfolge auftritt.

Tab. 3.72: Ausprägung des Selbstbildes der Sportvereine auf den vier Dimensionen

Dimensionen	$\bar{x}$	s
Selbstdarstellung: Solidaritätsdenken	1,27	0,65
Selbstdarstellung: Leistungs- und Wettkampfsport	0,73	1,03
Selbstdarstellung: innovativer Breiten- und Freizeitsportanbieter	0,26	0,85
Selbstdarstellung: Gemeinwohlorientierung	0,12	0,85

Dagegen fällt die Bedeutung der Dimension „Selbstdarstellung: innovativer Breiten- und Freizeitsportanbieter" (Items wie „Unser Verein engagiert sich im Breitensport" oder „Unser Verein wird künftig vermehrt neue Formen von Bewegung und Spiel anbieten") deutlich ab. Die Dimension „Selbstdarstellung:

Gemeinwohlorientierung" (Items wie „Unser Verein schützt Kinder und Jugendliche vor radikalen politischen Einflüssen" oder „Unser Verein hilft, Schranken in Europa abzubauen") hat von allen Dimensionen zwar die niedrigste Bedeutung, trotzdem rangiert der Mittelwert, berechnet über die zugeordneten Items, noch im positiven Bereich. Inwiefern eher sportpolitisch und ideologisch beeinflußte und in ihrem Wahrheitsgehalt nicht überprüfte bzw. nicht überprüfbare Aussagen zum Phänomenbereich „Sportverein", wie sie z. B. im Rahmen von Kampagnen der Sportverbände (s. z. B. DSB 1995; 1996), von Politikern (s. z. B. KANTHER 1995, 1) oder Vertretern der Wirtschaft (s. z. B. KLEINERT 1994, 10 f.) getätigt werden, auch auf der Ebene der Vertreter der Sportvereine Wirkung entfalten, ist nicht abschließend im Sinne eines Ursache-Wirkungs-Zusammenhangs zu klären.

In der Bedeutung der vier Dimensionen für die Selbstdarstellung ergab sich zudem ein signifikanter Unterschied zwischen Sportvereinen in den neuen und alten Bundesländern (zweifaktorielle Interaktion $F=13,17$; $df=3;3906$; $p<0,001$), der Effekt erreichte jedoch mit $\omega^2=0,8\%$ nicht die gesetzte Grenze von 10% erklärter Varianz[72].

Mit der Typikalität in bezug auf die vier Strukturtypen ergab sich ausschließlich im Fall der Dimension „Selbstdarstellung: innovativer Breiten- und Freizeitsportanbieter" mit dem Typus „groß-alt" eine signifikante Korrelation mit einer Varianzklärung über 10% ($R=0,374$; $p<0,001$; $R^2=13,99\%$).

Mitgliedererwartungen

Zwischen den vier Dimensionen der Mitgliedererwartungs-Skala ergaben sich signifikante Unterschiede ($F=319,13$; $df=3;3738$; $p<0,001$; $\omega^2=20,2\%$; s. Tabelle 3.73). In Post-hoc-Vergleichen nach Newman-Keuls zeigte sich jedoch, daß auf dem 1 ‰-Niveau signifikante Unterschiede nur zwischen der Dimension „Mitgliedererwartung: Solidaritätsdenken" (Items wie: „Unser Verein soll viel Wert auf

---

[72] Trotzdem kann dieser Effekt auch als schwacher Hinweis darauf gedeutet werden, daß möglicherweise das Instrument der Beschreibung für Sportvereine in den neuen und den alten Bundesländern nicht in gleicher Weise geeignet ist.

Gesselligkeit und Gemeinschaft legen" oder „Unser Verein soll ein Hort der Geselligkeit sein") und den anderen drei Dimensionen bestehen. Damit zeigt sich dieser Bereich in den wahrgenommenen Mitgliedererwartungen als deutlich stärker ausgeprägt als die Dimensionen „Mitgliedererwartung: innovativer Breiten- und Freizeitsportanbieter", „Mitgliedererwartung: Leistungs- und Wettkampfsport" und „Mitgliedererwartung: Gemeinwohlorientierung".

Tab. 3.73: Ausprägung der Sportvereine auf den Dimensionen der Mitgliedererwartungs-Skala

Dimensionen	$\bar{x}$	s
Mitgliedererwartung: Solidaritätsdenken	3,12	0,78
Mitgliedererwartung: innovativer Breiten- und Freizeitsportanbieter	2,28	0,89
Mitgliedererwartung: Leistungs- und Wettkampfsport	2,27	0,97
Mitgliedererwartung: Gemeinwohlorientierung	2,17	0,94

Im Vergleich mit der Selbstdarstellungs-Skala hat die Gemeinwohlorientierung in den wahrgenommenen Mitgliedererwartungen ebenfalls eine mittlere Ausprägung. Der Unterschied im Muster der Ausprägungen beruht also eher darauf, daß die Dimensionen „Leistungs- und Wettkampfsport" und „innovativer Breiten- und Freizeitsportanbieter" in der Mitgliedererwartungs-Skala nicht über der Bedeutung der „Gemeinwohlorientierung" liegen, wohl aber in der Selbstdarstellungs-Skala.

Zwischen den Sportvereinen in den neuen und alten Bundesländern zeigte sich in der Mitgliedererwartungs-Skala kein signifikanter Unterschied (Interaktion in einer zweifaktoriellen Varianzanalyse, $F=1,92$; $df=3;3738$; n.s.). Zudem ergab sich kein substantieller Zusammenhang mit den Strukturtypen.

3.3.11 Gewinnung, Verwaltung und Verwendung finanzieller Ressourcen

Einleitende Bemerkungen[73]

Sämtliche im Rahmen des Vereinsbetriebs anfallenden Kosten für Übungsleiter, Trainer, Wettkampfbetrieb, Sportanlagen usw. werden mit Hilfe der neben den Einnahmen aus Spenden, Sponsoring etc. in einen Gesamtetat einfließenden Mitgliedsbeiträge beglichen. Die Höhe dieser Mitgliedsbeiträge richtet sich nicht nach den jeweils bezogenen Leistungen, sondern ist weitgehend am Grundsatz der Kostendeckung im Rahmen eines Globalbudgets orientiert, wobei höhere Mitgliedsbeiträge nur selten zu verzeichnen sind. Dies bedeutet auch, daß die Inanspruchnahme sportlicher Angebote durch aktive Mitglieder von passiven Mitgliedern mitfinanziert wird. Weiterhin wird häufig das Sporttreiben Jugendlicher von erwachsenen Mitgliedern sowie der kostenintensive Sportbetrieb von Leistungssportlern durch Breitensportler finanziert.

Die Leistungen eines Sportvereines münden in der Regel nicht in irgendwie geartete leistungswirtschaftliche Austauschbeziehungen, die eine volle Abdeckung der aus der Leistungserstellung resultierenden Kosten ermöglichen, sondern der Sportverein erstellt dauerhaft eigentlich defizitär bestimmte Leistungen (Stichworte: Globalbudget, Solidaritätsprinzip, keine Einzelabrechnung erhaltener Dienstleistungen bzw. in Anspruch genommener Angebote usw.). Die Frage ist: Wie wird dieser Leistungserstellungsprozeß dauerhaft aufrechterhalten? Darüber hinaus sind in Sportvereinen auch Finanzinvestitionen möglich. Auch dafür stellt sich die Frage, wie die Finanzmittel bereitgestellt werden, die zur Beschaffung materieller oder immaterieller Güter und somit einer verbesserten Leistungserstellung der Sportvereine dienen.

Grundlegende Fragen

Die folgenden Fragen sollen vor dem Hintergrund der bisher angestellten Überlegungen verfolgt werden:

---

[73] Diese einleitenden Bemerkungen folgen sinngemäß weitgehend den Ausführungen in EMRICH/PAPATHANASSIOU/PITSCH 1999, 41 ff.

- Über welche Finanzquellen, differenziert nach steten und unsteten Leistungen aus inneren sowie äußeren Quellen, verfügen die bundesdeutschen Sportvereine in autonomer oder heteronomer Entscheidung (s. Kapitel 2.2.3)?
- Wie korrespondieren diese Quellen mit anderen Strukturmerkmalen der Sportvereine?
- Wie sieht die Mittelverwendung, differenziert nach steter oder unsteter Verwendung sowie nach autonomer oder heteronomer Entscheidung aus?
- Wie korrespondiert die Mittelverwendung mit anderen Strukturmerkmalen der Sportvereine?
- Welche Muster im Rahmen der vorgestellten analytischen Kategorien (s. Kapitel 2.2.3) auf der Einnahmen- und Ausgabenseite korrespondieren miteinander?

Empirische Befunde

Bei der empirischen Analyse finanzieller Aspekte des Wirtschaftens in den Sportvereinen machten sich verschiedene Sachverhalte erschwerend bemerkbar. So entspricht die Aufschlüsselung von Einnahme- und Ausgabepositionen im Fragebogen nicht in allen Fällen der Systematik des Nachweises von Ein- und Ausgaben in den Sportvereinen. Von daher war ein erheblicher Aufwand an Nachcodierungsarbeiten notwendig, der die vielen unter „Sonstiges" aufgeführten Finanzmittel betraf.

Ein weiteres Problem der Finanzanalyse ergab sich aus der hohen Zahl an Antwortverweigerungen bei diesen Fragen[74]. So mußten 15% der Antwortenden (448 Sportvereine) in der 3024 Sportvereine umfassenden DSB-Stichprobe von den Analysen der Einnahmensituation in den Sportvereinen ausgeschlossen werden, da sie in den vorgegebenen Kategorien durchweg nicht geantwortet hatten. In den Analysen der Ausgabepositionen waren dies 16% (480 Sportvereine). Aber auch bei denjenigen Sportvereinen, die diese Fragen beantwortet haben, zeigten sich die Unzulänglichkeiten einer derartigen Analyse, die zumindest partiell auch aus der Wahl der postalischen Befragung als Methode resultierten. So handelt es sich in vielen Fällen der Angaben wahrscheinlich *nicht* um Zahlen, die aus der Haushaltsrechnung des

---

[74] Zu Detailproblemen durch Antwort- bzw. Stichprobenausfälle im Bereich finanzieller Ressourcen von Sportvereinen siehe z. B. WEBER et. al. 1995, 133, 142 f.

Vereins in den Fragebogen übertragen worden waren, sondern um mehr oder minder grobe Schätzungen. Ein (wenn auch schwacher) Hinweis darauf kann aus dem Anteil der Angaben, die nur auf die 1000-er Stelle genau angegeben worden waren (z. B. 14000,00; 15000,00 usw.), abgeleitet werden: Von den insgesamt 14108 Angaben in einzelnen Einnahmepositionen waren 26% (3606 Angaben) nur auf der 1000-er Stelle genau. Für die 100-er Stellen (z. B. 14300,00; 14400,00 usw.) beträgt der Anteil 55% (7792 Angaben). Für die 17561 Angaben in den Ausgabepositionen beträgt der Anteil der auf die 1000-er Stelle genauen Angaben 25% (4307 Angaben), für die 100-er Stelle 59% (10351 Angaben). Wenn auch nicht für alle diese Angaben daraus, daß sie nicht genauer waren, geschlossen werden kann, daß sie nicht zutreffen, so muß doch angenommen werden, daß es sich eher um Schätzungen, denn um genaue Angaben handelt. Dies zeigt sich auch, wenn man die Differenz zwischen der angegebenen Haushaltssumme und der Summe der Einnahmen sowie der Summe der Ausgaben betrachtet. Zwischen der Einnahmen- und der Haushaltssumme ergab sich in nur 691 Fällen keine Differenz. Auf der Ausgabenseite waren dies 216 Fälle. Die durchschnittlichen, am Gesamt-Haushaltsvolumen relativierten Differenzen sind in Tabelle 3.74 dargestellt. Die mittlere Abweichung von -0,5% bei den Einnahmen (d. h. die Summe der angegebenen Einnahmen übertraf die angegebene Haushaltssumme um 0,5%) und von 5,9% bei den Ausgaben zeigt, daß die angegebenen Zahlen bei aller Vorsicht trotzdem noch als gute Annäherung an die tatsächlichen Verhältnisse in den Sportvereinen interpretiert werden können. Dies um so mehr, als sich in diesen Parametern keine signifikanten Korrelationen mit strukturbeschreibenden Variablen (Mitgliederzahl, Abteilungszahl, Vereinsalter) ergaben.

Tab. 3.74: Am angegebenen Haushaltsvolumen relativierte Differenzen zwischen angegebenem Haushaltsvolumen und der Summe der angegebenen Einnahmen sowie Ausgaben in Prozent

Differenz: Haushaltsvolumen minus ...	$\bar{x}$	s	95% Konfidenzintervall des Mittelwerts	
			untere Grenze	obere Grenze
... Summe der Einnahmen	-0,6	49,2	-3,1	1,9
... Summe der Ausgaben	5,9	60,2	2,9	9,1

Tab. 3.75: Häufigkeit der Nennung einzelner Einnahmepositionen

Einnahmeposition	Anzahl der Nennungen	Anteil der Antwortenden in Prozent
Mitgliedsbeiträge	2524	98
Spenden	1746	68
Zuschüsse des Kreises, der Stadt bzw. der Gemeinde	1458	57
Zuschüsse der Sportorganisationen (Fachverbände etc.)	1093	42
Sportveranstaltungen (Zuschauereinnahmen etc.)	991	38
Vermögensverwaltung (Miet-/Pachteinnahmen, Zinsen etc.)	938	36
gesellige Veranstaltungen (z. B. Sportlerball, Schützenfest)	940	36
Aufnahmegebühren	777	30
Zuschüsse des Landes	695	27
selbstbetriebene Gaststätte	401	16
Werbeverträge – Bande	377	15
Leistungen für Mitglieder gegen Entgelt (Platz-, Hallenmieten o. ä.)	308	12
Werbeverträge – Anzeigen	293	11
Werbeverträge – Trikot, Ausrüstung	268	10
Werbeverträge – Sponsoren	267	10
Kursgebühren	222	9
Leistungen für Nicht-Mitglieder gegen Entgelt (Platz-, Hallenmieten o. ä.)	200	8
Zuschüsse aus Förderprogrammen (z. B. Arbeitsamt)	138	5
Kreditaufnahme	125	5
Werbeverträge – Übertragungsrechte	29	1
eigene Wirtschaftsgesellschaft	25	1

Bei der folgenden Analyse muß vor allem dem Aspekt der unterschiedlichen Antworthäufigkeit in einzelnen erfragten Kategorien besondere Beachtung geschenkt werden. Die Tatsache, daß einzelne Sportvereine in einzelnen Kategorien keine Angaben zu Einnahmen oder Ausgaben machen, zeigt nämlich, daß sich der Zugang zu Finanzquellen einerseits sowie die Richtung der Mittelverwendung andererseits zwischen den verschiedenen Sportvereinen deutlich unterscheiden kann (zu einer vergleichbaren Vorgehensweise bei der Untersuchung von Finanzquellen

Potsdamer und Neuruppiner Sportvereine vgl. BAUR/KOCH/TELSCHOW 1995, 174 ff.). Welche der erfragten Einnahmepositionen in welcher Häufigkeit genannt worden war, ist in Tabelle 3.75 dargestellt. Die analoge Aufstellung für die Ausgabenseite zeigt Tabelle 3.76.

Tab. 3.76: Häufigkeit der Nennung einzelner Ausgabepositionen

Ausgabepositionen	Anzahl der Nennungen	Anteil der Antwortenden in Prozent
Sportbetrieb – Kosten für Sportgeräte und Sportkleidung	1799	71
Abgaben/Steuern – Abgaben an Landes-, Stadt- oder Kreissportbünde o. ä.	1743	69
Abgaben/Steuern – Abgaben an Fachverbände	1659	65
Personalkosten – Trainer, Übungsleiter, Sportlehrer	1503	59
Allgemeinkosten – allgemeine Verwaltungskosten	1504	59
Allgemeinkosten – Versicherungen (z. B. VBG)	1473	58
Sportbetrieb – Kosten für die Durchführung eigener sportlicher Veranstaltungen	1294	51
Allgemeinkosten – Kosten für außersportliche Veranstaltungen (z. B. Feste)	1196	47
Sportbetrieb – Kosten für die Unterhaltung und den Betrieb eigener Anlagen	1153	45
Sportbetrieb – Reisekosten für Übungs- und Wettkampfbetrieb	1058	42
Sportbetrieb – Mieten und Kostenerstattung für die Benutzung von nicht-vereinseigenen Sportanlagen bzw. -einrichtungen	1007	40
Abgaben/Steuern – Steuern aller Art	635	25
Abgaben/Steuern – Gema-Gebühren	570	22
Kapitaldienst (Zinsen, Tilgungen)	547	22
Personalkosten – Wartungspersonal, Platzwart etc.	513	20
Rückstellungen	425	17
Personalkosten – Verwaltungspersonal	264	10
Personalkosten – Zahlungen an Sportler	176	7

Wie wichtig es ist, zu beachten, ob die einzelnen Einnahme- bzw. Ausgabepositionen überhaupt angegeben worden waren, verdeutlichen die Abbildungen 3.38 und 3.39. Sie zeigen die Zahl der Sportvereine, die in der jeweiligen Anzahl von Positionen Angaben gemacht hatten. Bei den Einnahmen zeigt sich deutlich, daß nur wenige Sportvereine mehr als 10 verschiedene Einnahmepositionen angegeben hatten. Kein Sportverein im ausgewerteten Rücklauf hat Angaben in allen 21 vorgegebenen Antwortkategorien gemacht.

Ein ähnliches Muster kennzeichnet das Antwortverhalten bei den Ausgaben. Die Mehrzahl der Sportvereine hat zwischen 4 und 9 Angaben gemacht; kein Sportverein hat in allen 17 erfragten Kategorien geantwortet. Eine einfache Aggregation aller Angaben in den Einnahme- und Ausgabepositionen muß insoweit das Bild der Finanzierungsstruktur der Sportvereine einseitig skizzieren, als ungleiche Verteilungen im Antwortverhalten in einzelnen Kategorien bei einer Aggregation und Verrechnung der Daten über alle Sportvereine keine Berücksichtigung finden.

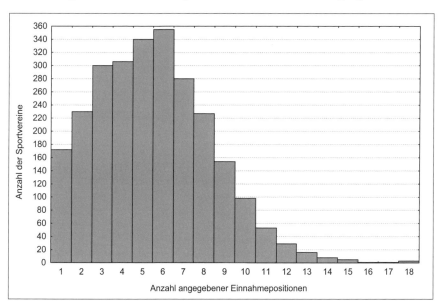

Abb. 3.38: Verteilung der Sportvereine nach der Anzahl angegebener Einnahmepositionen

Aus diesem Grund muß auch jede Hochrechnung der wirtschaftlichen Bedeutung einzelner Einnahme- oder Ausgabepositionen auf der Basis einer zwar nach strukturellen Merkmalen repräsentativen, hinsichtlich finanzieller Kriterien jedoch in ihrer Repräsentativität nicht beurteilbaren Stichprobe, fehlerbehaftet sein und zwar um so mehr, je seltener die Kategorie auftritt. So mag eine Schätzung der Gesamtbedeutung von Mitgliedsbeiträgen, da diese weitgehend von der Mitgliederzahl abhängen, eher zutreffen, als eine der wirtschaftlichen Bedeutung z. B. von Übertragungsrechten: Von den 29 Sportvereinen, die Einnahmen aus Übertragungsrechten hatten, wurde als Minimum DM 250,– als Maximum DM 210000,– angegeben. Das 95%-Konfidenzintervall des Mittelwerts (DM 11753,53) reichte damit von DM -2904,15 bis DM 26411,22. Damit ergibt sich bei einer Hochrechnung die Annahme, daß 967 Sportvereine im Jahr 1996 aus Übertragungsrechten Einnahmen zwischen rein rechnerisch DM -2808313,05 und DM 25539649,74 hatten. Die Logik der Haushaltsrechnung begrenzt hierbei allerdings das Intervall auf die pragmatische Untergrenze von DM 0,–.

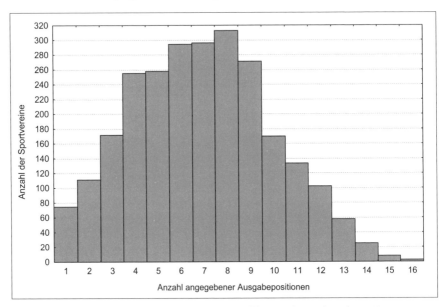

Abb. 3.39: Verteilung der Sportvereine nach der Anzahl angegebener Ausgabepositionen

Bevor nun die Ein- und Ausgaben in den vorgezeichneten analytischen Kategorien betrachtet werden[75], soll vorab die durchschnittliche, über alle berechnete wirtschaftliche Situation der Sportvereine skizziert werden. Basis hierfür ist die Angabe des Gesamt-Haushaltsvolumens, das in den Tabellen 3.77 und 3.78 dargestellt ist.

Der Mittelwert der Haushaltssummen (vgl. Tabelle 3.77) ist aufgrund der Verteilungsschiefe dieser Variablen nur unzureichend zur Abschätzung der zentralen Tendenz geeignet. Dies wird unmittelbar im Vergleich des Mittelwerts mit dem Median (s. Tabelle 3.78) deutlich. Auf diesen Wert soll hier nicht verzichtet werden, da er trotz dieser Bedenken in einer Vielzahl anderer Untersuchungen und Darstellungen zur Anwendung kommt. Zum Vergleich mit der FISAS 1991 (HEINEMANN/SCHUBERT 1994) ist in den Tabellen ebenfalls der Wert für die Sportvereine in den alten Bundesländern angegeben, basierend auf eigenen Berechnungen auf der Basis der entsprechenden Rohdaten. Auf die Berechnung des diesbezüglichen Wertes für die Sportvereine in den neuen Bundesländern wurde vor allem deshalb verzichtet, weil die 1991 erhobenen Daten angesichts der Übergangssituation mit relativ großen Ungenauigkeiten behaftet sein dürften. Der Unterschied zwischen den Befragungszeitpunkten 1991 und 1996 bei den West-Vereinen darf jedoch wegen des grundsätzlichen Einflusses der Teuerungsrate nicht überinterpretiert werden[76]. Tendenziell handelt es sich, verglichen z. B. mit durchschnittlichen Privathaushalten der Bundesrepublik, bei Sportvereinen um eher finanzschwache Gebilde (vgl. Statistisches Bundesamt 1998, 92 ff.).

---

[75] Die folgende Analyse orientiert sich, entsprechend den Überlegungen zur Wirtschaftssoziologie der Sportvereine (s. Kapitel 1.1.4), ausschließlich an den konstruierten analytischen Kategorien. Zum Vergleich mit anderen Untersuchungen können die Tabellen 7.16 bis 7.23 im tabellarischen Anhang herangezogen werden.

[76] Bei einer angenommenen durchschnittlichen Teuerungsrate von 3% ergibt sich auf der Basis der FISAS 1991-Werte für das Bezugsjahr 1996 ein hypothetisches mittleres Haushaltsvolumen von DM 82600,96.

Tab. 3.77: Mittelwert, Standardabweichung und 95%-Konfidenzintervall der Haushaltssummen der Sportvereine

	n	x̄	s	95%-Konfidenzintervall des Mittelwerts	
				untere Grenze	obere Grenze
West	1190	93720,77	271723,78	78266,64	109174,90
Ost	240	30221,41	52400,26	23558,24	36884,57
Gesamt	1472	83198,05	249571,86	70438,15	95957,95
FISAS 1991 West	2045	71252,31	200448,10	62559,49	79945,14

Tab. 3.78: Median und Quartilsgrenzen der Haushaltssummen in den Sportvereinen

	n	25. Perzentil	Median	75. Perzentil
West	1190	10000,00	33315,00	92787,00
Ost	240	4752,50	11739,00	30600,00
Gesamt	1472	8709,50	27674,00	81134,79
FISAS 1991 West	2045	9000,00	28400,00	70000,00

Bemerkenswert ist hierbei, daß sehr wenige Sportvereine mit einem sehr großen Finanzvolumen vielen Sportvereinen mit eher kleiner Haushaltssumme gegenüberstehen. Während ein Viertel aller Sportvereine eine Haushaltssumme von unter 8700,– DM ausweisen, haben 10% aller Sportvereine ein jährliches Finanzvolumen von DM 184790,– und mehr. Abbildung 3.40 verdeutlicht den Anteil, den jeweils 10% der Sportvereine am haushaltsmäßig ausgewiesenen wirtschaftlichen Gesamtvolumen der Sportvereine in Deutschland haben. Dazu wurden die Kategoriengrenzen auf der Dimension „Haushaltssumme" so bestimmt, daß jede Kategorie jeweils ein Zehntel der Sportvereine umfaßt. So haben 10% aller Sportvereine eine Haushaltssumme von unter DM 3000, 10% liegen zwischen DM 3000 und DM 6000 usw. Bei dieser Betrachtung fällt auf, daß das Zehntel der finanzstärksten Sportvereine am wirtschaftlichen Gesamtvolumen einen Anteil von 57% hat, während der Anteil des finanzschwächsten Zehntels nur 0,18% ausmacht.

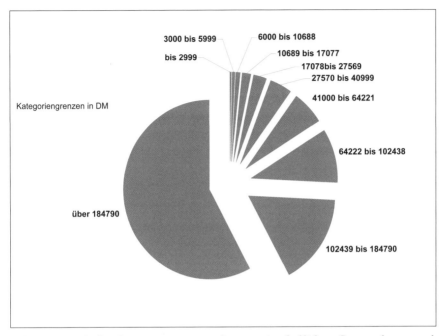

Abb. 3.40: Anteil der Sportvereine am geschätzten wirtschaftlichen Gesamtvolumen nach Haushaltssumme. Jede Kategorie umfaßt jeweils 10% aller Sportvereine.

Neben der Betrachtung der Anzahl der Angaben in den vordefinierten Kategorien ist eine inhaltliche Analyse der Angaben sinnvoll, die von den Befragten unter die Kategorie „Sonstiges" subsumiert wurden. Dabei wurde auf der Einnahmenseite eine nachträgliche Kategorisierung in die folgenden Klassen vorgenommen:

- Rückstellungen aus dem Vorjahr sowie Rückgriff auf Vereinsvermögen
- Zuschüsse ohne Angabe der Quelle
- Verkauf/Vermietung/Verpachtung ohne Präzisierung des Leistungsempfängers
- Indirekt mit dem Sportbetrieb verbundene Einnahmen (z. B. Ablösesummen)
- Beiträge von Sportlern wegen der Teilnahme am Sportbetrieb (z. B. Zuschuß der Mitglieder zu Fahrtgeldern, Startgeldern etc.)
- Beteiligung an Aktionen im Umfeld (z. B. Dorffeste, Altpapiersammlungen)

Die Häufigkeiten, mit denen Angaben in den einzelnen Kategorien gemacht wurden, können nicht mit den zuvor aufgezeigten Häufigkeiten in den vordefinierten Antwortkategorien verglichen werden, da hier nur die Angaben nachträglich kategorisiert werden konnten, die explizit einer der Kategorien zuzuordnen waren. Andererseits zeigt sich in den Kategorien auch, daß die im Fragebogen vordefinierten Einnahmepositionen zumindest zum Teil weiter ausdifferenziert sind als die Bilanzen der Sportvereine. In den Kategorien

- Zuschüsse ohne Angabe der Quelle und
- Verkauf/Vermietung/Verpachtung ohne Präzisierung des Leistungsempfängers

schlagen sich so Angaben nieder, die in den korrespondierenden vordefinierten Kategorien

- Zuschüsse des Kreises, der Stadt bzw. der Gemeinde
- Zuschüsse der Sportorganisationen (Fachverbände etc.)
- Zuschüsse des Landes
- Zuschüsse aus Förderprogrammen (z. B. Arbeitsamt)

einerseits sowie

- Leistungen für Mitglieder gegen Entgelt (Platz-, Hallenmieten o. ä.)
- Kursgebühren
- Leistungen für Nicht-Mitglieder gegen Entgelt (Platz-, Hallenmieten o. ä.)

andererseits nicht zugeordnet werden konnten.

Die analoge Vorgehensweise führte auf der Ausgabenseite zu einer noch deutlicheren Differenzierung dessen, was unter „Sonstiges" angegeben worden war:

- Kosten für Ehrungen und Präsente
- Bau oder Kauf von Sport- und sonstigen Anlagen/Geräten (KFZ, Bus)
- Einkauf von Waren u. ä. zum Weiterverkauf
- Schiedsrichter-, Start- und Lehrgangsgebühren sowie Strafen
- Öffentlichkeitsarbeit, Werbung, Repräsentation
- Unterhalt von Anlagen ohne Zuordnung ob eigen oder nicht: Energie, Nebenkosten, Wasser etc.
- Jugendarbeit
- Kosten für eigenen Wirtschaftsbetrieb
- Arzt/Sanitäter/Steuerberater
- Fachliteratur
- Mitgliederbetreuung

Auch hier zeigte sich einerseits, daß das gewählte Raster an vordefinierten Positionen verschiedentlich nicht detailliert genug, an anderen Stellen bzw. für andere Sportvereine dagegen zu detailliert war.

Die inhaltliche Aufschlüsselung der Finanzierungsseite der Vereinshaushalte (auch unter Einbeziehung der nachcodierten Kategorien) rekurriert auf die genannten Differenzierungen unter Berücksichtigung folgender Aspekte:

A) Längerfristige Planbarkeit/Entlastung (Chance auf Eintritt eines erwarteten Ereignisses in Mehrjahreszeiträumen).

B) Kontrollierbarkeit im Hinblick auf die Selbst- vs. Fremdbestimmtheit (Autonomie vs. Heteronomie) im Sinn der Chance, den Eintritt eines Ereignisses mit eigenen Machtmitteln bestimmen zu können.

C) Quelle der Finanzherkunft innerhalb oder außerhalb der Organisation, d. h. quasi familiale vs. definitiv nicht-familiale Finanzierung, also Finanzierung durch Organisationsangehörige vs. Nicht-Organisationsangehörige.

Tab. 3.79: Anteile der Einnahmen in den verschiedenen analytischen Kategorien am Gesamt-Einnahmevolumen (Angaben in Prozent)

	n	25. Perzentil	Median	75. Perzentil
stete Einnahmen	2554	44,60	69,63	89,07
unstete Einnahmen	2554	9,09	27,28	52,28
indifferente Einnahmen bezüglich Stetigkeit	2554	0,00	0,00	0,00
interne Einnahmen	1668	35,60	54,26	71,43
externe Einnahmen	1668	14,28	26,44	43,13
indifferente Einnahmen bezüglich Herkunft	1668	4,25	11,11	23,60
autonom bestimmbare Einnahmen	2576	57,49	77,14	91,28
heteronom bestimmbare Einnahmen	2576	7,38	20,97	39,16
indifferente Einnahmen bezüglich Einflußnahmechancen	2576	0,00	0,00	0,00

Zu beachten ist hierbei, daß diese Kategorien zwar analytisch exklusiv, trennscharf und vollständig sind, in der Anwendung auf empirisch gewonnenes Datenmaterial allerdings um eine Residualkategorie „indifferent" erweitert werden müssen, da einerseits die erfragten Positionen nicht immer einer Kategorie eindeutig zugeordnet werden können und zum anderen die Haushaltsrechnung in den Sportvereinen nicht in jedem Fall den analytischen Kategorien entspricht. Der Anteil der so als indifferent zu bezeichnenden Einnahmen (s. Tabelle 3.79) kann auch als Hinweis auf die empirische Ergiebigkeit der analytischen Kategorien im Rahmen der bisher in den FISAS-Untersuchungen verwendeten Fragebogen-Module gelten[77].

Die mittleren Anteile der Kategorien „indifferent bezüglich Stetigkeit" und „indifferent bezüglich Einflußnahmechancen" zeigen, daß diese als Residualkategorien eher marginal sind und so die inhaltliche Interpretation der analytischen Kategorien nicht wesentlich beeinträchtigen. In der Differenzierung zwischen internen und externen Finanzquellen ist die Residualkategorie dagegen wesentlich stärker besetzt. Hier schlägt sich die Tatsache nieder, daß sowohl bei Spenden als auch bei Kreditaufnahmen in den vordefinierten Positionen nicht getrennt nach Spenden/Krediten von Sportvereinsmitgliedern und Nicht-Mitgliedern gefragt worden war, wobei allerdings fraglich ist, ob diese Positionen in der Haushaltsrechnung der Sportvereine in dieser Detailliertheit nachgewiesen werden. So können dem Verein zufließende Spenden sowohl von Mitgliedern als auch von Nicht-Mitgliedern erbracht worden sein, ohne daß die Quelle im Nachhinein eindeutig zu ermitteln wäre.

Betrachtet man die Zusammenhänge zwischen der so gekennzeichneten Einnahmenstruktur und verschiedenen Strukturmerkmalen der Sportvereine (s. Tabelle 7.24 im tabellarischen Anhang), ergibt sich ein bemerkenswertes Bild: Keines der hier betrachteten Strukturmerkmale (s.o.), also weder die Mitgliederzahl noch die Abteilungszahl noch das Vereinsalter noch die Mitgliederstruktur, differenziert nach Alters- und Geschlechtskategorien, noch der Anteil an genutzten vereinseigenen Sportanlagen korreliert substantiell mit dem Anteil steter bzw. unsteter, interner bzw. externer sowie autonom bzw. heteronom beeinflußter Finanzquellen. Die berechneten Spearman-Rangkorrelationen erklärten, obwohl aufgrund der hohen Zahl der Antwortenden jeweils signifikant, durchgängig weniger als 10% der Varianz der abhängigen Variablen „Anteil der kategorisierten Einnahmen am Gesamt-Haushalt". Systematische Zusammenhänge zwischen Vereinsstrukturen und der

---

[77] Da die folgenden Analysen mit den Ergebnissen anderer Untersuchungen nicht vergleichbar sind und die Normalverteilung bei einem Teil der betrachteten Parameter nicht gegeben ist, wird im folgenden zur Deskription der zentralen Tendenz der Median, als Dispersionsmaß das 25. und 75. Perzentil angegeben.

Einnahmenstruktur waren also nicht nachweisbar: **Weitgehend unabhängig von Strukturmerkmalen finanzieren sich Sportvereine vor allem mit steten Einnahmen, die autonom bestimmbar sind und zu mehr als der Hälfte aus internen Quellen stammen.** Auf den ersten Blick scheint dieses Ergebnis erstaunlich, eröffnen sich doch eher großen und eher alten Sportvereinen aufgrund ihrer stärkeren umweltbezogenen Eingebundenheit und aufgrund einer höheren Zahl an potentiellen Anschlußsystemen andere Finanzierungsmöglichkeiten als kleinen und eher jungen Sportvereinen. Dies bestätigen auch die verschiedenen signifikanten Korrelationen zwischen den Anteilen der einzelnen Einnahmepositionen am Gesamthaushalt mit den Typikalitätswerten. Übereinstimmend ergaben sich jedoch auch bei dieser detaillierten Betrachtung keine substantiellen Korrelationen, was nur den Schluß zuläßt, daß es zwar für unterschiedlich strukturierte Sportvereine unterschiedliche Finanzierungsmöglichkeiten grundsätzlich gibt, daß diese jedoch erstens von den Sportvereinen nicht durchgängig einheitlich genutzt werden und, zweitens, sich in der Aggregation zu den verschiedenen analytischen Kategorien nicht zu einem substantiellen Effekt summieren. **In bezug auf die Finanzierungskultur der Sportvereine scheint Sportvereinen alles möglich!**

Daneben ergaben sich in der Struktur der Einnahmen signifikante Unterschiede zwischen Sportvereinen in den alten und neuen Bundesländern in den Kategorien interne/externe Finanzquellen und autonom/heteronom bestimmbare Einnahmen, die jedoch ebenfalls nur marginale Anteile der Varianz der Einnahmenstrukturen (unter 10%) erklärten.

Auf der Ausgabenseite (s. Tabelle 3.80) zeigte sich in einer zwischen steten und unsteten Ausgaben differenzierenden Betrachtung eine relativ stark besetzte Residualkategorie. **Als zentrales Ergebnis bleibt aber, daß der Anteil steter Ausgaben in der Hälfte aller Fälle mehr als 50% der Gesamtausgaben ausmachte.** Zudem zeigt sich in der Unterscheidung zwischen autonomen und heteronomen Ausgaben, in der auf die Residualkategorie „indifferent" nur marginale Anteile entfielen, daß die Ausgabensituation in den Sportvereinen zum überwiegenden Teil von den in den Sportvereinen handelnden Personen beeinflußt werden kann.

Tab. 3.80: Anteile der Ausgaben in den verschiedenen analytischen Kategorien am Gesamt-Ausgabenvolumen (Angaben in Prozent)

	n	25. Perzentil	Median	75. Perzentil
stete Ausgaben	2544	36,39	56,95	76,93
unstete Ausgaben	2544	5,83	17,84	35,78
indifferente Ausgaben bezüglich Stetigkeit	2544	0,00	13,33	30,66
autonom bestimmbare Ausgaben	2544	49,58	71,17	85,39
heteronom bestimmbare Ausgaben	2544	12,79	25,00	45,60
indifferente Ausgaben bezüglich Einflußnahmechancen	2544	0,00	0,00	0,00

Auch auf der Ausgabenseite ergaben sich keine substantiellen Korrelationen zwischen den hier betrachteten Strukturmerkmalen der Sportvereine und den Anteilen der einzelnen Kategorien am Gesamt-Ausgabenvolumen (s. Tabelle 7.25 im tabellarischen Anhang). Unterschiede zwischen den Sportvereinen in den neuen und den alten Bundesländern waren aufgrund der hohen Zahl an Antwortenden zwar signifikant, jedoch ebenfalls nur mit marginaler Varianzklärung (unter 1%): **In struktureller Analogie zur Finanzierung werden die Mittel der Sportvereine vorwiegend zur Begleichung steter und autonom bestimmbarer Ausgaben verwendet.**

Ungeachtet der Tatsache, daß die hier untersuchten Zusammenhänge für die Gesamtzahl der Sportvereine nicht nachweisbar waren, können diese für einzelne Leistungssegmente und/oder für einzelne Sportarten trotzdem wirksam werden. Dies betrifft dann jedoch nicht die Vielzahl der Sportvereine, sondern nur die marginale Zahl derjenigen, die entweder im oberen Leistungsniveau in medial attraktiven Sportarten (z. B. Tennis, Fußball) und/oder in Prestigesportarten (z. B. Golf) angesiedelt sind.

Mitgliedsbeiträge in Sportvereinen

Die Mittelstellung der Sportvereine zwischen verschiedenen Idealtypen wirtschaftlichen Handelns wird im Bereich der Mitgliedsbeiträge besonders deutlich. Eine Orientierung am Solidarprinzip kann einerseits bedeuten, daß alle Mitglieder unabhängig von ihrem Mitgliedschaftsstatus und den Leistungen, die sie beanspruchen, jeweils gleich hohe Beiträge zahlen (vgl. NEUMANN/SCHAPER 1989, 149f.) oder, daß die Mitgliedsbeiträge in Abhängigkeit von der sozioökonomischen Lagerung der Mitglieder jeweils individuell festgelegt werden (ebd., 150)[78]. Eine Orientierung an einem Anbietermarkt „Sport" würde zu Mitgliedsbeiträgen führen, die in Abhängigkeit von der jeweils in Anspruch genommenen Leistung des Sportvereins in der Höhe variierten. Ein Blick auf die verschiedenen Formen der Staffelung von Mitgliedsbeiträgen (s. Tabelle 3.81) verdeutlicht, daß über alle Sportvereine hinweg weder die eine noch die andere Orientierung vorherrscht.

Um diese Aspekte deutlicher herauszuarbeiten, wird im folgenden bei den Sportvereinen betrachtet,

- ob sie Mitgliedsbeiträge nach Altersgruppierungen gestaffelt erheben,
- ob sie unterschiedliche Mitgliedsbeiträge auf eine vermutete sozialstrukturelle Lagerung (in bezug auf die vermutete Größe finanzieller Ressourcen) erheben,
- ob sie für unterschiedliche formal definierte Mitgliedergruppierungen gestaffelte Beiträge erheben und
- ob sie Beiträge in Abhängigkeit vom (z. B. abteilungsspezifischen) Leistungsumfang staffeln, den ein Mitglied beanspruchen kann bzw. beansprucht.

Hierbei darf nicht übersehen werden, daß die Kategorien nicht trennscharf sind, da die Dimensionen, auf die sie sich beziehen, nicht unabhängig voneinander sind. So überschneidet sich die Mitgliedergruppierung „Mitglieder von 7 bis 14 Jahren" in der Regel mit der sozialstrukturellen Gruppierung „Schüler". In geringerem Maße überschneidet sich die altersspezifische Kategorie „Mitglieder über 60 Jahre" mit derjenigen der „Ehrenmitglieder" und mit derjenigen der „passiven Mitglieder". Insofern erschließt diese Kategorisierung weniger eine Information über Fragen der Finanzierung als über die differentielle Berücksichtigung von Möglichkeiten und

---

[78] Das Festlegen von Mitgliedsbeiträgen in Abhängigkeit von Aspekten der sozioökonomischen Lagerung kann in der Folge zu sozialen Etikettierungen (bis hin zur Stigmatisierung) führen und letztlich Schließungsfunktionen bewirken.

Interessen der Angehörigen der von der Beitragsstaffelung jeweils betroffenen Gruppierungen[79].

Tab. 3.81: *Häufigkeit unterschiedlicher Beitragsstaffelungen*

	Gesamt	alte Bundesländer	neue Bundesländer
keine altersbezogene Beitragsstaffelung	574 20,3%	482 20,3%	92 20,1%
altersbezogene Beitragsstaffelung	2258 79,7%	1893 79,7%	365 79,9%
keine sozialstrukturelle Beitragsstaffelung	877 31,0%%	719 30,3%	158 34,6%
sozialstrukturelle Beitragsstaffelung	1955 69,0%	1656 69,7%	299 65,4%
keine auf den Mitgliederstatus bezogene Beitragsstaffelung	1262 44,6%	1037 43,7%	225 49,2%
auf den Mitgliederstatus bezogene Beitragsstaffelung	1570 55,4%	1338 56,3%	232 50,8%
keine auf die Leistungsbezugsberechtigung bezogene Beitragsstaffelung	2159 76,2%	1812 76,3%	347 75,9%
auf die Leistungsbezugsberechtigung bezogene Beitragsstaffelung	673 23,8%	563 23,7%	110 24,1%
Gesamt	2832	2375	457

Im Überblick über die bezeichneten Beitragsstaffelungen (s. Tabelle 3.81) ergaben sich keine signifikanten Unterschiede zwischen Sportvereinen in den neuen und alten Bundesländern. In der Mehrzahl der Kategorien waren diese Unterschiede auch nicht zu erwarten. Speziell in der Frage des Vorhandenseins sozialstrukturell

---

[79] Von gesonderten Beiträgen für Schüler sind weniger diese selbst, als deren Eltern betroffen, während Beiträge für Arbeitslose diese direkt betreffen und zwar sowohl bezüglich der finanziellen Belastung als auch bezüglich der möglichen Etikettierung als „Arbeitsloser" und damit evtl. auch Stigmatisierung als „Sozialschmarotzer".

gestaffelter Mitgliedsbeiträge verdient das Ausbleiben dieses Effekts besondere Beachtung: Trotz der höheren Arbeitslosigkeit in den neuen Bundesländern und anderen, mit finanziellen Nachteilen verbundenen Spezifika in der Sozialstruktur ihrer Wohnbevölkerung, die eigentlich diesem Aspekt Rücksicht tragende Beitragsstaffelungen erwarten lassen, unterscheiden sich Sportvereine in den neuen Bundesländern in dieser Hinsicht nicht vom Sportvereinen in den alten Bundesländern.

Für die Reihenfolge und Häufigkeit der verschiedenen Beitragsstaffelungen ergibt sich,

- daß in der Mehrzahl der Fälle (79,7%) altersbezogene Beitragsstaffelungen zu Anwendung kommen und, ebenfalls in der Mehrzahl der Fälle (69%), sozialstrukturell gestaffelte Beiträge erhoben werden,
- daß in circa der Hälfte der Fälle Beiträge nach dem Mitgliederstatus gestaffelt werden, und
- daß in circa einem Viertel der Fälle die Beiträge entsprechend der Berechtigung zum Leistungsbezug gestaffelt werden.

Der letztgenannte Fall ist insofern bemerkenswert, als er eher dem Prinzip der Beitragsgerechtigkeit als dem Prinzip der Solidarität entspricht. Die weitgehende „Verabschiedung" vom Solidarprinzip und die Hinwendung zu eher marktgängigen und risikoorientierten Beitragsstrukturen ist also *nicht* das beherrschende Moment in der Kultur der beitragsabhängigen Finanzierung des Sportbetriebs. Die partielle Abkehr vom Solidarprinzip, die sich in mitgliederstatus-bezogenen Beitragsstaffelungen niederschlägt (z. B. für passive Mitglieder) und die demgegenüber häufiger auftritt, kann nicht als eindeutige Verneinung des Solidarprinzip gewertet werden, da sich darin auch die Finanzierung des Sportbetriebs durch ehemals Aktive niederschlägt, und zwar im Sinne einer die Solidarität mit den derzeit Aktiven erleichternden Haltung.

In der Betrachtung der Kombinationen, in denen die verschiedenen Beitragsstaffelungen in den Sportvereinen auftreten, ergeben sich zwei Besonderheiten:

- Ohne Berücksichtigung einer eventuellen Staffelung der Beiträge nach dem Mitgliederstatus werden in 59,3% der Sportvereine (n=1733) Beiträge in Abhängigkeit vom Alter und in 42,6% der Fälle (n=1246) zusätzlich abhängig

von Sozialstrukturmerkmalen der Mitglieder erhoben, jedoch nicht nach der Berechtigung zum Leistungsbezug.
- Unter den Sportvereinen, die Beiträge nach der Berechtigung zum Leistungsbezug staffeln, erheben 68,0% der Sportvereine (n=472) die Mitgliederbeiträge ebenfalls nach dem Alter und nach Sozialstrukturmerkmalen der Mitglieder gestaffelt, worunter 51% (n=355) zusätzlich die Beiträge nach dem Mitgliederstatus staffeln. In diesen Fällen kann berechtigt von einer Orientierung im Sinne der sogenannten „sozialen Marktwirtschaft" gesprochen werden mit einer Mischung verschiedener Beitragsprinzipien.

Die Struktur der Beitragsstaffelungen nach dem Alter der Mitglieder, nach sozialstrukturellen Merkmalen und nach dem Mitgliederstatus stand in keinem gesicherten Zusammenhang mit den Typikalitätswerten der Sportvereine. Lediglich die Beitragsstaffelung nach der Leistungsbezugsberechtigung der Mitglieder korrelierte signifikant und substantiell mit den Typikalitätswerten bezüglich des Typs „groß-alt" (s. Tabelle 3.82): Je mehr ein Sportverein diesem Typ entspricht, desto eher werden Beiträge nach der Leistungsbezugsberechtigung gestaffelt erhoben. In der Tendenz, jedoch mit einer Varianzklärung von nur 7-8%, zeigte sich das gleiche Muster für den Typ „mittel-alt", dagegen der entgegengesetzt gerichtete Zusammenhang für den Typ „klein-jung".

Tab. 3.82: Punkt-biseriale Korrelationen zwischen dem Vorhandensein einer Beitragsstaffelung nach der Leistungsbezugsberechtigung der Mitglieder und den Strukturtypen. Nur signifikante Korrelationen (p<0,001).

Typikalität	R_{pb}
mittel-alt	0,27
klein-alt	-0,13
klein-jung	-0,29
groß-alt	0,40

Damit erweisen sich die eher großen und älteren Sportvereine, die meist auch mehrspartig organisiert sind, als Organisationen, in denen das Prinzip der Beitragsadäquatheit im Sinne der Ressourcennutzung durch die Mitglieder (auch) zum tragen kommt, womit nichts über den Aspekt der Kostendeckung durch die Beiträge, sondern nur ein Moment der Finanzierungskultur dieser Organisationen angesprochen ist.

Ungeachtet der Aspekte der Staffelung von Mitgliedsbeiträgen war deren Höhe verschiedentlich Gegenstand der Diskussion in den Sportorganisationen, wobei einerseits betont wurde, daß die niedrige Höhe der Mitgliedsbeiträge Markenzeichen der Sportvereine sei, während andererseits Möglichkeiten zur Legitimation und Durchsetzung von Beitragsanpassungen nach oben eruiert und kommuniziert wurden. Bei der Betrachtung der Höhe der Mitgliedsbeiträge in den einzelnen Kategorien der Staffelungen fällt zum einen die große Spannweite[80], zum anderen die Verzerrung des Mittelwerts nach oben besonders ins Auge (s. Tabelle 3.83 und 3.84).

Tab. 3.83: Monatliche Mitgliedsbeiträge nach Alterskategorien der Mitglieder in DM

Alters-kategorien	Anzahl antwortender Sportvereine	Bereich	$\bar{x}$	s	Minimum	Median	Maximum
bis 6 Jahre	233	Ost	6,52	14,87	0,20	3,00	160,00
	1529	West	8,03	14,53	0,25	4,00	200,00
7 bis 14 Jahre	370	Ost	6,56	15,19	0,20	3,00	160,00
	1899	West	8,88	17,59	0,25	4,00	315,00
15 bis 18 Jahre	391	Ost	8,18	17,99	0,50	5,00	160,00
	2100	West	11,20	31,67	0,16	5,00	1000,00
19 bis 60 Jahre	426	Ost	13,12	28,60	1,00	8,00	400,00
	2282	West	19,88	45,44	0,16	8,00	650,00
über 60 Jahre	347	Ost	11,79	23,39	0,83	6,25	250,00
	2096	West	19,06	52,51	0,16	7,00	1500,00

---

[80] Wie wichtig die Betrachtung der Spannweite in diesem Zusammenhang ist, zeigt sich, wenn man die Überlegungen zur Familienfreundlichkeit von HEINEMANN und SCHUBERT (1994, 296) auf die Minimum- und die Maximum-Werte anwendet: Ein Sportverein, der mit DM 912,70/Monat für eine Familie einen niedrigeren Beitrag erhebt als im Maximum für zwei Erwachsene mit je DM 650,00 wird dadurch nicht unbedingt familienfreundlicher. Dagegen kann ein Sportverein, der pro Erwachsenem DM 0,16 als monatlichen Beitrag einzieht, durch einen spezifischen Familientarif wohl kaum familienfreundlicher werden, als er es bereits ist.

Empirische Bestandsaufnahme

In der Höhe der Mitgliedsbeiträge ergab sich kein signifikanter Unterschied zwischen Sportvereinen in den neuen und alten Bundesländern. Die Unterschiede zwischen dem Median und dem Mittelwert in den einzelnen Kategorien deuten darauf hin, daß die Verteilung der Mitgliedsbeiträge, ähnlich der Verteilung der Sportvereine nach der Mitgliederzahl, nicht symmetrisch ist. An der Höhe des Medians kann man erkennen, daß die Mehrzahl der Sportvereine eher moderate Mitgliedsbeiträge erhebt. Als Steuerungsmittel für den Zugang zum Sportverein sind diese Obulusse angesichts ihrer Höhe sowie der Häufigkeit ihrer Staffelung lediglich im Bereich hoher Beträge funktional und zwar sowohl für die Sicherung der Exklusivität der Mitgliedschaft als auch für die Gewinnung neuer Mitglieder.

Tab. 3.84: Monatliche Mitgliedsbeiträge in DM nach Mitgliedschaftsstatus und Sozialstrukturmerkmalen der Mitglieder

Mitglieder-kategorien	Anzahl antwortender Sportvereine	Bereich	$\bar{x}$	s	Minimum	Median	Maximum
Familien	106	Ost	29,38	86,43	1,25	10,00	700,00
	1200	West	34,63	75,32	0,16	13,00	912,70
Schüler	241	Ost	8,18	18,84	0,20	4,00	160,00
	1208	West	11,04	23,77	0,16	5,00	315,00
Studenten	240	Ost	9,22	21,82	0,50	5,00	160,00
	1215	West	13,66	30,90	0,16	5,80	400,00
Wehrpflichtige	205	Ost	9,97	21,19	0,50	5,00	160,00
	1011	West	13,61	29,91	0,16	5,50	400,00
Arbeitslose	222	Ost	8,46	19,69	1,00	5,00	160,00
	690	West	11,91	29,85	0,75	5,00	504,00
passive Mitglieder	223	Ost	8,56	12,91	0,75	5,00	100,00
	1316	West	11,81	26,04	0,16	5,00	650,00
Ehrenmitglieder	68	Ost	8,59	12,68	1,00	5,00	80,00
	222	West	12,17	26,83	0,16	6,00	300,00

Für die Vielzahl der Sportvereine stellen dagegen Veränderungen der Höhe der Mitgliedsbeiträge oder auch der Arten der Beitragsstaffelung kaum ein Steuerungsinstrument für die Gewinnung neuer Mitglieder, speziell auch für die Überwindung sozialstruktureller Zugangsbarrieren dar. So kann die explizite Benennung eines mit dem Mitgliedsbeitrag für Erwachsene in der Höhe übereinstimmenden gesonderten Beitragssatzes für Arbeitslose von DM 504,- in den alten Bundesländern und DM 160,- in den neuen Bundesländern als deutliches Zeichen der Benennung einer Kategorie von Mitgliedern gewertet werden, die man nicht für den Sportverein zu gewinnen trachtet. Ungeachtet dieser Tatsache kann die Einrichtung dieser Beitragskategorie dann, wenn die Beitragshöhe für Arbeitslose die für Erwachsene Mitglieder deutlich unterschreitet, unabhängig von der Höhe dieses Beitrages, als Instrument betrachtet werden, mit dem Mitgliedern, die arbeitslos geworden sind, im Sinne des Solidarprinzips ein Angebot offeriert wird, weiterhin Mitglied im Sportverein zu bleiben. Dagegen kann bei einem Mitgliedsbeitrag von unter DM 1,00 in den neuen resp. DM 0,75 in den alten Bundesländern selbst eine 50%-ige Senkung des Mitgliedsbeitrags wohl kaum als wirksames Mitttel zur Gewinnung von Arbeitslosen für die Sportvereine angesehen werden.

Neben den Mitgliedsbeiträgen sind Aufnahmegebühren eine Form der Finanzierung des Sportbetriebs, die von 38,5% der Sportvereine (n=1131) genutzt wird. Diese können ebenfalls pauschal oder nach bestimmten Merkmalen gestaffelt erhoben werden, wobei eine Staffelung von Aufnahmegebühren meist strukturell mit der Staffelung von Mitgliedsbeiträgen übereinstimmt. Da sich in keiner der erfragten Mitgliederkategorien signifikante Unterschiede zwischen den Sportvereinen in den neuen und alten Bundesländern ergaben, wird im folgenden auf eine getrennte Darstellung verzichtet.

Tab. 3.85: Aufnahmegebühren nach Alterskategorien der Mitglieder in DM

Alterskategorien	Anzahl antwortender Sportvereine	$\bar{x}$	s	Minimum	Median	Maximum
bis 6 Jahre	588	54,10	297,87	0,50	15,00	5000,00
7 bis 14 Jahre	745	53,35	275,68	0,50	15,00	5000,00
15 bis 18 Jahre	860	72,98	292,59	0,50	20,00	5000,00
19 bis 60 Jahre	1070	181,78	631,68	0,50	40,00	13000,00
über 60 Jahre	945	173,73	654,50	0,50	30,00	13000,00

Die Höhe der Aufnahmegebühren variiert in den einzelnen Kategorien beträchtlich (s. Tabelle 3.85 und 3.86), was darauf hinweist, daß diese nicht nur dem Ziel der partiellen sozialen Schließung dienen sollen, sondern auch weitere Funktionen für den Sportverein erfüllen wie z. B. Beitragsgerechtigkeit; dies insofern, als Aufnahmegebühren verhindern können, daß neu hinzukommende Mitglieder am Vereinseigentum (finanzieller und sächlicher Art), also dem materiellen Ergebnis des Wirkens der bisherigen Mitglieder, parasitär partizipieren. Analog zur Funktion (bzw. Nicht-Funktion) der Mitgliedsbeiträge für die Steuerung des Zugangs zum Sportverein kann auch bei den Aufnahmegebühren die Funktion der sozialen Schließung sowie der Mitgliedergewinnung über die Möglichkeit zur demonstrativen Partizipation (ein demonstrativer Konsum von Geld und Zeit) in den Bereichen hoher Aufnahmegebühren gesehen werden, nicht jedoch die Möglichkeit zur Öffnung der Sportvereine und zur Gewinnung neuer Mitgliedergruppierungen im Bereich niedriger Aufnahmegebühren.

Zur Beurteilung der Funktion der Aufnahmegebühr im Zusammenhang mit der mitgliederbezogenen Finanzierung kann der Anteil des Mitgliedsbeitrags und der Aufnahmegebühr an der gesamten finanziellen Verpflichtung eines Mitglieds im ersten Mitgliedsjahr Aufschluß geben. Zu diesem Zweck wurde auf der Basis der Mitgliederzahlen in den einzelnen Alterskategorien sowie der Beitragshöhen und der Höhe der Aufnahmegebühren der auf der Mitgliederstruktur basierende durchschnittliche finanzielle Beitrag eines Mitglieds im ersten Mitgliedsjahr berechnet[81], im folgenden konstruierter Erstjahresbeitrag genannt.

---

[81] Der so konstruierte Kennwert ist insofern fiktiv, als die Annahme der strukturinvarianten Neuaufnahme eingeht, d. h. daß die Gruppierung der neu eintretenden Mitglieder in ihrer Altersstruktur der Struktur der Mitglieder des Sportvereins entspricht. Darüber hinaus gehen Einflüsse, die sich aus der jeweils spezifischen Interaktion zwischen sozialstruktureller Lagerung und angestrebtem Mitgliedschaftsstatus der neu eintretenden Mitglieder und sozialstrukturell und mitgliedschaftsstatus-bezogen gestaffelten Mitgliedsbeiträgen ergeben, ebenfalls nicht mit ein. Von daher dient der Parameter auch lediglich der qualitativen Einschätzung der Finanzierungskultur der Sportvereine in diesem Aspekt.

Tab. 3.86: Aufnahmegebühren nach Mitgliedschaftsstatus und Sozialstrukturmerkmalen der Mitglieder in DM

Mitglieder-kategorien	Anzahl antwortender Sportvereine	$\bar{x}$	s	Minimum	Median	Maximum
Familien	436	262,40	1378,01	1,00	50,00	26000,00
Schüler	469	85,23	433,90	1,00	20,00	6000,00
Studenten	510	88,71	329,72	1,00	25,00	5000,00
Wehrpflichtige	448	94,15	349,18	1,00	25,00	5000,00
Arbeitslose	316	79,34	307,71	1,00	20,00	5000,00
passive Mitglieder	404	106,81	662,01	1,00	20,00	13000,00
Ehrenmitglieder	99	110,28	527,11	1,00	10,00	5000,00

Angesichts der Verteilung der auf der Basis der Mitglieder- und Beitragsstrukturen berechneten Beiträge im ersten Mitgliedsjahr sowie des Anteils der monatlichen Mitgliedsbeiträge an diesem konstruierten Erstjahresbeitrag (s. Abbildung 3.41) fällt auf, daß bei der Analyse möglicher Instrumente zur sozialen Schließung sowie zur Gewinnung finanzstarker Mitglieder über die Möglichkeit zur demonstrativen Partizipation eher die monatlichen Beiträge denn die Aufnahmegebühren beachtet werden müssen. Pragmatisch wurde zu diesem Zweck der Bereich der vermuteten sozialen Schließung auf den Bereich festgelegt, in dem der konstruierte Erstjahresbeitrag über DM 1000,- pro Mitglied beträgt[82].

In diesem Bereich, in dem, was nicht übersehen werden darf, nur 4,2% der antwortenden Sportvereine liegen, haben 74,1% (n=86) von ihnen einen Anteil der monatlich zu entrichtenden Mitgliedsbeiträge am konstruierten Erstjahresbeitrag zwischen 80 und 100%. Dagegen stellen die Sportvereine, bei denen die Auf-

---

[82] Zum Vergleich: Im Jahr 1996 lagen die Grenzen für den sogenannten „prekären Wohlstand" bei einem monatlichen pro Kopf-Äquivalenzeinkommen von DM 976,- bis DM 1464,- entsprechend 50% resp. 75% des entsprechenden Durchschnittseinkommens (WILLEKE/FINK 1996; Daten aus: Sozioökonomisches Panel [SOEP]/DIW). Der Erstjahresbeitrag entspräche in diesen Fällen also ungefähr einem Monatseinkommen.

nahmegebühr am Erstjahresbeitrag einen Anteil zwischen 80 und 100% ausmacht, an der Gesamtzahl der Sportvereine in diesem Bereich nur einen Anteil von 10,3% (n=11).

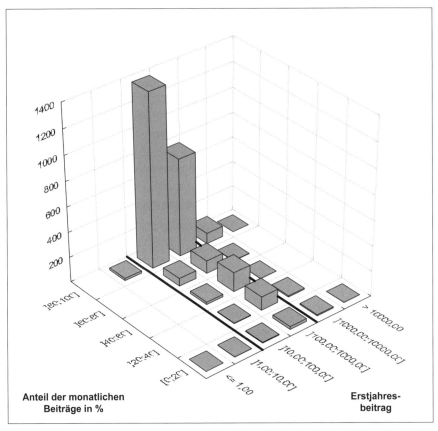

Abb. 3.41: *Bivariate Häufigkeitsverteilung nach der Höhe des durchschnittlichen finanziellen Beitrags eines Mitglieds im ersten Mitgliedsjahr (Aufnahmegebühr + regelmäßige Beiträge) und dem Anteil der monatlichen Mitgliedsbeiträge an diesem konstruierten Beitrag. Markierte Linien differenzieren zwischen den im Text diskutierten Sportvereinsgruppierungen.*

Als Gegenpol der diskutierten eher exklusiven Sportvereine muß der Anteil der Sportvereine betrachtet werden, der einen konstruierten Erstjahresbeitrag von bis zu DM 10,– einzieht. In diesem Bereich liegen 0,8% der Sportvereine (n=23). Die wenigen Fälle, in denen dort eine Aufnahmegebühr erhoben wird, resultieren zum Teil daraus, daß als einzige finanzielle Verpflichtung der Mitglieder die Zahlung einer Aufnahmegebühr verlangt wird, auf regelmäßig zu entrichtende Mitgliedsbeiträge jedoch verzichtet wird. Insgesamt handelt es sich in diesem Bereich aber auch dann, wenn die Verpflichtung des Mitglieds sich über die Aufnahmegebühr hinaus erstreckt und somit auch Zahlungen in den Folgejahren impliziert, eher um symbolisch zu nennende Beträge. Darüber, welche Funktion in diesem Bereich den beiden Beitragsformen zukommt, kann nur spekuliert werden.

In dem Bereich, in dem der konstruierte Erstjahresbeitrag zwischen DM 10,– und DM 1000,– liegt und in dem 95,0% (n=2650) der Sportvereine liegen, muß allerdings von spezifischen selektiven Funktionen sowohl des regelmäßigen Beitrags als auch der Aufnahmegebühr ausgegangen werden. So kann eine Aufnahmegebühr in der Höhe von 100% des Erstjahresbeitrages für sozial schwache Interessenten bereits abschreckend wirken, wenn diese z. B. eine Höhe von DM 60,– aufweist, während ein monatlicher Beitrag von DM 5,– ohne weitere Aufnahmegebühr, also das ungefähre Äquivalent einer Packung Zigaretten, als bescheidenes finanzielles Opfer erscheint, obwohl damit in der Langsicht höhere Verpflichtungen verknüpft sind. Insofern geben die Verteilungsunterschiede zwischen den Bereichen der konstruierten Erstjahresbeiträge zwischen DM 10,– und DM 100,– versus DM 100,– und DM 1000,– Aufschluß darüber, inwiefern eine partielle soziale Schließung über Aufnahmegebühren möglicherweise angestrebt wird, obwohl, wie die obigen Ausführungen zeigen, in den Bereichen tatsächlicher Schließung wieder zu einem anderen Steuerungsmittel zurückgegriffen wird.

Die Höhe der Beiträge und Aufnahmegebühren in den einzelnen Kategorien sowie die Art der Staffelung gibt jedoch nur begrenzt Auskunft darüber, wie hoch der auf das einzelne Mitglied entfallende Anteil der Summe dieser Beitragsformen ist. Aus der Höhe der Einnahmeposition „Mitgliedsbeiträge und Aufnahmegebühren" und der Zahl der Mitglieder läßt sich erst erschließen, wie hoch die mitgliedsbezogenen Einnahmen des Sportvereins angesichts der jeweils speziellen Mitgliederstruktur und angesichts der jeweiligen Beitragsstaffelungen und Beitragshöhen ist. Einen Überblick über die Verteilung der so berechneten mittleren Mitgliedsbeiträge pro Jahr gibt Abbildung 3.42. Signifikante Unterschiede zwischen den Sportvereinen in den neuen und alten Bundesländern ergaben sich hier nicht.

Empirische Bestandsaufnahme

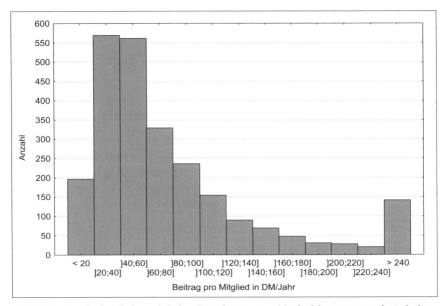

Abb. 3.42: Durchschnittliche jährliche Einnahmen aus Mitgliedsbeiträgen und Aufnahmegebühren pro Mitglied

Die jährlichen Einnahmen der Sportvereine aus Mitgliedsbeiträgen und Aufnahmegebühren beliefen sich pro Mitglied im Mittel auf DM 96,81 (Std.-Abw.=278,23) bei einem Median von DM 57,14, was noch einmal die durchweg moderate Höhe der finanziellen Belastungen für die Mitglieder unterstreicht.

Abschließende Bemerkungen zu finanzsoziologischen Aspekten von Sportvereinen

Sportvereine sind, wie sich erwiesen hat, in der überwiegenden Mehrzahl Nonprofit-Organisationen in einem doppelten Sinne:

1. Sie streben nicht nach wirtschaftlich-ökonomischer Macht.

2. Sie sind in ihrem Finanzgebaren weit entfernt vom Idealtypus eines collectivum oeconomicum[83].

Ein vor allem medial vermitteltes Bild von Sportvereinen als mitgliederstarke formale Profit-Betriebe, bei denen es nur eine Frage der Zeit ist, bis sie an die Börse gehen, um ihre wirtschaftliche Macht zum Wohle ihrer Aktionäre zu mehren, orientiert sich an einer deutlichen Minderheit der deutschen Sportvereine. Vielmehr ist die Mehrzahl der Sportvereine eher als formal organisierte Gruppe zu begreifen, die sich in aller Regel ökonomischen Gesetzmäßigkeiten nur soweit beugt, wie es sich nicht vermeiden läßt und in diesem Bereich brauchbare Illegalität nach dem Motto des Pascalschen Jesuiten neutralisiert: „Wir verbessern die Schlechtigkeit des Mittels durch die Reinheit des Zwecks" (PASCAL [1656/57] 1965, Septième lettre; Übertragung aus dem Französischen durch die Verfasser). Trotzdem sind wirtschaftliche Aspekte betreffende Diskussionen und Klagen in Sportorganisationen sowie sportexternen und -internen Medien weit verbreitet. So werden offensichtlich tatsächlich oder vermeintlich negative, die wirtschaftliche Lage betreffende Umweltveränderungen wie z. B. gesamtstaatliche Entscheidungen (s. die Diskussionen zum 630-DM-Gesetz) oder Ausgaben reduzierende Entwicklungen im kommunalen Bereich (s. Kostenübernahme für Sportstätten durch deren Nutzer) überaus sensitiv registriert.

3.3.12 Sportanlagensituation

In einem ersten Zugang zum Bereich der Sportanlagennutzung durch Sportvereine soll im folgenden betrachtet werden, welche Anteile der Sportvereine welche Arten von Sportanlagen nutzten. In diese Daten gehen insofern Mehrfachnennungen ein, als einzelne Sportvereine Sportanlagen unterschiedlicher Art nutzen.

---

[83] Das soll nicht implizieren, daß die Summe individueller Einzelrationalitäten vieler homines oeconomici zwangsläufig zu einer kollektiven Rationalität führt. Auch kollektive Rationalität auf der Basis individueller Irrationalität ist nicht ausgeschlossen und vice versa.

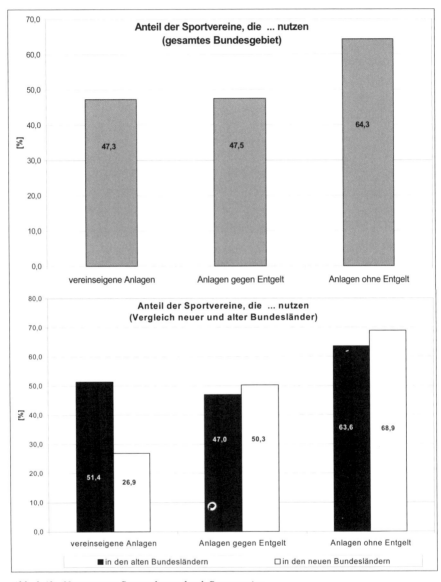

Abb. 3.43: Nutzung von Sportanlagen durch Sportvereine

Von 64,3% der Sportvereine können Sportanlagen ohne Entgelt genutzt werden (s. Abbildung 3.43). In der Mehrzahl der Fälle, nämlich in 60,5%, handelt es sich hierbei um eine Nutzung kommunaler Sportanlagen. Dazu kommen vereinseigene

Anlagen, die in 47,3% der Sportvereine zur Bedarfsdeckung beitragen. Gegen Entgelt werden Sportanlagen von 47,5% der Sportvereine genutzt, wobei es sich mehrheitlich, nämlich in 35,1% der Fälle, um kommunale Sportanlagen handelt. Der Anteil der Sportvereine, die private oder gewerbliche Sportanlagen nutzen, macht damit insgesamt nur einen geringen Teil der Sportvereinslandschaft aus.

Tab. 3.87: *Struktur der Sportstätten-Nutzung*

Sportvereine, die ... nutzen	Sportvereine ...	
	... in den alten Bundesländern	... in den neuen Bundesländern
... vereinseigene Sportanlagen ...	51,4%	26,9%
... Sportanlagen ohne Entgelt ...	63,6%	68,9%
davon kommunale Sportanlagen	59,8%	64,8%
... Sportanlagen gegen Entgelt ...	47,0%	50,3%
davon kommunale Sportanlagen	35,0%	37,5%

Im Vergleich zwischen neuen und alten Bundesländern (s. Tabelle 3.87 sowie Abbildung 3.43) fällt vor allem auf, daß der Anteil der Sportvereine, der über vereinseigene Sportanlagen verfügen kann, in den neuen Bundesländern deutlich geringer ist. Hinsichtlich der Nutzung nicht vereinseigener Sportanlagen ergaben sich keine Unterschiede in der Verteilung über die Kategorien „Nutzung ohne Entgelt" und „Nutzung gegen Entgelt". **Ein Hinweis darauf, daß sich für Sportvereine in den neuen Bundesländern aufgrund ihrer Möglichkeiten zur Sportanlagennutzung Einschränkungen ihrer Chancen zur Mitglieder- und/oder Angebotsentwicklung ergäben, konnte nicht gefunden werden.**

Wie viele Sportanlagen von den einzelnen Sportvereinen genutzt werden, verdeutlicht Abbildung 3.44. Bemerkenswert hierbei ist, daß ein Anteil von immerhin 7,7% angibt, *überhaupt keine* Sportstätten zu nutzen. Es handelt sich hierbei vor allem um eher kleine Sportvereine mit durchschnittlich 128 Mitgliedern (s=168; Median=67,5), die entweder

- Sportarten unter freiem Himmel ohne Notwendigkeit zur Nutzung gesondert ausgewiesener Anlagen betreiben wie z. B. Skilauf, Reiten o. ä. oder

- Sport in Räumen treiben, die von den Antwortenden nicht als Sportanlagen angesehen werden wie z. B. private Kellerräume oder Gemeinderäume, die zeitlich begrenzt zum Tischtennisspielen genutzt werden oder
- die für ihre Art des Sporttreibens nicht auf standardisierte räumliche Bedingungen zurückgreifen wie z. B. im Tauchen und Bergwandern, letzlich auch im Fall des Lauftreffs, dessen Anhänger Waldläufe absolvieren oder
- die bisher eine der genannten Möglichkeiten nutzen, sich aber gleichzeitig darum bemühen, über spezifische Sportanlagen verfügen zu können.

In der Aufschlüsselung der verschiedenen Formen von Sportanlagen ergeben sich die in Tabelle 3.88 dargestellten Nutzungshäufigkeiten.

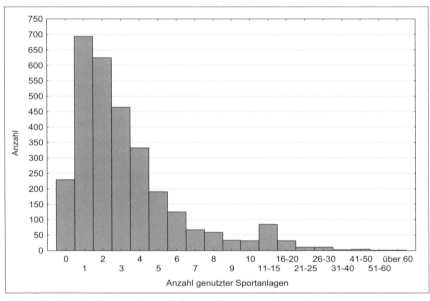

Abb. 3.44: Zahl der Sportvereine nach der Anzahl genutzter Sportanlagen

Deutlich kristallisiert sich die folgende Nutzungsstruktur heraus (s. Tabelle 3.88):

- Von der Mehrzahl der Sportvereine werden vor allem multifunktionell nutzbare Sportanlagen wie Turn- und Sporthallen sowie Sportplätze genutzt.
- Bei Nutzung mehrerer Anlagen (auch verschiedener Art) werden multifunktionell nutzbare Sportanlagen auch in größerer Zahl genannt, mit Ausnahme der spezifischen Anlageform „Tennisplätze".

- Dazu kommt das meist vor allem der Geselligkeit sowie in der Hälfte der Fälle, da mit einem gesonderten Gastronomiebereich ausgezeichnet, der Finanzierung des Sportvereins dienende Vereinsheim.
- Eher spezifisch nutzbare Sportanlagen sind dagegen für einen geringeren Anteil der Sportvereine relevant.

Hinsichtlich der eher spezifisch nutzbaren Sportanlagen ist zu beachten, daß ein Teil dieser Sportanlagen sich meist in kommunaler Trägerschaft befindet (wie z. B. im Fall von Frei- [89,9%] und Hallenbädern [93,5%]), während es sich beim anderen Teil meist um vereinseigene Sportanlagen handelt (z. B. Tennisplätze mit 85,6% oder Bootsanlagen mit 86,5%).

Zusammenhänge zwischen dem Muster der Sportstättennutzung und den Strukturtypen, die über die (im Grunde triviale) Feststellung hinausgehen, daß Sportvereine mit höherer Mitgliederzahl auch mehr Sportstätten nutzen als solche mit niedriger Mitgliederzahl und auch mit höherer Wahrscheinlichkeit vereinseigene Sportstätten haben, zeigten sich nicht.

Tab. 3.88: *Mittlere Zahl der von Sportvereinen genutzten Sportanlagen, differenziert nach der Art der Anlage*

	n	Anteil der Sportvereine [%]	$\bar{x}$	s
Turn- und Sporthallen	1770	63,8	1,95	2,52
Sportplätze	1141	41,1	1,50	1,00
Vereinsheim	1138	41,0	1,11	0,80
Tennisplätze	389	14,0	3,63	2,76
Hallenbäder	324	11,7	1,48	1,95
Fitneßstudio/Kraftraum	192	6,9	1,16	0,48
Freibäder	161	5,8	1,07	0,26
Bootssteg, Bootshalle etc.	144	5,2	1,53	2,53

Unter den weiteren genannten Anlagen, die in der Häufigkeit, da offen erfragt, nicht mit den geschlossen erfragten verglichen werden können, wurden vor allem Schießanlagen, Tennishallen, Kegelbahnen und Reitsportanlagen genannt, die sich mit Ausnahme der Kegelbahnen auch meist in vereinseigener Trägerschaft befinden.

4 Theorieentwicklung[84]

Im Phänomenbereich „Sportvereine" hat bisher eine Vielfalt unterschiedlicher empirischer Untersuchungen zu einer differenzierten und selten theoretisch gestützten Befundlage geführt. Dies rührt zum einen daher, daß ein großer Teil der Untersuchungen, speziell derjenige der als Auftragsforschung der Sportverbände durchgeführt wurde, nicht explizit auf einen theoretischen Rahmen Bezug nimmt, und daß zum anderen dort wo dieser Bezug gegeben ist, unterschiedliche theoretische Hintergrundfolien gewählt wurden, die nur in wenigen Fällen ohne Probleme in einem einheitlichen Rahmen zusammengefügt werden können. Dieses letztgenannte Problem hat seine Quelle in unterschiedlichen Sichtweisen des Sportvereins. So ist z. B. die Sichtweise eines Sportvereins als *Sportanbieter* in einem Markt kaum mit dem von uns gewählten Bezugspunkt im Bereich der wirtschaftssoziologischen Betrachtungen (s.o.) zu vereinbaren.

Um überhaupt die Chance zur Verknüpfung der Erkenntnisse in diesem Phänomenbereich zu wahren, muß ein theoretischer Bezugsrahmen gewählt werden, der es erlaubt, auf der Basis eines ausreichenden Allgemeinheitsanspruchs diese verschiedenen theoretischen Stränge zu integrieren. Damit soll jedoch keinesfalls den einzelnen Argumentationslinien ihre Berechtigung im Sinne einer spezifischen Heuristik mit unterschiedlichen Anwendungs- und Geltungsbereichen, einer unterschiedlich detailliert ausgearbeiteten spezifischen Methodik und je spezifischer Eignung zur (auch wissenschaftspolitisch notwendigen) Abgrenzung von anderen Bereichen sowie je spezifischer Eignung zum Anbieten von Anschlußkapazitäten, abgesprochen werden.

Einen solchen Theorierahmen hatten EMRICH, PAPATHANASSIOU und PITSCH (1999, 183 ff.) in seinen Grundzügen skizziert. Im folgenden soll ein Teil der dort formulierten Forschungsfragen noch einmal aufgegriffen und sowohl auf ihre

---

[84] Entwicklung ist hier als offener, jedoch gerichteter Prozeß zu verstehen. Es wird also explizit Abstand von der Aussage MORGENSTERNS genommen, wonach „ein Kälbchen Wissenschaft genügt, damit wird lebenslang gepflügt" (vgl. HELFER 1993, 156). Viel eher soll der Prozeß der Rinderaufzucht in diesem Sinne im Mittelpunkt stehen.

empirische Überprüfbarkeit hin als auch auf ihre Tragfähigkeit im Gesamtrahmen dieses Theorieentwurfes analysiert werden. Die Auswahl dieses Teils erfolgt so, daß die Forschungsfragen, die sich aus dem Mehrebenencharakter des skizzierten Entwurfes ergeben haben und die im Rahmen einer Organisationsstudie nicht überprüfbar sind, hier ausgeklammert wurden. Genauso mußten auch Forschungsfragen ausgespart werden, die auf hier nicht erfaßte Aspekte der Vereinsumwelt Bezug nehmen.

4.1 Überprüfung theoriegeleiteter Hypothesen

Die hier notwendigerweise nur selektiv betrachteten Forschungsfragen beziehen sich auf eine organisationssoziologische Betrachtung von Sportvereinen im engeren Sinn. Vereinzelt wurden im Bereich der empirischen Bestandsaufnahme bereits Befunde zu Aspekten vorgelegt, auf die sich die hier diskutierten Forschungsfragen beziehen. Sofern dies der Fall ist, werden diese Befunde hier unter dem nun gegebenen Blickwinkel systematisiert und durch weitere Ergebnisse ergänzt. Insofern muß es zu der einen oder anderen Wiederholung kommen, wenn auch unter nun jeweils anderem Vorzeichen.

4.1.1 Zur Funktion der Entkoppeltheit von Reden und Handeln in Sportvereinen

Als konvergierender Befund unterschiedlicher Untersuchungen (EMRICH/PAPATHANASSIOU/ PITSCH 1998; 1999; PITSCH 1999) hat sich herauskristallisiert, daß in den Sportvereinen deutlich zwischen den Ebenen des Handelns und des Redens über dieses Handeln differenziert werden muß. Ausgangspunkt für diese Differenzierung waren BRUNSSONs (1989) Betrachtungen zur Entkoppeltheit von Entscheiden, Reden und Handeln, die zur Betrachtung von Sportvereinen in zwei bijunkten Aspekten analysiert werden kann, nämlich

- einmal unter dem Blickwinkel des Bezuges zwischen der Faktenebene (z. B. Zahl der Sportvereinsmitglieder, Dynamik der Mitgliedschaft, Zahl ehrenamtlicher Mitarbeiter) und der Darstellung dieser Ebene durch Organisationsvertreter und
- einmal unter dem Blickwinkel des Bezuges zwischen Entscheidungen und dem Reden über diese Entscheidungen, wobei zu bedenken ist, daß Entscheidungen

sowohl als in der Zeitdimension klar festzumachende explizite Entscheidungakte einzelner Personen und/oder Gremien, als auch implizit als Ergebnis länger andauernder Prozesse der Willensbildung von Mitgliedergruppierungen auftreten können.

Der letzgenannte Aspekt möglicher Entkoppeltheit zweier Ebenen kann im folgenden nicht weiter betrachtet werden, da zu Aspekten der Struktur von Entscheidungsprozessen aus den verschiedenen FISAS und verwandten Untersuchungen keinerlei empirische Befunde vorliegen. Dagegen kann die Frage der Entkoppeltheit zwischen der Ebene des Handelns und des Redens über dieses Handeln zumindest partiell in diesem Rahmen betrachtet werden. Speziell soll also (auch als Grundlage nachfolgender Analysen) die folgende Forschungsfrage diskutiert werden:

Welche Entkoppeltheit[85] zwischen Entscheiden, Reden und Handeln ist im Sinne der Antizipation bzw. realen oder symbolischen Aufnahme und Umsetzung von außersystemischen Erwartungen und Orientierungen notwendig bzw. funktional zur Aufrechterhaltung oder Steigerung des materiallen Ressourcenzuflusses? Ab welchem Grad der Entkoppeltheit wird dies dysfunktional?

Die spezifischeren Fragen nach der Grenze zur Notwendigkeit von Entkoppeltheit kann als Teilaspekt der Frage nach der Funktionalität verstanden werden. Dagegen soll die Frage der Beeinflussung durch sportideologische Momente hier nicht weiter verfolgt werden (vgl. hierzu PITSCH 1999, 33 ff.). In diesem Zusammenhang stellt sich ohnehin die Frage, ob eine Entkoppeltheit der Ebenen in ihrer Funktionalität aus *sport*ideologischen Momenten oder aus den ideologischen Momenten der

---

[85] Systematisch wäre hier zwischen dem Zustand der Entkoppeltheit und dem (intendierten oder nicht intendierten) Vorgang der Entkoppelung zu unterscheiden. Notwendig hierzu wäre allerdings, im Fall des Vorliegens eines empirisch nachweisbaren Zustandes von Entkoppeltheit, jeweils feststellen zu können, ob dieser bei den jeweils betrachteten Aspekten ohnehin vorliegt oder ob er Ergebnis eines Vorganges der Entkoppelung ist. Da dazu weder empirische Daten vorliegen, noch in der Mehrzahl der Fälle plausibel zwischen diesen Alternativen entschieden werden kann, wird im folgenden ausschließlich der (empirisch analysierbare) Zustand der Entkoppeltheit betrachtet.

jeweiligen Anschlußsysteme heraus erklärbar ist. Damit wird auch implizit auf die Möglichkeit der gegenseitigen Beeinflussung, Überschneidung oder Durchdringung ideologischer Aussagensysteme unterschiedlicher Bereiche verwiesen.

Da die Frage der Funktionalität von Entkoppeltheit im Zentrum der Betrachtung steht, sollen im folgenden pragmatisch diejenigen Formen der Entkoppeltheit betrachtet werden, bei denen die Annahme, daß mit Hilfe der entkoppelten Darstellung die Gewinnung von Ressourcen, welcher Art auch immer, verknüpft werden kann, plausibel ist. Dazu ein Beispiel: In bezug auf zugeschriebene oder selbstetikettierte Funktionen des Sportvereins als Integrationsinstanz Älterer hatten wir Hinweise auf eine solche Entkoppeltheit gefunden (s. Kapitel 3.3.3). Nun kann eine Entkoppeltheit sowohl dann vorliegen, wenn man den Sportverein als Integrationsinstanz Älterer darstellt, Ältere jedoch nicht Mitglied sind, aber auch dann, wenn Ältere als Mitglieder auch am Sportbetrieb teilnehmen und die Funktion der Integration Älterer verneint wird. Während aber die Verneinung einer Integrationsleistung des Sportvereins kaum als funktionell bezeichnet werden kann, kann die Behauptung der Integrationsleistung in dem Fall, in dem die zu integrierenden Personen nicht Mitglieder des Sportvereins sind, sehr wohl funktionell im Sinne der Ressourcengewinnung sein.

Der Grad der Entkoppeltheit der Ebenen des Handelns und des Redens über das Handeln soll in den Teilbereichen

- Zielgruppenspezifik von Angeboten,
- Mitgliederdynamik und
- ehrenamtliche Mitarbeit

betrachtet werden. In diesen Bereichen liegen auf der Ebene von Faktendaten bzw. daraus abgeleiteten Parametern Informationen vor, die zwar nicht Handlungen selbst, wohl aber deren Rahmenbedingungen betreffen (Ebene der Handlung), zu denen auch aus dem Bereich der Selbstdarstellung sowie der zu lösenden Zukunftsaufgaben (Ebene des Redens) Informationen erfragt wurden (s. hierzu Tabelle 4.1). Somit kann der Grad der Entkoppeltheit sowohl übergreifend als auch bereichsspezifisch analysiert und auf Zusammenhänge mit Kennwerten, die sich auf die Gewinnung von Ressourcen beziehen, überprüft werden.

Tab. 4.1: Merkmalskombinationen zur Analyse von Entkoppeltheit

Ebene des Handelns	Ebene des Redens	Verknüpfungslogik
Bereich Ehrenamt		
Positionsbesetzung	Aufgaben: Mitglieder zu bewegen, sich ehrenamtlich zu engagieren Nicht-Vereinsmitglieder für Ehrenämter zu gewinnen	Wenn eine Positionsbesetzung von 100% oder mehr vorliegt, wird die angegebene Bedeutung der Aufgaben als Maß für Entkoppeltheit gewertet.
Vorhandensein hauptamtlicher Mitarbeiter	Aufgabe, die Zusammenarbeit zwischen ehren- und hauptamtlichen Mitarbeitern zu verbessern	Bei Nicht-Vorhandensein hauptamtlicher Mitarbeiter wird die angegebene Bedeutung der Aufgaben als Maß für Entkoppeltheit gewertet.
Zielgruppenspezifik von Angeboten und Funktionen		
Mitglieder in den Alters- und Geschlechtsgruppierungen	Darstellung des Angebotes als die jeweilige Zielgruppe ansprechend Selbstdarstellung als Integrations- oder spezifische Sozialisationsinstanz für die Gruppierung	Wenn keine Mitglieder in den Gruppierungen angegeben werden, wird die Intensität der (Selbst-)Darstellung als Maß für Entkoppeltheit gewertet.
Mitgliederdynamik		
bestandsneutraler Mitgliederumsatz	Aufgabe, die Mitgliederfluktuation zu verringern	Liegt der bMu unter der Grenze des 25. Perzentils, wird die angegebene Bedeutung der Aufgaben als Maß für Entkoppeltheit gewertet
relativierte Mitgliederbilanz	Aufgabe, den Mitgliederstand zu halten	Liegt die rMb über der Grenze des 75. Perzentils, wird die angegebene Bedeutung der Aufgaben als Maß für Entkoppeltheit gewertet

Inhaltlich ist hierbei zwischen einem „harten" und einem „weichen" Entkoppeltheitsbegriff, im folgenden H-Entkoppeltheit und W-Entkoppeltheit genannt, zu unterscheiden. Als H-Entkoppeltheit kann man die Fälle bezeichnen, in denen eine (politisch oder ideologisch positiv bewertete) Form des Redens an den Tag gelegt wird, die den Bedingungen auf der Handlungsebene widerspricht. So ist die Darstellung des Sportvereins als Integrationsinstanz für Senioren in den Fällen, in denen Ältere nicht Mitglied des Sportvereins sind, als Fall der H-Entkoppeltheit zu sehen. Die W-Entkoppeltheit liegt dann vor, wenn das Reden zwar der Handlungsebene nicht widerspricht, jedoch in eine Richtung verzerrt ist, bei der nur noch eine geringe inhaltliche Übereinstimmung festgestellt werden kann. Eine W-Entkoppeltheit liegt also z. B. vor, wenn als wichtige zu lösende Zukunftsaufgabe die Gewinnung von Sportvereinsmitgliedern für Ehrenämter in den Sportvereinen bezeichnet wird, in denen alle ehrenamtlich zu besetzenden Positionen besetzt sind, da in diesem Fall die Bedeutung der Aussage nicht mehr aus den Rahmenbedingungen für das Handeln abgeleitet werden kann, sondern höchstens aus strategischen Überlegungen im Hinblick auf Bedingungen für zukünftiges Handeln.

Der Kennwert für die Entkoppeltheit der Ebenen wird dementsprechend getrennt als Index für H- bzw. W-Entkoppeltheit über den mittleren Skalenwert der jeweils relevanten Items berechnet, wenn die Bedingung für die Einbeziehung des jeweiligen Items erfüllt ist. Da die Skalen im Fragebogen jeweils gleich skaliert waren („-2" entsprach einer starken Ablehnung; „+2" entsprach einer starken Zustimmung) und die Items alle gleich gerichtet waren, mußte vor der Berechnung keine Skalentransformation vorgenommen werden. Der ermittelte Wert wurde zur Vermeidung von Mißverständnissen linear auf einen Wertebereich von 0 (entspricht keiner Entkoppeltheit) bis 4 (entspricht einer starken Entkoppeltheit) transformiert. Die Verteilung der Kennwerte für die H- und für die W-Entkoppeltheit ist in Abbildung 4.1 dargestellt.

Auffallend sind in der Abbildung 4.1 die unterschiedlichen Verlaufsformen der Histogramme: Eine H-Entkoppeltheit tritt zum einen deutlich seltener auf als eine W-Entkoppeltheit, zum anderen kann bei der Betrachtung der H-Entkoppeltheit auch wesentlich häufiger keine Entkoppeltheit oder eine nur schwache Entkoppeltheit festgestellt werden. Legt man den weichen Begriff zugrunde, dann kann unter den Sportvereinen sehr häufig eine starke W-Entkoppeltheit festgestellt werden.

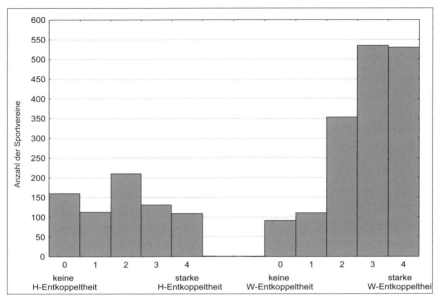

Abb. 4.1: Verteilung der Kennwerte für H- und W-Entkoppeltheit

Zur Betrachtung der Zusammenhänge zwischen dem Grad der Entkoppeltheit des Redens von der Ebene des Handelns mit Aspekten der Ressourcengewinnung (s. Tabelle 4.1) wurden aus dem Bereich der Einnahmen die analytischen Kategorien (s. Kapitel 2.2.3) herangezogen, da diese es erlauben, Aspekte der Finanzierungskultur mit der Frage der Entkoppeltheit der Ebenen des Redens und des Handelns in Zusammenhang zu bringen. Die H-Entkoppeltheit steht in keinem signifikanten Zusammenhang mit den betrachteten Aspekten der Ressourcengewinnung. Dagegen ergeben die in Tabelle 4.2 dargestellten signifikanten Korrelationen ein einheitliches Bild: Mit zunehmendem Grad an W-Entkoppeltheit steigt der Anteil der externen, der unsteten und der heteronom bestimmten Einnahmen am Gesamt-Etat der Sportvereine.

Ausgehend von der Forschungsfrage nach dem Grad der Entkoppeltheit, der funktionell im Sinne der Ressourcensicherung ist, muß festgehalten werden, daß aufgrund der Datenlage **diese** Frage **so** nicht beantwortet werden kann. Das Muster der Korrelationen kann wie folgt interpretiert werden:

Theorieentwicklung

1. Sportvereine stellen sich selbst anders dar als sie sind und ziehen daraus Vorteile durch Ressourcengewinnung im Bereich externer und heteronom bestimmter Finanzquellen, die in der Regel auch unstet sind.
2. Die Sportvereine, die (aus welchen Gründen auch immer) sich nach außen anders darstellen als sie sind, sind gleichzeitig diejenigen Sportvereine, die sich aus externen, aus unsteten und aus heteronom bestimmten Finanzquellen speisen, ohne daß diese beiden Aspekte funktionell miteinander verknüpft wären.
3. Die Sportvereine, die sich (aus welchen Gründen auch immer) aus externen, aus unsteten und aus heteronom bestimmten Finanzquellen speisen, stellen sich nach außen anders dar als sie sind, eventuell auch um darüber neue und anders gelagerte Finanzquellen zu erschließen.

Tab. 4.2: Korrelationen zwischen dem Grad der W-Entkoppeltheit und dem Anteil der analytischen Kategorien am Gesamt-Etat der Sportvereine (n=1404)

Anteil ...	R	p
... steter Einnahmen	-0,139	<0,001
... unsteter Einnahmen	0,171	<0,001
... indifferenter Einnahmen bezüglich der Stetigkeit	0,006	
... interner Einnahmen	-0,135	<0,001
... externer Einnahmen	0,159	<0,001
... indifferenter Einnahmen bezüglich der Herkunft	0,112	<0,001
... autonom bestimmbarer Einnahmen	-0,093	<0,001
... heteronom bestimmbarer Einnahmen	0,114	<0,001
... indifferenter Einnahmen bezüglich der Einflußnahmechancen	0,037	

Insgesamt bleibt jedoch auch zu betonen, daß die Höhe der Korrelationen keinesfalls, auch unter der Annahme einer Funktionalität, auf substantielle Zusammenhänge schließen läßt. Vielmehr scheint die Entkoppeltheit ein verbreitetes Phänomen in Sportvereinen zu sein (immerhin hatten 50,1% der Sportvereine für die W-Entkoppeltheit einen Wert über Null!), das auch anderen Einflüssen unterliegt als der reinen Funktionalität im Sinne der Gewinnung finanzieller Ressourcen. Andererseits steht die Entkoppeltheit in einem, wenn auch schwachen Zusammenhang mit Aspekten der Finanzierungskultur, scheint also zumindest mit bestimmten Formen der Ressourcengewinnung kompatibel zu sein.

Offensichtlich ist der Bereich der Entkoppeltheit der Ebenen des Redens und Handelns in den Sportvereinen ein Bereich, in dem die Entwicklung einer ausgefeilteren speziellen Methodik (eventuell auch in Anlehnung an Verfahren aus der politischen Soziologie) aussichtsreich erscheint, um die Zusammenhänge zwischen diesem Aspekt und dem Austausch mit der Vereinsumwelt in vielerlei Hinsicht näher betrachten zu können.

4.1.2 Die Dimension der Offenheit der Sportvereine in Abhängigkeit vom Umweltbezug

In einer weiteren, vormals formulierten Forschungsfrage, die sich aus dem Entwurf einer Theorie der Sportvereine (EMRICH/PAPATHANASSIOU/PITSCH 1999, 198) ergab, steht die Dimension der Offen- bzw. Geschlossenheit der Sportvereine im Zentrum der Betrachtung:

Gibt es eine Anpassung von Sportvereinen, die in Abhängigkeit von Umweltparametern eine Entwicklung zu den Polen „Offenheit" oder „Geschlossenheit" prädisponiert, oder sind dies Pole, zwischen denen jeder beliebige Zustand als Gleichgewichtszustand auftritt?

Als Aspekte des Umfeldes der Sportvereine können die Gemeindegröße sowie das Vorhandensein anderer Sportanbieter im Einzugsbereich der Sportvereine angesehen werden. In diesem Zusammenhang ergibt sich dann die Frage, ob und inwiefern diese beiden Aspekte mit einer Sportvereinsstruktur einhergehen, die als spezifische Anpassung an diese Umweltaspekte verstanden werden kann.

Die Frage, ob und inwiefern eine mehr oder weniger stringente Schließung des Sportvereins stattfindet, muß auf mehreren Ebenen diskutiert werden. So kann es sich um eine inhaltliche Schließung in bezug auf das Angebot des Sportvereins handeln. In diesem Zusammenhang ist die Angebotsstruktur im Hinblick auf diskutierte oder tatsächlich vorgenommene Erweiterungen des Sportangebotes sowie auf Umfang und Struktur des außersportlichen Angebotes sowie des Angebotes im Bereich zusätzlicher, unregelmäßig organisierter Sportangebote von Interesse. Daneben ist auch eine Schließung in bezug auf Mitgliedergruppierungen denkbar. Hier wäre nach dem Grad der Alters- und der Geschlechtsheterogenität sowie nach eventuellen Mechanismen der sozialen Schließung über Mitgliedsbeiträge und/oder Aufnahmegebühren zu fragen. Darüber hinaus können Kennwerte zur Kennzeichnung der Mitgliederdynamik (z. B. relativierte Mitgliederbilanz, bestandsneutraler Mitgliederumsatz) Hinweise auf die Intensität des Austausches zwischen Sportverein und Umwelt geben, der auch auf Mechanismen einer zielgerichteten Öffnung oder Schließung aufbaut.

Im Sinne der oben aufgezeigten Differenzierung zwischen den Ebenen des Redens und des Handelns können Hinweise auf eine nach außen dargestellte Öffnung bzw. Schließung auch aus den Items der Selbstdarstellungsskala sowie aus der Darstellung der Angebotsorientierung gewonnen werden.

Die umfeldbezogenen Daten, die hier Berücksichtigung finden sollen, beziehen sich einerseits auf den Aspekt der kommunalen Einbindung (Gemeindegröße und Anteil kommunaler Sportanlagen an der Gesamtzahl der genutzten Sportanlagen) sowie auf das sportbezogene Umfeld des Sportvereins, das in seinen Strukturen zumindest partiell über die Fragen zum Vorhandensein anderer Sportanbieter im Einzugsbereich des Sportvereins sowie zu Überschneidungen im Angebot mit diesen anderen Anbietern gekennzeichnet werden kann.

Zur statistischen Überprüfung der spezifischen, aus der Arbeitshypothese ableitbaren Hypothesen wurde, da sich diese nicht nur auf die zentrale Tendenz, sondern auch auf die Verteilungsform der jeweils abhängigen Variablen beziehen sowie angesichts des Skalenniveaus und der gegebenen Verteilungsformen, der Kolmogorov-Smirnov-Test (s. z. B. CLAUSS/EBNER 1983, 236 ff.) herangezogen.

Im Bereich der kommunalen Einbindung ist zu berücksichtigen, daß die Aspekte „Gemeindegröße" und „Anteil genutzter kommunaler Sportanlagen" bei Differenzierung zwischen Anlagen, die ohne bzw. gegen Entgelt genutzt werden können, zwar signifikant, jedoch schwach interkorrelieren. So steigt mit der Gemeindegröße der Anteil gegen Entgelt genutzter kommunaler Sportanlagen ($r=0,065$; $p<0,001$; $n=2712$), während der Anteil ohne Entgelt genutzter kommunaler Sportanlagen mit sinkender Gemeindegröße steigt ($r=-0,074$; $p<0,001$; $n=2712$). Diese Differenzierung, die auf verwaltungstechnische Unterschiede zwischen eher kleinen und eher großen Kommunen hindeutet, wird wegen der geringen Höhe der Korrelation im folgenden nicht weiter berücksichtigt. Von daher sind die beiden diskutierten Aspekte, die Gemeindegröße und Anteil genutzter kommunaler Sportanlagen auch als weitgehend unabhängige Umweltmerkmale zu sehen ($r=0,017$; n.s.; $n=2712$).

Die Variable „Gemeindegröße" konnte weder in bezug auf die Bereitschaft zur Einrichtung neuer Sportangebote noch in bezug auf deren tatsächliche Einrichtung, nach entsprechender Diskussion, als wesentlicher Einflußfaktor identifiziert werden.

Als Kennzeichen einer inhaltlichen Öffnung des Sportvereins unterscheiden sich Sportvereine, die die Aufnahme neuer Angebote diskutiert hatten, im Anteil der kommunalen Sportanlagen an der Gesamtzahl der genutzten Sportanlagen von denjenigen, die die Aufnahme nicht diskutiert hatten (maximale positive Differenz=0, maximale negative Differenz=-0,22; p<0,001). Dieser Effekt beruht jedoch zum größten Teil darauf, daß Sportvereine, in denen Sportarten betrieben werden, die auf spezifische Sportanlagen angewiesen sind, mit geringerer Häufigkeit kommunale Sportanlagen nutzen als Sportvereine, die ihre Sportarten in multifunktionellen Sportanlagen betreiben können. Beschränkt man die Analyse auf den Anteil kommunaler Sportanlagen unter den genutzten multifunktionellen Anlagen, so bleibt dieser Effekt aus.

Das sportbezogene Umfeld eines Sportvereins steht in einem deutlichen Zusammenhang mit der Bereitschaft zur inhaltlichen Öffnung des Sportvereins, allerdings auch in spezifischer Art und Weise: Unter den Sportvereinen, die über das Vorhandensein oder Nicht-Vorhandensein anderer Sportanbieter in ihrem Einzugsgebiet informiert waren, die also bei den entsprechenden Fragen nicht mit „weiß ich nicht" geantwortet hatten, unterschieden sich Sportvereine, die die Aufnahme neuer Angebote diskutiert hatten von denjenigen, die keine Neuaufnahme erwogen hatten

- nicht signifikant im Vorhandensein kommerzieller Sportanbieter in ihrem Einzugsgebiet (χ^2=3,68; df=2; n.s.),
- nicht signifikant im Vorhandensein nicht-kommerzieller Sportanbieter in ihrem Einzugsgebiet (χ^2=12,18; df=2; n.s.),
- signifikant im Vorhandensein anderer Sportvereine in ihrem Einzugsgebiet (χ^2=20,11; df=2; p<0,001; ϕ=0,08): In den Sportvereinen, in denen keine anderen Sportvereine im Einzugsgebiet bekannt sind, wird häufiger (42,0%) die Aufnahme neuer Sportangebote diskutiert als in denjenigen, in denen ein oder mehrere andere Sportvereine im Einzugsgebiet bekannt sind (27,8% resp. 27,6%). Dies könnte als Bereitschaft zur Besetzung von „Marktlücken" gesehen werden.

Unter den Sportvereinen, die die Aufnahme neuer Angebote diskutiert hatten, zeigten sich diese Effekte jedoch nicht als differenzierendes Kriterium zwischen denjenigen Sportvereinen, die tatsächlich neue Angebote aufgenommen hatten und denjenigen, die dies nicht getan hatten.

Dazu ergänzend ist zu berücksichtigen, daß in den Fällen, in denen das Vorhandensein anderer Sportanbieter im Einzugsbereich des Sportvereins bekannt war, Überschneidungen im Sportangebot mit anderen Sportanbietern über die drei Kategorien von Anbietern hinweg in einem deutlichen Zusammenhang mit der Bereitschaft zur Aufnahme neuer Sportangebote standen: In denjenigen Sportvereinen, die Überschneidungen im Angebot mit anderen Sportanbietern angegeben hatten, ist die Bereitschaft zur Aufnahme neuer Sportangebote größer als im Fall derjenigen, die eine solche Überschneidung nicht angegeben hatten (kommerzielle Sportanbieter: $\chi^2=15,0$; df=1; p<0,001; $\phi=0,133$; nicht-kommerzielle Sportanbieter: $\chi^2=36,7$; df=1; p<0,001; $\phi=0,203$; andere Sportvereine: $\chi^2=52,5$; df=1; p<0,001; $\phi=0,205$; s. Tabelle 4.3). Auch in diesem Fall ergaben sich diese Effekte nicht als differenzierendes Moment zwischen den Sportvereinen, die nach der Diskussion um eine Neuaufnahme die Angebote auch tatsächlich aufgenommen hatten und denjenigen, in denen dies nicht geschehen war.

Tab. 4.3: Diskussion um die Aufnahme neuer Sportangebote in Abhängigkeit von der Wahrnehmung von Angebotsüberschneidungen mit anderen Sportanbietern (Angaben in Prozent)

	keine Angebots-Überschneidung		Angebots-Überschneidung	
	keine Neuaufnahme diskutiert	Neuaufnahme diskutiert	keine Neuaufnahme diskutiert	Neuaufnahme diskutiert
kommerzielle Sportanbieter (n=848)	75,8	24,2	63,0	37,0
nicht-kommerzielle Sportanbieter (n=888)	75,9	24,1	55,0	45,0
andere Sportvereine (n=1254)	81,0	19,0	62,7	37,3

Zusammenfassend bleibt also festzuhalten, daß das sportbezogene Umfeld im Hinblick auf die sportangebotsbezogene Offenheit der Sportvereine die folgenden Einflüsse zeitigt:

- Das Nicht-Vorhandensein anderer Sportvereine im Einzugsgebiet des Sportvereins erhöht deren Bereitschaft zur Diskussion der Aufnahme neuer Sportangebote. Das Fehlen anderer nicht-kommerzieller oder kommerzieller Sportanbieter hat nicht diesen Effekt. In den Fällen, in denen der Sportverein sich also als alleiniger Sportanbieter auf Vereinsseite sieht, kommt es häufiger zu Situationen, in denen entweder aufgrund der Initiative der Vereinsführung oder der sporttreibenden Vereinsmitglieder oder auch durch Anstöße von außen eine Angebotserweiterung in Betracht gezogen wird.
- In den Sportvereinen, die in ihrem Einzugsgebiet andere Sportanbieter (kommerzielle, andere nicht-kommerzielle oder andere Sportvereine) angegeben hatten und Überschneidungen im Angebot mit diesen Anbietern wahrnehmen, ist die Bereitschaft zur angebotsbezogenen Öffnung größer als in denjenigen, die keine Angebotsüberschneidungen wahrgenommen hatten.

Als zweiten Aspekt einer angebotsbezogenen Öffnung von Sportvereinen kann die Organisation von unregelmäßigen, zusätzlichen Sportangeboten sowie von außersportlichen Angeboten gesehen werden. Sieht man die Hauptaufgabe der Sportvereine in der Bereitstellung von Sportmöglichkeiten für ihre Mitglieder, so könnte der Umfang, in dem zusätzliche Sportangebote organisiert werden, als schwacher Hinweis auf eine Öffnung, der Umfang, in dem außersportliche Angebote realisiert werden, als starker Hinweis darauf gewertet werden. Allerdings werden in den Sportvereinen wesentlich häufiger außersportliche Angebote organisiert als zusätzliche Sportangebote, was darauf hinweist, daß der Bereich der außersportlichen Angebote (Feiern, gesellige Veranstaltungen, Ausflüge usw.) in den Sportvereinen eine zentrale Funktion einnimmt. Von daher kann höchstens die Häufigkeit, mit der in den Sportvereinen solche Angebote organisiert werden, als Hinweis auf eine mehr oder minder starke Offenheit im Sinne der Konzentration auch auf andere als die Kernbereiche des Wirkens angesehen werden.

Zur Erfassung dieser spezifischen Formen von angebotsbezogener Offenheit – basierend auf den Angaben zur Art und (ordinalskaliert gemessen) zur Häufigkeit der organisierten außersportlichen und zusätzlichen sportlichen Angebote – wurden die Rangplatzsummen über die angegebenen Angebote herangezogen. Die zugrundeliegenden Ordinalskalen waren so gestaltet, daß einer höheren Rangplatzsumme auch eine größere Zahl an Angeboten und/oder eine größere Häufigkeit, in der die Angebote realisiert werden, entspricht. Die beiden Aspekte können, wie die

Rangkorrelation zeigt, nicht begründet einem übergreifenden Aktivitätsfaktor zugeordnet werden. Bei einem Korrelationswert von 0,331 (n=1410; p<0,001) kann man zwar eine entsprechende Tendenz annehmen, sie erklärt allerdings nur rund 10% der Varianz: Eine Information, die bei Zusammenfassung zu einem Kennwert verlorenginge. Die bivariate Verteilung dieser Parameter (s. Abbildung 4.2) macht dies noch einmal deutlich.

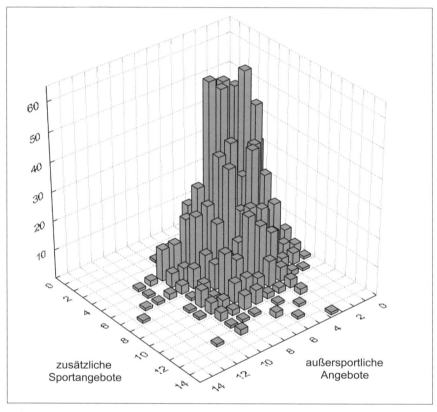

Abb. 4.2: Bivariate Häufigkeitsverteilung von Angeboten, die über das regelmäßige Angebot der Sportvereine hinausgehen

Die Variablen „Gemeindegröße" und „Anteil kommunaler Sportanlagen an den genutzten Sportanlagen" standen in keinem signifikanten Zusammenhang mit der Gesamthäufigkeit, mit der außersportliche und zusätzliche sportliche Angebote organisiert werden (Spearman R zwischen -0,016 und 0,045; in allen Fällen n.s.).

Als Zugang zur Betrachtung der mitgliederbezogenen Offen- bzw. Geschlossenheit wird der berechnete konstruierte Erstjahresbeitrag (s. Kapitel 3.3.11) verwendet. Im folgenden werden Sportvereine, die einen konstruierten Erstjahresbeitrag von bis zu DM 10,- (eher Offenheit) erheben, mit Sportvereinen, die einen konstruierten Erstjahresbeitrag von mindestens DM 1000,- erheben (eher Geschlossenheit) in Hinblick auf die genannten Parameter der Umwelteinbindung verglichen. Aufgrund der geringen Zahl der Sportvereine, die diesen beiden Klassen zugeordnet werden konnten, sollten die Ergebnisse nicht überinterpretiert werden.

Die Gemeindegröße unterschied sich nicht signifikant zwischen den Sportvereinen, die eher durch Offenheit bzw. eher durch Geschlossenheit gekennzeichnet waren (Kolmogorov-Smirnov-Test, maximale positive Differenz=0, maximale negative Differenz=-0,31; n.s.). Der Anteil der kommunalen Sportanlagen an den genutzten Sportanlagen war in den eher durch Offenheit gekennzeichneten Sportvereinen größer (n=18; Anteil: 0,73; s=0,37) als in denjenigen, die sich eher durch Schließung auszeichnen (n=107; Anteil: 0,33; s=0,42). Dieser Effekt, der sich auf nur sehr wenige Sportvereine stützt, verfehlte das gesetzte Signifikanzniveau von $p<0,001$ knapp (Kolmogorov-Smirnov-Test, maximale positive Differenz=0,49, maximale negative Differenz=0; $p<0,005$). Bemerkenswert ist hier jedoch nicht, daß der Effekt eintritt, sondern, daß er nicht stärker ist: Unter den Sportvereinen, die im ersten Jahr der Mitgliedschaft einen konstruierten Gesamt-Beitrag von DM 1000,- oder höher einziehen, beträgt der Anteil der genutzten kommunalen Sportanlagen immerhin noch rund 33%, wobei gegen Entgelt genutzte kommunale Sportanlagen rund 18%, ohne Entgelt genutzte rund 15% ausmachen[86]. Gerade letzteres stützt die Interpretation hoher Erstjahresbeiträge als Instrument einer sozialen Schließung.

Offenheit und Geschlossenheit in der Selbstdarstellung der Sportvereine

Entsprechend der aufgezeigten Entkoppeltheit der Ebenen des Redens und des Handelns (s. Kapitel 4.2.1) muß auch bei der Frage der Offenheit bzw. Geschlossenheit der Sportvereine die Darstellung des Vereins nach außen getrennt

---

[86] Besonders erstaunlich ist dieser Befund angesichts der öffentlichen Klagen von Kommunen über mangelnde Finanzmittel. Möglicherweise liegt dort auch eine Entkoppeltheit der Ebenen des Redens und des Handelns vor.

von den Daten zur Handlungsebene betrachtet werden. In der Selbstdarstellungs-Skala waren mehrere Items enthalten, die sich analytisch der Dimension Offenheit vs. Geschlossenheit zuordnen lassen (s. Tabelle 4.4) und die interessanterweise zum größten Teil den vier ermittelten Faktoren (s. Kapitel 3.2.3) nicht zugeschlagen werden konnten. Die Analyse erfolgt von daher auf der Itemebene. Das Rationale entspricht insofern der Vorgehensweise bei der Analyse der Daten auf der Handlungsebene, als analysiert wird, ob die Ausprägung auf den einzelnen Items der Selbstdarstellungsskala mit den Parametern zur Umwelteinbindung auf kommunalem Niveau in Zusammenhang stehen. Zusammenhänge mit der Struktur des sportbezogenen Umfeldes konnten hier nicht analysiert werden, da die Fragen zum sportbezogenen Umfeld und die Selbstdarstellungs-Skala in zwei verschiedenen Fragebogen-Versionen enthalten waren.

Tab. 4.4:   *Items der Selbstdarstellungs-Skala, die analytisch der Dimension Offenheit vs. Geschlossenheit subsumiert wurden*

Unser Verein ...
Geschlossenheit
... hat sich in den letzten Jahren nicht verändert
... will bleiben, wie er immer war
... legt viel Wert auf die Pflege von Tradition
Offenheit
... ist offen für alle Bevölkerungsgruppen
... versucht, sich für neue Bevölkerungsgruppen zu öffnen
... bietet Alternativen zum traditionellen Sportangebot an
... betrachtet die Zukunft als Herausforderung

Bei insgesamt relativ niedriger Varianzklärung (rd. 1-2%) korrelierten die in Tabelle 4.5 aufgezeigten Items systematisch negativ mit der Gemeindegröße. Dabei geht der häufig vermutete Zusammenhang, daß mit sinkender Einwohnerzahl der Kommunen die Bedeutung der Traditionspflege in den Sportvereinen steige, konform mit der Vorstellung von Dörfern als traditionsfreundliche soziale Orte. Die parallel dazu dargestellte wachsende Bereitschaft zur Öffnung für neue Bevölkerungsgruppen und ebenfalls wachsende Zukunftsorientierung steht jedoch auf den ersten Blick zumindest partiell in Widerspruch zu dieser Sichtweise.

Tab. 4.5: Signifikante Spearman-Rangkorrelationen (p<0,001) zwischen Items der Selbstdarstellungs-Skala und der Gemeindegröße

Unser Verein ...	N	R
... legt viel Wert auf die Pflege von Tradition	1270	-0,121
... versucht, sich für neue Bevölkerungsgruppen zu öffnen	1284	-0,138
... betrachtet die Zukunft als Herausforderung	1273	-0,097

Möglicherweise schlagen sich hier aufgrund der veränderten Mobilität großer Teile der Wohnbevölkerung Effekte derart nieder, daß in kleineren kommunalen Einheiten im Zusammenhang mit Bemühungen um die Darstellung als attraktives Wohnzentrum eine Kultur der demonstrativen Öffnung entstanden ist. In eher großen Kommunen, denen ohnehin in der öffentlichen Wahrnehmung eher die Attribute der Zukunfts- und Weltoffenheit zugeschrieben werden, besteht dagegen weniger Bedarf für die Vertreter der Sportvereine, ihre Organisation auch entsprechend darzustellen. Diese Befunde gehen angesichts der Richtung und der geringen Höhe der Varianzklärung im wesentlichen konform mit Ergebnissen aus anderen Bereichen (s. z. B. SZABO 1979, 120), in denen festgestellt wurde,

„daß der Gegensatz zwischen Stadt und Land sich im Bereich der Gesellschaft wie auch im Bereich der Kultur und der Persönlichkeit verringert und dazu tendiert, gänzlich zu verschwinden."

Entsprechende Zusammenhänge ergaben sich nicht zwischen den hier analysierten Items und mit dem Anteil der kommunalen Sportanlagen an den genutzten Sportanlagen.

Insgesamt ist damit in Sportvereinen sowohl auf der Ebene der Handlung als auch auf der davon entkoppelten Ebene des Redens eine nur schwache Umweltverflechtung nachweisbar.

4.1.3 Zu Aspekten der Heterogenität des Mitgliederbestandes

Im Kapitel 3.3.4 waren bereits Aspekte der Heterogenität des Mitgliederbestandes der Sportvereine Gegenstand der Betrachtung. Auf dieser Basis können die diesbezüglich formulierten Forschungsfragen (s. EMRICH/PAPATHANASSIOU/PITSCH 1999, 200) wie folgt beantwortet werden:

Angesichts der Korrelationen zwischen den verschiedenen Heterogenitätsindizes und den Typikalitätswerten bezüglich der Strukturtypen kann die altersbezogen und die angebotsbezogen berechnete Heterogenität des Mitgliederbestandes als heuristisch wertvoll bezeichnet werden, die Geschlechtsheterogenität dagegen weniger. Die Angebotsheterogenität wird hier als Kennwert zur Beschreibung des Mitgliederbestandes herangezogen, da, wie unsere Ausführungen gezeigt haben, die Struktur und Nutzung des Sportangebotes eines Sportvereins vor allem als Ergebnis der von den Mitgliedern gewählten sportlichen Betätigungsformen gesehen werden muß, was zwar einem Verständnis der Angebotsstruktur als Ergebnis zielgerichteten und planvollen Handelns der Organisationsführung nicht widerspricht, dies aber auch nicht voraussetzt. Insofern können die hier genannten Heterogenitätsindizes als heuristisch wertvolle Instrumente zur Beschreibung des Status quo der Sportvereine angesehen werden. Die Analyse der Frage nach dem heuristischen Wert für die Erklärung der Bewahrung des Status quo oder der Entwicklung, gleich in welche Richtung, kann jedoch abschließend nur auf der Basis längsschnittlich erhobener Daten bearbeitet werden. Teilaspekte dieser Frage, sofern sie sich in einem Querschnitt niederschlagen, werden später betrachtet.

Die an gleicher Stelle (ebd.) formulierte Frage nach einem Mindestmaß an Heterogenität des Mitgliederbestandes, das notwendige Voraussetzung für den dauerhaften Erhalt des Sportvereins bzw. seine strukturelle Organisiertheit ist, sowie diejenige nach dem Maß an Heterogenität, das diesbezüglich als dysfunktional zu bezeichnen wäre, kann auf der Basis der Spannweite der Heterogenitätsindizes ebenfalls beantwortet werden: In Sportvereinen gibt es Ausprägungen an Alters-, Angebots- und Geschlechtsheterogenität im gesamten Wertebereich (von 0 bis 1). Als tatsächlich dysfunktional im Sinne des Organisationserhalts kann also keine Ausprägung eines einzelnen Heterogenitätsmaßes bezeichnet werden. Dagegen sind aber Kombinationen der Ausprägungen von Heterogenitätsmaßen möglich, die in den Sportvereinen nicht auftreten, woraus allerdings nicht auf eine diesbezügliche Dysfunktionalität geschlossen werden kann, da zwischen den folgenden Möglichkeiten auf der Basis der vorliegenden Daten nicht entschieden werden kann:

1. Der Zustand ist im Sinne der Organisationserhaltung dysfunktional und führt zur Auflösung des Vereins.

2. Der Zustand ist im Sinne der Organisationserhaltung dysfunktional und wird in einen anderen, stabileren Zustand überführt.

3. Ungeachtet seiner möglichen Funktionalität oder Dysfunktionalität ist der Zustand, aus welchen Gründen auch immer, in keinem der befragten Sportvereine jemals aufgetreten.
4. Der Zustand ist im Sinne der Organisationserhaltung funktional, aber nur als initialer oder als temporär möglicher Übergangszustand zu einem stabilen, nicht ephemeren Zustand.

Die Logik der folgenden Betrachtungen trägt der Tatsache Rechnung, daß die Heterogenität im Bereich der Alters- und Geschlechterverteilung der Sportvereinsmitglieder jeweils nicht disponible Größen darstellen, deren Einflüsse auf die disponible Größe der Angebotsheterogenität betrachtet werden.

Da die Heterogenitätsindizes signifikant positiv bei jeweils relativ niedriger Varianzklärung interkorrelierten (s. Tabelle 4.6), kann man von einer generellen, jedoch schwachen Tendenz ausgehen, nach der eine wachsende Geschlechts- und Altersheterogenität mit einer wachsenden Angebotsheterogenität einhergeht.

Tab. 4.6: Interkorrelationen (Spearman R) zwischen den verschiedenen Heterogenitätsmaßen. Rechts oberhalb der Diagonalen: Korrelationen und Anzahl der Sportvereine; links unterhalb der Diagonalen: Varianzklärung in Prozent.

	Heterogenität bezüglich ...		
	... Alter	... Geschlecht	... Angebot
... Alter		0,286	0,393
		n=2942	n=2044
... Geschlecht	8,2		0,372
			n=2044
... Angebot	15,4	13,8	

Die mittlere Verteilung der Kombinationen der Heterogenitätsindizes (s. Abbildung 4.3) zeigt, daß

- eine niedrige Alters- und Geschlechtsheterogenität auch meist mit einer niedrigen Angebotsheterogenität einhergeht,
- eine hohe Alters- und Geschlechtsheterogenität auch meist mit einer hohen Angebotsheterogenität einhergeht,

- daß im Bereich mittlerer Angebotsheterogenität Kombinationen der anderen beiden Heterogenitätsmaße auftreten, die in einem Bereich liegen, der in Abbildung 4.3 durch ein Hilfsdreieck umrissen wird und im wesentlichen durch die folgenden Eckpunkte gekennzeichnet ist:
  - ➤ eine Kombination von hoher Alters- mit niedriger Geschlechtsheterogenität
  - ➤ eine Kombination von niedriger Alters- mit hoher Geschlechtsheterogenität
  - ➤ eine Kombination von mittlerer Alters- mit hoher Geschlechtsheterogenität.

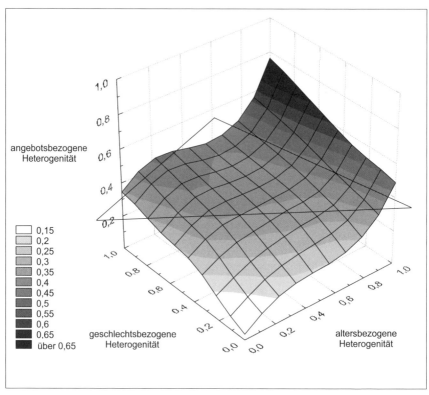

Abb. 4.3: Flächendiagramm der Kombinationen von Ausprägungen der Heterogenitätsindizes nach dem Kriterium der minimalen quadrierten Abstände von der Ebene.

Diese Darstellung bezieht sich jedoch auf die zentrale Tendenz der jeweiligen Kombinationen von Ausprägungen. Dies betrifft also nicht die Frage, welche Kombinationen von Ausprägungen in welcher Häufigkeit auftreten. Zur Diskussion dieses Aspektes, der für die Beantwortung der Frage nach dem Bereich in dem mit hoher Wahrscheinlichkeit funktionale Heterogenitätskonstellationen vorliegen, zentral ist, dienen die jeweils bivariaten Häufigkeitsverteilungen der Heterogenitätsindizes (s. Abbildungen 4.4 bis 4.6).

Im Zusammenhang zwischen Alters- und Geschlechtsheterogenität (s. Abbildung 4.4) zeigt sich ein interessantes, als „Minderheiteneffekt" interpretierbares Muster: In Sportvereinen mit einer Altersheterogenität unter 0,3 treten Kennwerte der Geschlechtsheterogenität zwischen 0,1 und 0,9 sehr selten auf: Es handelt sich um 15 von 2942 Sportvereinen, also um nur 0,51%, in denen diese Konstellationen nachgewiesen werden konnten. Diese Sportvereine liegen in der Mitgliederzahl zwischen 7 und 448 Mitgliedern, also ein Effekt, der sich nicht ausschließlich auf sehr kleine Sportvereine bezieht. In diesem Bereich von Konstellationen sind also Sportvereine, die sich durch eine hohe altersbezogene Geschlossenheit auszeichnen, entweder auch geschlechtsbezogen geschlossen oder annähernd paritätisch strukturiert. Bei altersbezogener Geschlossenheit zeigt sich ein Muster des Fehlens von Geschlechtsminoritäten.

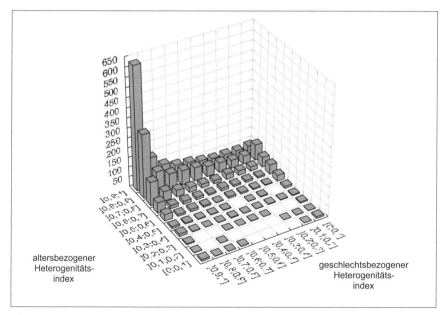

Abb. 4.4: Bivariate Häufigkeitsverteilung der Sportvereine nach Alters- und Geschlechtsheterogenität

Im Hinblick auf den Zusammenhang der Ausprägungen der Alters- und der Angebotsheterogenität (s. Abbildung 4.5) fallen die folgenden Muster auf: Bei niedriger altersbezogen berechneter Heterogenität ist die Angebotsheterogenität in der Regel ebenfalls eher niedrig. Mit einer sehr hohen Angebotsheterogenität gehen ausschließlich hohe Werte der Altersheterogenität einher. Daneben sind alle anderen Kombinationen von Alters- und Angebotsheterogenität in der Häufigkeitsverteilung vertreten. Eine angebotsbezogene Geschlossenheit bei starker Streuung der Vereinsmitglieder über alle Alterskategorien hinweg ist z. B. sehr wohl möglich, dagegen tritt eine Streuung der Mitglieder über verschiedene Angebote bei hoher altersbezogener Geschlossenheit des Sportvereins praktisch nicht auf.

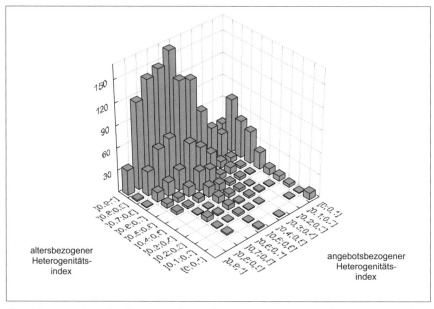

Abb. 4.5: Bivariate Häufigkeitsverteilung der Sportvereine nach Alters- und Angebotsheterogenität

Neben der dargelegten Gebundenheit einer hohen Angebotsheterogenität an die Altersheterogenität scheint letztere auch an eine hohe Geschlechtsheterogenität gebunden zu sein (s. Abbildung 4.6). Eine differentielle Analyse dieser spezifischen Fälle ergab, daß in den Sportvereinen, in denen die Angebotsheterogenität über 0,9 lag, sowohl die alters- als auch die geschlechtsspezifische Heterogenität Werte über 0,7 erreichte. Eine weitgehende Gleichverteilung der Mitglieder eines Sportvereins über verschiedene Angebote hinweg tritt also nur bei weitgehender Streuung der Mitglieder über die verschiedenen Altersstufen bei annähernd paritätischer Geschlechterverteilung auf. Eine niedrige angebotsbezogene Heterogenität tritt verstärkt bei niedriger geschlechtsspezifischer Heterogenität und paritätischer Geschlechterverteilung auf, seltener bei Vorhandensein geschlechtlicher Minoritäten. Geschlechtliche Minoritäten treten häufiger in Zusammenhang mit einer mittleren Angebotsheterogenität auf.

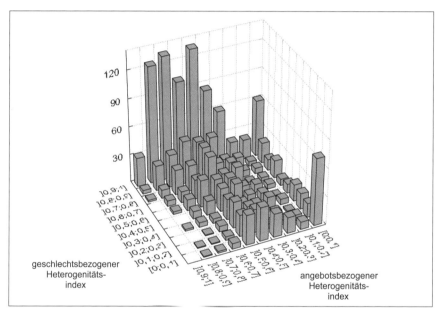

Abb. 4.6: *Bivariate Häufigkeitsverteilung der Sportvereine nach Geschlechts- und Angebotsheterogenität*

Exkurs: Praxisbezogene Implikationen
mit begrenztem unmittelbarem Nutzen für praktisches Handeln

Den im Text aufgezeigten Zusammenhängen zwischen den verschiedenen Aspekten der Heterogenität des Mitgliederbestandes ist ein Praxisbezug inhärent, der auf der Handlungsebene in den Sportvereinen jedoch nur in Sonderfällen Leitlinie zielgerichteten Handelns werden kann.

Bei eher altershomogenen Sportvereinen ist die Chance zur Mitgliedergewinnung bei Wahrung der Stabilität der Organisation

- *in geschlechtsheterogenen Sportvereinen möglich unter Wahrung der Geschlechterparität.*

- *in geschlechtshomogenen Sportvereinen möglich*
   - *entweder unter Wahrung der Geschlechtshomogenität*
   - *oder der Rekrutierung andersgeschlechtlicher Mitglieder in etwa dem Umfang des bisherigen Mitgliederbestandes.*

Eine Aufstockung des Mitgliederbestandes durch Schaffung einer geschlechtlichen Minderheit ist nicht zu empfehlen. Daneben kann eine Erweiterung des Mitgliederbestandes, welche die altersbezogene Homogenität lockert, bei beliebiger Geschlechtsheterogenität realisiert werden.

Die folgenden Fallbeispiele verdeutlichen die obigen Überlegungen:

Fallbeispiel I: Ein Volleyballverein, der aus circa 111 eher jungen Frauen besteht, diskutiert die Möglichkeiten zur Mitgliedergewinnung. Folgende Strategien sind erfolgversprechend:

- *Gewinnung im wesentlichen gleichaltriger Frauen.*

- *Gewinnung von Männern. Dies ist aber nur erfolgversprechend, wenn circa 90-120 Männer als Mitglieder in möglichst kurzer Frist gewonnen werden können (z. B. durch Aufnahme der männerdominierten Volleyballabteilung eines benachbarten mehrspartigen Großvereins, also durch Fusion).*

- *Initiale Gewinnung wesentlich jüngerer oder wesentlich älterer Frauen und später auch die Gewinnung männlicher Sportvereinsmitglieder auch im Status einer Minderheit.*

Fallbeispiel II: Ein Mehrspartenverein (Handball, Turnen und Basketball), dessen Mitgliederbestand sich aus wenigen Erwachsenen sowie 112 männlichen und 114 weiblichen Jugendlichen zusammensetzt, diskutiert die absehbaren Folgen einer möglichen Übernahme einer größeren Aerobic-Gruppe von 44 Mitgliedern. Die Aufnahme dieser Gruppe empfiehlt sich nicht, da die Altersheterogenität im wesentlichen gleich bliebe, jedoch eine männliche Minderheit entstünde.

Bei eher altershomogenen Sportvereinen scheinen Überlegungen bzw. Bemühungen um eine Ausweitung des Sportangebotes weniger erfolgversprechend zu sein, denn eine sehr starke Ausdifferenzierung des Sportangebotes empfiehlt sich grundsätzlich nur bei starker Streuung der Mitglieder über die verschiedenen Altersbereiche hinweg und um so eher, je stärker die Geschlechterverteilung sich einem Gleichstand annähert.

Bei geschlechtlichen Minoritäten in Sportvereinen, die durch eine geringe Angebotsheterogenität gekennzeichnet sind, ist die Erweiterung des Sportangebotes im Sinne des Organisationserhaltes zu empfehlen.

Wie aus den Darstellungen im Text ersichtlich, braucht die Mehrheit der Sportvereine im Hinblick auf Maßnahmen, welche die Alters-, Angebots- oder Geschlechtsheterogenität betreffen, keine Empfehlungen, da sie erstens nicht den hier diskutierten Strukturen (z. B. Altershomogenität bei annähernd paritätischer Geschlechterverteilung) entsprechen, und zweitens in den Sportvereinen, die diesen Strukturen entsprechen, aufgrund der meist gegebenen Persistenz der Alters- und Geschlechtsverteilung der Mitglieder ohnehin nur in Ausnahmefällen gezielt strukturell verändernde Maßnahmen ergriffen werden können.

Zum Zusammenhang zwischen den verschiedenen Aspekten der Heterogenität des Mitgliederbestandes mit einer möglichen Entwicklung von Sportvereinen können im folgenden lediglich querschnittlich Hinweise auf die gegebene Konzentration des Mitgliederbestandes auf das „Kerngeschäft", also das regelmäßige Sporttreiben sowie auf organisationale Aktivitäten im Bereich außersportlicher und zusätzlicher sportlicher Angebote gegeben werden. Hierbei ist zu berücksichtigen, daß eine diesbezügliche Konzentration oder auch Ausweitung den aktuellen Stand widerspiegelt, der als Ergebnis eines Entwicklungsprozesses verstanden werden kann.

Die alters- und geschlechtsbezogenen Heterogenitätsindizes korrelierten nicht signifikant mit dem Anteil der Teilnehmer in den Sportgruppen am Mitgliederbestand. Die signifikante Korrelation zwischen Angebotsheterogenität und dem Anteil der Teilnehmer in den Sportgruppen am Mitgliederbestand (Spearman R=0,314; n=998; p<0,001) erklärt sich daraus, daß in Sportvereinen, in denen ein nur geringer Teil der Mitglieder am regelmäßigen Sportbetrieb teilnimmt, sich diese meist nicht auf eine große Zahl von Angeboten gleichmäßig verteilen können.

Dagegen zeigte sich zwischen der Alters- und Geschlechtsheterogenität und dem Umfang der Aktivitäten der Sportvereine im Bereich außersportlicher Angebote sowie zusätzlicher sportlicher Angebote der in Tabelle 4.7 dargestellte Zusammenhang. So steigt parallel mit der Altersheterogenität auch die Aktivität des Sportvereins im Bereich außersportlicher und zusätzlicher sportlicher Angebote. Zudem steigt die Aktivität im Bereich zusätzlicher Sportangebote parallel zur Geschlechtsheterogenität. Die Zusammenhänge mit der Aktivität im Bereich zusätzlicher Sportangebote lassen sich aus der zumindest partiellen Außengerichtetheit dieser Angebote auf zweierlei Art ableiten:

1. Für Sportvereine, die eher regelmäßig zusätzliche Sportangebote auch für Nicht-Mitglieder organisieren, ist die Wahrscheinlichkeit größer, daß der Bekanntheitsgrad des Vereines und die Chancen der Mitgliederrekrutierung sich auch in den Gruppierungen erhöhen, zu denen der Sportverein mit Mund-zu-Mund-Propaganda wenig Zugang findet. Dadurch ist die Wahrscheinlichkeit erhöht, daß im Laufe der Zeit auch Mitglieder gewonnen werden, die die Heterogenität des Mitgliederbestandes steigern.

2. Eine niedrige Heterogenität des Mitgliederbestandes evoziert in den Sportvereinen keine starken Aktivitäten im Sinne der Organisation zusätzlicher sportlicher Angebote. Bei hochgradig heterogenem Mitgliederbestand werden dagegen von den Mitgliedern viele verschiedene Gruppierungen registriert. Eine Konkurrenz dieser Gruppierungen um die Durchsetzung ihrer jeweiligen Interessen führt dazu, daß einerseits jede dieser Gruppierungen danach trachten muß, sich zahlenmäßig auszuweiten, und daß andererseits eine größere Vielfalt von Interessen innerhalb des Sportvereins artikuliert werden. Beide Effekte erhöhen die Aktivität im Bereich zusätzlicher sportlicher Angebote. Das gleiche Muster kann auch die Korrelation zwischen angebotsbezogener Heterogenität und dem Aktivitätsgrad in diesem Bereich erklären.

Tab. 4.7: *Korrelationen zwischen Heterogenitätsmaßen und der Aktivität im Bereich außersportlicher und zusätzlicher sportlicher Angebote*

	n	Spearman R	R^2 [%]
Aktivität im Bereich außersportlicher Angebote			
Altersheterogenität	1391	0,104	1,1
Angebotsheterogenität	959	0,111	1,2
Aktivität im Bereich zusätzlicher sportlicher Angebote			
Altersheterogenität	987	0,354	12,5
Geschlechtsheterogenität	987	0,177	3,1
Angebotsheterogenität	681	0,271	7,3

Die Schwäche der Zusammenhänge zwischen den Aktivitäten im Bereich außersportlicher Angebote und der Alters- sowie der Angebotsheterogenität erstaunt insofern, als zu erwarten wäre, daß in den Fällen, in denen aufgrund hoher Heterogenität sich auch verstärkt divergierende Interessengruppierungen verfestigen, die Stabilität der Organisation durch die Zelebrierung von Einheitsritualen gestärkt werden kann. Die schwachen Zusammenhänge zeigen, daß die Zelebrierung solcher Einheitsrituale für den Fortbestand alters- und angebotsbezogen heterogener Sportvereine keine notwendige Voraussetzung ist. Das Ausbleiben starker Zusammenhänge könnte daraus resultieren, daß eine starke Kameradschaftsideologie in den Sportvereinen unterschiedliche Interessengruppierungen nicht als Separierung empfinden läßt und damit auch die Einrichtung entsprechender „Klammern", die entbehrlich sind, auch entbehrlich erscheinen läßt. Das gleiche Ergebnis kann auch auf zwei, sich gegenseitig aufhebende Effekte zurückzuführen sein, nämlich derart, daß mit steigender Heterogenität des Mitgliederbestandes einerseits eine steigende Notwendigkeit zur Organisation von Einheitsritualen wahrgenommen wird, diese andererseits aber eben wegen der Heterogenität des Mitgliederbestandes immer schwerer durchzuführen sind.

4.2 Weiterentwicklung theoretischer Überlegungen

Ein wichtiges Ergebnis, das sich als Aspekt fast aller Auswertungen sowohl im Bereich der empirischen Bestandsaufnahme als auch im Bereich der Theorieentwicklung zeigte, war die große Spannweite der Ausprägungen der jeweils betrachteten Variablen bei meist nur geringen Varianzklärungen selbst im Fall plausibel scheinender Zusammenhangshypothesen. Es scheint also für Sportvereine nur wenige Merkmalskombinationen (z. B. von Mitgliederzahl – Vereinsstruktur – Finanzierungskultur) zu geben, die sich auf ihr Wirken negativ auswirken. Zudem ist nur in wenigen und für die Vielzahl der Sportvereine auch randständigen Aspekten eine Umweltadaptivität von Sportvereinen nachweisbar, die wiederum nur zu einem eher geringen Teil die Ausprägung auf den jeweils betrachteten Variablen erklären kann, wie z. B. die Diskussion von Zusammenhängen zwischen Offenheit bzw. Geschlossenheit der Organisation „Sportverein" und Umweltparametern gezeigt hat.

Insgesamt stellen Sportvereine somit eher schwach umweltgekoppelte Systeme dar, deren Organisationshandeln durch eine Vielzahl von Freiheitsgraden gekennzeichnet ist. Diese Unabhängigkeit muß auf zwei Ebenen gesehen werden, nämlich einerseits als Unabhängigkeit von zeitgenössischen Ideologien und andererseits als substantielle Unabhängigkeit von der jeweiligen Vereinsumwelt.

4.2.1 Die Unabhängigkeit von zeitgenössischen Ideologien

In verschiedenen Untersuchungen (vgl. EMRICH/PAPATHANASSIOU/PITSCH 1998; 1999; PITSCH 1999) konnten keine deutliche Hinweise darauf gefunden werden,

- daß ein verändertes Freizeitverhalten von Kindern und Jugendlichen zu sinkenden Mitgliederzahlen in diesem Bereich führen würde,
- daß eine sinkende Engagementbereitschaft von Sportvereinsmitgliedern zu Problemen im Bereich ehrenamtlicher Mitarbeit führte,
- daß traditionelle Sportarten sich unter den Sporttreibenden einer sinkenden Attraktivität erfreuten oder dafür,
- daß steigende Ansprüche an die Vereinsverwaltung zum verstärkten Einsatz professioneller Kräfte im Sportverein zwängen.

Viel eher belegen die Ergebnisse die Stabilität des Organisationsmusters „Sportverein" trotz der behaupteten vielfältigen und häufig als bedrohlich dargestellten Entwicklungen.

Wie gezeigt werden konnte, schlägt sich die Wirkung dieser zeitgenössischen Ideologien vor allem im Reden über die Sportvereine nieder, kaum jedoch auf der Handlungsebene. Das Aufgreifen ideologischer Aussagensysteme im Reden über Sportvereine ist aufgrund des breiten Konsenses, den diese Ideologien in der Vereinsumwelt finden, notwendige Voraussetzung für nützliche Umweltkontakte, in denen versucht wird, Agenten der immateriellen Kultur dazu zu bewegen, im Rahmen ihrer Entscheidungsmöglichkeiten im Sinne der Sportvereine zu entscheiden.

Von daher kann für die Organisation „Sportverein" die aufgezeigte Entkoppeltheit der Ebenen des Redens und des Handelns bei der gegebenen Unabhängigkeit der Handlungsebene von der Ebene der Ideologie als nicht intendierte, jedoch funktionelle, möglicherweise auch notwendige Nebenfolge verstanden werden, die die Handlungsebene vor unkalkulierten Wirkungen des Aufgreifens ideologischer Aussagen zur Generierung von Anschlußkapazitäten bewahrt.

Damit ist erstens das Vorliegen der Entkoppeltheit der Ebenen des Redens und des Handelns und zweitens der Mechanismus zur Generierung von Anschlußkapazitäten erklärt. Während also diese Art der Unabhängigkeit von verbreiteten „Modernitäts-Ideologien" erklärt werden kann, bereitet die Erklärung der zweiten Art der Unabhängigkeit auf den ersten Blick größere Schwierigkeiten.

4.2.2 Die substantielle Unabhängigkeit von der jeweiligen Vereinsumwelt

Unter dem Begriff der substantiellen Unabhängigkeit wird das Phänomen verstanden, daß Kontakte zwischen der Organisation „Sportverein" und der jeweiligen Vereinsumwelt sich nicht deutlich in Parametern, die das Vereins-„innen"-leben kennzeichnen, niederschlagen (s.u.). Zum Zweck der größeren Klarheit der folgenden Darstellung wird unterschieden zwischen den zentralen Aspekten:

- Organisationshandeln, verstanden als „Verbandshandeln"[87] (WEBER 1980 [1921], 26), also alles planvoll vom Verwaltungsstab des Verbandes geleitete Handeln einschließlich des Handelns des Verwaltungsstabes selbst. Hier wird also davon ausgegangen, daß Personen, die von der Organisation mit Vertretungsmacht ausgestattet wurden, entsprechend der organisationsintern getroffenen verbindlichen Entscheidungen handeln, und zwar gemäß des Prinzips „sine ira ac studio", also unter sachgemäßer Trennung von Amt und Person.
- Organisationsbezogenes Handeln ist jedes Handeln der Organisationsmitglieder, das sich insofern an vereinsinternen Konventionen orientiert, als die Chance besteht, daß es als nicht dem Vereinszweck zuwiderlaufend etikettiert wird.
- Freiheitsgrade des Organisationshandelns als Handlungsmöglichkeiten der Organisation, innerhalb derer der Organisationserhalt möglich ist, ergänzt um die Handlungsmöglichkeit, die Organisation aufzulösen. Hierbei ist die Zahl der Freiheitsgrade im Handeln, das sich auf die Organisationsumwelt bezieht, von der Zahl der Freiheitsgrade im Handeln, das sich auf die Organisation selbst bezieht, zu unterscheiden. Kurz werden diese beiden Aspekte im folgenden als Freiheitsgrade „nach außen" bzw. „nach innen" bezeichnet.
- Aktuelle Handlungsmöglichkeiten sind all jene Handlungen, die ein Individuum bei der jeweils aktuell gegebenen Ressourcenkonstellation jedweder Art vornehmen kann. Die organisationsbezogenen Handlungsmöglichkeiten der Mitglieder stellen die aktuellen Handlungsmöglichkeiten dar, die im Rahmen der Organisation als legal etikettiert werden und die durch das Organisationshandeln geschaffen werden. Organisationen generieren diese Handlungsmöglichkeiten durch die Bündelung vieler konvergierender individueller Interessen.

---

[87] Unter Verband verstand WEBER „eine nach außen regulierend beschränkte oder geschlossene soziale Beziehung [...] wenn die Innehaltung ihrer Ordnung garantiert wird durch das eigens auf deren Durchführung eingestellte Verhalten bestimmter Menschen: eines L e i t e r s und, eventuell, eines V e r w a l t u n g s s t a b e s " (WEBER 1980 [1921], 26), also auch Vereine. In der späteren Vorkriegssoziologie wurde dieser Begriff mit einem weitaus größeren Begriffsumfang und intern deutlich differenzierter verwendet (vgl. z. B. SOMBART 1959 [1931], 221 ff.). Die Weiterführung dieser begrifflichen Differenzierung verspricht auch in der Gegenwart reichen Erkenntnisgewinn.

- Die Frage, ob eine Person Teil der Organisation oder Teil der Organisationsumwelt (z. B. in der Rolle als Kunde) ist[88], entscheidet sich daran, ob der Kontakt zur Organisation ausschließlich in einem Leistungsaustausch besteht oder ob für die Person auch prinzipiell die Möglichkeit gegeben ist, eine formale Leitungsposition in der Organisation einzunehmen. Hierzu einige Beispiele:
  - ➢ Kranke sind Quasi-Kunden der Krankenhäuser, da ausschließlich ein Austausch medizinischer Bemühungen gegen unmittelbares oder mittelbares Entgelt stattfindet.
  - ➢ Gefangene sind Pflicht-Kunden des Gefängnisses, da Erziehungs-, Verpflegungs- und Überwachungsbemühungen gegen Anpassung und Wohlverhalten ausgetauscht werden.
  - ➢ Soldaten sind gesetzlich oder freiwillig verpflichtete Mitglieder der jeweiligen Armee, da über den Austausch der Arbeitskraft sowie der Bereitschaft zur Risikoübernahme gegen den Sold für sie grundsätzlich die Möglichkeit besteht, in Leitungspositionen aufzusteigen.
  - ➢ Sportvereinsmitglieder sind, wie der Name schon sagt, Mitglieder der Organisation, da neben dem Austausch der verpflichtend zu erbringenden Leistungen gegen die Möglichkeit zur Nutzung von Ressourcen der Organisation auch die Einnahme von Führungspositionen möglich ist.

Die substantielle Unabhängigkeit der Organisation „Sportverein" von der jeweiligen Vereinsumwelt zeigt sich z. B. darin, daß

- kein substantieller Bezug zwischen Vereinsstruktur und Finanzierungsart nachweisbar war,
- kein substantieller Bezug zwischen Umweltparametern und der Angebotsdynamik nachweisbar war,
- kein substantieller Bezug zwischen Angebots- und Mitgliederdynamik nachweisbar war,

---

[88] Das hier gewählte Kriterium folgt dem Prinzip einer möglichst scharfen analytischen Abgrenzung der Kategorien und steht damit nicht in Übereinstimmung mit anderen Einteilungen, welche die Organisation als Wirkungseinheit betrachten und die Frage der Mitgliedschaft an einer wie auch immer gearteten Mitwirkung des Kunden oder Quasi-Kunden festmachen (s. z. B. GOFFMAN 1973).

- kein substantieller Bezug zwischen Organisationsstruktur und Situation im Ehrenamt nachweisbar war,
- kein substantieller Bezug zwischen Organisationsstruktur und Angebotsstruktur nachweisbar war
- usf.

Die Frage der Quelle dieser hohen Zahl an Freiheitsgraden soll im folgenden diskutiert werden. Dazu werden als Heuristiken zwei verschiedene Ausgangspunkte gewählt:

1. Jede Organisation hat, betrachtet als autonomes, geschlossenes und umweltunabhängiges System, also als eine Art fensterloser organisationaler Monade[89], die jeweils maximal mögliche Zahl an Freiheitsgraden des Organisationshandelns.
2. Bei gegebener Zahl an Freiheitsgraden kann diese durch Einsatz bestimmter Verfahren erhöht werden.

Vom Standpunkt der erstgenannten Heuristik aus lassen sich Organisationen im allgemeinen und Sportvereine im speziellen wie folgt betrachten: Formal konstituierte Organisationen haben häufig informelle Vorläufer, bei denen eben aufgrund der Tatsache, daß sie informell sind, nichts über die Zahl der Freiheitsgrade des Organisationshandelns sowie über mögliche Beschränkungen dieser Zahl gesagt werden kann. Im Moment der formalen Konstituierung einer Organisation, meist als „Gründung" bezeichnet, obwohl die Organisation wesentlich früher entstanden sein kann, werden Entscheidungen zugunsten bestimmter formaler Organisationsformen und Verfahrensregeln sowie zugunsten bestimmter Ziele und Inhalte des Organisationshandelns getroffen. Diese führen zu qualitativ und quantitativ unterschiedlichen Beschränkungen der Zahl der Freiheitsgrade des Organisationshandelns aufgrund der jeweils gegebenen rechtlichen Einschränkung der Handlungsmöglichkeiten der Organisationen. Bereits hierbei ist jedoch zu berücksichtigen, daß diese Einschränkungen in manchen Fällen zumindest partiell aufgehoben bzw. unwirksam gemacht werden können durch ein Einverständnis-

---

[89] Zum Begriff der Monade vgl. LEIBNIZ, allerdings in anderem Zusammenhang.

handeln der Organisationsmitglieder bei rein ritualistischer Orientierung des Organisationshandelns an den diesbezüglichen Regelungen (vgl. hierzu z. B. die Ausführungen Raschkes zu „Ziel- und Zwecktäuschungen" in Satzungen von Vereinen 1978, 124 ff.). Maßgeblich für die Einschränkung der Zahl an Freiheitsgraden sind hier die folgenden Aspekte:

- Die Organisationsform (z. B. e.V., GmbH, KG, AG) führt zu jeweils unterschiedlichen Einschränkungen.

- Die Definition des Organisationszweckes (z. B. Erwirtschaften von Gewinnen, Erstellen unentgeltlicher Leistungen für Dritte, Vergrößerung der Zahl individueller aktueller Handlungsmöglichkeiten der Organisationsmitglieder) führt ebenfalls zu unterschiedlichen Einschränkungen.

- Die Art der Umweltgekoppeltheit führt ebenfalls zu qualitativ und quantitativ unterschiedlichen Einschränkungen der Zahl der Freiheitsgrade des Organisationshandelns. Hier ist zu berücksichtigen, ob die Organisation als juristische Person in Kontakt mit anderen juristischen Personen tritt oder mit Privatpersonen.

Darüber hinaus schränken die Gepflogenheiten (Sitten, Bräuche, Konventionen) in den jeweiligen Betätigungsfeldern die Zahl der Freiheitsgrade zwar nicht formal ein, sie können jedoch die Zahl der innerhalb der Organisation wahrgenommenen Freiheitsgrade des Organisationshandelns einschränken.

Betrachtet man die Beschränkungen, denen in diesem Sinn das Organisationshandeln in Sportvereinen unterliegt, so ist folgendes festzuhalten: Beschränkungen auf der Basis gesatzter Ordnungen betreffen die Vereine in ihrem Organisationshandeln in wesentlich geringerem Umfang als andere, z. B. im wirtschaftlichen Sektor tätige Organisationen.

Die Funktion der Sportvereine, daß mit dem Eintritt in den Verein die Zahl der individuell gegebenen aktuellen Handlungsmöglichkeiten steigt, wird dadurch gesichert, daß das Organisationshandeln nach außen so gesteuert wird, daß die Zahl der organisationsbezogenen Handlungsmöglichkeiten der Mitglieder in bezug auf die Realisierung der organisationsinternen Interessen optimiert wird. Unter den organisationsbezogenen Handlungsmöglichkeiten der Sportvereinsmitglieder sind nicht nur die in der planvollen Gestaltung von sportlichen Betätigungsfeldern berücksichtigten Handlungsmöglichkeiten zu fassen, sondern alle Handlungen, die in dem gegebenen organisationalen Rahmen realisiert werden können. So kann eine Gruppe von Sportgymnastinnen von einem Tag zum nächsten beginnen, in ihrer Trainingszeit Handball zu spielen. Voraussetzung dafür ist lediglich, daß die Trainingsstätte sich auch zum Handballspielen eignet und daß ein Ball vorhanden ist. Grundsätzlich entspricht damit die Zahl der individuellen organisationsbezogenen Handlungsmöglichkeiten der Zahl der Freiheitsgrade des Organisationshandelns nach innen.

In einigen Segmenten des Organisationshandelns kann die Zahl der individuellen organisationsbezogenen Handlungsmöglichkeiten allerdings nur in begrenztem Umfang durch eine entsprechende Steuerung des Organisationshandelns nach außen beeinflußt werden. Beschränkungen der Zahl organisationsbezogener Handlungsmöglichkeiten gibt es in den folgenden Fällen:

- Dort, wo die organisationsbezogenen Handlungsmöglichkeiten der Mitglieder von außerhalb der Organisation wirksamen ökonomischen Faktoren in Kombination mit dem Umfang freier, ökonomisch verwertbarer Ressourcen abhängen: Dies ist z. B. im Fall der Anschaffung teurer spezieller Sportgeräte gegeben. Hier kann das Ziel der Optimierung der Zahl organisationsbezogener Handlungsmöglichkeiten der Mitglieder mit den finanziellen Möglichkeiten des Vereins kollidieren.
- Dort, wo das organisationsbezogene Handeln der Mitglieder an externe Ressourcen gebunden ist, wie z. B. im Fall der Nutzung kommunaler Sportstätten. So wird sowohl der maximale Umfang des Sportbetriebs als auch die jeweils betriebene Sportart als auch das Leistungsniveau durch die Struktur der nutzbaren Ressourcen partiell festgelegt, wie z.B in dem Fall, in dem der Wettkampfsport kommunal stärker gefördert wird als der nicht wettkampfgebundene Sport. Auf der Basis dieser Überlegungen wird auch das Bemühen vieler Sportvereine um eigene Sportanlagen verständlich, da dann zwar finanzielle Ressourcen in wesentlich höherem Umfang gebunden werden, das organisationsbezogene Handeln im Innern jedoch in bezug auf die Zahl der jeweils gegebenen Handlungsmöglichkeiten optimiert wird.
- Dort, wo das organisationsinterne Handeln der Mitglieder in direktem Kontakt mit der Organisationsumwelt erfolgt: Dies ist z. B. gegeben im Fall der Teilnahme von Mitgliedern an einem Ligabetrieb. Durch verbandliche Regelungen, die die Wettkämpfe in formal organisierter Form erst ermöglichen,

wird in diesem Bereich die Zahl der organisationsbezogenen Handlungsmöglichkeiten beschränkt. Allerdings unterliegen ausschließlich die Mitglieder dieser Beschränkung, die sich selbst auch ausdrücklich dafür ausgesprochen haben, an diesem Ligabetrieb teilzunehmen.

In diesem Zusammenhang ist zu betonen, daß die Reichweite der oben angegebenen Definition des Organisationshandelns beachtet werden muß: Wenn Sportler für einen Sportverein an einem Ligabetrieb teilnehmen, so sind sie implizit und mit Geltung für den Bereich des wettkampfbezogenen sportlichen Handelns qua Einverständnishandeln für den Verein mit Vertretungsmacht ausgestattet. Die Sportvereinsmitglieder handeln aber nicht nur in Vertretung des Sportvereins sine ira ac studio, sondern auch in Verfolgung eigener Interessen und versuchen, ihre individuellen Handlungsmöglichkeiten diesen Interessen anzupassen. Davon zeugt die Einrichtung einer Sportgerichtsbarkeit auf allen Leistungsebenen, in deren Rahmen in aller Regel individuelles Fehlverhalten nur dann auch auf den Handelnden zurückfällt, wenn es während des sportlichen Wettkampfes selbst geschieht (z. B. Fouls, Schiedsrichterbeleidigung), für individuelles Fehlverhalten im Umfeld des Wettkampfes (z. B. Aufstellen nicht lizensierter Spieler) aber der Sportverein verantwortlich gemacht wird.

- Dort, wo der Verein wertgebunden begründete Beschränkungen übernimmt oder selbst festschreibt: Eine Übernahme wertgebunden begründeter Beschränkungen liegt z. B. in dem Fall vor, in dem ein Sportverein entscheidet, ausschließlich verbandlich qualifizierte Übungsleiter mit der Betreuung der Sporttreibenden zu betrauen. Dies sind im wesentlichen also die wenigen Fälle, in denen zeitgenössische Ideologien, die auf der Ebene der Sportverbände entstehen, sich in die Sportvereine hinein bis auf die Handlungsebene auswirken. Diese Wirkung sportbezogener Ideologien kann aber auch die Zahl der Handlungsmöglichkeiten der Mitglieder erhöhen, wenn z. B. neue Sportangebote eingerichtet werden, die von den Mitgliedern zuvor nicht nachgefragt worden waren, nach der Einrichtung aber genutzt werden. Den allgemeineren Fall dieses Musters kann man beobachten, wenn in Sportvereinen z. B. zur „gerechten" Bezahlung von Übungsleitern eine Obergrenze für deren Bezahlung festgelegt wird. In diesen Fällen kann man von nicht intendierter freiwilliger Selbstbeschränkung sowohl in der Zahl der Freiheitsgrade des nach innen gerichteten Organisationshandelns als auch in der Zahl der so geschaffenen Handlungsmöglichkeiten der Mitglieder sprechen.

Die zweite genannte Heuristik ergänzt die Sichtweise von Organisationen in einigen Punkten: Eine Erhöhung der Zahl der Freiheitsgrade des Organisationshandelns bei gegebener Beschränkung unterhalb der maximal möglichen Zahl ist überall dort möglich, wo ressourcenbezogene Umweltkontakte zu entscheidungsbefugten Personen bestehen, die einen mehr oder minder großen Entscheidungsspielraum haben. Darüber hinaus kann die Zahl der Freiheitsgrade des Organisationshandelns auch überall dort vergrößert werden, wo Abreden in nicht formal geregelten Bereichen möglich sind. Diese Abreden (z. B. mit Kleinsponsoren oder Politikern) sind in der Regel jedoch immer wieder neu zu verhandeln. Hier laufen die Überlegungen zur Zahl der Freiheitsgrade des Organisationshandeln zusammen mit den oben angestellten Überlegungen zur Entkoppeltheit der Organisation „Sportverein" von zeitgenössischen Ideologien. Bei der Übernahme ideologischer Aussagen zur Schaffung von Anschlußkapazitäten in symbolischer Form führt der über Jahrzehnte hinweg feststellbare große Anteil von aktiv Sportinteressierten in der Wohnbevölkerung, verbunden mit einer sportbezogenen Kameradschaftsideologie dazu, daß für Sportvereine die Wahrscheinlichkeit groß ist, in diesbezüglichen Umweltkontakten auf Personen zu treffen, die diese sportbezogene Kameradschaftsideologie teilen oder zu teilen vorgeben (müssen) und so auch eher bereit sind, Entscheidungsspielräume auszunutzen und damit den Gestaltungsspielraum der Organisation zu erweitern.

4.2.3 Stellung der Überlegungen zur Umweltentkoppeltheit von Sportvereinen in der Theorie des Sportvereins

Die von EMRICH, PAPATHANASSIOU und PITSCH (1999, 183 ff.) skizzierten Überlegungen zu einer Theorie des Sportvereins stellten im Bereich des notwendigen Mehrebenencharakters dieser Theorie eher ein abstraktes Netzwerk, denn eine ausformulierte Theorie dar. Die hier skizzierten Interpretationen des Phänomens der weitgehenden Entkoppeltheit der Sportvereine von der jeweiligen Organisationsumwelt betreffen allerdings diesen Aspekt der Theorie zentral: Welche Leitlinien des Handelns kennzeichnen das Organisationshandeln nach außen und nach innen sowie das individuelle organisationsbezogene Handeln der Mitglieder und in welcher Beziehung stehen diese beiden Handlungsebenen zueinander. Die Einordnung dieser Überlegungen in den zuvor konstruierten abstrakten Rahmen (s. Abbildung 4.7) führten hierbei auch zu einer Weiterentwicklung des begrifflichen Instrumentariums zur Beschreibung dieses Wechselwirkungsverhältnisses:

Weiterentwicklung theoretischer Überlegungen

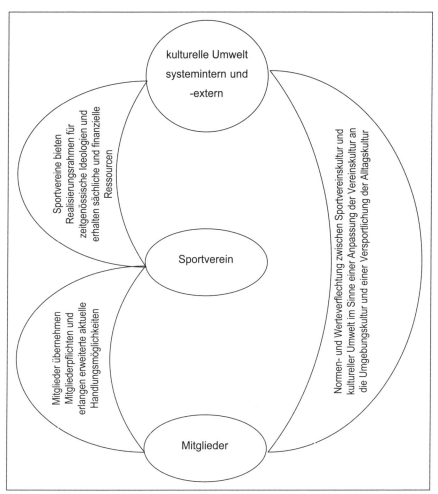

Abb. 4.7: Austausch zwischen den Elementen auf den Ebenen der organisationssoziologischen Betrachtung von Sportvereinen (in Anlehnung an EMRICH/PAPATHANASSIOU/PITSCH 1999, 190)

In der Wechselwirkung zwischen den Ebenen der Mitglieder und des Sportvereins verzichtet das Individuum partiell auf seine Entscheidungsautonomie und überträgt damit die Notwendigkeit zur Entscheidung auf die Organisation. Daneben verpflichtet sich das Individuum auch zur Mithilfe bei der Sicherung der Ressourcen, die der Organisation zur Verfügung stehen. Im Gegenzug eröffnet dies dem Individuum mehr aktuelle Handlungsmöglichkeiten als Ergebnis der Entscheidungen, die auf der Ebene der Organisation gefällt werden, und zwar Handlungsmöglichkeiten im Sinne einer Bedürfnisbefriedigung innerhalb der Organisation. Ein Beispiel mag dies verdeutlichen: Die Möglichkeit, eine Mannschaftssportart wie z. B. Handball im Rahmen eines geregelten Wettkampfbetriebs auszuüben, steht keinem der Autoren dieses Buches aktuell[90] offen. Um diese Möglichkeit zu eröffnen, böte sich uns Autoren nun die Chance, uns bekannte Personen zu kontaktieren, ob sie dies ebenfalls möchten, bei zustimmender Antwort einer ausreichenden Zahl von Personen dann zu eruieren, in welchen Räumlichkeiten oder Anlagen und zu welchen Zeiten dies möglich ist, dann wiederum das Einverständnis der Befragten zu diesen Zeiten einzuholen, um anschließend noch notwendige Utensilien (Bälle, Trikots usw.) zu besorgen. In diesem Fall würde die Entscheidungsautonomie in vollem Umfang wahrgenommen. In der anderen Variante, im Fall des Beitritts zu einem Handballverein, stiege die Zahl der aktuellen Handlungsmöglichkeiten unmittelbar an. Dafür müßte auf die Entscheidungsmöglichkeit im Hinblick auf die Mitspieler, den Ort und die Zeit jedoch verzichtet werden. Also wird hier die Abgabe von individueller Entscheidungsautonomie im Sinne potentieller Handlungsmöglichkeiten gegen organisationale Gestaltungsmöglichkeiten und die Möglichkeit zur Bedürfnisbefriedigung innerhalb der Organisation über die Wahrnehmung dann aktueller Handlungsmöglichkeiten eingetauscht.

Zwischen den Sportvereinen und den Instanzen der kulturellen Umwelt geschieht ein Austausch in der folgenden Art: Sportvereine können in vielfältigen Bereichen Anschlußkapazitäten für ideologische Aussagensysteme bieten. Diese Bereiche lassen sich im wesentlichen mit den Schlagworten Freizeitverhalten, Jugend, Frauen, Senioren, Ehrenamt, bürgerschaftliches Engagement und Gesundheit kenn-

---

[90] Mit aktuell ist der 24. August 2000, 16.05 Uhr, gemeint.

zeichnen. Durch die Parallele in der formalen Organisiertheit zwischen Sportvereinen und -verbänden einerseits und dem föderalen System der Bundesrepublik andererseits können auch auf vielen Stufen des politischen Systems die jeweils passenden Anschlußorganisationen im Sportsystem gefunden werden. Von daher stellen Sportvereine jederzeit zur Verfügung stehende und praktikabel nutzbare Bühnen zur Inszenierung der Gültigkeit ideologischer Aussagen dar. Diese Offenheit wird sowohl sportsystemintern (von den Sportverbänden) als auch -extern (aus der öffentlichen Hand oder von Sponsoren) ausgetauscht gegen einen Ressourcenzufluß.

In diesem Zusammenhang ist der Aspekt der Rollenbündelung von besonderer Bedeutung, da damit Entscheidungsträger in verschiedenen Systemen die möglicherweise konfligierenden Erwartungen in ihrer Person ausbalancieren bzw. in eine Präferenzhierarchie bringen müssen. Als deren Ergebnis muß das Sportsystem nicht immer zu den Begünstigten gehören, obwohl die genannte Offenheit dazu beiträgt, daß Sportorganisationen in vielen Fällen Chancen haben, zu den Begünstigten zu gehören.

Der Austausch zwischen der Ebene der Mitglieder und der Ebene der kulturellen Umwelt stellt dabei sicher, daß innerhalb der Sportvereine die Gültigkeit der ideologischen Aussagensysteme nicht explizit in Frage gestellt wird. Dies ist zwar keine notwendige Voraussetzung für die inszenierte Umweltkopplung, mindert aber eventuelle Konfliktpotentiale, die daraus entstehen, daß die Überzeugungskraft der Inszenierung schwindet. Umgekehrt erfolgt auf diesem Wege eine Versportlichung der Alltagskultur, indem ursprünglich sportinterne Werte, Sprache und Betätigungsformen in die Alltagswelt diffundieren (vgl. hierzu z. B. PITSCH 1999, 89 ff.; DIGEL 1990, 73 ff.; CACHAY 1990, 97 ff. sowie EMRICH/PAPATHANASSIOU/PITSCH 2000).

5 Ausblick

Der Ausblick versucht zwei Aspekten zu genügen: Einerseits soll reflektiert werden, welche Besonderheiten und Anforderungsstrukturen für weiterführende Forschungsvorhaben auf der Basis der vorliegenden Erkenntnisse formuliert werden können. Andererseits soll der Versuch gemacht werden, die Beziehung zwischen Sportvereinen und -verbänden sportpolitisch zu durchleuchten und dabei Überlegungen zu einem entscheidungsrelevanten Wissenstransfer in den Vordergrund zu rücken.

5.1 Implikationen für sportwissenschaftliche Forschungsvorhaben

In der vorliegenden Darstellung war eine FISAS erstmals im Rahmen eines neuen, in den letzten Jahren entwickelten Methodenansatzes zur Beschreibung struktureller Konstellationen von Organisationen ausgewertet worden. Im Gegensatz zu anderen Verfahren, die weitgehend auf der Analyse von Verteilungsunterschieden über Klassen mit willkürlich gesetzten Klassengrenzen basieren, war es hier möglich, das interkorrelierte Parametergefüge von Alter, Mitgliederzahl und Abteilungszahl der Sportvereine in einem geschlossenen Ansatz gemeinsam zur Erklärung von Effekten heranzuziehen. In diesem Zuge war auch die Betrachtung der Stärken der auftretenden Effekte wesentlich erleichtert. Durch die pragmatische Wahl einer scharfen Signifikanzgrenze und einer Mindest-Effektstärke wurde der Bereich der diskutierten Befunde auf den Bereich eingeschränkt, in dem diese als weitgehend gesichert und als nicht unbedeutend zu bezeichnen sind. Im Ergebnis führte dies dazu, daß eine Vielzahl von Zusammenhängen, die in anderen Untersuchungen diskutiert wurden, hier nur wenig Berücksichtigung fanden. So hat sich z. B. die Gemeindegröße, die in der FISAS 1991 (HEINEMANN/SCHUBERT 1994, z. B. 84 ff., 102 f., 132, 142 ff., 162, 189, 334 f.) in vielerlei Hinsicht als Einflußfaktor auf das Organisationshandeln und die Organisationsstruktur diskutiert worden war, auf der Basis der FISAS 1996 als vernachlässigbares Umweltmerkmal erwiesen (s. hierzu insbesondere Kapitel 4.2.2).

Die Tatsache, daß somit in der vorliegenden Auswertung wesentlich weniger inhaltliche Effekte diskutiert wurden als in anderen Untersuchungen, folgt also nicht aus der Wahl der typologischen Methode zur Beschreibung der Situation von Sportvereinen, sondern vielmehr aus dem Entschluß, keine rechnerisch erwiesenen Marginalien breit zu diskutieren. Die Stärke des hier gewählten Ansatzes liegt insofern in diesem Entschluß begründet, aufgrund dessen vielfach erwartete Effekte, die im Bereich des Sports als Faktum tradiert werden, sich als nicht substantiell herausstellten. Hierzu gehört z. B. die Tatsache, daß es zwischen Finanzierungskultur und alters- und größenmäßiger Vereinsstruktur keine deutlichen Zusammenhänge gibt, daß große Sportvereine keine größeren Probleme in der Gewinnung ehrenamtlicher Mitarbeiter haben als kleinere Vereine, und daß die Einrichtung neuer Sportangebote nicht zu einem bedeutenden Mitgliederzuwachs führt,.

Die Implikationen der FISAS 1996 für sportwissenschaftliche Forschungsvorhaben sind bereits, sofern sie inhaltliche Relevanz in den Bereichen Methodologie und Theorieentwicklung besitzen, implizit an den jeweiligen Stellen im Text diskutiert und sollen hier nicht noch einmal dargelegt werden. Vielmehr soll hier die Rolle der FISAS in Relation zu anderen Untersuchungen herausgearbeitet werden.

Die verschiedenen FISAS wurden in mehr oder minder regelmäßigen Abständen im Auftrag des Deutschen Sportbundes und des Bundesinstituts für Sportwissenschaft durchgeführt. Aus der Darstellung der Anlage der verschiedenen Untersuchungen und dem Umgang mit dem Datenmaterial geht hierbei hervor, daß eine systematisch vergleichende Studie nicht im Interesse der Auftraggeber stand. So wurde zwischen den verschiedenen Erhebungen der Fragebogen mehrfach verändert und selbst die in gleicher Art erhobenen Daten wurden bisher nicht systematisch gesammelt und zusammengefaßt. In der Rückschau ist dies auch nur in einigen wenigen Bereichen und mit jeweils relativ hohem Aufwand bei relativ begrenzter Reichweite der ableitbaren Aussagen möglich (vgl. z. B. PITSCH/EMRICH 1999 a; PITSCH 1999). Dagegen boten die FISAS für verschiedene andere Arbeiten Ausgangspunkte, wobei nicht auf die Daten selbst, sondern meist auf die Ergebnisse der jeweiligen Studien zurückgegriffen wurde (vgl. z. B. BAUR/KOCH/TELSCHOW 1995; BAUR/BECK 1999, 88 ff.; WEBER et al. 1995, 134 ff.; TROSIEN 1991; STROB 1994; ZIMMER 1996, 107, 111; ANHEIER 1999, 151).

Diese Sachverhalte sind aus der heutigen Sicht nur verständlich, wenn man sich die Eingebundenheit der einzelnen FISAS in die je aktuelle sportpolitische Diskussion vor Augen hält. Die einzelnen Studien sollten je für einen begrenzten Zeitraum Grundlage zur Planung sportsysteminterner und sportpolitischer Handlungsprogramme sein. Es ist also prinzipiell zu fragen, wie die FISAS in Hinsicht auf wissenschaftliche Zusammenhänge zu verwertbaren und wertvollen Ergebnissen führen kann bei gleichzeitiger Wahrung der Möglichkeit zur Produktion politisch verwertbarer Ergebnisse. Hierbei sind mehrere Aspekte zu berücksichtigen:

- Ein Problem, das sich in vielen Untersuchungen zum Phänomenbereich der Sportvereine immer wieder gezeigt hat, ist, daß viele zu überprüfende Aussagen über Sportvereine sich auf Veränderungen in der Zeit beziehen. Solche Aussagen können nicht auf der Basis unverbundener Querschnittuntersuchungen überprüft werden. Vielmehr ist hierzu die wiederholte Analyse der gleichen Beobachtungseinheiten über die Zeit nötig.
- Der Umfang des Instrumentariums der FISAS im Bereich der Merkmalsstichprobe ist im Laufe der Jahre ständig angewachsen. Im Rahmen der FISAS 1996 machte dies bereits den Einsatz eines Teilstichprobenverfahrens nötig. Für den Kanon der politisch verwertbaren Aussagen ist ein Großteil dieser Fragen jedoch irrelevant. Aus der Sicht wissenschaftsfremder Personen wird der Zeitraum zwischen Erhebung und Präsentation der Ergebnisse durch diesen „Überhang" unnötig gedehnt.
- Für die Zwecke der öffentlichkeitswirksamen politischen Präsentation der Ergebnisse der FISAS ist die Zahl der Organisationen, die aus wissenschaftlicher Sicht notwendig zu befragen wäre, zu klein. Da zudem die Daten nicht nur im Hinblick auf die Grundgesamtheit der Sportvereine im DSB, sondern auch im Hinblick auf die Grundgesamtheiten in den einzelnen LSB ausgewertet werden sollen, ist die Zahl der zu befragenden Einheiten aus wissenschaftlicher Sicht unnötig groß. Auch dieser „Überhang" dehnt die Zeit zwischen der Erhebung und der sportsysteminternen sowie der sportsystemexternen Ergebnispräsentation unnötig.

Eine Lösung dieser drei Probleme wäre im Rahmen eines kombinierten Design möglich, das sowohl aus einer Panel-Befragung mit kleineren Organisationsstichproben, bei Beibehaltung der bisherigen Merkmalsstichproben als auch aus einer ergänzenden Querschnittsstichprobe mit großem Umfang der Organisationsstichprobe und kleiner Merkmalsstichprobe besteht. Damit könnte in kürzerer Zeit als bisher im Rahmen eines weitgehend standardisierten „Microzensus Sport" ein politisch und für die Sportorganisationen verwertbarer und präsentierbarer Datenbestand mit ausreichendem Umfang erfaßt und ausgewertet werden. Darüber hinaus wäre für eine ausreichende Zahl von Sportvereinen eine längsschnittliche Analyse möglich, die die Dynamik der Organisationsentwicklung erfaßbar machte. In einen Vorgang, den man „Sozialberichterstattung Sport" nennen könnte, könnten solche Studien sinnvoll integriert werden, vor allem weil aus der Perspektive der längsschnittlichen Analyse für die jeweils querschnittlich festgestellten Effekte Interpretationshinweise gewonnen werden könnten.

Der Umfang der Stichprobe für das Panel-Design wäre hierbei so zu kalkulieren, daß auf der Basis dieser Stichprobe begründet Aussagen über die Grundgesamtheit der Sportvereine im DSB abgeleitet werden könnten. Die Sportvereine in dieser Stichprobe sind so auszuwählen, daß ihre Verteilung derjenigen der Grundgesamtheit in den zentralen Variablen Mitgliederzahl, Abteilungszahl und Alter des Sportvereins entspricht.

Wichtig wäre in diesem Zusammenhang auch eine deutliche Unterscheidung zwischen den verschiedenen Arten der Auswertung einer FISAS im Sinne

- einer politikadäquaten Beratung,
- einer Politikberatung,
- einer handlungsbezogenen Beratung von Sportorganisationen und
- einer wissenschaftlichen Analyse.

Keiner der verschiedenen Zielgruppierungen der FISAS-Analysen kann letztlich damit gedient sein, wenn die Ansprüche, Ziele und Möglichkeiten der jeweils anderen Zielgruppierungen in den spezifisch aufbereiteten Analysen die Darstellung überformen. So können in einem wissenschaftlichen Werk sehr wohl praxisbezogene Aussagen enthalten sein, die aber nicht für einen Praktiker verständlich sein müssen und die auch nicht auf der Ebene des praktischen Handelns handlungsrelevant sein müssen (vgl. hierzu z. B. den Exkurs zu praxisbezogenen Implikationen mit begrenztem unmittelbarem Nutzen für praktisches Handeln im Kapitel 4.2.3). Eine Durchmischung wissenschaftlicher Analysen mit praxisbezogenen Darstellungen und politisch-wertgebundenen Zieldiskussionen wird weder dem Wissenschaftler noch dem Praktiker noch dem Politiker den jeweils erwarteten Dienst leisten können. Insofern ist von den Sozialwissenschaften im Sport eine zumindest partielle Emanzipation vom Primat der Praxis in dem Sinn zu fordern, daß sie nicht nur und ausschließlich praktisch verwertbares Wissen produzieren können, einen nicht unmittelbar praxisbezogenen Wissensstand allerdings pflegen müssen, um in der Praxis handlungsrelevante Aussagen überhaupt begründet tätigen zu können.

Die Position eines konstruktiven Begleiters und Beobachters der Sportpraxis kann nur aus einer ausreichenden Distanz zum System des organisierten Sports eingenommen werden. Eine personell und sächlich vom Sportsystem unabhängige Sportwissenschaft sollte in der Lage sein, diese Position einzunehmen. Von dort her können Fremdreferenzen in das System des organisierten Sports hineingetragen werden und dort nicht nur zu Immunisierungsreaktionen führen, sondern auch zu einer richtigkeitsrationalen Aufarbeitung von Problemen (zur Beratung von Sportorganisationen vgl. BETTE 1996). Notwendige Voraussetzungen dazu sind:

- Eine ausreichende Kenntnis spezifischer Besonderheiten des Sports und seiner Organisationsformen aus eigener Anschauung: „Man braucht [zwar] nicht Cäsar zu sein, um Cäsar zu verstehen" (WEBER 1980 [1921], 2), man muß aber zumindest wissen, wer dieser Cäsar eigentlich war! (Zur Bedeutung der beobachtenden Teilnahme im Rahmen von Organisationsanalysen vgl. EMRICH/PAPATHANASSIOU/PITSCH 1996). Wichtig wird somit für den Berater ein ausgewogenes Verhältnis von Nähe und Distanz (vgl. SIMMEL 1968 [1908]).
- Eine Unabhängigkeit des Beratenden vom System, wobei innere und äußere Unabhängigkeit zu unterscheiden sind. Ideal wäre es, wenn beide vorlägen.
- Unbedingte Offenheit des Ergebnisses der Analyse, unabhängig davon, ob die Beratung einerseits als Auftragsforschung oder (wie hier) aus eigenem Engagement erfolgt oder andererseits Erwartungen aktueller oder potentieller Klienten enttäuscht werden[91].

---

[91] Nicht nur die Beraterrolle ist also im Sinne PARSONS universalistisch orientiert (1951, 46 ff., 58 ff., 101 ff.), sondern auch die Klientenrolle sollte dies sein, wenn man das PARSONSsche Analogon von Arzt- und Patientenrolle heranzieht.

5.2 Implikationen für Sportvereine, Sportverbände und Sportpolitik

Konkret kann auf der Basis aller vorhergehenden Ausführungen der Mehrzahl der Sportvereine empfohlen werden, die nachgewiesene weitgehende Unabhängigkeit des Organisationshandelns von Umweltmerkmalen als Stärke zu erkennen und so die hohe Zahl an Freiheitsgraden des Organisationshandelns auch zieladäquat nutzen zu können. Dieser Prozeß, in dem Sportvereine sich auf ihre tatsächliche Bedeutung im System des organisierten Sports sowie im Verhältnis zu anderen Institutionen wie z. B. Politik, Gesundheit, Bildung immer neu besinnen, umfaßt:

- die Verteidigung der Emanzipation von Dach- und Fachverbänden,
- die Wahrnehmung des „Demokratieprinzips" und des „Absprachenprinzips" als Gestaltungsfaktoren im Bereich des organisierten Sports,
- das Vermeiden einer Überbewertung verbandlicher Hierarchien zugunsten einer Wahrnehmung derselben als von den Vereinen initiierte und für diese funktionelle Einrichtung,
- die Wahrnehmung der ihrer Existenz immanenten sozialen Funktion des Schaffens von für jeden prinzipiell offenen Handlungsmöglichkeiten mit Sportbezug, die wiederum von der Notwendigkeit eines ständigen Rekurses auf sekundäre Legitimationen befreit.

Aus der festgestellten großen Bandbreite der Freiheitsgrade des Handelns von Sportvereinen einerseits und den Überlegungen zur Weiterentwicklung der Theorie des Sportvereins kann für das Handeln im Bereich der sportsysteminternen und -externen Politik gefolgert werden:

Die Einbindung ideologisch überformter Aussagensysteme in Kampagnen und Aktionsprogramme ist für Sportvereine insofern funktionell als die Zahl der Anschlußkapazitäten, die sie anbieten können, um im Gegenzug den Ressourcenzufluß zu sichern, damit steigt. Dabei ist jedoch zu bedenken, daß ein Umschlag solcher Kampagnen in unmittelbar handlungsrelevante Zusammenhänge vermieden werden muß, wenn man die Stärke der Sportvereine, die ja gerade in der hohen Zahl der Freiheitsgrade des Organisationshandelns begründet ist, nicht gefährden will. Dazu ein paar Beispiele:

- Die aktuelle Kampagne des DSB „Danke den Ehrenamtlichen im Sport", die keine Handlungsprogramme umfaßt, bleibt mit hoher Wahrscheinlichkeit für die Sportvereine ohne negative Konsequenzen.
- Die Kampagne des DSB „Sportvereine – für alle ein Gewinn", die im Rahmen des Politikprogrammes auch die Durchsetzung eines Teiles ihrer Forderungen erreicht hat, kann dagegen negative Konsequenzen zeitigen. Die Betonung des Aspektes der öffentlichen Anerkennung (z. B. durch Eintragung im Zeugnis für ehrenamtlich tätige Schüler) kann in der Zusammensetzung der Personen, die ehrenamtliche Tätigkeiten in den Sportvereinen wahrnehmen, zu einer Erhöhung des Anteils öffentlichkeitsorientiert Motivierter zuungunsten des Anteils der altruistisch oder sachorientiert motivierten Personen führen, deren Existenz im Sport wir voraussetzen (vgl. PITSCH 1996, 12 f.). Im Zentrum der Bemühungen der ehrenamtlichen Mitarbeiter stünde dann weniger die Arbeit an sich oder das Erreichen des Organisationsziels als die personale öffentliche Anerkennung und deren Einsatz eventuell auch als Mittel zu anderen Zwecken (z. B. im Dienste der Berufskarriere).
- Die Richtlinien einiger Kreis- und Stadtsportbünde zur Vergabe von Zuschüssen aus öffentlichen Mitteln beinhalten einen Mindest-Mitgliedsbeitrag, der von den Sportvereinen zu erheben ist, wenn sie in den Genuß dieser Zuwendungen kommen wollen. Nach außen werden so die Freiheitsgrade des Organisationshandelns zwar erhöht, dies betrifft jedoch einen Bereich, in dem dies aus der Sicht der Sportvereine nicht nötig bzw. nicht erstrebenswert ist, da sie sonst ohnehin höhere Mitgliedsbeiträge erheben würden. Die Zahl der Freiheitsgrade nach innen wird dadurch jedoch deutlich eingeschränkt, da den Sportvereinen in ihrer Finanzierungskultur nicht mehr die Wahl zwischen den verschiedenen Möglichkeiten überlassen wird: Die Kopplung externer, unsteter und heteronomer Quellen an den Umfang interner, stetiger und autonomer Finanzierungsgrundlagen verändert die Finanzierungskultur des entsprechenden Sportvereins nachhaltig.

Aber auch bei augenscheinlich nicht unmittelbar handlungsrelevanten und damit mit hoher Wahrscheinlichkeit unmittelbar unschädlichen Kampagnen muß langfristig einem negativen Effekt vorgebeugt werden. Dieser kann sich aus einer sogenannten „Übertreibungsspirale" heraus ergeben:

Die Diskussion um die Wirkungen, die der Sport bezüglich anderer Bereiche entfaltet, kulminierte z. B. in der Kampagne des DSB, in der plakativ behauptet wurde,

Sportvereine seien „für alle ein Gewinn"[92]. Diese Aussage ist insgesamt Ausdruck und zugleich Folge einer „Wettbewerbsspirale der Übertreibung", die aus einer öffentlich ausgetragenen Konkurrenz mit anderen Organisationen um scheinbar knapper werdende Ressourcen erwächst. So kann die permanente Übertreibung in der Selbstwahrnehmung der Organisationsmitglieder zu einer vermeintlich höheren institutionellen Macht führen, was gleichzeitig auch wieder die Bedeutung der im Sport tätigen ehren- und hauptamtlichen Personen erhöht. Genügte es zu Anfang noch, dem Sport nur für die Sportler und damit systemintern positive Wirkungen zuzuschreiben, bemüht er sich mittlerweile dadurch um Legitimation, daß er vorgibt, Leistungen auch für die zu erbringen, die ihm skeptisch gegenüber stehen (zu Formen der Legitimation des Sports vgl. HEINEMANN 1979, 137 ff.). Eine Funktion der wissenschaftlichen Begleitung des Sports ist letztlich darin zu sehen, geplante Kampagnen etc. kritisch vor allem hinsichtlich möglicher nicht intendierter Folgen zu diskutieren.

Typisch für die aktuelle Form sportpolitischer Aussagen ist ihr häufig undifferenzierter, globaler Anspruch, vorgetragen in einer pathetischen Sprache. Der implizierte Anspruch, wonach Sport viele Übel dieser Welt zu verhindern vermöge, gemahnt an diesseitige sakrale Heilslehren, wie sie in der Geschichte des Sports Tradition haben, nicht zuletzt wegen ihrer sinnstiftenden und moralischen Ansprüche (vgl. WEIS 1995). Hierbei ist zu berücksichtigen, daß auf der Ebene der Dachverbände Sportorganisationen mit anderen gemeinnützigen Organisationen, die auch staatliche Unterstützung beanspruchen (z. B. kulturschaffende Vereine und Verbände) um knappe finanzielle und sächliche Ressourcen konkurrieren. In dieser Konkurrenz kann der leicht ins Hintertreffen geraten, der die antizipierten und geäußerten Erwartungen der Anschlußorganisationen nicht in vollem Umfang (und mehr) erfüllt, der also z. B. nicht alle Nuancen seines gemeinwohlorientierten Wirkens demonstrativ beleuchtet: Also auch für Organisationen gilt, daß sie ihr Licht nicht unter den Scheffel stellen sollen. Ob Übertreibungen, die dazu führen, daß die Organisation sich selbst Leistungen zuschreibt oder künftig zu erbringen

---

[92] Dagegen beurteilte bereits im Jahre 1925 COUBERTIN (1966, 111) die Wirkungen des Sports differenzierter: „Gibt es eine unbedingte Notwendigkeit des Sports für jeden einzelnen? Ich sage nein."

vorgibt, die sie nicht erfüllt oder auch nicht erfüllen kann, in diesem Zusammenhang auch funktionell sind, muß differenziert diskutiert werden.

Die Überprüfung des umfassenden Geltungsanspruchs von Aussagen in diesem Zusammenhang ist nicht zuletzt Aufgabe der Sportwissenschaft, der in diesem Prozeß eine spezifische Bedeutung zukommt. Max WEBER hat über die Rolle des Kathederphilosophen gesagt, „daß von allen Arten der Prophetie die in diesem Sinne ‚persönlich' gefärbte *Professoren-Prophetie* die einzige ganz und gar unerträgliche ist" (WEBER 1991 [1917], 179). Er machte damit deutlich, daß die Prestigebeladenheit der Forscherposition von diesem nicht außerhalb von Tatsachenfeststellungen als Mittel zum Zweck eingesetzt werden darf. Im Fall der Vereinnahmung dieser prestigebeladenen Position durch sein Umfeld müßte der Forscher sich statt dessen dagegen verwahren. Positiven Wirkungszuschreibungen zur Institution Sport werden in der Regel jedoch wissenschaftliche Aussagen mit universalem Geltungsanspruch als Begründung bzw. Beleg beigefügt (s.u.). Dies ist ein Kennzeichen einer unzulässigen Vereinnahmung wissenschaftlicher Positionen für sportpolitische Zwecke und/oder einer Verortung des Wissenschaftlers selbst als Teil des Sportsystems, dem er mehr oder weniger bedingungslos dient.

Aus dieser Konstellation resultieren Anschlußofferten des Sports, die im Fall der Inanspruchnahme durch andere Systeme (z. B. Krankenkassen, Schulen etc.) zu Erwartungsenttäuschungen und in der Reaktion darauf zu der genannten undifferenzierten Kritik am Sport insgesamt sowie an den einzelnen Sportvereinen im besonderen führen können. Auf der Ebene der Sportvereine, die letztendlich übertriebene Versprechungen in konkretes Handeln und Wirken umsetzen sollen oder umzusetzen sich bemühen, und nicht auf derjenigen der Sportverbände treten Widersprüche zwischen sportpolitischen Versprechungen und deren Erfüllung zu Tage. Von daher wird die Schuld für die Erwartungsenttäuschung auch eher den Sportvereinen zugeschrieben und ihre Folgen werden dort auch eher spürbar.

Daß es in der Sportwissenschaft durchaus auch andere, distanzierte Positionen gibt, zeigen die Ausführungen HEINEMANNS (1979, 210). So ist die Frage, „ob der Sport in der Tat die ihm zugewiesenen Funktionen überhaupt erfüllen kann, bisher kaum empirisch überprüft worden, und dort, wo empirische Untersuchungen zur Verfügung stehen, sind die Befunde zu differenziert, als daß sie die These über die positive Funktion des Sports eindeutig widerlegen könnte (sic)." Offensichtlich haben solche Positionen jedoch wenig Niederschlag in sportpolitisch motivierten Äußerungen gefunden.

Literatur

ACHAM, K. (1978) Bibliographie. In: Ders. (Hg.) Methodologische Probleme der Sozialwissenschaften. Darmstadt. 493–520.
AGRESTI, A.; AGRESTI B. F. (1978) Statistical Analysis of Qualitative Variation. In: SCHUESSLER, K.F. (Ed.) Sociological Methodology. London. 204–237.
AGRICOLA, S.; WEHR, P. (1993) Vereinswesen in Deutschland. Stuttgart, Berlin, Köln.
ALLBUS (1982) Allgemeine Bevölkerungsumfrage der Sozialwissenschaften. Maschinenlesbares Codebuch. Zentralarchiv für empirische Sozialforschung, Universität zu Köln.
ANDERS, G. (1984) Struktur des Vereinssports. In: Handbuch Sport. Wissenschaftliche Grundlagen von Unterricht und Training. Bd. 2, hrsg. von K. CARL et al. Düsseldorf. 821–839.
ANDERS, G. (1991) Finanzanalyse deutscher Sportvereine. In: TROSIEN, G. (Hg.) Die Sportbranche und ihre Geldströme. Witten. 48–74.
ANHEIER, H. K. (1990) Zur internationalen Forschung über den Nonprofit Sektor: Themen und Ansätze. Journal für Sozialforschung 30, 163–178.
ANHEIER, H. K. (1999) Dritter Sektor, Ehrenamt und Zivilgesellschaft in Deutschland. Thesen zum Stand der Forschung aus internationaler Sicht. In: KISTLER, E.; NOLL, H.-H.; PRILLER, E. (Hg.) Perspektiven gesellschaftlichen Zusammenhalts. Empirische Befunde, Praxiserfahrungen, Meßkonzepte. Berlin. 145–170.
ARMBRUSTER, B.; LEISNER, R. (1975) Bürgerbeteiligung in der Bundesrepublik Deutschland. Göttingen.

BACKHAUS, K. et al. (1990) Multivariate Analysemethoden. Eine anwendungsorientierte Einführung. 6. Aufl. Berlin u. a.
BADELT, Chr. (1999) (Hg.) Handbuch der Nonprofit Organisation. Strukturen und Management. 2. Aufl. Stuttgart.
BAILLOD, J. (1992) Fluktuation bei Computerfachleuten. Eine Längsschnittuntersuchung über die Beziehungen zwischen Arbeitssituationen und Berufsverläufen. Bern u. a.
BARON, J. (1962) Das Deutsche Vereinswesen und der Staat im 19. Jahrhundert. Göttingen.
BAUR, J.; BECK, J. (1999) Vereinsorganisierter Frauensport. Aachen.
BAUR, J.; BRETTSCHNEIDER, W.-D. (1994) Der Sportverein und seine Jugendlichen. Aachen.
BAUR, J.; KOCH, U.; TELSCHOW, S. (1995) Sportvereine im Übergang: Die Vereinslandschaft in Ostdeutschland. Aachen.
BECK, U. (1986) Risikogesellschaft. Auf dem Weg in eine andere Moderne. Frankfurt am Main.
BECK, U.; BECK-GERNSHEIM, E. (1993) Nicht Autonomie, sondern Bastelbiographie. In: Zeitschrift für Soziologie 22, 178–187.
BERGER, M. u. a. (1978) Kulturpolitisches Wörterbuch. 2. Aufl. Berlin.
BERTRAM, H. (1998) Familie, Ökonomie und Fürsorge. In: Aus Politik und Zeitgeschichte. Beilage zur Wochenzeitung Das Parlament. B53/98, 27–37.
BETTE, K.-H. (1990) Gegenzeit und Repräsentation. Zur Wiederentdeckung von Gegenwart und Langsamkeit. In: ANDERS, G. (Red.) Vereinssport an der Wachstumsgrenze? Sport im Wandel kopmplexer Gesellschaften. Witten. 35–58.
BETTE, K.-H. (1996) Wissenschaftliche Beratung des Sports: Möglichkeiten, Grenzen, Voraussetzungen. Sportwissenschaft 26, 9–28.

BEZOLD, T. (1996) Zur Messung der Dienstleistungsqualität. Eine theoretische und empirische Studie zur Methodenentwicklung unter besonderer Berücksichtigung des ereignisorientierten Ansatzes. Frankfurt am Main.
BMFSFJ [Bundesministerium für Familie, Senioren, Frauen und Jugend] (1998) (Hg.) Frauen in der Bundesrepublik Deutschland. Bonn.
BOLTE, K.M.; HRADIL, S. (1984) Soziale Ungleichheit in der Bundesrepublik Deutschland. 5. Aufl. Opladen.
BORTZ, J. (1989) Statistik für Sozialwissenschaftler. 3. Aufl. Berlin, Heidelberg, New York.
BORTZ, J.; DÖRING, N. (1995) Forschungsmethoden und Evaluation. 2. Aufl. Berlin u. a.
BOURDIEU, P. (1982) Die feinen Unterschiede. Frankfurt am Main.
BRÄHLER, E.; RICHTER, H.-E. (1999) Deutsche – zehn Jahre nach der Wende. Ergebnisse einer vergleichenden Ost-West-Untersuchung. In: Aus Politik und Zeitgeschichte. Beilage zur Wochenzeitung Das Parlament. B45/99, 24–31.
BRÄUTIGAM, M. (1993) Vereinskarrieren von Jugendlichen. Köln.
BRETTSCHNEIDER, W.-D.; BRÄUTIGAM, M. (1990) Sport in der Alltagswelt von Jugendlichen – Forschungsbericht aus der Reihe: Materialien zum Sport in Nordrhein-Westfalen, H. 27, hrsg. vom Kultusministerium Nordrhein-Westfalen. Frechen.
BRUNSSON, N. (1989) The organization of hypocrisy: talk, decisions and actions in organizations. Chichester u. a.
BÜCH, M.-P. (1996) Sport und Ökonomie – Märkte um den Sport und ihre wirtschaftliche Bedeutung in Deutschland. In: Aus Politik und Zeitgeschichte. Beilage zur Wochenzeitung Das Parlament, B29/1996, 23–31.
BULMAHN, Th. (1997) Vereinigungsbilanzen. Die deutsche Einheit im Spiegel der Sozialwissenschaften. In: Aus Politik und Zeitgeschichte. Beilage zur Wochenzeitung Das Parlament. B40–41/97, 29–37.
BURCKHARDT, J. (o. J.) [circa 1872–1883] Griechische Kulturgeschichte. 3. Band: Der griechische Mensch. Zusammengefaßt herausgegeben von R. MARX. Leipzig.

CACHAY, K. (1990) Versportlichung der Gesellschaft und Entsportung des Sports – Systemtheoretische Anmerkungen zu einem gesellschaftlichen Phänomen. In: GABLER, H.; GÖHNER, U. (Hg.) Für einen besseren Sport ... Themen, Entwicklungen und Perspektiven aus Sport uns Sportwissenschaft. Schorndorf. 97–113.
CACHAY, K. (1988) Perspektiven der künftigen Entwicklung von Sportvereinen und Sportverbänden. In: DIGEL, H. (Hg.) Sport im Verein und im Verband. Schorndorf. 219–233.
CLAUSS, G.; EBNER, H. (1983) Grundlagen der Statistik. 7. Aufl. Berlin (Ost).
CLINARD, M. B. (1970) Erweiterung und Neuformulierung der Theorie von MERTON. In: FISCHER, A. (Hg.) Die Entfremdung des Menschen in einer heilen Gesellschaft. Materialien zur Adaptation und Denunziation eines Begriffes. München. 144–155.
COUBERTIN, P. de (1966) Rede zur Eröffnung des Olympischen Kongreß' in Prag, 29. Mai 1925. In: Ders.: Der Olympische Gedanke. Reden und Aufsätze. Stuttgart. 111–115.

DAHEIM, H. (1977) Berufssoziologie. In: KÖNIG, R. (Hg.) Handbuch der empirischen Sozialforschung, Bd. 8. 2. Aufl. Stuttgart.
DIERKES, E.; KECK, S. (1991) Ehrenamtliche Mitarbeit im Sportverein. Eine Fallstudie. In: Sportwissenschaft 21, 278–294.

DIGEL, H. (1986) Über den Wandel der Werte in Gesellschaft, Freizeit und Sport. In: HEINEMANN, K., BECKER, H. (Red.) Die Zukunft des Sports. Schorndorf. 14–43.
DIGEL, H. (1988) Schlucken die Großen die Kleinen? Die Zukunft des Sportvereins. In: Menschen im Sport 2000. Dokumentation des Kongresses „Menschen im Sport 2000", Berlin, 5. – 7. 11. 1987, hrsg. im Auftrag des Deutschen Sportbundes von K. GIESELER, O. GRUPE, K. HEINEMANN. Schorndorf. 162–189.
DIGEL, H. (1990) Die Versportlichung unserer Kultur und deren Folgen für den Sport – ein Beitrag zur Uneigentlichkeit des Sports. In: GABLER, H.; GÖHNER, U. (Hg.) Für einen besseren Sport... Themen, Entwicklungen und Perspektiven aus Sport uns Sportwissenschaft. Schorndorf. Hofmann. 73–96.
DIGEL, H. (1991) Statement zur Situation der Olympiastützpunkte: Plädoyer für ein „Aktionsprogramm Wettkampfsport". In: BÜHRLE, M.; SCHURR, M. (Red.) Leistungssport: Herausforderung für die Sportwissenschaft. Bericht über den 9. Sportwissenschaftlichen Hochschultag der Deutschen Vereinigung für Sportwissenschaft Freiburg 1989. Schorndorf. 86–88.
DIGEL, H. et al. (1992) Turn- und Sportvereine: Strukturen – Probleme – Trends. Eine Analyse der Vereine im Deutschen Turner-Bund. Aachen.
DIGEL, H. et al. (1995) Sportangebote und Sportbedarf in Hessen. Aachen.
DOHNKE, D. u. a. (1979) Wie steht es um Leistungsstreben, Initiative, Schöpfertum? Berlin.
DSB (Hg.) (1982) Der Verein heute. Fakten, Daten, Perspektiven. 3 Bde. Frankfurt am Main.
DSB (Hg.) (1995) Fragen unserer Zeit: Broschüre im Rahmen der Kampagne „Sportvereine – Für alle ein Gewinn". Frankfurt am Main.
DSB (Hg.) (1996) Ehrenämter in Deutschland: Dokumentation der Anhörung des Deutschen Sportbundes zum Ehrenamt am 6. November 1995 in Berlin. Frankfurt am Main.
DSB (1997) Bestandserhebung 1997. Frankfurt am Main.
DUMONT, L. (1991) Individualismus. Zur Ideologie der Moderne. Frankfurt am Main/New York.
DUNCKELMANN, H. (1975) Lokale Öffentlichkeit. Eine gemeindesoziologische Untersuchung. Stuttgart.
DUVERGER, M. (1959) Die politischen Parteien. Tübingen.

EAGLETON, T. (1998) Wo leben diese Leute eigentlich? Interview in: Die Zeit Nr. 34 vom 13. 8. 1998, 37.
EGLER, W. (1976) Theorie der Dämpfung und Fluktuation des Polaritons aufgrund seiner Wechselwirkung mit Gitterschwingungen. Stuttgart.
EIFLER, Chr. (1998) Die deutsche Einheit und die Differenz weiblicher Lebensentwürfe. In: In: Aus Politik und Zeitgeschichte. Beilage zur Wochenzeitung Das Parlament, B 41–42/1998, 37–42.
ELIAS, N. (1991) [1969] Über den Prozeß der Zivilisation. Soziogenetische und psychogenetische Untersuchungen. 16. Aufl. Frankfurt am Main.
Erster Band: Wandlungen des Verhaltens in den weltlichen Oberschichten des Abendlandes
Zweiter Band: Wandlungen der Gesellschaft.
ELSEN, Th. van (1994) Die Fluktuation von Ackerwildkraut-Gesellschaften und ihre Beeinflussung durch Fruchtfolge und Bodenbearbeitungs-Zeitpunkt. Kassel.

EMRICH, E. (1999) Besprechung von: A. RICHARTZ/W.–D. BRETTSCHNEIDER: Weltmeister werden und die Schule schaffen. Zur Doppelbelastung von Schule und Training. Schriftenreihe des Bundesinstitutes für Sportwissenschaft Bd. 89, Schorndorf 1996. In: Sportwissenschaft 29, 241–245.
EMRICH, E.; PAPATHANASSIOU, V.; PITSCH, W. (1996) Klettertechnik für Aufsteiger. Seilschaften als soziales Phänomen. In: Kölner Zeitschrift für Soziologie und Sozialpsychologie 48, 141–155.
EMRICH, E.; PAPATHANASSIOU, V.; PITSCH, W. (1998) Sportvereine im Sportbund Pfalz. Ergebnisse einer empirischen Untersuchung. Niedernhausen im Taunus.
EMRICH, E.; PAPATHANASSIOU, V.; PITSCH, W. (1999) Sportvereine im Blickpunkt. Strukturelemente, Umweltverflechtungen und Selbstverständnis saarländischer Sportvereine. St. Ingbert.
EMRICH, E.; PAPATHANASSIOU, V.; PITSCH, W. (i. Dr.) Zur „Gleichzeitigkeit des Ungleichzeitigen": Traditionale Aspekte im Sportsystem. Erscheint in: Dies. (Hg.) Machtstudien.
EMRICH, E.; PAPATHANASSIOU, V.; PITSCH, W. (2000) Zur Diffusion olympiabezogener Werte in die Alltagswelt – aufgezeigt am Beispiel der Laufbewegung. In: MESSING, M.; MÜLLER, N. (Hg.) Blickpunkt Olympia: Entdeckungen, Erkenntnisse, Impulse. Kassel, Sydney. 191–204.
EMRICH, E.; PITSCH, W. (1995) Leistung als Ehrenritual: Eine empirische Untersuchung zum „Deutschen Sportabzeichen". In: Sport Praxis, Heft 4, 41–44.
EMRICH, E.; PITSCH, W. (1998) Zur Situation der Leichtathletik in deutschen Sportvereinen. Erste Ergebnisse einer empirischen Untersuchung. In: Deutsches Olympisches Institut (Hg.) Jahrbuch 1998. Erschienen 1999.
EMRICH, E.; PITSCH, W. (1999 a) Zur Analyse der beruflichen Position hauptamtlicher Führungskräfte im Sport – aufgezeigt am Beispiel des Olympiastützpunktleiters In: HARTMANN-TEWS, I. (Hg.) Professionalisierung und Sport. Hamburg. 127–143.
EMRICH, E.; PITSCH, W. (1999 b) Angebotsorientierungen von Sportvereinen: Teilergebnisse der FISAS 1996. In: ROTH, K.; PAUER, T.; REISCHLE, K. (Hg.) Dimensionen und Visionen des Sports. Evaluation – Profilbildung – Globalisierung. Hamburg. 74.
EMRICH, E.; PITSCH, W., PAPATHANASSIOU, V. (1999) Zur wirtschaftlichen Lage der Sportvereine in Deutschland. In: TROSIEN, G. (Hg.) Die Sportbranche. 2. aktualisierte Auflage. Frankfurt am Main, New York. 31–61.
ENDRUWEIT, G. (1981) Organisationssoziologie. Berlin u. a.
ENDRUWEIT, G.; TROMSDORF, G. (1989) (Hg.) Wörterbuch der Soziologie. Band 1 bis 3. Stuttgart.
ETZIONI, A. (1973) The third sector and domestic missions. Public adminstration review. 314–323
ETZIONI, A. (1975) Die aktive Gesellschaft. Opladen.
ETZIONI, A. (1988) The moral dimension. New York.

FELDMAN, S. D.; THIELBAR, G. W. (1975) Life Styles: Diversity in American Society. Boston.
FLUCK, F. (1992) Fluktuation: eine Folge der Disharmonie zwischen Mitarbeiter- und Unternehmerinteressen. Zürich.
Fraktion GRÜNE im Landtag von Baden-Württemberg (1985) Für eine andere Spiel- und Bewegungskultur. Entwurf eines GRÜNEN Programms. Stuttgart.
FRANCK, E. (1995) Die ökonomischen Institutionen der Teamsportindustrie. Eine Organisationsbetrachtung. Wiesbaden.

FRANZMANN, G.; WAGNER, M. (1999) Heterogenitätsindizes zur Messung der Pluralität von Lebensformen und ihre Berechnung in SPSS. In: ZA-Informationen 44, Mai 1999. 75–95.
FREYER, H. (1955) Theorie des gegenwärtigen Zeitalters. Stuttgart.
FRIEDRICHS, J. (1982) Methoden empirischer Sozialforschung. 10. Aufl. Opladen.
FÜRSTENBERG, F (1969 a) Stichwort „Wirtschaftssoziologie" In: BERNSDORF, W. (Hg.) Wörterbuch der Soziologie. Stuttgart.
FÜRSTENBERG, F. (1969 b) Wirtschaftssoziologie. In: EISERMANN, G. (Hg.) Die Lehre von der Gesellschaft. Ein Lehrbuch der Soziologie. Stuttgart. 260–295.

GABLER, H.; TIMM, W. (1993) (Hg.) Die Vereine des Deutschen Tennis-Bundes. Ergebnisse der DTB-Vereinsbefragung. Hamburg.
GEHLEN, A. (1961) Anthropologische Forschung. Reinbek bei Hamburg.
GEIGER, T. (1987) [1926] Die Masse und ihre Aktion. Ein Beitrag zur Soziologie der Revolutionen. Stuttgart.
GEIGER, T. (1972) [1932] Die soziale Schichtung des deutschen Volkes. Soziographischer Versuch auf statistischer Grundlage. Darmstadt.
GEISSLER, R. (1994) (Hg.) Soziale Schichtung und Lebenschancen in Deutschland. 2. Aufl. Stuttgart.
GENSICKE, T. (1996) Sozialer Wandel durch Modernisierung, Individualisierung und Wertewandel. In: Aus Politik und Zeitgeschichte. Beilage zur Wochenzeitung Das Parlament, B 42/1996, 3–17.
GEORG, W. (1992) Jugendliche Lebensstile – ein Vergleich. In: ZINNECKER, J. (Red.) Jugend '92, Band 2. Im Spiegel der Wissenschaften. Opladen. 265–286.
GOFFMAN, E. (1973) Asyle. Über die Situation psychiatrischer Patienten und anderer Insassen. Frankfurt am Main.
GOFFMAN, E. (1996) The Presentation of Self in Everyday Life. London.

HACKFORT, D.; EMRICH, E.; PAPATHANASSIOU, V. (1997) Nachsportliche Karriereverläufe. Eine Untersuchung zu berufsbezogenen Karrieren ehemaliger Spitzensportler. Schorndorf.
HALL, S.; JEFFERSON, T. (Hg.) (1976) Resistance Through Rituals. Youth Subcultures in Post-War Britain. London.
Handbuch DDR (1984) Herausgegeben von der Lexikonredaktion des VEB Bibliographisches Institut Leipzig. 2. Aufl. Leipzig.
HARDTWIG, W. (1997) Genossenschaft, Sekte, Verein in Deutschland. Bd. I: Vom Spätmittelalter bis zur französischen Revolution. München.
HEGEL, G. W. (1961) [1840/1848] Philosophie der Geschichte. Stuttgart.
HEINEMANN, K. (1979) Einführung in die Soziologie des Sports. Schorndorf.
HEINEMANN, K. (1989) Der „nicht-sportliche" Sport. In: Dietrich, K.; HEINEMANN, K. (Hg.) Der nicht-sportliche Sport. Beiträge zum Wandel im Sport. Schorndorf. 11–28.
HEINEMANN, K. (1995) Einführung in die Ökonomie des Sports. Ein Handbuch. Schorndorf.
HEINEMANN, K.; HORCH, H.-D. (1991) Elemente einer Finanzsoziologie freiwilliger Vereinigungen. Stuttgart.
HEINEMANN, K.; SCHUBERT, M. (1992) Ehrenamtlichkeit und Hauptamtlichkeit im Sportverein – eine empirische Studie zur Professionalisierung. Schorndorf.
HEINEMANN, K.; SCHUBERT, M. (1994): Der Sportverein. Ergebnisse einer repräsentativen Untersuchung. Schorndorf.

HEINEMANN, K.; SCHUBERT, M. (1999): „Die Krise des Ehrenamts" – kritische Auseinandersetzung mit einem Phantom. In: Sportwissenschaft 29, 92–97.
HEINZE, R. G.; OLK, T. (1999) Vom Ehrenamt zum bürgerschaftlichen Engagement. Trends des begrifflichen und gesellschaftlichen Strukturwandels. In: KISTLER, E.; NOLL, H.-H.; PRILLER, E. (Hg.) Perspektiven gesellschaftlichen Zusammenhalts. Empirische Befunde, Praxiserfahrungen, Meßkonzepte. Berlin. 77–100.
HELFER, Chr. (1993) Crater Dictorum. Lateinische Sprich- und Schlagwörter, Wahlsprüche und Inschriften des 15.-20. Jahrhunderts. Saarbrücken.
HEMPEL, C. G. (1993) Typologische Methoden in den Sozialwissenschaften. In: TOPITSCH, E. (Hg.) unter Mitarbeit von Peter PAYER: Logik der Sozialwissenschaften. Frankfurt am Main. 85–103.
HILL, W.; FEHLBAUM, R.; ULRICH, P. (1981) Organisationslehre I. und II. 3. Aufl. Bern und Stuttgart.
HILLMANN, K.-H. (1989) Wertwandel. Zur Frage soziokultureller Voraussetzungen alternativer Lebensformen. 2. Aufl. Darmstadt.
HOBBES, T. (1966) [1651] Leviathan oder Stoff, Form und Gewalt eines bürgerlichen oder kirchlichen Staates. Herausgegeben und eingeleitet von I. FETSCHER. Neuwied, Berlin.
HONDRICH, K. O. et al. (1988) Krise der Leistungsgesellschaft? Empirische Analysen zum Engagement in Arbeit, Familie und Politik. Opladen.
HORAK, C. (1995) Controlling in Nonprofit-Organisationen: Erfolgsfaktoren und Instrumente. 2. Aufl. Wiesbaden.
HORCH, H.-D. (1983) Strukturbesonderheiten freiwilliger Vereinigungen. Frankfurt am Main, New York.
HORCH, H.-D. (1987) Kommerzialisierung und Politisierung. Finanzsoziologische Probleme freiwilliger Vereinigungen. In: Kölner Zeitschrift für Soziologie und Sozialpsychologie, Sonderheft 28, hrsg. von K. HEINEMANN, 216–233.
HORN, J. L. (1965) A rationale and test for the number of factors in Factor analysis. In: Psychometrika 30, 179–185.
HORTLEDER, G. (1973) Ingenieure in der Industriegesellschaft. Zur Soziologie der Technik und der naturwissenschaftlich-technischen Intelligenz im öffentlichen Dienst und in der Industrie. Frankfurt am Main.
HUBRIG, H. (1957) Die Patriotischen Gesellschaften des 18. Jahrhunderts. Weinheim.
HUIZINGA, J. (1948) [1935] Im Schatten von morgen. Zürich-Bruxelles.

ILKER, H.-G. unter Mitarbeit von QUANZ, D. R. (1988) Zur Zukunft des Großvereins im Sport. In: Menschen im Sport 2000. Dokumentation des Kongresses „Menschen im Sport 2000", Berlin, 5. –7. 11. 1987, hrsg im Auftrag des Deutschen Sportbundes von K. GIESELER, O. GRUPE, K. HEINEMANN. Schorndorf. 129–146.
ILKER, H.-G.; RAMME, M. (1988) (Hg.) Gesundheitsbezogener Vereinssport. Dokumentation einer Informations- und Weiterbildungsveranstaltung bei der Hamburger Turnerschaft von 1816 am 21. November 1987. Ahrensburg.
INGLEHART, R. (1977) The Silent Revolution: Changing Values and Political Styles Among Western Publics. Princeton.

JANSEN, D. (1999) Methoden der Netzwerkanalyse. Grundlagen, Methoden, Anwendungen. Opladen.

JHERING, R. von (1884) Der Zweck im Recht. Bd. 1. Leipzig.
JÜTTING, D. H. (1994) (Hg.) Sportvereine in Münster. Ergebnisse einer empirischen Bestandsaufnahme. Münster.
JÜTTING, D. H. (1996) Der Sportverein als Nonprofit-Organisation. In: WOPP, CHR. (Hg.) Die Zukunft des Sports in Vereinen, Hochschulen und Städten. Aachen. 102–113.
JÜTTING, D. H.; Jochinke, M. (1994) Selbstverständnis und Vereinsphilosophie. In: JÜTTING, D. H. (Hg.) Sportvereine in Münster. Ergebnisse einer empirischen Bestandsaufnahme. Münster. 186–214.
JÜTTING, D. H.; STROB, B. (1994) Das Sportangebot. In: JÜTTING, D. H. (Hg.) Sportvereine in Münster. Ergebnisse einer empirischen Bestandsaufnahme. Münster. 44–74.
JÜTTING, D. H.; STROB, B. (1994) Die Mitarbeiterinnen- und Mitarbeitersituation. In: JÜTTING, D. H. (Hg.) Sportvereine in Münster. Ergebnisse einer empirischen Bestandsaufnahme. Münster. 163–185.

KANT, I. (1956) [1787] Kritik der reinen Vernunft. Zitiert nach der Ausgabe Felix Meiner 1971 (Nachdruck der Auflage 1930), hrsg. von R. SCHMIDT. Hamburg. Mit „B" gekennzeichnete Seitenzahlen im Text beziehen sich auf die zweite Originalauflage.
KANTHER, M. (1995) Sportförderung des Bundes gewährleistet Freiräume: Rahmenbedingungen setzen – Autonomie achten. In: Das Parlament 45. Jg. vom 21. 4. 1995, 1.
KAPLITZA, G. (1975) Die Stichprobe. In: HOLM, K. (Hg.) Die Befragung I: Der Fragebogen – Die Stichprobe. München. 136–186.
KAPPLER, E. (1988) Ist Ehrenamtlichkeit noch gefragt? Führungskräfte für den Sport von morgen. In: Menschen im Sport 2000. Dokumentation des Kongresses „Menschen im Sport 2000", Berlin, 5. –7. 11. 1987, hrsg. im Auftrag des Deutschen Sportbundes von K. GIESELER, O. GRUPE, K. HEINEMANN. Schorndorf. 320–329.
KAPPLER, E.; WADSACK, R. (1991) Sportliche und außersportliche Jugendarbeit bei verschiedenen Angebotsträgern. Versuch einer Nutzwert-Kosten-Analyse. Schorndorf.
KARP, D. A.; YOELS, W. A. (1982) Experiencing the Life Cycle. A Social Psychology of Aging. Springfield, Illinois.
KIESER, A.; KUBICEK, H. (1978) Organisationstheorien. Bde 1 und 2. Stuttgart u. a.
KISTLER, E.; HILPERT, M. (1999) Zivilgesellschaftliches Engagement auch noch als Arbeits-(platz-)ersatz? Motive und Hemmnisse müssen geklärt werden, bevor man das Ehrenamt überfordert. In: KISTLER, E.; NOLL, H.-H.; PRILLER, E. (Hg.) Perspektiven gesellschaftlichen Zusammenhalts. Empirische Befunde, Praxiserfahrungen, Meßkonzepte. Berlin. 265–274.
KLAGES, H. (1983) Wertwandel und Gesellschaftskrise in der sozialstaatlichen Demokratie. In: MATTHES, J. (Hg.) Krise der Arbeitsgesellschaft? Frankfurt am Main. 341–352.
KLAGES, H. (1998 a) Engagement und Engagementpotential in Deutschland. Erkenntnisse der empirischen Forschung. In: Aus Politik und Zeitgeschichte. Beilage zur Wochenzeitung Das Parlament. B38/98, 29–38.
KLAGES, H. (1998 b) Motive des Bürgerengagements – Trends für die Bundesrepublik Deutschland. In: Ders.: Verwaltungsmodernisierung. „Harte" und „weiche" Aspekte II. Speyer. 147–169.
KLAGES, H.; KMIECIAK, P. (1979) (Hg.) Wertwandel und gesellschaftlicher Wandel. Frankfurt am Main, New York.
KLEIN, F. (1913) Das Organisationswesen der Gegenwart. Berlin.

KLEINERT, M. (1994) Sport und Wirtschaft – Partnerschaft in einer Welt des Wandels. In: DSB (Hg.) Sportvereine – für alle ein Gewinn: Bundestag 1994 des DSB am Timmendorfer Strand. Frankfurt am Main. 10–12.

KRÄMER, H. L. et al. (1997) Das freiwillige ehrenamtliche Engagement im Saarland – Eine empirische Studie – Saarbrücken. (Internes Papier des LSVS).

KREIS, K. (1997) Strukturelemente und Verhaltensdeterminanten der ehrenamtlichen Tätigkeit am Beispiel saarländischer Sportvereine – eine empirische Studie. Diplomarbeit am Sportwissenschaftlichen Institut der Universität des Saarlandes. Saarbrücken.

KREIß, F. (1999) Das (außer-)verbandliche Qualifizierungswesen des deutschen Sports – ein Weg zur Professionalisierung. In: HARTMANN-TEWS, I. (Hg.) Professionalisierung und Sport. Hamburg. 55–67.

KRIZ, J. (1973) Statistik in den Sozialwissenschaften. Einführung und kritische Diskussion. Reinbek bei Hamburg.

KROCKOW; Chr. von (1974) Sport und Industriegesellschaft. München. 2. Aufl.

KÜHNLEIN, I.; MUTZ, G. (1999) Individualisierung und bürgerschaftliches Engagement in der Tätigkeitsgesellschaft. In: KISTLER, E.; NOLL, H.-H.; PRILLER, E. (Hg.) Perspektiven gesellschaftlichen Zusammenhalts. Empirische Befunde, Praxiserfahrungen, Meßkonzepte. Berlin. 291–306.

KURZ, D.; SONNECK, P. (1996) Die Vereinsmitglieder – Formen und Bedingungen der Bindung an den Sportverein. In: Ministerium für Stadtentwicklung, Kultur und Sport des Landes Nordrhein-Westfalen (Hg.) Kindheit, Jugend und Sport in Nordrhein-Westfalen. Der Sportverein und seine Leistungen. Eine repräsentative Befragung der nordrhein-westfälischen Jugend. Düsseldorf. 75–159.

LATTEN, W. (1933/34), Bürokratisierung im Sport. In: Kölner Vierteljahreshefte für Soziologie 12, 297–304.

LEINFELLNER, W. (1967) Einführung in die Erkenntnis- und Wissenschaftstheorie. Mannheim, Wien, Zürich. 2. Aufl.

LENK, H. (1972) Materialien zur Soziologie des Sportvereins. Ahrensburg.

LIEBERSON, St. (1969) Measuring Population Diversity. In: American Sociological Review 34, 850–862.

LIPSET, S. M.; ROKKAN, S. (1967) (Hg.) Party systems and voter alignments: crossnational perspectives. New York.

LÜBBE, H. (1988) Menschen im Jahr 2000. Rahmenbedingungen für die künftige Entwicklung des Sports. In: Menschen im Sport 2000. Dokumentation des Kongresses „Menschen im Sport 2000", Berlin, 5.–7. 11. 1987, hrsg. im Auftrag des Deutschen Sportbundes von K. GIESELER, O. GRUPE, K. HEINEMANN. Schorndorf. 32–43.

LÜDTKE, H. (1984) Theoretische und methodologische Probleme bei der Untersuchung von Lebensstilen. Zur Konzeption eines empirischen Projektes. In: FRANZ, H.-W. (Hg.) 22. Deutscher Soziologentag 1984. Sektions- und Ad-hoc-Gruppen. Opladen. 522–524.

LUHMANN, N. (1976) Funktionen und Folgen formaler Organisation. 3. Aufl. Berlin.

MACPHERSON, C. B. (1973) Die politische Theorie des Besitzindividualismus. Frankfurt am Main.

MARTIN, A. von (1974) [1932] Soziologie der Renaissance. 3. Aufl., München.

MAYNTZ, R. (1963) Soziologie der Organisation. Reinbek.

MAYNTZ, R.; HOLM, K.; HÜBNER, P. (1972) Einführung in die Methoden der empirischen Soziologie. 3. Aufl., Opladen
MAYNTZ, R.; ZIEGLER R. (1977) Soziologie der Organisation. In: KÖNIG, R. (Hg.) Handbuch der empirischen Sozialforschung. Bd. 9: Organisation, Militär. 2. Aufl., Stuttgart. 1–141.
MERTON, R. K. (1995) [1949/1968] Soziologische Theorie und soziale Struktur. Berlin, New York.
MESSING, M. (1981) Industrie-Bauarbeiter in beiden Teilen Deutschlands: Ein empirischer Vergleich. Köln.
MESSING, M.; EMRICH, E. (1996) Sozialphilosophie des Sports. In: HAAG, H. (Hg.) Sportphilosophie. Ein Handbuch. Schorndorf. 51–92.
MESSING, M.; LAMES, M. (1996) Zur Sozialfigur des Sportzuschauers. Mit Beiträgen von A. NUCKLIES, B. STRAUß, O. SCHANTZ. Niedernhausen im Taunus.
MICHELS, R. (1957) [1911] Zur Soziologie des Parteiwesens in der modernen Demokratie. Untersuchungen über die oligarchischen Tendenzen des modernen Gruppenlebens. Neudruck der 2. Aufl., hrsg. von W. CONZE. Stuttgart.
MICKEL, W. (Hg.) (1986) Handlexikon zur Politikwissenschaft. Bonn. Darin die Stichworte „Demokratie" (U. VON ALEMANN) und „Partizipation" (F. VILLMAR).
Ministerium für Stadtentwicklung, Kultur und Sport des Landes Nordrhein-Westfalen (Hg.) (1996) Kindheit, Jugend und Sport in Nordrhein-Westfalen. Der Sportverein und seine Leistungen. Eine repräsentative Befragung der nordrhein-westfälischen Jugend. Düsseldorf.
MIZRUCHI, M. S.; BREWSTER STEARNS, L. (1994) Money, Banking and Financial Markets. In: SMELSER, N. J.; SWEDENBERG, R. (Eds.) The Handbook of economic sociology. Princeton. 313–341.
MRAZEK, J. (1988) Fitneßstudio und Sportverein als konkurrierende Modelle. In: Brennpunkte der Sportwissenschaft 2, 189–203.
MRAZEK, J.; RITTNER, V. (1991) Übungsleiter und Trainer im Sportverein. Bd. 1. Die Personen und die Gruppen. Schorndorf.
MÜLLER, H.-P. (1993) Sozialstruktur und Lebensstile. 2. Aufl. Frankfurt am Main.
MUELLER, U. (1993) Bevölkerungsstatistik und Bevölkerungsdynamik. Methoden und Modelle der Demographie für Wirtschafts-, Sozial-, Biowissenschaftler und Mediziner. Berlin und New York.
MULLER, P. O. (1983) Everyday Life in Suburbia: A Review of Changing Social and Economic Forces that Shape Daily Rhythms within the Outer City. In: American Quarterly 34, 262–277.
NEUENDORFF, H. (1973) Der Begriff des Interesses. Eine Studie zu den Gesellschaftstheorien von Hobbes, Smith und Marx. Frankfurt am Main.
NEULOH, O. (1973) Arbeits- und Berufssoziologie. Berlin, New York.
NEUMANN, L.F.; SCHAPER, K. (1998) Die Sozialordnung der Bundesrepublik Deutschland. Frankfurt am Main.
NICKEL, H. M. (1990) Der Transformationsprozeß in Ost- und Westdeutschland und seine Folgen. In: Aus Politik und Zeitgeschichte. Beilage zur Wochenzeitung Das Parlament. B16–17/90, 39–45.
NIPPERDEY, T. (1976) Verein als soziale Struktur in Deutschland im späten 18. und frühen 19. Jahrhundert. Eine Fallstudie zur Modernisierung I. In: Ders.: Gesellschaft, Kultur, Theorie. Gesammelte Aufsätze zur neueren Geschichte. Göttingen. 174–205.

NOELLE-NEUMANN, E.; PETERSEN, Th. (1996) Alle, nicht jeder. Einführung in die Methoden der Demoskopie. 2. Auflage. München.

OGBURN, W. F. (1969) Über die Möglichkeit, die Zukunft vorauszusagen. In: Ders.: Kultur und sozialer Wandel. Neuwied, Berlin. 391–423.

ORBIT (1987) Finanz- und Strukturanalyse des Sports in der Bundesrepublik Deutschland 1986. Ergebnisdokumentation, bezogen auf den LSVS. Internes Papier des LSVS. Bd. I: Vereinsgröße, Bd. II: Vereinstyp, Bd. III: Gemeindegröße. Karlsruhe.

OSTROGORSKIJ, M. J. (1912) La démocratie et les partis politiques. Paris.

OSWALD, H.; (1997) Probleme des Vergleichs von Jugendlichen aus den neuen und alten Bundesländern. In: BAUR, J. (Hg.) Jugendsport: Sportengagements und Sportkarrieren. Aachen. 41–67.

PALM, J. (1990) Überleben die Vereine? In: Animation 5, 134–136.

PAPATHANASSIOU, V.; PITSCH, W.; EMRICH, E. (i.Dr.) Der Sport als Erzieher – Die andere Seite der Medaille: Ein erster Diskussionsbeitrag. Erscheint in: Επιστημονικη Επετηριδα Παιδαγωγικου Τμηματος Δ.Ε., Zeitschrift der Universität Ioannina

PAPPI, F. U. (1987) Methoden der Netzwerkanalyse. München.

PARSONS, T. (1951) The social system. Glencoe, Illinois.

PASCAL, B. (1965) [1656/57] Les Provinciales ou les lettres écrites par Louis de Montalte à un provincial de ses amis et au RR. PP. Jésuites. Paris.

PFANZAGL, J. (1978) Allgemeine Methodenlehre der Statistik. Band II: Höhere Methoden unter besonderer Berücksichtigung der Anwendungen in Naturwissenschaften, Medizin und Technik. 5. Aufl. Berlin, New York.

PFLAUM, R. (1954) Die Vereine als Produkt und Gegengewicht sozialer Differenzierung. In: WURZBACHER, G. unter Mitarbeit von PFLAUM, R. et al.: Das Dorf im Spannungsfeld industrieller Entwicklung. Untersuchung an den Dörfern und Weilern einer westdeutschen ländlichen Gemeinde. Stuttgart. 151–182.

PILZ, G. A. (1986) (Hg.) Sport und Verein. Reinbek.

PITSCH, W. (1996) Das Ehrenamt – Soziologische und psychologische Aspekte freiwilligen Engagements. In: Landessportbund Rheinland-Pfalz, Landesarbeitskreis Kirche und Sport (Hg.) Ehrenamt: Dienst an der Gemeinschaft und persönliche Verwirklichung. Referate, Statements und Ergebnisse der Werkwoche vom 16. –19. 10. 1995 in Oberhof/Thüringen. Mainz. 7–13.

PITSCH, W. (1999) Ideologische Einflüsse in der empirischen Sozialforschung im Sport, aufgezeigt am Beispiel der Untersuchung von Sportvereinen. Köln

PITSCH, W.; EMRICH, E. (1997) Die „Krise des Ehrenamts". Eine neue Analyse alter Daten. In: Sportwissenschaft 27, 391–408.

PITSCH, W.; EMRICH, E. (1999 a) Veränderungen des Umfangs hauptamtlicher Tätigkeit in Sportvereinen im Vergleich verschiedener empirischer Erhebungen. In: HARTMANN-TEWS, I. (Hg.) Professionalisierung und Sport. Hamburg. 83–95.

PITSCH, W.; EMRICH, E. (1999 b): Vom Nutzen der Sinn- und der Stoffhuberei. In: Sportwissenschaft 29, 229–233.

PITSCH, W.; PAPATHANASSIOU, V.; EMRICH, E. (i. V.) Explizite Typologien.

PRILLER, E.; ZIMMER, A.; ANHEIER, H. K. (1999) Der Dritte Sektor in Deutschland. Entwicklungen, Potentiale, Erwartungen. In: Aus Politik und Zeitgeschichte. Beilage zur Wochenzeitung Das Parlament. B9/99, 12–21.

PSCHYREMBEL Klinisches Wörterbuch (1994) Stichwort: Alkoholkrankheit. 257. Aufl. Berlin, New York. 39.

RASCHKE, P. (1978) Vereine und Verbände. Zur Organisation von Interessen in der Bundesrepublik Deutschland. München.

RICHTER, R. (1985) Soziokulturelle Dimensionen freiwilliger Vereinigungen. USA, Bundesrepublik Deutschland und Österreich im soziologischen Vergleich. München.

RIESMAN, D.; DENNEY, R.; GLAZER, N. (1956) Die einsame Masse. Eine Untersuchung der Wandlungen des amerikanischen Charakters. Mit einer Einführung in die deutsche Ausgabe von H. Schelsky. Darmstadt.

RITTNER, V. (1986) Sportvereine und gewandelte Bedürfnisse. In: PILZ, G. A. (Hg.) Sport und Verein. Reinbek. 43–55.

RÜSCHEMEYER, D. (1980) Professionalisierung. Theoretische Probleme für die vergleichende Geschichtsforschung. In: Geschichte und Gesellschaft 6, 311–325.

SACK, F. (1979) Neue Perspektiven in der Kriminologie. In: SACK, F.; KÖNIG, R. (Hg.) Kriminalsoziologie. 3. Aufl. Wiesbaden. 431–475.

SAHNER, H. (1993) Vereine und Verbände in der modernen Gesellschaft. In: BEST, H. (Hg.) Vereine in Deutschland. Vom Geheimbund zur freien gesellschaftlichen Organisation. Bonn. 11–118.

SCHÄNZER, W. (1996) „Nur zehn Dopingfälle – wer jetzt noch auffällt, dopt nicht professionell genug." In: Welt am Sonntag Nr. 29 vom 21. Juli 1996, 20.

SCHEUCH, E. K. (1993) Vereine als Teil der Privatgesellschaft. In: BEST, H. (Hg.) Vereine in Deutschland. Vom Geheimbund zur freien gesellschaftlichen Organisation. Mit einer Literatur- und Forschungsdokumentation von Helmut M. Artus. Bonn. 143–207.

SCHEUCH, E. K.; SCHEUCH, U. (1992) Cliquen, Klüngel und Karrieren. Über den Verfall der politischen Parteien. Reinbek bei Hamburg

SCHIMANK, U (1992) Größenwachstum oder soziale Schließung? Das Inklusionsdilemma des Breitensports. In: Sportwissenschaft 22, 32–45.

SCHLAGENHAUF, K. (1977) Sportvereine in der Bundesrepublik Deutschland. Teil I: Strukturelemente und Verhaltensdeterminanten im organisierten Freizeitbereich. Schorndorf.

SCHLAGENHAUF, K. (1981) Struktur- und Organisationsanalyse lokaler Freizeitvereine. St. Augustin.

SCHLAGENHAUF, K.; TIMM, W. (1981) Differentielles Sport- und Vereinsmanagement. In: Sportwissenschaft 11, 151–168.

SCHNELL, R.; HILL, P. B.; ESSER, E. (1989) Methoden der empirischen Sozialforschung. 2. Aufl. München, Wien.

SCHULZE, G. (1993) Die Erlebnisgesellschaft. Kultursoziologie der Gegenwart. Frankfurt am Main, New York.

SCHWARZ, P. (1992) Management in Nonprofit-Organisationen. Eine Führungs-, Organisations- und Planungslehre für Verbände, Sozialwerke, Vereine, Kirchen, Parteien usw. Bern, Stuttgart, Wien.

SCHWARZ, P.; PURTSCHERT, R.; GIROURD, C. (1995) Das Freiburger Management-Modell für Nonprofit-Organisationen (NPO). Bern, Stuttgart, Wien.

SEIBEL, W. (1990) Gibt es einen dritten Sektor? Ein Forschungsüberblick. In: Journal für Sozialforschung 30, 181–188.

SEMDER, M. (1977) Organisationssoziologische Lotstudie des Deutschen Sportbundes und seiner Mitgliedsorganisationen.
SIEGRIST, J. (1995) Medizinische Soziologie. 5. Aufl. München, Wien, Baltimore.
SIEWERT, H.-J. (1984) Zur Thematisierung des Vereinswesens in der deutschen Soziologie. In: Historische Zeitschrift, Beihefte (Neue Folge), hrsg. von T. SCHIEDER, Beiheft 9: Vereinswesen und bürgerliche Gesellschaft in Deutschland, hrsg. von O. DANN. München. 151–180.
SILLS, D. L. (1968) Voluntary Associations. In: International Encyclopaedia of the Social Sciences, Bd. 16, New York. 362–379.
SIMMEL, G. (1911) Soziologie der Geselligkeit. In: Verhandlungen des Ersten Deutschen Soziologentages 19.-22. Oktober 1910 in Frankfurt. Tübingen. 1–16.
SIMMEL, G. (1957) Die Großstädte und das Geistesleben. In: LANDMANN, M. (Hg.) Georg Simmel – Brücke und Tür. Stuttgart. 227–242.
SIMMEL, G. (1968) [1908] Soziologie: Untersuchungen über die Formen der Vergesellschaftung. 5. Aufl. Berlin.
SIMMEL, G. (1986 a) [1895] Zur Psychologie der Mode. Soziologische Studie. In: Ders.: Schriften zur Soziologie. Eine Auswahl, hrsg. von H.-J. DAHME und O. RAMMSTEDT. 2. Aufl. Frankfurt am Main. 131–139.
SIMMEL, G. (1986 b) [1907] Zur Philosophie der Herrschaft. Bruchstück aus einer Soziologie. In: Ders.: Schriften zur Soziologie. Eine Auswahl, hrsg. von H.-J. DAHME und O. RAMMSTEDT. 2. Aufl. Frankfurt am Main. 194–209.
SIMMEL, G. (1986 c) [1917] Individualismus. In: Ders.: Schriften zur Soziologie. Eine Auswahl, hrsg. und eingeleitet von H.-J. DAHME und O. RAMMSTEDT. 2. Aufl. Frankfurt am Main. 267–274.
SIMMEL, G. (1987) [1900] Philosophie des Geldes. 8. Aufl. Berlin.
SMELSER, N. J. (1968) Soziologie der Wirtschaft. München.
SMELSER, N. J.; SWEDENBERG, R. (1994) The Sociological Perspective on the Economy. In: Dies. (Eds.) The Handbook of economic sociology. Princeton. 3–26.
SOMBART, W. (1959) [1931] Grundformen des menschlichen Zusammenlebens. In: VIERKANDT, A. (Hg.) Handwörterbuch der Soziologie. Stuttgart. 221–239
SPIESS, G. (1998) Vater Staat und seine ungleichen Töchter. In: In: Aus Politik und Zeitgeschichte. Beilage zur Wochenzeitung „Das Parlament", B 41–42/1998, 43–46.
STARBUCK, W. H. (1974) The Current State of Organization Theory. In: MCGUIRE, J.W. (Ed.) Contemporary Management. Issues and Viewpoints. Englewood Cliffs, N.J., 123–139.
Statistisches Bundesamt (1998) Fachserie 1: Bevölkerung und Erwerbstätigkeit, Reihe 3: Haushalte und Familien.
STAUDINGER, H. (1913) Individuum und Gemeinschaft in der Kulturorganisation des Vereins, dargestellt am Werdegang der musikalisch-gesellschaftlichen Organisationen. Jena.
STRACHWITZ, R. Graf (1999) Die Rahmenbedingungen des Dritten Sektors und ihre Reform. In: Aus Politik und Zeitgeschichte. Beilage zur Wochenzeitung Das Parlament. B9/99, 22–30.
STROB, B. (1994) Allgemeine Vereinsdaten und Mitgliederstruktur. In: JÜTTING, D. H. (Hg.) Sportvereine in Münster. Ergebnisse einer empirischen Bestandsaufnahme. Münster. 12–43.
STROB, B. (1998) Der vereins- und verbandsorganisierte Sport in der Bundesrepublik Deutschland: Ein Zusammenschluß von (Wahl)Gemeinschaften? Ein Analysemodell auf der Grundlage des Dritter-Sektor-Ansatzes. Münster.

SZABO, D. (1979) Urbanisierung und Kriminalität. In: SACK, F.; KÖNIG, R. (Hg.) Kriminalsoziologie. 3. Aufl. Wiesbaden. 105–120.

TENBRUCK, F. H. (1964) Freundschaft – Ein Beitrag zu einer Soziologie der persönlichen Beziehungen. In: Kölner Zeitschrift für Soziologie und Sozialpsychologie 16, 431–456.

TENBRUCK, F. H. (1972) Zur Kritik der planenden Vernunft. Freiburg, München.

TENFELDE, K. (1984) Die Entfaltung des Vereinswesens während der industriellen Revolution in Deutschland (1850–1873). In: Historische Zeitschrift, Beihefte (Neue Folge), hrsg. VON T. SCHIEDER, Beiheft 9: Vereinswesen und bürgerliche Gesellschaft in Deutschland, hrsg. von O. DANN. München. 55–114.

TIMM, W. (1979) Sportvereine in der Bundesrepublik Deutschland. Teil II: Organisations- Angebots- und Finanzstruktur. Schorndorf.

TOCQUEVILLE, A. de (1987) [1835] Über die Demokratie in Amerika. Bd. 1. Zürich.

TÖNNIES, F. (1972) [1887] Gemeinschaft und Gesellschaft. Grundbegriffe der reinen Soziologie. 3., durchgesehener und berichtigter reprografischer Nachdruck der Ausgabe Darmstadt 1963. Darmstadt.

TROSIEN, G. (1991) Zur wirtschaftlichen Lage von Sportvereinen in Deutschland. Zwischen Bedarfsdeckung und Gewinnorientierung. In: Ders. (Hg.) Die Sportbranche und ihre Geldströme. Witten. 48–74.

TROSIEN, G. (1994) Zur wirtschaftlichen Lage von Sportvereinen in Deutschland. In: Ders. (Hg.) Die Sportbranche. Wachstum, Wettbewerb, Wirtschaftlichkeit. Frankfurt am Main, New York. 63–96.

TROSIEN, G. (1999) (Hg.) Die Sportbranche. Frankfurt am Main, New York.

TÜRK, K. (1978) Soziologie der Organisation. Stuttgart.

TÜRK, K.; REISS, M. (1995) Stichwort „Organisation". In: Staatslexikon, Bd. 4, hrsg. von der Görres Gesellschaft. 7. Aufl., Freiburg, Basel, Wien, Sp. 198–205.

TWAIN, M. (1977) Briefe von der Erde. In: Ders. Werke in neun Bänden, hrsg. von K.-J. POPP. Band 9. München, Wien. 527–806.

VEBLEN, Th. (1981) [1899] Theorie der feinen Leute. Eine ökonomische Untersuchung der Institutionen. München.

VESTER, H.-G. (1988) Zeitalter der Freizeit. Eine soziologische Bestandsaufnahme. Darmstadt.

VESTER, M. et. al. (1993) Soziale Milieus im gesellschaftlichen Strukturwandel. Zwischen Integration und Ausgrenzung. Köln.

VEYNE, P. (1994) Brot und Spiele. Gesellschaftliche Macht und politische Herrschaft in der Antike. München.

VIERKANDT, A. (1969) Solidarität. In: BERNSDORF, W. (Hg.) Wörterbuch der Soziologie. Stuttgart. 944–946.

VILMAR, F. (1986) Partizipation. In: Handlexikon zur Politikwissenschaft, hrsg. von W. MICKEL in Verbindung mit D. ZITZLAFF. Bonn. 339–344.

VORLÄNDER, K. (1919) Geschichte der Philosophie. Leipzig.

WADSACK, R. (1992) Attraktives Ehrenamt. Motivation ehrenamtlicher Mitarbeiter in Sportvereinen. Witten.

WAGNER, G. (1990) Entwicklungsmöglichkeiten sportbezogener Dienstleistungen – Perspektiven erwerbswirtschaftlicher und ehrenamtlicher Angebote. In: ANDERS, G. (Hg.) Vereine an der Wachstumsgrenze? Sport in der Krise der Industriegesellschaften. Witten. 12–34.

WAGNER, G. (1997) Die Sportpartizipation von Jugendlichen und Erwachsenen. Querschnitts- und Längsschnittsanalysen für die Jahre 1988/90, 1992 und 1994. In: BAUR, J. (Hg.) Jugendsport: Sportengagements und Sportkarrieren. Aachen. 95–108.

WARNER, W. K. (1972) Major Conceptual Elements of Voluntary Associations. In: SMITH, D. H. et al. (Ed.) Voluntary Action Research. Lexington. 71–81.

WEBER, M. (1924) [1910] Geschäftsbericht und Diskussionsreden auf den deutschen soziologischen Tagungen (1910, 1912). In: Ders.: Gesammelte Aufsätze zur Soziologie und Sozialpolitik. Tübingen. 431–491.

WEBER, M. (1973) [1913] Über einige Kategorien der verstehenden Soziologie. In: Ders.: Soziologie – Universalgeschichtliche Analysen – Politik. Herausgegeben von J. WINCKELMANN. 5. Aufl. Stuttgart. 97–150.

WEBER, M. (1980) [1921] Wirtschaft und Gesellschaft. Grundriß der verstehenden Soziologie. Besorgt von J. WINCKELMANN. 5., revidierte Aufl. Studienausgabe. Tübingen.

WEBER, M. (1988) [1915/1919] Die Wirtschaftsethik der Weltreligionen: Vergleichende religionssoziologische Versuche In: Ders. [1920] Gesammelte Aufsätze zur Religionssoziologie. I. 9. Aufl. Tübingen. 237–573.

WEBER, M. (1991) [1917] Der Sinn der ‚Wertfreiheit' der soziologischen und ökonomischen Wissenschaften In: Ders.: Schriften zur Wissenschaftslehre. Hrsg. v. SUKALE, M. Stuttgart. 176–236.

WEBER, W. et al. (1995) Die wirtschaftliche Bedeutung des Sports. Schorndorf.

WEINERT, A. (1998) Organisationspsychologie. Ein Lehrbuch. 4. Aufl. Weinheim.

WEIS, K. (1995) Sport und Religion. Sport als soziale Institution im Dreieck zwischen Zivilreligion, Ersatzreligion und körperlich erlebter Religion. In: WINKLER, J.; WEIS, K. (Hg.): Soziologie des Sports. Theorieansätze, Forschungsergebnisse und Forschungsperspektiven. Opladen. 127–150.

WEITMAN, S. R. (1970) Intimacies: Notes Towards a Theory of Social Inclusion and Exclusion. In: Archives européennes de sociologie 11, 348–367.

WILLEKE, S.; FINK, A. (1996) Abschied vom Wohlstand. In: Die Zeit Nr. 23 vom 31. Mai 1996, 9 f.

WINKLER, J. (1988) Das Ehrenamt. Zur Soziologie ehrenamtlicher Tätigkeit, dargestellt am Beispiel des Deutschen Sportbundes. Schorndorf.

WINKLER, J.; KARHAUSEN, R.; MEIER, R. (1985) Verbände im Sport. Eine empirische Analyse des deutschen Sportbundes und ausgewählter Mitgliedsorganisationen. Schorndorf.

ZAPF, W. et al. (1987) Individualisierung und Sicherheit. Untersuchungen zur Lebensqualität in der Bundesrepublik Deutschland. München.

ZIEGENFUSS, W. (1956) Wesen und Formen der Soziologie. In: Ders. (Hg.) Handbuch der Soziologie. Stuttgart. 121–246.

ZIMMER, A. (1996) Vereine – Basiselemente der Demokratie. Opladen.

Anhang

Tabellenverzeichnis

Tab. 0.1: Anteil weiblicher Positionsinhaber in den Sportvereinen, die sowohl männliche als auch weibliche Mitarbeiter auf der jeweiligen Arbeitsebene angeben 20
Tab. 0.2: Stereotype der Sportvereinsentwicklung 27
Tab. 1.1: Modelle sozialer Ungleichheit und (partiell inklusive) sozialer Differenzierung 58
Tab. 1.2: Kombinationen möglicher Ausprägungen von Sportvereins- und Sportartenkonstanz 68
Tab. 1.3: Anteil weiblicher Mitglieder an der Gesamt-Mitgliederschaft aller Sportvereine im Vergleich verschiedener Studien 71
Tab. 1.4: Mittlerer Anteil weiblicher Sportvereinsmitglieder in den Sportvereinen im Vergleich verschiedener Studien (Daten aus: EMRICH/PAPATHANASSIOU/PITSCH 1998; 1999) 72
Tab. 1.5: Idealtypische Gegenüberstellung von gehobenen ehren- und hauptamtlichen Führungspositionen im Sport (in Anlehnung an EMRICH/PITSCH 1999 a, 130) 76
Tab. 1.6: Typik von Sportanbietern (in Anlehnung an HEINEMANN 1995, 129) 98
Tab. 1.7: Idealtypische Strukturmerkmale von Profit- und Nonprofit-Organisationen 99
Tab. 1.8: Gegenüberstellung der Organisationsstruktur von Vereinen, die sich vorrangig am Modell der Profit- versus Nonprofit-Organisation ausrichten 100
Tab. 1.9: Idealtypische Gegenüberstellung von Profit- und Nonprofit-Organisationen in bezug auf die Klienten- und Mitgliedermentalität 102
Tab. 1.10: Traditionale versus modernitätsorientierte Sportvereine nach BAUR/KOCH/TELSCHOW (1995, 26) 104
Tab. 1.11: Institutionenökonomische Strukturaspekte des Austauschverhältnisses zwischen Leistungsersteller und Leistungsbezieher 107
Tab. 1.12: Extremtypische Ausprägungen der Marktorientierung von Sportvereinen in den analytischen Kategorien der Einnahmenstruktur 110
Tab. 1.13: Angestrebte Teilrückläufe sowie Stichprobengrößen bei geschätzter Rücklaufquote von 40% für die FISAS 1996 115

Anhang

Tab. 1.14: Rücklauf in der FISAS 1996 116
Tab. 1.15: Stichprobe, Population und Rücklauf in der FISAS 1996 in der Aufgliederung auf alte und neue Bundesländer 117
Tab. 1.16: Umfänge der Grundgesamtheit und der DSB-Stichprobe **mit vollständiger Information** über die einzelnen Parameter 118
Tab. 1.17: Anzahl der Sportvereinsmitglieder in den Geschlechtskategorien im Vergleich zwischen DSB-Stichprobe und Grundgesamtheit 121
Tab. 1.18: Anzahl der Sportvereinsmitglieder in den Alterskategorien im Vergleich zwischen DSB-Stichprobe und Grundgesamtheit 121
Tab. 1.19: Struktur der Fragebogen-Versionen 124
Tab. 2.3: Zuordnung der vordefinierten Einnahmepositionen zu den analytischen Kategorien 139
Tab. 2.4: Zuordnung der vordefinierten Ausgabenpositionen zu den analytischen Kategorien 140
Tab. 3.1: Struktur des DSB-repräsentativen Teilrücklaufs in der FISAS 1996 144
Tab. 3.2: Zahl der Mitglieder und Abteilungen sowie Kennziffern zur Mitgliederstruktur und Mitgliederdynamik 144
Tab. 3.3: Angebotsformen nach Sportfachverbands-Kategorien 158
Tab. 3.4: Angebotsformen nach Sportarten-Kategorien 159
Tab. 3.5: Angebotsformen nach Zielgruppen-Kategorien 160
Tab. 3.6: Angebote von Sportvereinen in den Sportfachverbands-Kategorien 161
Tab. 3.7: Sportangebote nach Sportarten-Kategorien 161
Tab. 3.8: Sportangebote nach Zielgruppen-Kategorien 162
Tab. 3.9: Vergleich der Umfänge der Residualkategorien 163
Tab. 3.10: Inhaltliche Geschlossenheit (Diversifikation) der Sportangebotskategorien 164
Tab. 3.11: Ergebnis der Varianzanalyse zwischen den Clustern 168
Tab. 3.12: Mittelwerte der vier Cluster auf den Dimensionen (ohne z-Transformation) 169
Tab. 3.13: Eigenwertcharakteristik der Vier-Faktoren-Lösung der Selbstdarstellungs-Skala 174
Tab. 3.14: Faktorenladungen der Items der Selbstdarstellungs-Skala 175
Tab. 3.15: Eigenwertcharakteristik der Vier-Faktoren-Lösung der Mitgliedererwartungs-Skala 177
Tab. 3.16: Ladung der Items auf den vier Faktoren der Mitgliedererwartungs-Skala. 178
Tab. 3.17: Korrelationen zwischen Selbstdarstellungs- und Mitgliedererwartungs-Skala auf der Basis von Items 180
Tab. 3.18: Eigenwertcharakteristik der Vier-Faktoren-Lösung der Aufgaben-Skala 181
Tab. 3.19: Ladung der Items auf den vier Faktoren der Aufgaben-Skala 183
Tab. 3.20: Anzahl der Abteilungen 190
Tab. 3.21: Anzahl der Abteilungen in differenzierter Betrachtungsweise 191

Anhang

Tab. 3.22: Verteilung der Sportvereinsmitglieder nach Alter und Geschlecht 196
Tab. 3.23: Vergleich des Anteils weiblicher Sportvereinsmitglieder in den jeweiligen Alterskategorien mit dem entsprechenden Anteil weiblicher Personen in der Wohnbevölkerung 200
Tab. 3.24: Zusammenhang zwischen Altersstruktur im Bereich weiblicher Sportvereinsmitglieder und Strukturtypen (n=2293). Nur signifikante Effekte mit einer Varianzklärung über 10%. 201
Tab. 3.25: Zusammenhang zwischen Altersstruktur im Bereich männlicher Sportvereinsmitglieder und Strukturtypen (n=2293). Nur signifikante Effekte mit einer Varianzklärung über 10%. 202
Tab. 3.26: Merkmale von Sportvereinen, die ausschließlich männliche oder ausschließlich weibliche Mitglieder aufweisen 203
Tab. 3.27: Kennziffern der Mitgliederdynamik in den Sportvereinen 206
Tab. 3.28: Die am häufigsten angebotenen Sportarten im Deutschen Sportbund 208
Tab. 3.29: Verteilung von Sportangeboten auf verschiedene Kategorien 210
Tab. 3.30: Anteil der Sporttreibenden an den Mitgliedern im organisierten Sport nach Angebotskategorien 211
Tab. 3.31: Häufigkeit außersportlicher und zusätzlicher sportlicher Angebote 212
Tab. 3.32: Analytische Dimensionen der Angebotsausrichtung 214
Tab. 3.33: Synthetische Faktoren der Angebotsausrichtung 215
Tab. 3.34: Varianzklärung in univariaten Effekten (ALM) des Vorhandenseins von Angeboten in bestimmten Kategorien in bezug auf die Stärke der Darstellung des Angebots in den vier synthetischen Faktoren der Angebotsausrichtung 216
Tab. 3.35: Verteilung der Sportangebote auf die verschiedenen Kategorien 221
Tab. 3.36: Verteilung der Sportvereine auf die Nutzerkategorien 223
Tab. 3.37: Nutzung des Sportangebotes durch Ältere in Abhängigkeit vom Selbstverständnis der Sportvereine als Integrationsinstanzen für Ältere 224
Tab. 3.38: Nutzung des Sportangebotes durch Ältere in Abhängigkeit vom Selbstverständnis der Sportvereine als „Ältere ansprechend" 225
Tab. 3.39: Nutzung des Sportangebotes durch Ältere in Abhängigkeit von der Darstellung des Sportvereins als Verein mit bzw. ohne zielgruppenspezifische Angebote „für Senioren" 226
Tab. 3.40: Verteilung der Sportangebote auf die verschiedenen Alterskategorien im Altersbereich der Kinder und Jugendlichen 228
Tab. 3.41: Nutzung des Sportangebotes durch Kinder und Jugendliche in Abhängigkeit vom Selbstverständnis der Sportvereine als „Jugendliche ansprechend" 230
Tab. 3.42: Verteilung der Sportangebote auf die verschiedenen Kategorien der Geschlechterzusammensetzung 232

Tab. 3.43: Verteilung der Sportangebote auf die verschiedenen Kategorien der Geschlechterzusammensetzung bei Wahrnehmung des Angebotes auch durch erwachsene Nicht-Senioren 233
Tab. 3.44: Nutzung des Sportangebotes durch Frauen in Abhängigkeit vom Selbstverständnis der Sportvereine als „Sportverein mit frauenspezifischen Angeboten" 236
Tab. 3.45: Häufigkeit, in der Sportvereine Maßnahmen zur Bindung erfolgreicher Sportler an den Verein ergreifen 236
Tab. 3.46: Formen von Anreizen zur Bindung erfolgreicher Sportler an den Sportverein 238
Tab. 3.47: Anreizformen zur Bindung erfolgreicher Sportler an den Sportverein durch Dritte (Sponsoren, Förderer oder Gönner). Anteile wurden berechnet an der Zahl der Sportvereine, die die Unterstützung durch Förderer angegeben hatten (n=121), sowie an der Gesamtzahl der antwortenden Sportvereine (n=1406). Mehrfachantworten möglich. 239
Tab. 3.48: Überblick über spezifische Heterogenitätsmaße 241
Tab. 3.49: Zusammenhang zwischen Heterogenität und Strukturtypen (n=2293). Nur signifikante Effekte mit einer Varianzklärung über 10%; Altersheterogenität: n=2320; Angebotsheterogenität: n=1632. 244
Tab. 3.50: Zahl ehrenamtlicher Mitarbeiter in den Sportvereinen, differenziert nach Arbeitsbereich und Geschlecht 245
Tab. 3.51: Häufigkeit des Vorhandenseins von Positionen 254
Tab. 3.52: Anzahl und Anteil der Sportvereine, in denen Positionenbündelungen vorkommen 258
Tab. 3.53: Anteil weiblicher Mitarbeiter in ehrenamtlich besetzten Positionen 261
Tab. 3.54: Anteil weiblicher Positionsinhaber in den Sportvereinen, die sowohl männliche als auch weibliche Mitarbeiter auf der jeweiligen Arbeitsebene angeben 265
Tab. 3.55: Finanzielle Entschädigungen bzw. Entgelte für Inhaber ehrenamtlicher Positionen 267
Tab. 3.56: Formen der finanziellen Entschädigung ehrenamtlicher Mitarbeiter nach Position 267
Tab. 3.57: Ehrenamtliche Mitarbeiter nach Arbeitsebene und Geschlecht im Ost-West-Vergleich 269
Tab. 3.58: Ehrenamtliche Funktionen der antwortenden Personen 273
Tab. 3.59: Eckdaten der Sportvereinskarrieren der antwortenden Personen 274
Tab. 3.60: Sportvereine mit hauptamtlichen Mitarbeitern nach Anstellungsform und Arbeitsebene 277
Tab. 3.61: Einsatz von Mitarbeitern im Rahmen sozialer Arbeit oder ABM in Sportvereinen der neuen und alten Bundesländer 280

Tab. 3.62:	Andere Sportanbieter im Einzugsbereich der Sportvereine	282
Tab. 3.63:	Kooperation und Überschneidung im Sportangebot mit anderen Sportanbietern	284
Tab. 3.64:	Vorhandensein anderer Sportanbieter im Einzugsbereich von Sportvereinen im Vergleich neuer und alter Bundesländer	286
Tab. 3.65:	Kooperation und Überschneidung im Sportangebot mit anderen Sportanbietern im Ost-West-Vergleich	287
Tab. 3.66:	Häufigkeit der Einladung nach Form der Einladung	290
Tab. 3.67:	Zustellung des Protokolls jeweils vor der nächsten Sitzung	290
Tab. 3.68:	Form der Zustellung des Protokolls	291
Tab. 3.69:	Häufigkeit der Nennung „Diese Aufgabe stellt sich uns nicht" bei Items zur Aufgaben-Skala mit einer Häufigkeit >50%	293
Tab. 3.70:	Häufigkeit der Nennung „Diese Aufgabe stellt sich uns nicht" für Items der Aufgaben-Skala mit einer Häufigkeit <10%	294
Tab. 3.71:	Bedeutung von Zukunftaufgaben für die Sportvereine in den vier Dimensionen der Aufgabenskala	294
Tab. 3.72:	Ausprägung des Selbstbildes der Sportvereine auf den vier Dimensionen	295
Tab. 3.73:	Ausprägung der Sportvereine auf den Dimensionen der Mitgliedererwartungs-Skala	297
Tab. 3.74:	Am angegebenen Haushaltsvolumen relativierte Differenzen zwischen angegebenem Haushaltsvolumen und der Summe der angegebenen Einnahmen sowie Ausgaben in Prozent	300
Tab. 3.75:	Häufigkeit der Nennung einzelner Einnahmepositionen	301
Tab. 3.76:	Häufigkeit der Nennung einzelner Ausgabepositionen	302
Tab. 3.77:	Mittelwert, Standardabweichung und 95%-Konfidenzintervall der Haushaltssummen der Sportvereine	306
Tab. 3.78:	Median und Quartilsgrenzen der Haushaltssummen in den Sportvereinen	306
Tab. 3.79:	Anteile der Einnahmen in den verschiedenen analytischen Kategorien am Gesamt-Einnahmenvolumen (Angaben in Prozent)	309
Tab. 3.80:	Anteile der Ausgaben in den verschiedenen analytischen Kategorien am Gesamt-Ausgabenvolumen (Angaben in Prozent)	312
Tab. 3.81:	Häufigkeit unterschiedlicher Beitragsstaffelungen	314
Tab. 3.82:	Punkt-biseriale Korrelationen zwischen dem Vorhandensein einer Beitragsstaffelung nach der Leistungsbezugsberechtigung der Mitglieder und den Strukturtypen	316
Tab. 3.83:	Monatliche Mitgliedsbeiträge nach Alterskategorien der Mitglieder in DM	317
Tab. 3.84:	Monatliche Mitgliedsbeiträge in DM nach Mitgliedschaftsstatus und Sozialstrukturmerkmalen der Mitglieder	318
Tab. 3.85:	Aufnahmegebühren nach Alterskategorien der Mitglieder in DM	319

Tab. 3.86: Aufnahmegebühren nach Mitgliedschaftsstatus und Sozialstrukturmerkmalen der Mitglieder in DM 321
Tab. 3.87: Struktur der Sportstätten-Nutzung 327
Tab. 3.88: Mittlere Zahl der von Sportvereinen genutzten Sportanlagen, differenziert nach der Art der Anlage 329
Tab. 4.1: Merkmalskombinationen zur Analyse von Entkoppeltheit 335
Tab. 4.2: Korrelationen zwischen dem Grad der W-Entkoppeltheit und dem Anteil der analytischen Kategorien am Gesamt-Etat der Sportvereine (n=1404) 338
Tab. 4.3: Diskussion um die Aufnahme neuer Sportangebote in Abhängigkeit von der Wahrnehmung von Angebotsüberschneidungen mit anderen Sportanbietern (Angaben in Prozent) 342
Tab. 4.4: Items der Selbstdarstellungs-Skala, die analytisch der Dimension Offenheit vs. Geschlossenheit subsumiert wurden 346
Tab. 4.5: Signifikante Spearman-Rangkorrelationen (p<0,001) zwischen Items der Selbstdarstellungs-Skala und der Gemeindegröße 347
Tab. 4.6: Interkorrelationen (Spearman R) zwischen den verschiedenen Heterogenitätsmaßen 349
Tab. 4.7: Korrelationen zwischen Heterogenitätsmaßen und der Aktivität im Bereich außersportlicher und zusätzlicher sportlicher Angebote 357

Tabellen im tabellarischen Anhang

Tab. 7.1: Liste nicht zugeordneter Items der Selbstdarstellungs-Skala 406
Tab. 7.2: Nicht zugeordnete Items der Mitgliedererwartungs-Skala 407
Tab. 7.3: Liste der nicht zugeordneten Items der Aufgaben-Skala 408
Tab. 7.4: Anteile der Alters- und Geschlechtsgruppierungen an der Bevölkerung und im Sportverein 408
Tab. 7.5: Sportbezogener Organisationsindex nach Geschlecht und Alter 409
Tab. 7.6: Zusammenhang zwischen der Altersstruktur des weiblichen Mitgliederbestandes und Strukturtypen. 410
Tab. 7.7: Zusammenhang zwischen der Altersstruktur des männlichen Mitgliederbestandes und Strukturtypen 411
Tab. 7.8: Zusammenhang zwischen der Altersstruktur des Mitgliederbestandes und Strukturtypen 412
Tab. 7.9: Zusammenhang zwischen dem Anteil weiblicher Mitglieder und den Strukturtypen in Vereinen mit männlichen und weiblichen Mitgliedern 413
Tab. 7.10: Zusammenhang zwischen Mitgliederdynamik und den Strukturtypen 413
Tab. 7.11: Zusammenhang zwischen Heterogenität und Strukturtypen 414
Tab. 7.12: Zusammenhang zwischen dem Grad der Besetzung von ehrenamtlich zu besetzenden Positionen und Strukturtypen 414

Tab. 7.13: Zusammenhang zwischen dem Grad der Neubesetzung
freiwerdender ehrenamtlicher Positionen und Strukturtypen 415
Tab. 7.14: Zusammenhang zwischen ehrenamtlicher Betreuungsdichte und
Strukturtypen 415
Tab. 7.15: Punkt-biseriale Korrelationen zwischen Strukturtypen und der
Gewährung (n=1356) bzw. Nicht-Gewährung (n=995) von
Aufwandsentschädigungen für ehrenamtliche Mitarbeiter 415
Tab. 7.16: Anteile der Einnahmepositionen am Gesamt-Haushaltsvolumen;
Quartilsgrenzen und Median 416
Tab. 7.17: Anteile der Einnahmepositionen am Gesamt-Haushaltsvolumen;
Mittelwert und Standardabweichung 418
Tab. 7.18: Anteile der Ausgabepositionen am Gesamt-Haushaltsvolumen;
Quartilsgrenzen und Median 420
Tab. 7.19: Anteile der Ausgabepositionen am Gesamt-Haushaltsvolumen;
Mittelwert und Standardabweichung 422
Tab. 7.20: Beträge in den einzelnen Einnahmepositionen in DM;
Quartilsgrenzen und Median 424
Tab. 7.21: Beträge in den einzelnen Einnahmepositionen in DM; Mittelwert
und Standardabweichung 426
Tab. 7.22: Beträge in den einzelnen Ausgabepositionen in DM;
Quartilsgrenzen und Median 428
Tab. 7.23: Beträge in den einzelnen Ausgabepositionen in DM; Mittelwert
und Standardabweichung 430
Tab. 7.24: Korrelation zwischen Strukturtypen und Anteilen der Einnahmen
in den analytischen Kategorien am Gesamt-Haushalt 432
Tab. 7.25: Korrelation zwischen Strukturtypen und Anteilen der Ausgaben
in den analytischen Kategorien am Gesamt-Haushalt 434

Abbildungsverzeichnis

Abb. 0.1: Sportvereine nach Abteilungszahl 14
Abb. 0.2: Sportvereine nach Mitgliederzahl 15
Abb. 0.3: Differenz zwischen der Zahl ehrenamtlich zu besetzender
Positionen und der Zahl ehrenamtlicher Mitarbeiter 18
Abb. 0.4: Anteile unterschiedlicher Einnahmequellen am
Haushaltsvolumenn der Sportvereine 24
Abb. 0.5: Durchschnittliche jährliche Einnahmen aus Mitgliedsbeiträgen
und Aufnahmegebühren pro Mitglied 25

Anhang

Abb. 0.6: Von Sportvereinen genutzte vereinseigene und vereinsfremde Anlagen im Ost-West-Vergleich 26
Abb. 1.1: Verschränkung von Aspekten sozialer Differenzierung und sozialer Ungleichheit 59
Abb. 1.2: Verteilung der Sportvereine nach der Gesamt-Mitgliederzahl im Vergleich zwischen DSB-Stichprobe und Grundgesamtheit 120
Abb 2.1: Anteil weiblicher Personen im organisierten Sport zu verschiedenen Zeitpunkten (Quelle: TROSIEN 1994, 72; HEINEMANN/SCHUBERT 1994, 99 sowie eigene Berechnungen) 132
Abb. 3.1: Unterschiede in der Abteilungszahl zwischen Sportvereinen in den neuen und alten Bundesländern 145
Abb. 3.2: Differenz zwischen der Zahl ehrenamtlich zu besetzender Positionen und der Zahl ehrenamtlicher Mitarbeiter in der FISAS 1996 bei Klassifizierung entsprechend der FISAS 1991 (willkürlich gewählte Klassengrenzen) 166
Abb. 3.3: Differenz zwischen der Zahl ehrenamtlich zu besetzender Positionen und der Zahl ehrenamtlicher Mitarbeiter in der FISAS 1996 bei Klassifizierung an quasi-binären Klassengrenzen 167
Abb. 3.4: Mittelwerte der vier Cluster auf den Dimensionen nach z-Transformation 170
Abb. 3.5: Verortung der Sportvereine relativ zu den Sportvereinstypen 171
Abb. 3.6: Scree-Plot der Faktoren der Selbstdarstellungsskala 174
Abb. 3.7: Scree-Plot der Faktorenanalyse der Mitgliedererwartungs-Skala 177
Abb. 3.8: Scree-Plot der Faktorenanalyse der Aufgaben-Skala 182
Abb. 3.9: Sportvereine in den neuen und alten Bundesländern nach dem Gründungsjahr 186
Abb. 3.10: Relative zeitliche Dichte von Vereinsgründungen in den neuen und alten Bundesländern... 187
Abb. 3.11: Sportvereine nach der Zahl der Abteilungen 190
Abb. 3.12: Sportvereine nach der Zahl ihrer Mitglieder............................. 193
Abb. 3.13: Anteile verschiedener Altersgruppierungen an der Gesamt-Wohnbevölkerung und im Sportverein 197
Abb. 3.14: Sportbezogener Organisationsindex nach Altersgruppierung 198
Abb. 3.15: Sportbezogener Organisationsindex nach Alters- und Geschlechtsgruppierung 200
Abb. 3.16: Sportvereine nach dem Anteil weiblicher Mitglieder..................... 204
Abb. 3.17: Häufigkeit von Sportangeboten in einzelnen Kategorien 220
Abb. 3.18: Wahrnehmung von Sportangeboten nach Alters- und Angebotskategorie (wettkampfbezogene Sportangebote) 222
Abb. 3.19: Wahrnehmung von Sportangeboten nach Alters- und Angebotskategorie (explizit nicht wettkampfbezogene Angebote) 223

Abb. 3.20:	Wahrnehmung von Sportangeboten nach Alters- und Angebotskategorie im Bereich der bis 18jährigen (wettkampfbezogene Sportangebote)	229
Abb. 3.21:	Wahrnehmung von Sportangeboten nach Alters- und Angebotskategorie im Bereich der bis 18jährigen (explizit nicht wettkampfbezogene Sportangebote)	230
Abb. 3.22:	Wahrnehmung von Sportangeboten nach Geschlechterzusammensetzung und Angebotskategorie (wettkampfbezogene Sportangebote)	234
Abb. 3.23:	Wahrnehmung von Sportangeboten nach Geschlechterzusammensetzung und Angebotskategorie (explizit nicht wettkampfbezogene Sportangebote)	235
Abb. 3.24:	Verteilung der Sportvereine nach der Geschlechtsheterogenität des Mitgliederbestandes	241
Abb. 3.25:	Verteilung der Sportvereine nach der Altersheterogenität des Mitgliederbestandes	242
Abb. 3.26:	Verteilung des angebotsbezogenen Heterogenitätsmaßes	243
Abb. 3.27:	Häufigkeit der Kombinationen unterschiedlich hoher Zahlen ehrenamtlicher Mitarbeiter auf den verschiedenen Arbeitsebenen	246
Abb. 3.28:	Differenz zwischen der Zahl ehrenamtlich zu besetzender Positionen und ehrenamtlicher Mitarbeiter insgesamt(oben), differenziert nach den Arbeitsebenen (unten)	249
Abb. 3.29:	Differenz zwischen der Zahl freigewordener Positionen und der Zahl wieder besetzter Positionen insgesamt (oben), differenziert nach den Arbeitsebenen (unten)	250
Abb. 3.30:	Institutionalisierte Vertretung der Interessen einzelner Gruppierungen im Vereinsvorstand in Abhängigkeit vom Anteil der Gruppierung an der Mitgliederschaft	255
Abb. 3.31:	Lineare und nicht-lineare Regression des Anteils weiblicher ehrenamtlicher Mitarbeiter auf der Ebene der Führung und Verwaltung des Sportvereins auf den Anteil weiblicher Sportvereinsmitglieder	263
Abb. 3.32:	Differenz zwischen der Zahl ehrenamtlich zu besetzender Positionen und ehrenamtlicher Mitarbeiter insgesamt, differenziert nach Sportvereinen in den neuen und alten Bundesländern	269
Abb. 3.33:	Anzahl ehrenamtlicher Mitarbeiter nach Geschlecht in den Sportvereinen der neuen und alten Bundesländer	270
Abb. 3.34:	Anzahl ehrenamtlicher Mitarbeiter nach Arbeitsebene in den Sportvereinen der neuen und alten Bundesländer	271
Abb. 3.35:	Wöchentlicher zeitlicher Umfang des ehrenamtlichen Engagements der antwortenden Personen	275
Abb. 3.36:	Abhängig Beschäftigte nach Arbeitsebene und Anstellungsform	278

Abb. 3.37: Abhängig Beschäftigte auf der Ausführungsebene nach Anstellungsform im Ost-West-Vergleich. VZ = Vollzeit-Beschäftigung; TZ, svp = sozialversicherungspflichtige Teilzeitbeschäftigung; nsvp = nicht sozialversicherungspflichtige Beschäftigung 279
Abb. 3.38: Verteilung der Sportvereine nach der Anzahl angegebener Einnahmepositionen 303
Abb. 3.39: Verteilung der Sportvereine nach der Anzahl angegebener Ausgabepositionen 304
Abb. 3.40: Anteil der Sportvereine am geschätzten wirtschaftlichen Gesamtvolumen nach Haushaltssumme 307
Abb. 3.41: Bivariate Häufigkeitsverteilung nach der Höhe des durchschnittlichen finanziellen Beitrags eines Mitglieds im ersten Mitgliedsjahr (Aufnahmegebühr + regelmäßige Beiträge) und dem Anteil der monatlichen Mitgliedsbeiträge an diesem konstruierten Beitrag 322
Abb. 3.42: Durchschnittliche jährliche Einnahmen aus Mitgliedsbeiträgen und Aufnahmegebühren pro Mitglied 324
Abb. 3.43: Nutzung von Sportanlagen durch Sportvereine 326
Abb. 3.44: Zahl der Sportvereine nach der Anzahl genutzter Sportanlagen 328
Abb. 4.1: Verteilung der Kennwerte für H- und W-Entkoppeltheit 337
Abb. 4.2: Bivariate Häufigkeitsverteilung von Angeboten, die über das regelmäßige Angebot der Sportvereine hinausgehen 344
Abb. 4.3: Flächendiagramm der Kombinationen von Ausprägungen der Heterogenitätsindizes nach dem Kriterium der minimalen quadrierten Abstände von der Ebene. 350
Abb. 4.4: Bivariate Häufigkeitsverteilung der Sportvereine nach Alters- und Geschlechtsheterogenität 351
Abb. 4.5: Bivariate Häufigkeitsverteilung der Sportvereine nach Alters- und Angebotsheterogenität 352
Abb. 4.6: Bivariate Häufigkeitsverteilung der Sportvereine nach Geschlechts- und Angebotsheterogenität 353
Abb. 4.7: Austausch zwischen den Elementen auf den Ebenen der organisationssoziologischen Betrachtung von Sportvereinen 361

Regressionsgleichungen

1. Die nichtlineare (polynomische) Regression des Anteils weiblicher ehrenamtlicher Mitarbeiter auf der Ausführungsebene auf den Anteil weiblicher Mitglieder im Sportverein

$$y = 0{,}009 + 0{,}788 * x + 0{,}129 * x^2 - 1{,}763 * x^3 + 5{,}853 * x^4 - 4{,}439 * x^5$$

führt zu einer Varianzklärung von 32,7%

2. Die lineare Regression des Anteils weiblicher ehrenamtlicher Mitarbeiter auf der Ausführungsebene auf den Anteil weiblicher Mitglieder im Sportverein:

$$y = 0{,}011 + 0{,}725 * x$$

erklärt 32,2% der Varianz der abhängigen Variablen aus der Varianz der unabhängigen Variablen

Tabellarischer Anhang

Tab. 7.1: Liste nicht zugeordneter Items der Selbstdarstellungs-Skala

Unser Verein ...
... hat immer mehr Mitglieder, für die der Verein nur eine preiswerte Möglichkeit zum Sporttreiben ist
... hat sich in den letzten Jahren nicht verändert
... ist eine funktionierende Sozialstation
... stärkt das Ansehen des Orts/der Stadt
... bietet ein kostengünstiges Sportangebot
... erfüllt einen erzieherischen Auftrag
... versucht, sich für neue Bevölkerungsgruppen zu öffnen
... holt die Kinder von der Straße
... bereichert das kulturelle Leben des Orts/der Stadt
... hat einen hohen Anteil an weiblichen Vorstandsmitgliedern
... bietet Alternativen zum traditionellen Sportangebot an
... integriert Behinderte
... ist kommunalpolitisch aktiv
... legt viel Wert auf die Pflege von Tradition
... betrachtet die Sportprogramme kommerzieller Anbieter als Herausforderung
... ist offen für alle Bevölkerungsgruppen
... integriert Ausländer
... sorgt in der Region für Gesprächsstoff
... betrachtet die Zukunft als Herausforderung
... organisiert außersportliche Freizeitangebote
... integriert Senioren
... will bleiben, wie er immer war
... achtet auf die Gleichberechtigung der Geschlechter
... hat viele ehrenamtliche Mitarbeiter
... versteht sich in erster Linie als Freizeit- und Breitensportverein

Tab. 7.2: Nicht zugeordnete Items der Mitgliedererwartungs-Skala

Der Verein soll ...
... viel Wert auf die Pflege von Tradition legen
... bleiben, wie er immer war
... sich in erster Linie als Freizeit- und Breitensportverein verstehen
... sich nicht verändern
... viele ehrenamtliche Mitarbeiter haben
... offen für alle Bevölkerungsgruppen sein
... das kulturelle Leben des Orts/der Stadt bereichern
... Senioren integrieren
... ein kostengünstiges Sportangebot bieten
... einen hohen Anteil an weiblichen ehrenamtlichen Mitarbeitern haben
... vor allem eine preiswerte Möglichkeit zum Sporttreiben sein
... erzieherisch wirken
... eine funktionierende Sozialstation sein
... zum wirtschaftlichen Aufschwung in der Region beitragen
... einen hohen Anteil an weiblichen Vorstandsmitgliedern haben
... sportpolitisch aktiv sein
... kommunalpolitisch aktiv sein
... ein Dienstleistungsbetrieb in Sachen Sport sein
... die Sportprogramme kommerzieller Anbieter als Herausforderung betrachten

Tab. 7.3: Liste der nicht zugeordneten Items der Aufgaben-Skala

Die Aufgabe ...
... allen finanziellen Anforderungen gerecht zu werden
... den Vorstand zu verjüngen
... Leistungssportler an den Verein zu binden
... die Zusammenarbeit der ehrenamtlichen Mitarbeiter zu verbessern
... die Vereinstradition zu wahren
... ehrenamtliche Mitarbeiter zu stärkerem Engagement in ihrem Amt zu bewegen
... den Mitgliedern eine „Heimat" zu geben
... mehr gesellige Veranstaltungen anzubieten

Tab. 7.4: Anteile der Alters- und Geschlechtsgruppierungen an der Bevölkerung und im Sportverein

	gesamt		männlich		weiblich	
	Bevölkerung	Sportverein	Bevölkerung	Sportverein	Bevölkerung	Sportverein
bis 6 Jahre	0,07	0,02	0,07	0,03	0,07	0,03
7-14 Jahre	0,09	0,14	0,09	0,13	0,09	0,16
15-18 Jahre	0,04	0,08	0,05	0,08	0,04	0,09
19-26 Jahre	0,09	0,12	0,10	0,12	0,09	0,12
27-40 Jahre	0,23	0,26	0,25	0,25	0,22	0,26
41-60 Jahre	0,27	0,27	0,27	0,28	0,26	0,26
über 60 Jahre	0,20	0,10	0,16	0,11	0,24	0,09

Tab. 7.5: *Sportbezogener Organisationsindex nach Geschlecht und Alter*

	gesamt	männlich	weiblich
bis 6 Jahre	0,35	0,34	0,42
7-14 Jahre	1,58	1,41	1,83
15-18 Jahre	1,85	1,68	2,04
19-26 Jahre	1,25	1,18	1,33
27-40 Jahre	1,10	1,02	1,18
41-60 Jahre	1,03	1,02	1,02
über 60 Jahre	0,52	0,70	0,37

Tab. 7.6: Zusammenhang zwischen der Altersstruktur des weiblichen Mitgliederbestandes und Strukturtypen (Spearman R; N=2293). Nur signifikante Effekte.

Strukturtyp	Alters- und Geschlechtskategorie	Spearman R	R²
mittel-alt	weiblich bis 6 Jahre	0,481	23,1
	weiblich 6-14 Jahre	0,272	7,4
	weiblich bis 14-18 Jahre	0,150	2,2
	weiblich bis 19-26 Jahre		
	weiblich bis 27-40 Jahre		
	weiblich bis 41-60 Jahre	0,092	0,9
	weiblich über 60 Jahre	0,339	11,5
klein-alt	weiblich bis 6 Jahre		
	weiblich 6-14 Jahre		
	weiblich bis 14-18 Jahre		
	weiblich bis 19-26 Jahre		
	weiblich bis 27-40 Jahre		
	weiblich bis 41-60 Jahre	0,086	0,7
	weiblich über 60 Jahre	0,188	3,5
klein-jung	weiblich bis 6 Jahre	-0,420	17,6
	weiblich 6-14 Jahre	-0,212	4,5
	weiblich bis 14-18 Jahre	-0,074	0,6
	weiblich bis 19-26 Jahre		
	weiblich bis 27-40 Jahre		
	weiblich bis 41-60 Jahre		
	weiblich über 60 Jahre	-0,260	6,7
groß-alt	weiblich bis 6 Jahre	0,566	32,1
	weiblich 6-14 Jahre	0,339	11,5
	weiblich bis 14-18 Jahre	0,188	3,6
	weiblich bis 19-26 Jahre	0,084	0,7
	weiblich bis 27-40 Jahre		
	weiblich bis 41-60 Jahre	0,087	0,8
	weiblich über 60 Jahre	0,345	11,9

Tab. 7.7: *Zusammenhang zwischen der Altersstruktur des männlichen Mitgliederbestandes und Strukturtypen (Spearman R; N=2317). Nur signifikante Effekte.*

Strukturtyp	Alters- und Geschlechtskategorie	Spearman R	R^2
mittel-alt	männlich bis 6 Jahre	0,535	28,6
	männlich 6-14 Jahre	0,381	14,5
	männlich bis 14-18 Jahre	0,203	4,1
	männlich bis 19-26 Jahre		
	männlich bis 27-40 Jahre	-0,159	2,5
	männlich bis 41-60 Jahre		
	männlich über 60 Jahre	0,246	6,0
klein-alt	männlich bis 6 Jahre		
	männlich 6-14 Jahre		
	männlich bis 14-18 Jahre		
	männlich bis 19-26 Jahre		
	männlich bis 27-40 Jahre		
	männlich bis 41-60 Jahre	0,091	0,8
	männlich über 60 Jahre	0,332	11,0
klein-jung	männlich bis 6 Jahre	-0,446	19,9
	männlich 6-14 Jahre	-0,303	9,2
	männlich bis 14-18 Jahre	-0,140	2,0
	männlich bis 19-26 Jahre		
	männlich bis 27-40 Jahre	0,117	1,4
	männlich bis 41-60 Jahre	0,125	1,6
	männlich über 60 Jahre	-0,166	2,7
groß-alt	männlich bis 6 Jahre	0,623	38,8
	männlich 6-14 Jahre	0,450	20,2
	männlich bis 14-18 Jahre	0,239	5,7
	männlich bis 19-26 Jahre	0,087	0,8
	männlich bis 27-40 Jahre	-0,176	3,1
	männlich bis 41-60 Jahre	-0,096	0,9
	männlich über 60 Jahre	0,197	3,9

Tab. 7.8: Zusammenhang zwischen der Altersstruktur des Mitgliederbestandes und Strukturtypen (Spearman R; N=2320). Nur signifikante Effekte.

Strukturtyp	Alterskategorie	Spearman R	R^2
mittel-alt	bis 6 Jahre	0,527	27,8
	6-14 Jahre	0,335	11,3
	bis 14-18 Jahre	0,121	1,5
	bis 19-26 Jahre		
	bis 27-40 Jahre	-0,151	2,3
	bis 41-60 Jahre		
	über 60 Jahre	0,274	7,5
klein-alt	bis 6 Jahre		
	6-14 Jahre		
	bis 14-18 Jahre		
	bis 19-26 Jahre		
	bis 27-40 Jahre		
	bis 41-60 Jahre	0,112	1,2
	über 60 Jahre	0,348	12,1
klein-jung	bis 6 Jahre	-0,437	19,1
	6-14 Jahre	-0,267	7,1
	bis 14-18 Jahre		
	bis 19-26 Jahre		
	bis 27-40 Jahre	0,113	1,3
	bis 41-60 Jahre		
	über 60 Jahre	-0,199	4,0
groß-alt	bis 6 Jahre	0,615	37,9
	6-14 Jahre	0,404	16,4
	bis 14-18 Jahre	0,152	2,3
	bis 19-26 Jahre		
	bis 27-40 Jahre	-0,163	2,7
	bis 41-60 Jahre		
	über 60 Jahre	0,222	4,9

Tab. 7.9: Zusammenhang zwischen dem Anteil weiblicher Mitglieder und den Strukturtypen in Vereinen mit männlichen und weiblichen Mitgliedern. Nur signifikante Effekte (n=2290).

Strukturtyp	Spearman R
mittel-alt	0,10
klein-alt	-0,25
klein-jung	-0,12
groß-alt	0,19

Tab. 7.10: Zusammenhang zwischen Mitgliederdynamik und den Strukturtypen. Nur signifikante Effekte. Bestandsneutraler Mitgliederumsatz (bMu): n=2320; relativierte Mitgliederbilanz (rMb): n=2299; Auffrischungsquote (Afq): n=2312.

Strukturtyp	Kennwert	Spearman R	R^2
mittel-alt	bMu	0,054	0,3
	rMb	-0,027	0,1
	Afq	-0,104	1,1
klein-alt	bMu		
	rMb		
	Afq	-0,156	2,4
klein-jung	bMu	-0,072	0,5
	rMb		
	Afq		
groß-alt	bMu	0,096	0,9
	rMb		
	Afq	-0,059	0,3

Anhang

Tab. 7.11: *Zusammenhang zwischen Heterogenität und Strukturtypen. Alters- und Geschlechtsheterogenität: n=2320; Angebotsheterogenität: n=1632). Nur signifikante Effekte*

Strukturtyp	Kennwert	Spearman R	R^2
mittel-alt	Altersheterogenität	0,604	36,5
	Geschlechtsheterogenität	0,211	4,5
	Angebotsheterogenität	0,471	22,2
klein-alt	Altersheterogenität	0,200	4,0
	Geschlechtsheterogenität	-0,189	3,6
	Angebotsheterogenität		
klein-jung	Altersheterogenität	-0,476	22,6
	Geschlechtsheterogenität	-0,190	3,6
	Angebotsheterogenität	-0,359	12,9
groß-alt	Altersheterogenität	0,654	42,8
	Geschlechtsheterogenität	0,304	9,3
	Angebotsheterogenität	0,505	25,5

Tab. 7.12: *Zusammenhang zwischen dem Grad der Besetzung von ehrenamtlich zu besetzenden Positionen und Strukturtypen (Spearman R, n=2278). Nur signifikante Effekte*

Strukturtyp	Ebene	Spearman R	R^2
mittel-alt	Führung und Verwaltung	-0,085	0,7
	Ausführungsebene		
klein-alt	Führung und Verwaltung		
	Ausführungsebene		
klein-jung	Führung und Verwaltung	0,093	0,9
	Ausführungsebene		
groß-alt	Führung und Verwaltung	-0,095	0,9
	Ausführungsebene		

Tab. 7.13: Zusammenhang zwischen dem Grad der Neubesetzung freiwerdender ehrenamtlicher Positionen und Strukturtypen (Spearman R, n=586). Nur signifikante Effekte

Strukturtyp	Ebene	Spearman R	R^2
mittel-alt	Führung und Verwaltung		
	Ausführungsebene		
klein-alt	Führung und Verwaltung		
	Ausführungsebene		
klein-jung	Führung und Verwaltung		
	Ausführungsebene		
groß-alt	Führung und Verwaltung		
	Ausführungsebene	-0,137	1,9

Tab. 7.14: Zusammenhang zwischen ehrenamtlicher Betreuungsdichte und Strukturtypen (Spearman R; n=1495). Nur signifikante Effekte (n=1495).

Strukturtyp	Spearman R	R^2
mittel-alt	0,200	4,0
klein-alt		
klein-jung	-0,122	1,5
groß-alt	0,221	4,9

Tab. 7.15: Punkt-biseriale Korrelationen zwischen Strukturtypen und der Gewährung (n=1356) bzw. Nicht-Gewährung (n–995) von Aufwandsentschädigungen für ehrenamtliche Mitarbeiter. Nur signifikante Korrelationen

Strukturtyp	R_{pb}	R^2
mittel-alt	0,216	4,7
klein-alt		
klein-jung	-0,160	2,6
groß-alt	0,267	7,1

Anhang

Tab. 7.16: Anteile der Einnahmepositionen am Gesamt-Haushaltsvolumen; Quartilsgrenzen und Median

	n	25. Perzentil	Median	75. Perzentil
Mitgliedsbeiträge	2524	27,69	49,98	73,15
Kreditaufnahme	125	12,58	22,40	43,48
Selbstbetriebene Gaststätte	401	7,71	17,92	33,01
Rückstellungen aus dem Vorjahr sowie Rückgriff auf Vereinsvermögen	69	8,13	13,80	28,55
Zuschüsse ohne Angabe der Quelle	33	7,48	12,82	30,03
Beiträge von Sportlern wegen der Teilnahme am Sportbetrieb (Zuschuß der Mitglieder zu Fahrtgeldern, Startgeldern etc.)	14	4,40	9,57	21,53
Sonstiges	293	3,56	9,09	21,86
Gesellige Veranstaltungen (z. B. Sportlerball, Schützenfest)	940	3,00	8,57	20,00
Spenden	1746	3,09	8,14	17,41
Eigene Wirtschaftsgesellschaft	25	2,51	7,60	18,47
Indirekt mit dem Sportbetrieb verbundene Einnahmen (Ablösesummen, Gastspieler)	27	2,99	7,57	17,87
Beteiligung an Aktionen im Umfeld (Dorffeste, Altpapiersammlungen ...)	29	3,17	7,55	12,38
Werbeverträge – Sponsoren	267	2,96	6,64	14,55
Zuschüsse – des Landes	695	2,80	5,62	10,76
Verkauf/Vermietung/Verpachtung ohne Angabe des Empfängers	86	2,16	5,42	14,56
Sportveranstaltungen (Zuschauereinnahmen etc.)	991	2,48	5,41	12,23
Zuschüsse – aus Förderprogrammen (z. B. Arbeitsamt)	138	2,11	5,37	17,39
Zuschüsse – des Kreises, der Stadt bzw. der Gemeinde	1458	2,28	5,25	10,73
Zuschüsse – der Sportorganisationen (Fachverbände etc.)	1093	2,36	5,18	10,04
Werbeverträge – Trikot, Ausrüstung	268	2,31	4,87	10,15
Werbeverträge – Bande	377	1,97	4,27	8,39

Tab. 7.16: (Fortsetzung) Anteile der Einnahmepositionen am Gesamt-Haushaltsvolumen; Quartilsgrenzen und Median

	n	25. Perzentil	Median	75. Perzentil
Leistungen für Mitglieder gegen Entgelt (Platz-, Hallenmieten o. ä.)	308	1,34	4,16	12,48
Kursgebühren	222	1,26	3,81	8,76
Werbeverträge – Anzeigen	293	1,43	3,11	7,13
Vermögensverwaltung (Miet-/Pachteinnahmen, Zinsen etc.)	938	1,02	3,09	8,21
Aufnahmegebühren	777	0,77	2,56	6,67
Werbeverträge – Übertragungsrechte	29	1,06	2,53	6,45
Leistungen für Nicht-Mitglieder gegen Entgelt (Platz-, Hallenmieten o. ä.)	200	0,55	1,77	5,18

Tab. 7.17: *Anteile der Einnahmepositionen am Gesamt-Haushaltsvolumen; Mittelwert und Standardabweichung*

	n	x̄	s
Mitgliedsbeiträge	2524	51,12	27,71
Kreditaufnahme	125	29,51	22,92
Selbstbetriebene Gaststätte	401	22,72	18,63
Zuschüsse ohne Angabe der Quelle	33	20,89	17,87
Rückstellungen aus dem Vorjahr sowie Rückgriff auf Vereinsvermögen	69	19,35	15,97
Indirekt mit dem Sportbetrieb verbundene Einnahmen (Ablösesummen, Gastspieler)	27	17,40	24,24
Sonstiges	293	17,11	19,65
Gesellige Veranstaltungen (z. B. Sportlerball, Schützenfest)	940	14,60	16,14
Eigene Wirtschaftsgesellschaft	25	14,25	19,08
Verkauf/Vermietung/Verpachtung ohne Angabe des Empfängers	86	13,42	17,91
Spenden	1746	12,67	14,02
Zuschüsse – aus Förderprogrammen (z. B. Arbeitsamt)	138	12,29	16,22
Beiträge von Sportlern wegen der Teilnahme am Sportbetrieb (Zuschuß der Mitglieder zu Fahrtgeldern, Startgeldern etc.)	14	11,94	8,68
Werbeverträge – Sponsoren	267	11,88	15,65
Beteiligung an Aktionen im Umfeld (Dorffeste, Altpapiersammlungen ...)	29	11,59	14,30
Leistungen für Mitglieder gegen Entgelt (Platz-, Hallenmieten o. ä.)	308	11,25	16,38
Sportveranstaltungen (Zuschauereinnahmen etc.)	991	10,97	14,77
Zuschüsse – des Landes	695	9,03	11,09
Zuschüsse – der Sportorganisationen (Fachverbände etc.)	1093	8,88	12,31
Zuschüsse – des Kreises, der Stadt bzw. der Gemeinde	1458	8,88	11,44
Kursgebühren	222	8,41	13,21
Werbeverträge – Trikot, Ausrüstung	268	8,12	10,19
Aufnahmegebühren	777	7,49	13,94

Tab. 7.17: (Fortsetzung) Anteile der Einnahmepositionen am Gesamt-Haushaltsvolumen; Mittelwert und Standardabweichung

	n	$\bar{x}$	s
Vermögensverwaltung (Miet-/Pachteinnahmen, Zinsen etc.)	938	7,35	11,32
Werbeverträge – Bande	377	6,86	8,98
Leistungen für Nicht-Mitglieder gegen Entgelt (Platz-, Hallenmieten o. ä.)	200	5,80	11,67
Werbeverträge – Anzeigen	293	5,66	7,70
Werbeverträge – Übertragungsrechte	29	4,52	5,47

Tab. 7.18: Anteile der Ausgabepositionen am Gesamt-Haushaltsvolumen; Quartilsgrenzen und Median

	n	25. Perzentil	Median	75. Perzentil
Personalkosten – Verwaltungspersonal	264	3,00	5,00	12,00
Personalkosten – Trainer, Übungsleiter, Sportlehrer	1503	10,00	20,00	35,00
Personalkosten – Zahlungen an Sportler	176	4,00	8,00	21,00
Personalkosten – Wartungspersonal, Platzwart etc.	513	3,00	6,00	12,00
Sportbetrieb – Kosten für Sportgeräte und Sportkleidung	1799	6,00	12,00	23,00
Sportbetrieb – Kosten für die Unterhaltung und den Betrieb eigener Anlagen	1153	6,00	14,00	26,00
Sportbetrieb – Mieten und Kostenerstattung für die Benutzung von nicht-vereinseigenen Sportanlagen bzw. –einrichtungen	1007	3,00	9,00	22,00
Sportbetrieb – Reisekosten für Übungs- und Wettkampfbetrieb	1058	3,00	7,00	15,00
Sportbetrieb – Kosten für die Durchführung eigener sportlicher Veranstaltungen	1294	4,00	9,00	17,00
Abgaben/Steuern – Abgaben an Landes-, Stadt- oder Kreissportbünde o. ä.	1743	3,00	6,00	12,00
Abgaben/Steuern – Abgaben an Fachverbände	1659	3,00	6,00	13,00
Abgaben/Steuern – Steuern aller Art	635	1,00	3,00	7,00
Abgaben/Steuern – Gema-Gebühren	570	0,00	1,00	2,00
Allgemeinkosten – allgemeine Verwaltungskosten	1504	2,00	4,00	8,00
Allgemeinkosten – Versicherungen (z. B. VBG)	1473	2,00	4,00	7,00
Allgemeinkosten – Kosten für außersportliche Veranstaltungen (z. B. Feste)	1196	3,00	7,00	17,00
Kapitaldienst (Zinsen, Tilgungen)	547	1,00	4,00	14,00
Rückstellungen	425	5,00	11,00	20,00
Kosten für Ehrungen und Präsente	79	1,00	4,00	7,00
Bau oder Kauf von Sport- und sonstigen Anlagen/Geräten (KFZ, BUS)	84	7,00	18,00	39,00

Tab. 7.18: (Fortsetzung) Anteile der Ausgabepositionen am Gesamt-Haushaltsvolumen; Quartilsgrenzen und Median

	n	25. Perzentil	Median	75. Perzentil
Einkauf von Waren u. ä.	43	10,00	20,00	33,00
Schiri-, Start- und Lehrgangsgebühren, Strafen	177	3,00	7,00	14,00
Öffentlichkeitsarbeit, Werbung, Repräsentation	61	2,00	4,00	7,00
Unterhalt von Anlagen ohne Zuordnung ob eigen oder nicht: Energie, Nebenkosten, Wasser etc.	70	6,00	10,00	15,00
Jugendarbeit	59	4,00	7,00	12,00
Kosten für eigenen Wirtschaftsbetrieb	16	10,00	18,00	28,00
Arzt/Sanitäter/Steuerberater/	14	4,00	6,00	9,00
Fachliteratur	24	1,00	3,00	8,00
Mitgliederbetreuung	14	3,00	4,00	8,00
Sonstiges	426	3,00	9,00	20,00

Tab. 7.19: *Anteile der Ausgabepositionen am Gesamt-Haushaltsvolumen; Mittelwert und Standardabweichung*

	n	$\bar{x}$	s
Personalkosten – Verwaltungspersonal	264	12,00	20,00
Personalkosten – Trainer, Übungsleiter, Sportlehrer	1503	25,00	20,00
Personalkosten – Zahlungen an Sportler	176	14,00	16,00
Personalkosten – Wartungspersonal, Platzwart etc.	513	10,00	13,00
Sportbetrieb – Kosten für Sportgeräte und Sportkleidung	1799	18,00	17,00
Sportbetrieb – Kosten für die Unterhaltung und den Betrieb eigener Anlagen	1153	19,00	16,00
Sportbetrieb – Mieten und Kostenerstattung für die Benutzung von nicht-vereinseigenen Sportanlagen bzw. –einrichtungen	1007	17,00	21,00
Sportbetrieb – Reisekosten für Übungs- und Wettkampfbetrieb	1058	12,00	13,00
Sportbetrieb – Kosten für die Durchführung eigener sportlicher Veranstaltungen	1294	14,00	16,00
Abgaben/Steuern – Abgaben an Landes-, Stadt- oder Kreissportbünde o. ä.	1743	11,00	15,00
Abgaben/Steuern – Abgaben an Fachverbände	1659	11,00	14,00
Abgaben/Steuern – Steuern aller Art	635	6,00	8,00
Abgaben/Steuern – Gema-Gebühren	570	2,00	5,00
Allgemeinkosten – allgemeine Verwaltungskosten	1504	6,00	8,00
Allgemeinkosten – Versicherungen (z. B. VBG)	1473	6,00	10,00
Allgemeinkosten – Kosten für außersportliche Veranstaltungen (z. B. Feste)	1196	13,00	15,00
Kapitaldienst (Zinsen, Tilgungen)	547	10,00	13,00
Rückstellungen	425	16,00	15,00
Kosten für Ehrungen und Präsente	79	6,00	7,00
Bau oder kauf von Sport- und sonstigen Anlagen/Geräten (KFZ, BUS)	84	28,00	27,00
Einkauf von Waren u. ä.	43	24,00	18,00
Schiri-, Start- und Lehrgangsgebühren, Strafen	177	12,00	14,00
Öffentlichkeitsarbeit, Werbung, Repräsentation	61	8,00	10,00

Tab. 7.19: *(Fortsetzung) Anteile der Ausgabepositionen am Gesamt-Haushaltsvolumen; Mittelwert und Standardabweichung*

	n	x̄	s
Unterhalt von Anlagen ohne Zuordnung ob eigen oder nicht: Energie, Nebenkosten, Wasser etc.	70	13,00	12,00
Jugendarbeit	59	9,00	8,00
Kosten für eigenen Wirtschaftsbetrieb	16	19,00	11,00
Arzt/Sanitäter/Steuerberater/	14	10,00	12,00
Fachliteratur	24	5,00	5,00
Mitgliederbetreuung	14	6,00	6,00
Sonstiges	426	15,00	17,00

Tab. 7.20: *Beträge in den einzelnen Einnahmepositionen in DM; Quartilsgrenzen und Median*

	n	25. Perzentil	Median	75. Perzentil
Mitgliedsbeiträge	2524	3000,00	8385,00	22100,25
Aufnahmegebühren	775	200,00	700,00	2400,00
Spenden	1746	600,00	2200,00	7000,00
Zuschüsse – der Sportorganisationen (Fachverbände etc.)	1093	700,00	1800,00	4200,00
Zuschüsse – des Landes	695	600,00	1600,00	4008,00
Zuschüsse – des Kreises, der Stadt bzw. der Gemeinde	1458	466,60	1400,00	4500,00
Zuschüsse – aus Förderprogrammen (z. B. Arbeitsamt)	138	1000,00	2812,50	15000,00
Vermögensverwaltung (Miet-/Pachteinnahmen, Zinsen etc.)	938	362,00	1276,95	6300,00
Selbstbetriebene Gaststätte	401	3346,33	8000,00	20000,00
Sportveranstaltungen (Zuschauereinnahmen etc.)	991	1000,00	2450,00	5500,00
Leistungen für Mitglieder gegen Entgelt (Platz-, Hallenmieten o. ä.)	308	539,00	1970,00	6978,50
Gesellige Veranstaltungen (z. B. Sportlerball, Schützenfest)	940	1000,00	2800,00	8000,00
Werbeverträge – Trikot, Ausrüstung	268	1000,00	2350,00	4500,00
Werbeverträge – Bande	377	1800,00	3119,00	6000,00
Werbeverträge – Übertragungsrechte	29	1500,00	2500,00	5011,00
Werbeverträge – Anzeigen	293	1009,00	3000,00	6000,00
Werbeverträge – Sponsoren	267	1000,00	2400,00	5300,00
Eigene Wirtschaftsgesellschaft	25	1000,00	3000,00	9957,30
Kursgebühren	222	500,00	1960,00	8000,00
Leistungen für Nicht-Mitglieder gegen Entgelt (Platz-, Hallenmieten o. ä.)	200	300,00	811,10	3000,00
Kreditaufnahme	125	10000,00	29000,00	80000,00
Rückstellungen aus dem Vorjahr sowie Rückgriff auf Vereinsvermögen	69	2115,00	7200,00	20000,00
Zuschüsse ohne Angabe der Quelle	33	2648,40	6000,00	26653,18
Verkauf/Vermietung/Verpachtung ohne Angabe des Empfängers	86	980,00	2450,00	6331,05

Tab. 7.20: *(Fortsetzung) Beträge in den einzelnen Einnahmepositionen in DM; Quartilsgrenzen und Median*

	n	25. Perzentil	Median	75. Perzentil
Indirekt mit dem Sportbetrieb verbundene Einnahmen (Ablösesummen, Gastspieler)	27	1172,00	2775,00	4900,00
Beiträge von Sportlern wegen der Teilnahme am Sportbetrieb (Zuschuß der Mitglieder zu Fahrtgeldern, Startgeldern etc.)	14	640,00	1021,50	6895,00
Beteiligung an Aktionen im Umfeld (Dorffeste, Altpapiersammlungen ...)	29	1212,60	2002,00	4620,00
Sonstiges	293	1500,00	4800,00	14000,00

Tab. 7.21: Beträge in den einzelnen Einnahmepositionen in DM; Mittelwert und Standardabweichung

	n	$\bar{x}$	s
Mitgliedsbeiträge	2524	27485,23	81202,53
Aufnahmegebühren	775	6853,08	44629,22
Spenden	1746	9121,63	60941,14
Zuschüsse – der Sportorganisationen (Fachverbände etc.)	1093	4804,97	10786,38
Zuschüsse – des Landes	695	5121,59	14643,58
Zuschüsse – des Kreises, der Stadt bzw. der Gemeinde	1458	5604,53	15815,56
Zuschüsse – aus Förderprogrammen (z. B. Arbeitsamt)	138	27073,92	144616,82
Vermögensverwaltung (Miet-/Pachteinnahmen, Zinsen etc.)	938	9399,62	25635,37
Selbstbetriebene Gaststätte	401	16123,25	22996,86
Sportveranstaltungen (Zuschauereinnahmen etc.)	991	6364,48	15077,16
Leistungen für Mitglieder gegen Entgelt (Platz-, Hallenmieten o. ä.)	308	14898,84	39565,60
Gesellige Veranstaltungen (z. B. Sportlerball, Schützenfest)	940	7039,64	11534,09
Werbeverträge – Trikot, Ausrüstung	268	6514,65	17571,17
Werbeverträge – Bande	377	6244,86	19165,87
Werbeverträge – Übertragungsrechte	29	11753,53	38534,37
Werbeverträge – Anzeigen	293	5579,33	9774,40
Werbeverträge – Sponsoren	267	15822,02	169996,92
Eigene Wirtschaftsgesellschaft	25	9273,45	14101,47
Kursgebühren	222	7443,56	13742,16
Leistungen für Nicht-Mitglieder gegen Entgelt (Platz-, Hallenmieten o. ä.)	200	7597,73	29669,86
Kreditaufnahme	125	73452,87	138395,28
Rückstellungen aus dem Vorjahr sowie Rückgriff auf Vereinsvermögen	69	16942,04	28635,87
Zuschüsse ohne Angabe der Quelle	33	18766,65	31405,58
Verkauf/Vermietung/Verpachtung ohne Angabe des Empfängers	86	11018,39	25446,03

Tab. 7.21: (Fortsetzung) Beträge in den einzelnen Einnahmepositionen in DM; Mittelwert und Standardabweichung

	n	x̄	s
Indirekt mit dem Sportbetrieb verbundene Einnahmen (Ablösesummen, Gastspieler)	27	9659,65	21075,88
Beiträge von Sportlern wegen der Teilnahme am Sportbetrieb (Zuschuß der Mitglieder zu Fahrtgeldern, Startgeldern etc.)	14	4989,10	7943,18
Beteiligung an Aktionen im Umfeld (Dorffeste, Altpapiersammlungen ...)	29	3674,82	3993,25
Sonstiges	293	17749,68	42860,18

Tab. 7.22: Beträge in den einzelnen Ausgabepositionen in DM; Quartilsgrenzen und Median

	n	25. Perzentil	Median	75. Perzentil
Personalkosten – Verwaltungspersonal	264	1000,00	4800,00	13918,00
Personalkosten – Trainer, Übungsleiter, Sportlehrer	1503	1880,00	6000,00	16600,00
Personalkosten – Zahlungen an Sportler	176	1000,00	4830,00	12350,00
Personalkosten – Wartungspersonal, Platzwart etc.	513	1500,00	3600,00	8000,00
Sportbetrieb – Kosten für Sportgeräte und Sportkleidung	1799	1000,00	2800,00	6500,00
Sportbetrieb – Kosten für die Unterhaltung und den Betrieb eigener Anlagen	1153	1500,00	4673,00	12000,00
Sportbetrieb – Mieten und Kostenerstattung für die Benutzung von nicht-vereinseigenen Sportanlagen bzw. -einrichtungen	1007	600,00	1800,00	5000,00
Sportbetrieb – Reisekosten für Übungs- und Wettkampfbetrieb	1058	650,00	1770,39	5000,00
Sportbetrieb – Kosten für die Durchführung eigener sportlicher Veranstaltungen	1294	800,00	2000,00	6000,00
Abgaben/Steuern – Abgaben an Landes-, Stadt- oder Kreissportbünde o. ä.	1743	402,00	1035,75	2500,00
Abgaben/Steuern – Abgaben an Fachverbände	1659	564,00	1400,00	3000,00
Abgaben/Steuern – Steuern aller Art	635	912,00	2250,00	5163,59
Abgaben/Steuern – Gema-Gebühren	570	200,00	435,50	866,00
Allgemeinkosten – allgemeine Verwaltungskosten	1504	350,00	1000,00	3000,00
Allgemeinkosten – Versicherungen (z. B. VBG)	1473	479,20	1100,00	2671,00
Allgemeinkosten – Kosten für außersportliche Veranstaltungen (z. B. Feste)	1196	600,00	1589,83	4266,50
Kapitaldienst (Zinsen, Tilgungen)	547	600,00	3600,00	12000,00
Rückstellungen	425	1500,00	4500,00	10710,00
Kosten für Ehrungen und Präsente	79	313,15	800,00	1656,33
Bau oder Kauf von Sport- und sonstigen Anlagen/Geräten (KFZ, BUS)	84	4602,55	11900,00	42432,50
Einkauf von Waren u. ä.	43	3670,00	12741,00	32000,00

Tab. 7.22: *(Fortsetzung) Beträge in den einzelnen Ausgabepositionen in DM; Quartilsgrenzen und Median*

	n	25. Perzentil	Median	75. Perzentil
Schiri-, Start- und Lehrgangsgebühren, Strafen	177	518,40	2000,00	4098,00
Öffentlichkeitsarbeit, Werbung, Repräsentation	61	1355,16	2453,77	6000,00
Unterhalt von Anlagen ohne Zuordnung ob eigen oder nicht: Energie, Nebenkosten, Wasser etc.	70	1500,00	5766,50	10802,57
Jugendarbeit	59	1320,00	2928,00	6777,00
Kosten für eigenen Wirtschaftsbetrieb	16	4550,00	15419,00	33000,00
Arzt/Sanitäter/Steuerberater/	14	501,17	2526,51	5700,00
Fachliteratur	24	150,00	268,90	391,00
Mitgliederbetreuung	14	554,00	1487,50	2819,00
Sonstiges	426	954,00	3247,50	12000,00

Tab. 7.23: Beträge in den einzelnen Ausgabepositionen in DM; Mittelwert und Standardabweichung

	n	$\bar{x}$	s
Personalkosten – Verwaltungspersonal	264	23621,24	60156,67
Personalkosten – Trainer, Übungsleiter, Sportlehrer	1503	17184,06	40345,79
Personalkosten – Zahlungen an Sportler	176	33005,33	184561,12
Personalkosten – Wartungspersonal, Platzwart etc.	513	14619,92	52198,01
Sportbetrieb – Kosten für Sportgeräte und Sportkleidung	1799	6588,65	14909,45
Sportbetrieb – Kosten für die Unterhaltung und den Betrieb eigener Anlagen	1153	15980,61	55692,23
Sportbetrieb – Mieten und Kostenerstattung für die Benutzung von nicht-vereinseigenen Sportanlagen bzw. -einrichtungen	1007	6549,48	24249,84
Sportbetrieb – Reisekosten für Übungs- und Wettkampfbetrieb	1058	5795,32	13592,73
Sportbetrieb – Kosten für die Durchführung eigener sportlicher Veranstaltungen	1294	6580,77	13874,18
Abgaben/Steuern – Abgaben an Landes-, Stadt- oder Kreissportbünde o. ä.	1743	2408,23	5733,68
Abgaben/Steuern – Abgaben an Fachverbände	1659	2864,53	7109,90
Abgaben/Steuern – Steuern aller Art	635	5188,57	11249,01
Abgaben/Steuern – Gema-Gebühren	570	1012,31	3728,58
Allgemeinkosten – allgemeine Verwaltungskosten	1504	3575,02	10783,04
Allgemeinkosten – Versicherungen (z. B. VBG)	1473	2810,40	11043,45
Allgemeinkosten – Kosten für außersportliche Veranstaltungen (z. B. Feste)	1196	5148,51	12288,77
Kapitaldienst (Zinsen, Tilgungen)	547	13403,52	37189,13
Rückstellungen	425	10834,75	23457,65
Kosten für Ehrungen und Präsente	79	1837,33	3465,46
Bau oder Kauf von Sport- und sonstigen Anlagen/Geräten (KFZ, BUS)	84	63301,59	130613,09
Einkauf von Waren u. ä.	43	20524,89	21174,16
Schiri-, Start- und Lehrgangsgebühren, Strafen	177	3720,20	6112,60
Öffentlichkeitsarbeit, Werbung, Repräsentation	61	5849,46	7418,50

Tab. 7.23: (Fortsetzung) Beträge in den einzelnen Ausgabepositionen in DM; Mittelwert und Standardabweichung

	n	$\bar{x}$	s
Unterhalt von Anlagen ohne Zuordnung zu eigenen oder nicht eigenen Anlagen: Energie, Nebenkosten, Wasser etc.	70	14445,97	34474,57
Jugendarbeit	59	6726,00	10186,79
Kosten für eigenen Wirtschaftsbetrieb	16	24492,63	29144,66
Arzt/Sanitäter/Steuerberater/	14	5978,59	8451,80
Fachliteratur	24	403,35	713,09
Mitgliederbetreuung	14	1833,22	1528,14
Sonstiges	426	14497,09	31953,03

Tab. 7.24: *Korrelation zwischen Strukturtypen und Anteilen der Einnahmen in den analytischen Kategorien am Gesamt-Haushalt (n=2777)*

Strukturtyp	Anteil ...	Spearman R	R^2
mittel-alt	stete Einnahmen	-0,095	0,9
	unstete Einnahmen	0,110	1,2
	indifferente Einnahmen bzgl. Stetigkeit	0,081	0,7
	interne Einnahmen	-0,141	2,0
	externe Einnahmen	0,181	3,3
	indifferente Einnahmen bzgl. der Herkunft	0,153	2,3
	autonome Einnahmen	-0,140	2,0
	heteronome Einnahmen	0,154	2,4
	indifferente Einnahmen bzgl. der Autonomie	0,077	0,6
klein-alt	stete Einnahmen	-0,177	3,1
	unstete Einnahmen	0,184	3,4
	indifferente Einnahmen bzgl. Stetigkeit	-0,011	0,0
	interne Einnahmen	-0,149	2,2
	externe Einnahmen	0,128	1,6
	indifferente Einnahmen bzgl. der Herkunft	0,123	1,5
	autonome Einnahmen	-0,076	0,6
	heteronome Einnahmen	0,079	0,6
	indifferente Einnahmen bzgl. der Autonomie	0,010	0,0

Tab. 7.24: *(Fortsetzung) Korrelation zwischen Strukturtypen und Anteilen der Einnahmen in den analytischen Kategorien am Gesamt-Haushalt (n=2777)*

Strukturtyp	Anteil ...	Spearman R	R^2
klein-jung	stete Einnahmen	0,052	0,3
	unstete Einnahmen	-0,067	0,4
	indifferente Einnahmen bzgl. Stetigkeit	-0,071	0,5
	interne Einnahmen	0,116	1,3
	externe Einnahmen	-0,139	1,9
	indifferente Einnahmen bzgl. der Herkunft	-0,136	1,8
	autonome Einnahmen	0,146	2,1
	heteronome Einnahmen	-0,160	2,6
	indifferente Einnahmen bzgl. der Autonomie	-0,065	0,4
groß-alt	stete Einnahmen	-0,085	0,7
	unstete Einnahmen	0,097	0,9
	indifferente Einnahmen bzgl. Stetigkeit	0,118	1,4
	interne Einnahmen	-0,127	1,6
	externe Einnahmen	0,174	3,0
	indifferente Einnahmen bzgl. der Herkunft	0,159	2,5
	autonome Einnahmen	-0,142	2,0
	heteronome Einnahmen	0,154	2,4
	indifferente Einnahmen bzgl. der Autonomie	0,105	1,1

Tab. 7.25: Korrelation zwischen Strukturtypen und Anteilen der Ausgaben in den analytischen Kategorien am Gesamt-Haushalt (n=2735)

Strukturtyp	Anteil ...	Spearman R	R^2
mittel-alt	stete Ausgaben		
	unstete Ausgaben		
	indifferente Ausgaben bzgl. Stetigkeit	0,104	1,1
	autonome Ausgaben		
	heteronome Ausgaben		
	indifferente Ausgaben bzgl. der Autonomie	0,120	1,4
klein-alt	stete Ausgaben	-0,098	1,0
	unstete Ausgaben	0,074	0,5
	indifferente Ausgaben bzgl. Stetigkeit	0,102	1,0
	autonome Ausgaben	-0,088	0,8
	heteronome Ausgaben	0,088	0,8
	indifferente Ausgaben bzgl. der Autonomie		
klein-jung	stete Ausgaben		
	unstete Ausgaben		
	indifferente Ausgaben bzgl. Stetigkeit	-0,084	0,1
	autonome Ausgaben		
	heteronome Ausgaben		
	indifferente Ausgaben bzgl. der Autonomie	-0,094	0,9
groß-alt	stete Ausgaben	0,083	0,7
	unstete Ausgaben		
	indifferente Ausgaben bzgl. Stetigkeit	0,115	1,3
	autonome Ausgaben		
	heteronome Ausgaben		
	indifferente Ausgaben bzgl. der Autonomie	0,149	2,2

Fragebögen

Version 1

Anhang

- 1 -

1. Wann wurde Ihr Verein gegründet? *Im Jahr* _____

2. Welchem Landessportbund bzw. -verband gehört Ihr Verein an?
(Bei Vereinen in Rheinland-Pfalz und Baden-Württemberg bitte auch weitere regionale Gliederungen angeben, z.B. Sportbund Pfalz!)
Bitte keine Abkürzungen verwenden! _____

3. Wieviele männliche und weibliche Mitglieder hatte Ihr Verein am 01.01.1997?
weibliche Mitglieder _____   *männliche Mitglieder* _____

4. Wieviele Mitglieder hatte Ihr Verein am 01.01.1997 in den folgenden Alters- und Geschlechtsgruppen?

		weiblich	männlich
Anzahl der Mitglieder	*bis 6 Jahre*	_____	_____
Anzahl der Mitglieder	*7 - 14 Jahre*	_____	_____
Anzahl der Mitglieder	*15 - 18 Jahre*	_____	_____
Anzahl der Mitglieder	*19 - 26 Jahre*	_____	_____
Anzahl der Mitglieder	*27 - 40 Jahre*	_____	_____
Anzahl der Mitglieder	*41 - 60 Jahre*	_____	_____
Anzahl der Mitglieder	*über 60 Jahre*	_____	_____

5. Wieviele Mitglieder sind im Jahr 1996 ...
... in Ihren Verein eingetreten? _____
... aus Ihrem Verein ausgetreten? _____
... verstorben? _____

6. Nennen Sie bitte Veränderungen in der Mitgliederstruktur der im folgenden genannten Altersgruppen in Ihrem Sportverein im Jahr 1996 im Vergleich zum Jahr 1995! (Mehrere Antworten sind möglich!)

	deutliche Zunahme	*kaum Veränderung*	*deutliche Abnahme*
männlich bis 6 Jahre	☐	☐	☐
weiblich bis 6 Jahre	☐	☐	☐
männlich 7 - 14 Jahre	☐	☐	☐
weiblich 7 - 14 Jahre	☐	☐	☐
männlich 15 - 18 Jahre	☐	☐	☐
weiblich 15 - 18 Jahre	☐	☐	☐
männlich 19 - 26 Jahre	☐	☐	☐
weiblich 19 - 26 Jahre	☐	☐	☐
männlich 27 - 40 Jahre	☐	☐	☐
weiblich 27 - 40 Jahre	☐	☐	☐

- 2 -

	deutliche Zunahme	kaum Veränderung	deutliche Abnahme
männlich 41 - 60 Jahre	☐	☐	☐
weiblich 41 - 60 Jahre	☐	☐	☐
männlich über 60 Jahre	☐	☐	☐
weiblich über 60 Jahre	☐	☐	☐

7. Nennen Sie bitte Veränderungen in der Mitgliederstruktur der im folgenden genannten Mitgliedergruppen in Ihrem Sportverein im Jahr 1996 im Vergleich zum Jahr 1995! (Mehrere Antworten sind möglich!)

	deutliche Zunahme	kaum Veränderung	deutliche Abnahme
männliche Ausländer	☐	☐	☐
weibliche Ausländer	☐	☐	☐
männliche Behinderte	☐	☐	☐
weibliche Behinderte	☐	☐	☐

8. Wieviel Prozent der Mitglieder in Ihrem Verein treiben regelmäßig, d.h. durchschnittlich mindestens einmal pro Woche, Sport? (Bei Saisonsportarten beziehen sich die Angaben auf die Saison.)
   genau _____ %
   ich schätze _____ %
   kann ich nicht beurteilen ☐

9. Ist Ihr Verein in der Lage, noch weitere Mitglieder aufzunehmen?
   ☐ nein
   ☐ ja, in allen Sparten/Abteilungen
   ☐ ja, aber nicht in folgenden Sparten/Abteilungen:
   _____
   _____

10. Ist Ihr Verein ein Mehrspartenverein?
    ☐ nein   ☐ ja
    Wenn ja,
    a) wieviele Abteilungen bzw. Sparten gibt es in Ihrem Verein?
       _____ Abteilungen/Sparten
    b) wieviele Abteilungen bzw. Sparten haben eine eigene Abteilungs- bzw. Spartenleitung?
       _____ Abteilungen/Sparten
    c) in wievielen Fachverbänden hat Ihr Verein Mitglieder gemeldet?
       _____ Fachverbände

- 3 -

11. Welche Sportangebote werden in Ihrem Verein für welche Altersgruppen angeboten und wieviele männliche und weibliche Vereinsmitglieder nutzen dieses Sportangebot?

Tragen Sie bitte ein, in der ...

... Spalte **„Sportangebote"**, um welche Sportartangebote es sich handelt (z.B. Fußball, Leichtathletik, Wassergymnastik, allgemeine Fitneßgruppe, Koronarsportgruppe etc.);

... Spalte **„Anzahl an Sportgruppen"**, um wieviele unterschiedliche Sportgruppen es sich jeweils handelt;

... Spalte **„Alter der Teilnehmer"** das Alter des jüngsten und des ältesten Mitglieds, das das Angebot wahrnimmt;

... Spalte **„Anzahl an Teilnehmern"** wieviele weibliche bzw. männliche Mitglieder dieses Sportangebot regelmäßig (mindestens einmal wöchentlich in der Saison bzw. über das Jahr) nutzen.

Sportangebote	Anzahl an Sport-gruppen	Alter der Teilnehmer von bis	Anzahl an Teilnehmern weiblich männlich

12. Wurde in den vergangenen 3 Jahren die Aufnahme neuer Sportangebote im Vereinsvorstand erwogen?

☐ *nein*   ☐ *ja*

Wenn ja, welche Angebote wurden erwogen?
_____

- 4 -

13. Wurden in den vergangenen 3 Jahren neue Sportangebote aufgenommen?
☐ *nein* ☐ *ja*
Wenn ja,
a) welche Angebote waren das?
_____
_____

b) welche der im folgenden genannten Gründe führten zur Aufnahme dieser neuen Sportangebote? (Mehrfachnennungen sind möglich!)
☐ *um neue Mitglieder zu gewinnen*
☐ *um den Austritt von Mitgliedern zu verhindern*
☐ *um höhere Einnahmen zu erzielen*
☐ *um gegenüber anderen Sportvereinen konkurrenzfähig zu bleiben*
☐ *um gegenüber anderen nicht-kommerziellen Sportanbietern (z.B. VHS, Familienbildungsstätten o.ä.) konkurrenzfähig zu bleiben*
☐ *um gegenüber kommerziellen Sportanbietern konkurrenzfähig zu bleiben*
☐ *um den Wünschen von Mitgliedern entgegenzukommen*
☐ *um freie Kapazitäten besser zu nutzen*
Andere Gründe, und zwar: _____

14. Gibt es in Ihrem Verein außersportliche Angebote?
☐ *nein* ☐ *ja*
Wenn ja, welche Aktivitäten finden wie häufig pro Jahr statt?

	nie	selten	häufig
Feiern zu besonderen Anlässen	☐	☐	☐
gesellige Angebote	☐	☐	☐
außersportliche Hobbyaktivitäten	☐	☐	☐
Ausflüge	☐	☐	☐
Reisen, Urlaub o.ä.	☐	☐	☐
sonstige Angebote, und zwar:			
_____		☐	☐
_____		☐	☐

15. Gibt es in Ihrem Verein über den alltäglichen Trainings- und Wettkampfbetrieb hinaus zusätzliche Sportangebote?
☐ *nein* ☐ *ja*

Wenn ja, welche Aktivitäten finden wie häufig pro Jahr statt?

	nie	selten	häufig
Lauftreffs, Volksläufe o.ä.	☐	☐	☐
Wandern/Radwandern o.ä.	☐	☐	☐
Spiel- und Sportfeste, Spieltreffs	☐	☐	☐
Erwerb des Sportabzeichens	☐	☐	☐
sonstige Aktivitäten,			
und zwar _____		☐	☐
		☐	☐

16. Wieviele Einwohner hat die Gemeinde/Stadt, in der Ihr Verein ansässig ist?
    (Bitte bei Ortsteilen bzw. eingemeindeten Vororten die Einwohnerzahl der ganzen Stadt angeben!)
    - ☐ *bis 1.000*
    - ☐ *bis 2.000*
    - ☐ *bis 5.000*
    - ☐ *bis 10.000*
    - ☐ *bis 20.000*
    - ☐ *bis 50.000*
    - ☐ *bis 100.000*
    - ☐ *bis 250.000*
    - ☐ *bis 500.000*
    - ☐ *über 500.000*

17. Ergreift Ihr Verein besondere Maßnahmen, um erfolgreiche Sportler an den Verein zu binden?
    ☐ *nein*   ☐ *ja*
    Wenn ja, welche?
    - ☐ *Wir haben Sportler beim Verein angestellt*
    - ☐ *Die Sportler erhalten vom Verein finanzielle Zuwendungen*
    - ☐ *Die Sportler erhalten vom Verein unbare Leistungen zur Nutzung (Wohnung, Auto o.ä.)*
    - ☐ *Die Sportler erhalten vom Verein unbare Leistungen als Eigentum (Auto, Sportausrüstung o.ä.)*
    - ☐ *Der Verein vermittelt den Sportlern besondere Bezugsquellen bzw. Konditionen für Kauf, Miete, Leasing o.ä.*
    Sonstige, und zwar: _____

18. Helfen Dritte wie z.B. Sponsoren, Förderer oder Gönner dabei, erfolgreiche Sportler an den Verein zu binden?
    ☐ *nein*   ☐ *ja*
    Wenn ja
    a) wie?
    - ☐ *Sportler werden von Dritten beschäftigt*
    - ☐ *Dritte verhelfen Sportlern zu Anstellungen*
    - ☐ *Die Sportler erhalten von Dritten finanzielle Zuwendungen*
    - ☐ *Die Sportler erhalten von Dritten unbare Leistungen zur Nutzung (Wohnung, Auto o.ä.)*

Anhang

- 6 -

☐ *Die Sportler erhalten von Dritten unbare Leistungen als Eigentum (Auto, Sportausrüstung o.ä.)*
☐ *Den Sportlern werden von Dritten besondere Konditionen für Kauf, Miete, Leasing o.ä. gewährt*
Auf andere Weise, nämlich: _____

b) erhalten diese Sponsoren, Förderer oder Gönner Gegenleistungen für ihr Engagement?
☐ *nein* ☐ *ja, und zwar:* _____

19. Bietet Ihr Verein Sportangebote für bestimmte Zielgruppen an?
☐ *nein* ☐ *ja*
Wenn ja, für welche Zielgruppe(n)?
☐ *für Behinderte*
☐ *für chronisch Kranke*
☐ *für Ausländer*
☐ *für Um- und Übersiedler*
☐ *für Kinder im Vorschulalter*
☐ *für Hausfrauen*
☐ *für Senioren*
☐ *für Mutter (Eltern) und Kind*
Für andere Gruppen, und zwar für: _____

20. Welches Leistungsangebot wird Ihrer Meinung nach von Ihren Mitgliedern erwartet? (Markieren Sie bitte die zutreffende Ziffer!)

Der Verein soll...	gar nicht		mäßig		stark
... mit seinem Angebot Behinderte ansprechen	0	1	2	3	4
... mit seinem Angebot Leistungssportler ansprechen	0	1	2	3	4
... Rehabilitationssport anbieten	0	1	2	3	4
... frauenspezifische Angebote anbieten	0	1	2	3	4
... Chancen zur ganzheitlichen Körpererfahrung anbieten	0	1	2	3	4
... ein kinderfreundliches Angebot bieten	0	1	2	3	4
... mit seinem Angebot Jugendliche anziehen	0	1	2	3	4
... ein allgemein gesundheitsorientiertes Sportangebot für „Alle" anbieten	0	1	2	3	4
... mit seinem Angebot ältere Menschen ansprechen	0	1	2	3	4
... mit seinem Angebot Erlebnishungrige ansprechen	0	1	2	3	4
... Entspannungs- und Meditationsmöglichkeiten bieten	0	1	2	3	4
... gesundheitsorientierte Sportangebote für Menschen mit bestimmten Risikofaktoren anbieten	0	1	2	3	4
... mit seinem Angebot chronisch Kranke ansprechen	0	1	2	3	4

Anhang

21. Welche ehrenamtlichen Positionen gibt es in Ihrem Verein und von wievielen Personen werden diese bekleidet?
Tragen Sie bitte ein, in der ...
... **Spalte „Anzahl der Positionen"** wieviele Positionen bzw. Ämter in Ihrem Verein existieren, unabhängig davon, ob diese Positionen besetzt sind oder nicht;
... **Spalte „Anzahl der ehrenamtlichen Mitarbeiter"** wieviele männliche und weibliche Mitarbeiter diese Positionen besetzt haben.
Sollte ein oder mehrere Aufgabenbereiche nicht aufgeführt worden sein, so benennen Sie diesen bzw. diese bitte in den Zeilen **„weitere Positionen"**.

1. Ehrenamtliche Positionen im Vereinsvorstand

	Anzahl der Positionen	Anzahl der ehrenamtlichen Mitarbeiter	
		weiblich	männlich
Vorsitzender/Präsident			
stellvertretender Vorsitzender			
Geschäftsführer			
Schriftführer			
Schatzmeister/Kassenwart			
Sportwart			
Pressewart			
Jugendwart			
Frauenwartin/Frauenbeauftragte			
Seniorenwart			
weitere Vorstandspositionen, und zwar:			

2. Weitere ehrenamtliche Positionen

	Anzahl der Positionen	Anzahl der ehrenamtlichen Mitarbeiter	
		weiblich	männlich
Mitglieder in Abteilungsvorständen			
Schieds-/Kampfrichter			
Trainer und Übungsleiter			
andere Positionen, und zwar:			

22. Für welche Positionen gewährt Ihr Verein ehrenamtlichen Mitarbeitern finanzielle Entschädigungen?

1. Ehrenamtliche Positionen im Vereinsvorstand

	aufwandsabhängige Entschädigung (z.B. Fahrtkosten)	pauschale Entschädigung (z.B. Sitzungsgelder)	zeitabhängige Entschädigung (z.B. Honorare)
Vorsitzender/Präsident	☐	☐	☐
stellvertretender Vorsitzender	☐	☐	☐
Geschäftsführer	☐	☐	☐
Schriftführer	☐	☐	☐
Schatzmeister/Kassenwart	☐	☐	☐
Sportwart	☐	☐	☐
Pressewart	☐	☐	☐
Jugendwart	☐	☐	☐
Frauenwartin/Frauenbeauftragte	☐	☐	☐
Seniorenwart	☐	☐	☐

weitere Vorstandspositionen, und zwar:

_____	☐	☐	☐
_____	☐	☐	☐
_____	☐	☐	☐

2. Weitere ehrenamtliche Positionen

	aufwandsabhängige Entschädigung (z.B. Fahrtkosten)	pauschale Entschädigung (z.B. Sitzungsgelder)	zeitabhängige Entschädigung (z.B. Honorare)
Mitglieder in Abteilungsvorständen	☐	☐	☐
Schieds-/Kampfrichter	☐	☐	☐
Trainer und Übungsleiter	☐	☐	☐

andere Positionen, und zwar:

_____	☐	☐	☐
_____	☐	☐	☐
_____	☐	☐	☐

23. Wieviele freigewordene oder neu eingerichtete ehrenamtliche Positionen waren in Ihrem Verein im Jahr 1996 zu besetzen?

ehrenamtliche Positionen im Vereinsvorstand: _____

ehrenamtliche Positionen außerhalb des Vereinsvorstandes: _____

Wenn im Jahr 1996 ehrenamtliche Positionen in Ihrem Verein zu besetzen waren, wieviele wurden besetzt?

ehrenamtliche Positionen im Vereinsvorstand: _____

ehrenamtliche Positionen außerhalb des Vereinsvorstandes: _____

24. Gibt es in Ihrem Verein Personen, die regelmäßig mehrere ehrenamtliche Tätigkeiten ausüben?
☐ *nein*   ☐ *ja*
Wenn ja,

a) nennen Sie bitte diese Kombinationen von Tätigkeiten: (z.B. Schriftführer ist auch Trainer und Jugendleiter)

___

b) gibt es Vorteile in der Leistungserbringung des Vereins für seine Mitglieder durch diese Konzentration von Tätigkeiten bei einzelnen Personen?
☐ *nein*   ☐ *ja, und zwar in den folgenden Bereichen:*

___

c) gibt es Nachteile in der Leistungserbringung des Vereins für seine Mitglieder durch diese Konzentration von Tätigkeiten bei einzelnen Personen?
☐ *nein*   ☐ *ja, und zwar in den folgenden Bereichen:*

___

25. Gab es in Ihrem Verein in den letzten 3 Jahren einen Mangel an Bereitschaft zu ehrenamtlicher Mitarbeit?
☐ *nein*   ☐ *ja*
Wenn ja,

a) verhinderte dies die Einrichtung neuer Sportangebote?
☐ *nein*   ☐ *ja, und zwar die Einrichtung der folgenden Angebote:*

___

b) mußte deshalb das Sportangebot eingeschränkt werden?
☐ *nein*   ☐ *ja, und zwar in den folgenden Bereichen:*

___

c) verhinderte dies die Einrichtung neuer außersportlicher Angebote?
☐ *nein*   ☐ *ja, und zwar die Einrichtung der folgenden Angebote:*

___

d) mußte deshalb das außersportliche Angebot eingeschränkt werden?
☐ *nein*   ☐ *ja, und zwar in den folgenden Bereichen:*

26. Sind in Ihrem Sportverein hauptamtliche Mitarbeiter tätig?

☐ nein ☐ ja

Wenn ja, in welchem Bereich und in welcher Form? (Bitte geben Sie die Funktionsbereiche möglichst genau an!)

		Teilzeitkraft bis DM 610 bzw. DM 520 pro Monat	Teilzeitkraft über DM 610 bzw. DM 520 pro Monat	Vollzeit–kraft
a)	Verwaltung und Organisation:			
	1. _____	☐	☐	☐
	2. _____	☐	☐	☐
	3. _____	☐	☐	☐
b)	Training, Betreuung, Übungsbetrieb			
	1. _____	☐	☐	☐
	2. _____	☐	☐	☐
	3. _____	☐	☐	☐
c)	Technik, Pflege, Wartung			
	1. _____	☐	☐	☐
	2. _____	☐	☐	☐
	3. _____	☐	☐	☐
d)	Sonstige Bereiche			
	1. _____	☐	☐	☐
	2. _____	☐	☐	☐
	3. _____	☐	☐	☐

27. Sind in Ihrem Verein Zivildienstleistende, Straffällige in Resozialisierungsprogrammen, ABM-Kräfte oder Mitarbeiter im freiwilligen sozialen bzw. ökologischen Jahr tätig?

☐ nein ☐ ja

Wenn ja, welche Positionen sind mit wievielen Mitarbeitern besetzt?

Im Bereich:	Anzahl an Mitarbeitern
_____	_____
_____	_____
_____	_____
_____	_____
_____	_____

28. Beurteilen Sie bitte, wie wichtig die Lösung folgender Aufgaben für Ihren Verein ist! (Markieren Sie bitte die zutreffende Ziffer!)

	diese Aufgabe stellt sich uns nicht	völlig unwichtig		weder noch		äußerst wichtig
- den Mitgliederstand zu halten	☐	-2	-1	0	1	2
- Ärger mit Wohnanliegern zu vermeiden	☐	-2	-1	0	1	2
- unsere Attraktivität zu erhöhen	☐	-2	-1	0	1	2
- den Mitgliedern eine „Heimat" zu geben	☐	-2	-1	0	1	2
- die Zusammenarbeit der ehrenamt-lichen Mitarbeiter zu verbessern	☐	-2	-1	0	1	2
- die Mitgliederfluktuation zu verringern	☐	-2	-1	0	1	2
- die Kooperation mit Krankenkassen fortzuführen	☐	-2	-1	0	1	2
- Umweltauflagen zu erfüllen	☐	-2	-1	0	1	2
- Sponsoren zu gewinnen	☐	-2	-1	0	1	2
- neue Mitglieder zu gewinnen	☐	-2	-1	0	1	2
- Mitglieder zu bewegen, sich ehrenamlich zu engagieren	☐	-2	-1	0	1	2
- Schulden zu tilgen	☐	-2	-1	0	1	2
- mehr gesellige Veranstaltungen anzubieten	☐	-2	-1	0	1	2
- das bestehende Sportangebot attraktiver zu machen	☐	-2	-1	0	1	2
- sich an den Bedürfnissen seiner Mitglieder zu orientieren	☐	-2	-1	0	1	2
- Sportanlagen zu erhalten	☐	-2	-1	0	1	2
- Leistungssportler an den Verein zu binden	☐	-2	-1	0	1	2
- die Qualifikation der ehrenamtlichen Mitarbeiter zu verbessern	☐	-2	-1	0	1	2
- allen finanziellen Anforderungen gerecht zu werden	☐	-2	-1	0	1	2
- die Natur nicht zu belasten	☐	-2	-1	0	1	2
- Sportanlagen dem Bedarf anzupassen	☐	-2	-1	0	1	2
- die Kooperation mit Krankenkassen anzustreben	☐	-2	-1	0	1	2
- das bestehende Sportangebot auszuweiten	☐	-2	-1	0	1	2
- die Trainerkompetenz zu verbessern	☐	-2	-1	0	1	2
- höhere Einnahmen zu erzielen	☐	-2	-1	0	1	2
- neue Bevölkerungsgruppen zu erschließen	☐	-2	-1	0	1	2
- den Vorstand zu verjüngen	☐	-2	-1	0	1	2
- die Vereinstradition zu wahren	☐	-2	-1	0	1	2
- neue Sportangebote aufzunehmen	☐	-2	-1	0	1	2
- Nicht-Vereinsmitgliedern für Ehrenämter zu gewinnen	☐	-2	-1	0	1	2
- Sportanlagen zu pflegen	☐	-2	-1	0	1	2
- die Konkurrenz mit Krankenkassen abzubauen	☐	-2	-1	0	1	2

	diese Aufgabe stellt sich uns nicht	völlig unwichtig		weder noch		äußerst wichtig
- die Zusammenarbeit zwischen hauptamtlichen und ehrenamtlichen Mitarbeitern zu verbessern	☐	-2	-1	0	1	2
- ehrenamtliche Mitarbeiter zu stärkerem Engagement in ihrem Amt zu bewegen	☐	-2	-1	0	1	2

29. Kooperiert Ihr Verein mit außersportlichen Einrichtungen bzw. Organisationen?

☐ nein ☐ ja

Wenn ja,

a) mit welchen Einrichtungen?

☐ Krankenkassen ☐ Wohlfahrtsverbänden
☐ Schulen ☐ Kirchen
☐ Polizei ☐ medizinischen Einrichtungen
☐ wissenschaftlichen Einrichtungen ☐ kommunalen Behörden

mit anderen Einrichtungen, und zwar: _____

b) auf welchem Gebiet bzw. in welcher Form?

☐ Nutzung von Sportanlagen
☐ Rückgriff auf qualifiziertes Personal
☐ im Rahmen besonderer themenbezogener Sportangebote
☐ Organisation außersportlicher Veranstaltungen
☐ Durchführung von Sportangeboten
☐ Vermietung bzw. Überlassung des Vereinsheims
☐ Vermietung bzw. Überlassung von Sportanlagen
☐ Talentsichtungsmaßnahmen

in anderer Form bzw. auf anderem Gebiet, und zwar: _____

30. Nutzt Ihr Verein professionelle Dienst- und Beratungsleistungen gegen Entgelt?

☐ nein ☐ ja

Wenn ja, von welchen Anbietern?

☐ Steuerberater ☐ Wirtschaftsprüfer
☐ Anwälte ☐ Reinigungsfirmen
☐ Gastronomieeinrichtungen

Sonstige, und zwar: _____

31. Bitte beurteilen Sie, inwieweit folgende Aussagen auf Ihren Verein zutreffen! (Markieren Sie bitte die zutreffende Ziffer!)

Unser Verein ...	trifft überhaupt nicht zu		kann man so nicht sagen		trifft voll und ganz zu
... bietet ein allgemein gesundheitsorientiertes Sportangebot für „Alle" an	-2	-1	0	1	2
... hat ein kinderfreundliches Angebot	-2	-1	0	1	2
... bietet gesundheitsorientierte Sportangebote für Menschen mit bestimmten Risikofaktoren an	-2	-1	0	1	2
... spricht mit seinem Angebot Erlebnishungrige an	-2	-1	0	1	2
... bietet Chancen zur ganzheitlichen Körpererfahrung	-2	-1	0	1	2
... hat ein Angebot, das ältere Menschen anspricht	-2	-1	0	1	2
... bietet frauenspezifische Angebote an	-2	-1	0	1	2
... bietet Rehabilitationssport an	-2	-1	0	1	2
... bietet Entspannungs- und Meditationsmöglichkeiten an	-2	-1	0	1	2
... zieht mit seinem Angebot Jugendliche an	-2	-1	0	1	2
... hat ein Angebot, das Behinderte anspricht	-2	-1	0	1	2
... hat ein Angebot, das Leistungssportler anspricht	-2	-1	0	1	2
... hat ein Angebot, das chronisch Kranke anspricht	-2	-1	0	1	2

32. Wie hoch sind die monatlichen Mitgliedsbeiträge und - soweit vorhanden - die Aufnahmegebühren ...

a) ... für Mitglieder der folgenden Altersgruppen?

	monatlicher Beitrag	Aufnahmegebühr
bis 6 Jahre		
7-14 Jahre		
15-18 Jahre		
19-60 Jahre		
über 60 Jahre		

b) ... für Mitglieder aus den folgenden Gruppen?

	monatlicher Beitrag	Aufnahmegebühr
Familien		
Schüler		
Studenten		
Wehr-/Zivildienstleistende		
passive Mitglieder		
Ehrenmitglieder		
Arbeitslose/Sozialhilfeempfänger		

	monatlicher Beitrag	Aufnahmegebühr
Sonstige: _____	_____	_____
_____	_____	_____

33. Gibt es in Ihrem Sportverein Abteilungen/Sparten, die über den allgemeinen Mitgliedsbeitrag hinausgehend zusätzliche monatliche Beiträge oder Aufnahmegebühren erheben?

☐ nein ☐ ja, und zwar für die ...

... Abteilung/Sparte	zusätzlicher monatlicher Beitrag	zusätzliche Aufnahmegebühr
_____	_____	_____
_____	_____	_____
_____	_____	_____
_____	_____	_____

34. Sind Vereinsmitglieder verpflichtet, Arbeiten für den Verein zu leisten (z.B. Stegdienst, Platzpflege)?

☐ nein ☐ ja

Wenn ja,

a) ist dies beschränkt auf bestimmte Abteilungen?

☐ nein ☐ ja, und zwar auf die folgenden Abteilungen bzw. Sparten:

_____

_____

b) ist dies beschränkt auf bestimmte Mitgliedergruppen?

☐ nein ☐ ja, und zwar auf die folgenden Mitgliedergruppen:

_____

_____

c) können diese Mitglieder aufgrund zusätzlicher Beiträge von dieser Aufgabe befreit werden?

☐ nein ☐ ja

35. Im folgenden bitten wir Sie um Angaben zu den Mitteln, die Ihrem Verein im Haushaltsjahr 1996 zur Verfügung standen. (Wenn Ihr Verein über bestimmte Finanzquellen nicht verfügt, kennzeichnen Sie dies bitte mit einem Strich!)

Haushaltsvolumen: *DM* _____

                     DM

1. *Mitgliedsbeiträge*
2. *Aufnahmegebühren*
3. *Spenden*
4. *Zuschüsse*
   - *der Sportorganisationen (Fachverbände etc.)*
   - *des Landes*
   - *des Kreises, der Stadt bzw. der Gemeinde*
   - *aus Förderprogrammen (z.B. Arbeitsamt)*
5. *Vermögensverwaltung (Miet-/Pachteinnahmen, Zinsen etc.)*
6. *Selbstbetriebene Gaststätte*
7. *Sportveranstaltungen (Zuschauereinnahmen etc.)*
8. *Leistungen für Mitglieder gegen Entgelt (Platz-, Hallenmieten o.ä.)*
9. *Gesellige Veranstaltungen (z.B. Sportlerball, Schützenfest)*
10. *Werbeverträge:*
    - *Trikot, Ausrüstung*
    - *Bande*
    - *Übertragungsrechte*
    - *Anzeigen*
    - *Sponsoren*
11. *Eigene Wirtschaftsgesellschaft*
12. *Kursgebühren*
13. *Leistungen für Nicht-Mitglieder gegen Entgelt (Platz-, Hallenmieten o.ä.)*
14. *Kreditaufnahme*
15. *Sonstige Finanzquellen, und zwar:*

36. Im folgenden bitten wir Sie, uns Angaben über die Ausgaben Ihres Vereins im letzten Rechnungsjahr zu machen. (Wenn in Ihrem Verein bestimmte Ausgaben nicht vorkommen, kennzeichnen Sie dies bitte mit einem Strich!)

Ausgaben: *DM*

1. *Personalkosten:*
   - *Verwaltungspersonal* _____
   - *Trainer, Übungsleiter, Sportlehrer* _____
   - *Zahlungen an Sportler* _____
   - *Wartungspersonal, Platzwart etc.* _____

2. *Kosten für den Sportbetrieb:*
   - *Kosten für Sportgeräte und Sportkleidung* _____
   - *Kosten für die Unterhaltung und den Betrieb eigener Anlagen* _____
   - *Mieten und Kostenerstattung für die Benutzung von nicht vereinseigenen Sportanlagen bzw. -einrichtungen* _____
   - *Reisekosten für Übungs- und Wettkampfbetrieb* _____
   - *Kosten für die Durchführung eigener sportlicher Veranstaltungen* _____

3. *Abgaben/Steuern:*
   - *Abgaben an Landes-, Stadt- oder Kreissportbünde o.ä.* _____
   - *Abgaben an Fachverbände* _____
   - *Steuern aller Art* _____
   - *Gema-Gebühren* _____

4. *Allgemeinkosten:*
   - *allgemeine Verwaltungskosten* _____
   - *Versicherungen (z.B. VBG)* _____
   - *Kosten für außersportliche Veranstaltungen (z.B. Feste)* _____

5. *Kapitaldienst (Zinsen, Tilgungen)* _____
6. *Rückstellungen* _____
7. *Sonstige Kosten:*
   _____ _____
   _____ _____
   _____ _____

Anhang

37. Wieviele der folgenden Einrichtungen und Anlagen werden von Ihrem Verein für den Sportbetrieb genutzt und wer ist der jeweilige Träger der Anlagen?
(Tragen Sie bitte in der Spalte mit der jeweiligen Trägerschaft die jeweilige Anzahl ein!)

	eigene	kommunale gegen Entgelt	kommunale ohne Entgelt	gewerbliche	sonstige gegen Entgelt	sonstige ohne Entgelt
Turn- und Sporthallen	___	___	___	___	___	___
Sportplätze (für Leichtathletik/Fußball)	___	___	___	___	___	___
Freibäder	___	___	___	___	___	___
Hallenbäder	___	___	___	___	___	___
Tennisplätze	___	___	___	___	___	___
Fitneßstudio/Kraftraum	___	___	___	___	___	___
Bootssteg, Bootshalle etc.	___	___	___	___	___	___
Vereinsheim	___	___	___	___	___	___
weitere Anlagen, und zwar:						
_____	___	___	___	___	___	___
_____	___	___	___	___	___	___
_____	___	___	___	___	___	___

Falls Ihr Verein ein Vereinsheim hat, ist diesem ein Gastronomiebereich angegliedert?
☐ nein ☐ ja

38. Werden in Ihrem Verein vereinseigene Anlagen bzw. Einrichtungen gegen Entgelt von Nicht-Vereinsmitgliedern stunden- bzw. tageweise genutzt?
☐ nein ☐ ja
Wenn ja, um welche Anlagen bzw. Einrichtungen handelt es sich?
☐ Tennisplätze ☐ Tennishallen ☐ Gymnastikräume
☐ Fitneßstudio ☐ Turn- und Sporthallen ☐ Vereinsheim
☐ Sauna ☐ Saal, Festhalle o.ä.
Sonstige, und zwar: _____

39. Wie häufig finden durchschnittlich Sitzungen des Vereinsvorstands statt?
___ mal pro Jahr

40. Wie erfolgt die Einladung der Vorstandsmitglieder zu den Sitzungen?
☐ mündlich ☐ schriftlich ☐ telefonisch
Auf andere Art, und zwar: _____

41. Erhalten die Vorstandsmitglieder vor einer Sitzung das Protokoll der jeweils letzten Sitzung?
☐ *nein*   ☐ *ja, meistens*   ☐ *ja, regelmäßig*
Wenn ja, wie geht den Vorstandsmitgliedern das Protokoll zu?
☐ *per Post*   ☐ *wird abgeholt*   ☐ *am Stammtisch*
Auf andere Art, und zwar: _____

42. Gibt es in dem Gebiet, in dem der Großteil der Mitglieder Ihres Sportvereins wohnt, kommerzielle Sportanbieter?
☐ *weiß ich nicht*
☐ *nein*
☐ *ja, nur einen Anbieter*
☐ *ja, mehrere Anbieter*
Wenn ja,
a) findet eine Kooperation Ihres Vereins mit diesem bzw. diesen Anbieter(n) statt?
☐ *nein*   ☐ *ja*
b) überschneidet sich das Angebot dieses bzw. dieser Anbieter mit dem Ihres Sportvereins?
☐ *nein*   ☐ *ja*
Wenn es Überschneidungen gibt, welche Sportangebote Ihres Vereins sind davon betroffen?
_____

43. Gibt es in dem Gebiet, in dem der Großteil der Mitglieder Ihres Sportvereins wohnt, außer anderen Sportvereinen noch weitere nichtkommerzielle Sportanbieter? (z.B. VHS, Schulen o.ä.)
☐ *weiß ich nicht*
☐ *nein*
☐ *ja, nur einen Anbieter*
☐ *ja, mehrere Anbieter*
Wenn ja,
a) findet eine Kooperation Ihres Vereins mit diesem bzw. diesen Anbieter(n) statt?
☐ *nein*   ☐ *ja*
b) überschneidet sich das Angebot dieses bzw. dieser Anbieter mit dem Ihres Sportvereins?
☐ *nein*   ☐ *ja*
Wenn es Überschneidungen gibt, welche Sportangebote Ihres Vereins sind davon betroffen?
_____

44. Gibt es in dem Gebiet, in dem der Großteil der Mitglieder Ihres Sportvereins wohnt, weitere Sportvereine?
- ☐ *weiß ich nicht*
- ☐ *nein*
- ☐ *ja, nur einen Sportverein*
- ☐ *ja, mehrere Sportvereine*

Wenn ja,

a) findet eine Kooperation Ihres Vereins mit diesem bzw. diesen Sportverein(en) statt?
  ☐ *nein*   ☐ *ja*

b) überschneidet sich das Angebot dieses bzw. dieser Sportverein(e) mit dem Ihres Sportvereins?
  ☐ *nein*   ☐ *ja*

Wenn es Überschneidungen gibt, welche Sportangebote Ihres Vereins sind davon betroffen?
_____
_____

45. Zum Schluß möchten wir Sie noch um einige Angaben zu Ihrer Person bitten:

a) Welches Amt bzw. welche Ämter üben Sie in Ihrem Verein seit wann aus?

Amt	von	bis
_____	19___	19___
_____	19___	19___
_____	19___	19___
_____	19___	19___
_____	19___	19___
_____	19___	19___

b) Haben Sie bei der Bearbeitung dieses Fragebogens zu bestimmten Punkten andere Vereinsmitglieder oder externe Fachkräfte konsultiert?
  ☐ *nein*   ☐ *ja*

Wenn ja, wer hat Sie dabei unterstützt? (Bitte die Funktion angeben!)
_____
_____

c) Seit wann sind Sie Mitglied dieses Vereins?
seit 19___

d) Wieviele Stunden sind Sie in der Regel wöchentlich ehrenamtlich für Ihren Verein tätig?
ca. _____ Std. pro Woche

e) Sind Sie über Ihren Sportverein hinaus in einem anderen Sportverein ehrenamtlich engagiert?
  ☐ *nein*   ☐ *ja, und zwar in _____ Vereinen (bitte Anzahl angeben)*

f) Sind Sie in einem Sportverband (z.B. DSB, Landessportbund, Bezirks- oder Kreissportbund, Bundes- oder Landesfachverband) engagiert?
  ☐ *nein*   ☐ *ja, ehrenamtlich*   ☐ *ja, hauptamtlich*

Wenn ja, in wievielen?   *Zahl der Verbände:* _____

g)	Sind Sie über Ihr ehrenamtliches Engagement im Sport hinaus in anderen Bereichen (z.B. Wohlfahrtsverbände, kulturelle, religiöse oder politische Vereinigungen) ehrenamtlich engagiert? ☐ *nein* ☐ *ja* Wenn ja, in welchen Bereichen? _____ _____
h)	Ihr Geschlecht: ☐ *männlich* ☐ *weiblich*
i)	Ihr Geburtsjahr: *19___*

Wir bedanken uns für Ihre Mitarbeit!

An dieser Stelle können Sie Kritik und Anmerkungen zum Fragebogen anbringen und auf Ihrer Ansicht nach zentrale Probleme Ihres Vereins oder des Vereinssports allgemein hinweisen:

Version 2

Anhang

- 1 -

| 1. | Wann wurde Ihr Verein gegründet? | *Im Jahr* _____ |

2. Welchem Landessportbund bzw. -verband gehört Ihr Verein an?
(Bei Vereinen in Rheinland-Pfalz und Baden-Württemberg bitte auch weitere regionale Gliederungen angeben, z.B. Sportbund Pfalz!)
Bitte keine Abkürzungen verwenden! _____

3. Wieviele männliche und weibliche Mitglieder hatte Ihr Verein am 01.01.1997?
weibliche Mitglieder _____   *männliche Mitglieder* _____

4. Wieviele Mitglieder hatte Ihr Verein am 01.01.1997 in den folgenden Alters- und Geschlechtsgruppen?

		weiblich	männlich
Anzahl der Mitglieder	*bis 6 Jahre*		
Anzahl der Mitglieder	*7 - 14 Jahre*		
Anzahl der Mitglieder	*15 - 18 Jahre*		
Anzahl der Mitglieder	*19 - 26 Jahre*		
Anzahl der Mitglieder	*27 - 40 Jahre*		
Anzahl der Mitglieder	*41 - 60 Jahre*		
Anzahl der Mitglieder	*über 60 Jahre*		

5. Wieviele Mitglieder sind im Jahr 1996 ...
   ... *in Ihren Verein eingetreten?* _____
   ... *aus Ihrem Verein ausgetreten?* _____
   ... *verstorben?* _____

6. Nennen Sie bitte Veränderungen in der Mitgliederstruktur der im folgenden genannten Altersgruppen in Ihrem Sportverein im Jahr 1996 im Vergleich zum Jahr 1995! (Mehrere Antworten sind möglich!)

	deutliche Zunahme	kaum Veränderung	deutliche Abnahme
männlich bis 6 Jahre	☐	☐	☐
weiblich bis 6 Jahre	☐	☐	☐
männlich 7 - 14 Jahre	☐	☐	☐
weiblich 7 - 14 Jahre	☐	☐	☐
männlich 15 - 18 Jahre	☐	☐	☐
weiblich 15 - 18 Jahre	☐	☐	☐
männlich 19 - 26 Jahre	☐	☐	☐
weiblich 19 - 26 Jahre	☐	☐	☐
männlich 27 - 40 Jahre	☐	☐	☐
weiblich 27 - 40 Jahre	☐	☐	☐

- 2 -

	deutliche Zunahme	kaum Veränderung	deutliche Abnahme
männlich 41 - 60 Jahre	☐	☐	☐
weiblich 41 - 60 Jahre	☐	☐	☐
männlich über 60 Jahre	☐	☐	☐
weiblich über 60 Jahre	☐	☐	☐

7. Nennen Sie bitte Veränderungen in der Mitgliederstruktur der im folgenden genannten Mitgliedergruppen in Ihrem Sportverein im Jahr 1996 im Vergleich zum Jahr 1995! (Mehrere Antworten sind möglich!)

	deutliche Zunahme	kaum Veränderung	deutliche Abnahme
männliche Ausländer	☐	☐	☐
weibliche Ausländer	☐	☐	☐
männliche Behinderte	☐	☐	☐
weibliche Behinderte	☐	☐	☐

8. Wieviel Prozent der Mitglieder in Ihrem Verein treiben regelmäßig, d.h. durchschnittlich mindestens einmal pro Woche, Sport? (Bei Saisonsportarten beziehen sich die Angaben auf die Saison.)

genau ____ %

ich schätze ____ %

kann ich nicht beurteilen ☐

9. Ist Ihr Verein in der Lage, noch weitere Mitglieder aufzunehmen?

☐ *nein*

☐ *ja, in allen Sparten/Abteilungen*

☐ *ja, aber nicht in folgenden Sparten/Abteilungen:*

_____

10. Ist Ihr Verein ein Mehrspartenverein?

☐ *nein* ☐ *ja*

Wenn ja,

a) wieviele Abteilungen bzw. Sparten gibt es in Ihrem Verein?

____ *Abteilungen/Sparten*

b) wieviele Abteilungen bzw. Sparten haben eine eigene Abteilungs- bzw. Spartenleitung?

____ *Abteilungen/Sparten*

c) in wievielen Fachverbänden hat Ihr Verein Mitglieder gemeldet?

____ *Fachverbände*

- 3 -

11. Welche Sportangebote werden in Ihrem Verein für welche Altersgruppen angeboten und wieviele männliche und weibliche Vereinsmitglieder nutzen dieses Sportangebot?

Tragen Sie bitte ein, in der ...

... **Spalte „Sportangebote"**, um welche Sportartangebote es sich handelt (z.B. Fußball, Leichtathletik, Wassergymnastik, allgemeine Fitneßgruppe, Koronarsportgruppe etc.);

... **Spalte „Anzahl an Sportgruppen"**, um wieviele unterschiedliche Sportgruppen es sich jeweils handelt;

... **Spalte „Alter der Teilnehmer"** das Alter des jüngsten und des ältesten Mitglieds, das das Angebot wahrnimmt;

... **Spalte „Anzahl an Teilnehmern"** wieviele weibliche bzw. männliche Mitglieder dieses Sportangebot regelmäßig (mindestens einmal wöchentlich in der Saison bzw. über das Jahr) nutzen.

Sportangebote	*Anzahl an Sport- gruppen*	*Alter der Teilnehmer*		*Anzahl an Teilnehmern*	
		von	*bis*	*weiblich*	*männlich*

12. Wurde in den vergangenen 3 Jahren die Aufnahme neuer Sportangebote im Vereinsvorstand erwogen?

☐ *nein* ☐ *ja*

Wenn ja, welche Angebote wurden erwogen?

Anhang

- 4 -

13. Wurden in den vergangenen 3 Jahren neue Sportangebote aufgenommen?
    □ *nein*   □ *ja*
    Wenn ja,
    a) welche Angebote waren das? _____

    _____

    b) welche der im folgenden genannten Gründe führten zur Aufnahme dieser neuen Sportangebote? (Mehrfachnennungen sind möglich!)
    □ *um neue Mitglieder zu gewinnen*
    □ *um den Austritt von Mitgliedern zu verhindern*
    □ *um höhere Einnahmen zu erzielen*
    □ *um gegenüber anderen Sportvereinen konkurrenzfähig zu bleiben*
    □ *um gegenüber anderen nicht-kommerziellen Sportanbietern (z.B. VHS, Familienbildungsstätten o.ä.) konkurrenzfähig zu bleiben*
    □ *um gegenüber kommerziellen Sportanbietern konkurrenzfähig zu bleiben*
    □ *um den Wünschen von Mitgliedern entgegenzukommen*
    □ *um freie Kapazitäten besser zu nutzen*
    Andere Gründe, und zwar: _____

14. Gibt es in Ihrem Verein außersportliche Angebote?
    □ *nein*   □ *ja*
    Wenn ja, welche Aktivitäten finden wie häufig pro Jahr statt?

	nie	*selten*	*häufig*
Feiern zu besonderen Anlässen	□	□	□
gesellige Angebote	□	□	□
außersportliche Hobbyaktivitäten	□	□	□
Ausflüge	□	□	□
Reisen, Urlaub o.ä.	□	□	□
sonstige Angebote, und zwar:			
_____		□	□
		□	□

15. Gibt es in Ihrem Verein über den alltäglichen Trainings- und Wettkampfbetrieb hinaus zusätzliche Sportangebote?
    □ *nein*   □ *ja*

Anhang

- 5 -

Wenn ja, welche Aktivitäten finden wie häufig pro Jahr statt?

	nie	selten	häufig
Lauftreffs, Volksläufe o.ä.	☐	☐	☐
Wandern/Radwandern o.ä.	☐	☐	☐
Spiel- und Sportfeste, Spieltreffs	☐	☐	☐
Erwerb des Sportabzeichens	☐	☐	☐
sonstige Aktivitäten,			
und zwar _____		☐	☐
		☐	☐

16. Wieviele Einwohner hat die Gemeinde/Stadt, in der Ihr Verein ansässig ist?
    (Bitte bei Ortsteilen bzw. eingemeindeten Vororten die Einwohnerzahl der ganzen Stadt angeben!)

    ☐ bis 1.000　　☐ bis 20.000　　☐ bis 500.000
    ☐ bis 2.000　　☐ bis 50.000　　☐ über 500.000
    ☐ bis 5.000　　☐ bis 100.000
    ☐ bis 10.000　　☐ bis 250.000

17. Bitte beurteilen Sie, inwieweit folgende Aussagen auf Ihren Verein zutreffen! (Markieren Sie bitte die zutreffende Ziffer!)

Unser Verein ...	trifft überhaupt nicht zu		kann man so nicht sagen		trifft voll und ganz zu
... engagiert sich im Leistungssport	-2	-1	0	1	2
... legt viel Wert auf Geselligkeit und Gemeinschaft	-2	-1	0	1	2
... hat immer mehr Mitglieder, für die der Verein nur eine preiswerte Möglichkeit zum Sporttreiben ist	-2	-1	0	1	2
... engagiert sich im Freizeitsport	-2	-1	0	1	2
... hat sich in den letzten Jahren nicht verändert	-2	-1	0	1	2
... ist eine funktionierende Sozialstation	-2	-1	0	1	2
... stärkt das Ansehen des Orts/der Stadt	-2	-1	0	1	2
... bietet ein kostengünstiges Sportangebot	-2	-1	0	1	2
... engagiert sich im Breitensport	-2	-1	0	1	2
... erfüllt einen erzieherischen Auftrag	-2	-1	0	1	2
... organisiert sportliche Freizeitangebote	-2	-1	0	1	2
... versucht, sich für neue Bevölkerungsgruppen zu öffnen	-2	-1	0	1	2
... engagiert sich im Kampf gegen das Doping	-2	-1	0	1	2
... holt die Kinder von der Straße	-2	-1	0	1	2
... organisiert Informationsveranstaltungen	-2	-1	0	1	2
... bereichert das kulturelle Leben des Orts/der Stadt	-2	-1	0	1	2
... schützt die Umwelt	-2	-1	0	1	2
... hat einen hohen Anteil an weiblichen Vorstandsmitgliedern	-2	-1	0	1	2
... bietet Alternativen zum traditionellen Sportangebot an	-2	-1	0	1	2
... entwickelt sich zu einem Dienstleistungsbetrieb in Sachen Sport	-2	-1	0	1	2

Unser Verein ...	trifft überhaupt nicht zu		kann man so nicht sagen		trifft voll und ganz zu
... integriert Behinderte	-2	-1	0	1	2
... beugt dem Mißbrauch von Drogen und Genußmitteln vor	-2	-1	0	1	2
... schützt Kinder und Jugendliche vor radikalen politischen Einflüssen	-2	-1	0	1	2
... ist kommunalpolitisch aktiv	-2	-1	0	1	2
... legt viel Wert auf die Pflege von Tradition	-2	-1	0	1	2
... betrachtet die Sportprogramme kommerzieller Anbieter als Herausforderung	-2	-1	0	1	2
... bewahrt Kinder und Jugendliche vor kriminellen Einflüssen	-2	-1	0	1	2
... engagiert sich im Wettkampfsport	-2	-1	0	1	2
... ist ein Hort der Geselligkeit	-2	-1	0	1	2
... ist offen für alle Bevölkerungsgruppen	-2	-1	0	1	2
... fördert sportliche Talente	-2	-1	0	1	2
... legt Wert auf Präsenz in den Medien	-2	-1	0	1	2
... hat einen hohen Anteil an weiblichen ehrenamtlichen Mitarbeitern	-2	-1	0	1	2
... integriert Ausländer	-2	-1	0	1	2
... sorgt in der Region für Gesprächsstoff	-2	-1	0	1	2
... betrachtet die Zukunft als Herausforderung	-2	-1	0	1	2
... engagiert sich für den Frieden	-2	-1	0	1	2
... ist bestrebt, mit möglichst vielen Mannschaften am regelmäßigen Wettkampfbetrieb teilzunehmen	-2	-1	0	1	2
... organisiert außersportliche Freizeitangebote	-2	-1	0	1	2
... zeichnet sich durch ein starkes Zusammengehörigkeitsgefühl seiner Mitglieder aus	-2	-1	0	1	2
... hilft, Schranken in Europa abzubauen	-2	-1	0	1	2
... ist der Stolz der Region	-2	-1	0	1	2
... ist ein Übungsfeld für Demokratie	-2	-1	0	1	2
... integriert Senioren	-2	-1	0	1	2
... ist stolz auf seine Erfolge im Leistungssport	-2	-1	0	1	2
... wird künftig vermehrt neue Formen von Bewegung und Spiel anbieten	-2	-1	0	1	2
... lebt in erster Linie von der Mitarbeitsbereitschaft seiner Mitglieder	-2	-1	0	1	2
... will bleiben, wie er immer war	-2	-1	0	1	2
... ist sportpolitisch aktiv	-2	-1	0	1	2
... hat viele ehrenamtliche Mitarbeiter	-2	-1	0	1	2
... versucht, mit zusätzlichen Freizeitsportangeboten neue Mitglieder zu gewinnen	-2	-1	0	1	2
... ist ein Hüter der Natur					
... trägt zum wirtschaftlichen Aufschwung in der Region bei	-2	-1	0	1	2
... versteht sich in erster Linie als Freizeit- und Breitensportverein	-2	-1	0	1	2
... achtet auf die Gleichberechtigung der Geschlechter	-2	-1	0	1	2

18. Welche ehrenamtlichen Positionen gibt es in Ihrem Verein und von wievielen Personen werden diese bekleidet?

Tragen Sie bitte ein, in der ...

... **Spalte „Anzahl der Positionen"** wieviele Positionen bzw. Ämter in Ihrem Verein existieren, unabhängig davon, ob diese Positionen besetzt sind oder nicht;

... **Spalte „Anzahl der ehrenamtlichen Mitarbeiter"** wieviele männliche und weibliche Mitarbeiter diese Positionen besetzt haben.

Sollte ein oder mehrere Aufgabenbereiche nicht aufgeführt worden sein, so benennen Sie diesen bzw. diese bitte in den Zeilen **„weitere Positionen"**.

1. Ehrenamtliche Positionen im Vereinsvorstand

	Anzahl der Positionen	Anzahl der ehrenamtlichen Mitarbeiter weiblich	männlich
Vorsitzender/Präsident			
stellvertretender Vorsitzender			
Geschäftsführer			
Schriftführer			
Schatzmeister/Kassenwart			
Sportwart			
Pressewart			
Jugendwart			
Frauenwartin/Frauenbeauftragte			
Seniorenwart			
weitere Vorstandspositionen, und zwar:			

2. Weitere ehrenamtliche Positionen

	Anzahl der Positionen	Anzahl der ehrenamtlichen Mitarbeiter weiblich	männlich
Mitglieder in Abteilungsvorständen			
Schieds–/Kampfrichter			
Trainer und Übungsleiter			
andere Positionen, und zwar:			

19. Für welche Positionen gewährt Ihr Verein ehrenamtlichen Mitarbeitern finanzielle Entschädigungen?

1. Ehrenamtliche Positionen im Vereinsvorstand

	aufwandsabhängige Entschädigung (z.B. Fahrtkosten)	pauschale Entschädigung (z.B. Sitzungsgelder)	zeitabhängige Entschädigung (z.B. Honorare)
Vorsitzender/Präsident	☐	☐	☐
stellvertretender Vorsitzender	☐	☐	☐
Geschäftsführer	☐	☐	☐
Schriftführer	☐	☐	☐
Schatzmeister/Kassenwart	☐	☐	☐
Sportwart	☐	☐	☐
Pressewart	☐	☐	☐
Jugendwart	☐	☐	☐
Frauenwartin/Frauenbeauftragte	☐	☐	☐
Seniorenwart	☐	☐	☐

weitere Vorstandspositionen, und zwar:

_____	☐	☐	☐
_____	☐	☐	☐
_____	☐	☐	☐

2. Weitere ehrenamtliche Positionen

	aufwandsabhängige Entschädigung (z.B. Fahrtkosten)	pauschale Entschädigung (z.B. Sitzungsgelder)	zeitabhängige Entschädigung (z.B. Honorare)
Mitglieder in Abteilungsvorständen	☐	☐	☐
Schieds-/Kampfrichter	☐	☐	☐
Trainer und Übungsleiter	☐	☐	☐

	aufwandsabhängige Entschädigung (z.B. Fahrtkosten)	pauschale Entschädigung (z.B. Sitzungsgelder)	zeitabhängige Entschädigung (z.B. Honorare)

andere Positionen, und zwar:

_____	☐	☐	☐
_____	☐	☐	☐
_____	☐	☐	☐

20. Wieviele freigewordene oder neu eingerichtete ehrenamtliche Positionen waren in Ihrem Verein im Jahr 1996 zu besetzen?

ehrenamtliche Positionen im Vereinsvorstand: _____

ehrenamtliche Positionen außerhalb des Vereinsvorstandes: _____

Wenn im Jahr 1996 ehrenamtliche Positionen in Ihrem Verein zu besetzen waren, wieviele wurden besetzt?

ehrenamtliche Positionen im Vereinsvorstand: _____

ehrenamtliche Positionen außerhalb des Vereinsvorstandes: _____

Anhang

21. Gibt es in Ihrem Verein Personen, die regelmäßig mehrere ehrenamtliche Tätigkeiten ausüben?
  ☐ *nein* ☐ *ja*
  Wenn ja,

a) nennen Sie bitte diese Kombinationen von Tätigkeiten! (z.B. Schriftführer ist auch Trainer und Jugendleiter)
_____
_____

b) gibt es Vorteile in der Leistungserbringung des Vereins für seine Mitglieder durch diese Konzentration von Tätigkeiten bei einzelnen Personen?
  ☐ *nein* ☐ *ja, und zwar in den folgenden Bereichen:*
_____

c) gibt es Nachteile in der Leistungserbringung des Vereins für seine Mitglieder durch diese Konzentration von Tätigkeiten bei einzelnen Personen?
  ☐ *nein* ☐ *ja, und zwar in den folgenden Bereichen:*
_____

22. Gab es in Ihrem Verein in den letzten 3 Jahren einen Mangel an Bereitschaft zu ehrenamtlicher Mitarbeit?
  ☐ *nein* ☐ *ja*
  Wenn ja,

a) verhinderte dies die Einrichtung neuer Sportangebote?
  ☐ *nein* ☐ *ja, und zwar die Einrichtung der folgenden Angebote:*
_____

b) mußte deshalb das Sportangebot eingeschränkt werden?
  ☐ *nein* ☐ *ja, und zwar in den folgenden Bereichen:*
_____

c) verhinderte dies die Einrichtung neuer außersportlicher Angebote?
  ☐ *nein* ☐ *ja, und zwar die Einrichtung der folgenden Angebote:*
_____

d) mußte deshalb das außersportliche Angebot eingeschränkt werden?
  ☐ *nein* ☐ *ja, und zwar in den folgenden Bereichen:*
_____

23. Sind in Ihrem Sportverein hauptamtliche Mitarbeiter tätig?
☐ nein ☐ ja

Wenn ja, in welchem Bereich und in welcher Form? (Bitte geben Sie die Funktionsbereiche möglichst genau an!)

		Teilzeitkraft bis DM 610 bzw. DM 520 pro Monat	*Teilzeitkraft über DM 610 bzw. DM 520 pro Monat*	*Vollzeit– kraft*
a)	Verwaltung und Organisation:			
	1. _____	☐	☐	☐
	2. _____	☐	☐	☐
	3. _____	☐	☐	☐
b)	Training, Betreuung, Übungsbetrieb			
	1. _____	☐	☐	☐
	2. _____	☐	☐	☐
	3. _____	☐	☐	☐
c)	Technik, Pflege, Wartung			
	1. _____	☐	☐	☐
	2. _____	☐	☐	☐
	3. _____	☐	☐	☐
d)	Sonstige Bereiche			
	1. _____	☐	☐	☐
	2. _____	☐	☐	☐
	3. _____	☐	☐	☐

24. Sind in Ihrem Verein Zivildienstleistende, Straffällige in Resozialisierungsprogrammen, ABM-Kräfte oder Mitarbeiter im freiwilligen sozialen bzw. ökologischen Jahr tätig?
☐ nein ☐ ja

Wenn ja, welche Positionen sind mit wievielen Mitarbeitern besetzt?

Im Bereich:	*Anzahl an Mitarbeitern*
_____	_____
_____	_____

25. Gibt es regionale Untergliederungen in Ihrem Landessportbund?
☐ nein ☐ weiß ich nicht ☐ ja

Wenn ja, welche?
- ☐ Bezirkssportbünde ☐ Kreissportbünde ☐ Stadtsportbünde
- ☐ Stadtsportverbände ☐ Gemeindesportverbände

Sonstige, und zwar: _____

26. Steht oder stand in den vergangenen 3 Jahren Ihr Verein in Kontakt mit Ihrem Landessportbund oder mit einer ihm angeschlossenen Organisation (z.B. Bildungswerk)?

☐ nein   ☐ ja

Wenn ja, welche vom Landessportbund bzw. ihm angeschlossenen Organisationen angebotenen Leistungen wurden in den vergangenen 3 Jahren genutzt?

	gab es nicht	haben wir nicht genutzt	haben wir genutzt
Hilfen bei der Öffentlichkeitsarbeit	☐	☐	☐
Talentsuche/Talentförderung	☐	☐	☐
Erstellen von Vereinsanalysen	☐	☐	☐
Versicherungsschutz	☐	☐	☐
D-Kader-Förderung	☐	☐	☐
Vermittlung von EU-Fördermitteln	☐	☐	☐
Ausbildung von Organisationsleitern	☐	☐	☐
Übungsleiterbezuschussung	☐	☐	☐
Information und Beratung der Vereine	☐	☐	☐
Organisation des Deutschen Sportabzeichens	☐	☐	☐
Vereinssprechstunde	☐	☐	☐
Entwicklung neuer Sportangebote	☐	☐	☐

Wenn seitens Ihres Vereins Leistungen des Landessportbundes oder ihm angeschlossener Organisationen genutzt wurden, wie bewerten Sie diese? (Markieren Sie bitte die zutreffende Ziffer!)

	sehr schlecht		weder gut noch schlecht		sehr gut
Hilfen bei der Öffentlichkeitsarbeit	-2	-1	0	1	2
Talentsuche/Talentförderung	-2	-1	0	1	2
Erstellen von Vereinsanalysen	-2	-1	0	1	2
Versicherungsschutz	-2	-1	0	1	2
D-Kader-Förderung	-2	-1	0	1	2
Vermittlung von EU-Fördermitteln	-2	-1	0	1	2
Ausbildung von Organisationsleitern	-2	-1	0	1	2
Übungsleiterbezuschussung	-2	-1	0	1	2
Information und Beratung der Vereine	-2	-1	0	1	2
Organisation des Deutschen Sportabzeichens	-2	-1	0	1	2
Vereinssprechstunde	-2	-1	0	1	2
Entwicklung neuer Sportangebote	-2	-1	0	1	2

Gibt es aus Ihrer Sicht Lücken im Leistungsangebot Ihres Landessportbundes bzw. der ihm angeschlossenen Organisationen?

☐ *nein* ☐ *ja*

Wenn ja, welche Leistungsangebote vermissen Sie im Leistungsangebot Ihres Landessportbundes bzw. der ihm angeschlossenen Organisationen?

_____

27. Steht oder stand in den vergangenen 3 Jahren Ihr Verein in Kontakt mit dem zuständigen Bezirks-, Kreis- oder Stadtsportbund, Stadt- oder Gemeindesportverband?

☐ *nein* ☐ *ja, und zwar am intensivsten mit: (Bitte nur eine Organisation nennen!)* _____

Welche Leistungen der benannten Organisation wurden in den vergangenen 3 Jahren genutzt?

	gab es nicht	haben wir nicht genutzt	haben wir genutzt
Hilfen bei der Öffentlichkeitsarbeit	☐	☐	☐
Talentsuche/Talentförderung	☐	☐	☐
Erstellen von Vereinsanalysen	☐	☐	☐
Versicherungsschutz	☐	☐	☐
D-Kader-Förderung	☐	☐	☐
Vermittlung von EU-Fördermitteln	☐	☐	☐
Ausbildung von Organisationsleitern	☐	☐	☐
Übungsleiterbezuschussung	☐	☐	☐
Information und Beratung der Vereine	☐	☐	☐
Organisation des Deutschen Sportabzeichens	☐	☐	☐
Vereinssprechstunde	☐	☐	☐
Entwicklung neuer Sportangebote	☐	☐	☐

Wenn seitens Ihres Vereins Leistungen der von Ihnen benannten Organisation genutzt wurden, wie bewerten Sie diese? (Markieren Sie bitte die zutreffende Ziffer!)

	sehr schlecht		weder gut noch schlecht		sehr gut
Hilfen bei der Öffentlichkeitsarbeit	-2	-1	0	1	2
Talentsuche/Talentförderung	-2	-1	0	1	2
Erstellen von Vereinsanalysen	-2	-1	0	1	2
Versicherungsschutz	-2	-1	0	1	2
D-Kader-Förderung	-2	-1	0	1	2
Vermittlung von EU-Fördermitteln	-2	-1	0	1	2
Ausbildung von Organisationsleitern	-2	-1	0	1	2
Übungsleiterbezuschussung	-2	-1	0	1	2
Information und Beratung der Vereine	-2	-1	0	1	2
Organisation des Deutschen Sportabzeichens	-2	-1	0	1	2
Vereinssprechstunde	-2	-1	0	1	2
Entwicklung neuer Sportangebote	-2	-1	0	1	2

Gibt es aus Ihrer Sicht Lücken im Leistungsangebot der von Ihnen benannten Organisation?
☐ *nein* ☐ *ja*
Wenn ja, welche Leistungsangebote vermissen Sie im Leistungsangebot dieser Organisation?
___

28.
a) Steht oder stand Ihr Verein in den vergangenen 3 Jahren in Kontakt mit nationalen Sportorganisationen?
☐ *nein* ☐ *ja, und zwar mit:* ___

b) internationalen Einrichtungen?
☐ *nein* ☐ *ja, und zwar mit:* ___

29. Welche Erwartungen hegen Ihrer Meinung nach die Mitglieder Ihres Vereins gegenüber dem Verein? (Markieren Sie bitte die zutreffende Ziffer!)

Der Verein soll...	gar nicht		mäßig		stark
... *erzieherisch wirken*	0	1	2	3	4
... sich nicht verändern	0	1	2	3	4
... *der Stolz der Region sein*	0	1	2	3	4
... sich im Leistungssport engagieren	0	1	2	3	4
... *sportliche Freizeitangebote organisieren*	0	1	2	3	4
... das kulturelle Leben des Orts/der Stadt bereichern	0	1	2	3	4
... *eine funktionierende Sozialstation sein*	0	1	2	3	4
... einen hohen Anteil an weiblichen ehrenamtlichen Mitarbeitern haben	0	1	2	3	4
... *vor allem eine preiswerte Möglichkeit zum Sporttreiben sein*	0	1	2	3	4
... das Ansehen des Orts/der Stadt stärken	0	1	2	3	4
... *ein Hüter der Natur sein*	0	1	2	3	4
... Informationsveranstaltungen organisieren	0	1	2	3	4
... *sich für den Frieden engagieren*	0	1	2	3	4
... Ausländer integrieren	0	1	2	3	4
... *sich im Kampf gegen das Doping engagieren*	0	1	2	3	4
... auf die Gleichberechtigung der Geschlechter achten	0	1	2	3	4
... *Kinder und Jugendliche vor radikalen politischen Einflüssen schützen*	0	1	2	3	4
... sich neuen Bevölkerungsgruppen öffnen	0	1	2	3	4
... *die Sportprogramme kommerzieller Anbieter als Herausforderung betrachten*	0	1	2	3	4
... die Umwelt schützen	0	1	2	3	4
... *die Zukunft als Herausforderung betrachten*	0	1	2	3	4
... stolz auf seine Erfolge im Leistungssport sein	0	1	2	3	4
... *viel Wert auf Geselligkeit und Gemeinschaft legen*	0	1	2	3	4

Der Verein soll...	gar nicht		mäßig		stark
... künftig vermehrt neue Formen von Bewegung und Spiel anbieten	0	1	2	3	4
... einen hohen Anteil an weiblichen Vorstandsmitgliedern haben	0	1	2	3	4
... kommunalpolitisch aktiv sein	0	1	2	3	4
... sich im Freizeitsport engagieren	0	1	2	3	4
... die Kinder von der Straße holen	0	1	2	3	4
... Senioren integrieren	0	1	2	3	4
... Alternativen zum traditionellen Sportangebot anbieten	0	1	2	3	4
... Wert auf Präsenz in den Medien legen	0	1	2	3	4
... bestrebt sein, mit möglichst vielen Mannschaften am regelmäßigen Wettkampfbetrieb teilzunehmen	0	1	2	3	4
... sich durch ein starkes Zusammengehörigkeitsgefühl seiner Mitglieder auszeichnen	0	1	2	3	4
... sich in erster Linie als Freizeit- und Breitensportverein verstehen	0	1	2	3	4
... sportliche Talente fördern	0	1	2	3	4
... in der Region für Gesprächsstoff sorgen	0	1	2	3	4
... in erster Linie von der Mitarbeitsbereitschaft seiner Mitglieder leben	0	1	2	3	4
... sich im Breitensport engagieren	0	1	2	3	4
... viel Wert auf die Pflege von Tradition legen	0	1	2	3	4
... außersportliche Freizeitangebote organisieren	0	1	2	3	4
... bleiben, wie er immer war	0	1	2	3	4
... ein Übungsfeld für Demokratie sein	0	1	2	3	4
... ein Dienstleistungsbetrieb in Sachen Sport sein	0	1	2	3	4
... Kinder und Jugendliche vor kriminellen Einflüssen bewahren	0	1	2	3	4
... offen für alle Bevölkerungsgruppen sein	0	1	2	3	4
... viele ehrenamtliche Mitarbeiter haben	0	1	2	3	4
... ein kostengünstiges Sportangebot bieten	0	1	2	3	4
... sportpolitisch aktiv sein	0	1	2	3	4
... Behinderte integrieren	0	1	2	3	4
... dem Mißbrauch von Drogen und Genußmitteln vorbeugen	0	1	2	3	4
... zum wirtschaftlichen Aufschwung in der Region beitragen	0	1	2	3	4
... ein Hort der Geselligkeit sein	0	1	2	3	4
... helfen, Schranken in Europa abzubauen	0	1	2	3	4
... sich im Wettkampfsport engagieren	0	1	2	3	4
... versuchen, mit zusätzlichen Freizeitsportangeboten neue Mitglieder zu gewinnen	0	1	2	3	4

30. Wie hoch sind die monatlichen Mitgliedsbeiträge und - soweit vorhanden - die Aufnahmegebühren ...

a) ... für Mitglieder der folgenden Altersgruppen?

	monatlicher Beitrag	Aufnahmegebühr
bis 6 Jahre		
7-14 Jahre		
15-18 Jahre		
19-60 Jahre		
über 60 Jahre		

b) ... für Mitglieder aus den folgenden Gruppen?

	monatlicher Beitrag	Aufnahmegebühr
Familien		
Schüler		
Studenten		
Wehr-/Zivildienstleistende		
passive Mitglieder		
Ehrenmitglieder		
Arbeitslose/Sozialhilfeempfänger		
Sonstige: _____		

31. Gibt es in Ihrem Sportverein Abteilungen/Sparten, die über den allgemeinen Mitgliedsbeitrag hinausgehend zusätzliche monatliche Beiträge oder Aufnahmegebühren erheben?

☐ *nein* ☐ *ja, und zwar für die ...*

... Abteilung/Sparte	*zusätzlicher monatlicher Beitrag*	*zusätzliche Aufnahmegebühr*

32. Sind Vereinsmitglieder verpflichtet, Arbeiten für den Verein zu leisten (z.B. Stegdienst, Platzpflege)?

☐ *nein* ☐ *ja*

- 16 -

a) Wenn ja,
ist dies beschränkt auf bestimmte Abteilungen?
☐ nein ☐ ja, und zwar auf die folgenden Abteilungen bzw. Sparten:
_____

b) ist dies beschränkt auf bestimmte Mitgliedergruppen?
☐ nein ☐ ja, und zwar auf die folgenden Mitgliedergruppen:
_____

c) können diese Mitglieder aufgrund zusätzlicher Beiträge von dieser Aufgabe befreit werden?
☐ nein ☐ ja

33. Im folgenden bitten wir Sie um Angaben zu den Mitteln, die Ihrem Verein im Haushaltsjahr 1996 zur Verfügung standen. (Wenn Ihr Verein über bestimmte Finanzquellen nicht verfügt, kennzeichnen Sie dies bitte mit einem Strich!)

Haushaltsvolumen: DM _____

DM

1. *Mitgliedsbeiträge* _____
2. *Aufnahmegebühren* _____
3. *Spenden* _____
4. *Zuschüsse*
   - der Sportorganisationen (Fachverbände etc.) _____
   - des Landes _____
   - des Kreises, der Stadt bzw. der Gemeinde _____
   - aus Förderprogrammen (z.B. Arbeitsamt) _____
5. *Vermögensverwaltung (Miet-/Pachteinnahmen, Zinsen etc.)* _____
6. *Selbstbetriebene Gaststätte* _____
7. *Sportveranstaltungen (Zuschauereinnahmen etc.)* _____
8. *Leistungen für Mitglieder gegen Entgelt (Platz-, Hallen-mieten o.ä.)* _____
9. *Gesellige Veranstaltungen (z.B. Sportlerball, Schützenfest)* _____
10. *Werbeverträge:*
    - Trikot, Ausrüstung _____
    - Bande _____
    - Übertragungsrechte _____
    - Anzeigen _____

- Sponsoren
11. Eigene Wirtschaftsgesellschaft
12. *Kursgebühren*
13. Leistungen für Nicht-Mitglieder gegen Entgelt (Platz-, Hallenmieten o.ä.)
14. *Kreditaufnahme*
15. Sonstige Finanzquellen, und zwar:

34. Im folgenden bitten wir Sie, uns Angaben über die Ausgaben Ihres Vereins im letzten Rechnungsjahr zu machen. (Wenn in Ihrem Verein bestimmte Ausgaben nicht vorkommen, kennzeichnen Sie dies bitte mit einem Strich!)
    Ausgaben: **DM**
    1. Personalkosten:
       - *Verwaltungspersonal*
       - Trainer, Übungsleiter, Sportlehrer
       - *Zahlungen an Sportler*
       - Wartungspersonal, Platzwart etc.
    2. Kosten für den Sportbetrieb:
       - *Kosten für Sportgeräte und Sportkleidung*
       - Kosten für die Unterhaltung und den Betrieb eigener Anlagen
       - *Mieten und Kostenerstattung für die Benutzung von nicht vereinseigenen Sportanlagen bzw. -einrichtungen*
       - Reisekosten für Übungs- und Wettkampfbetrieb
       - *Kosten für die Durchführung eigener sportlicher Veranstaltungen*
    3. Abgaben/Steuern:
       - *Abgaben an Landes-, Stadt- oder Kreissportbünde o.ä.*
       - Abgaben an Fachverbände
       - *Steuern aller Art*
       - Gema-Gebühren

4. Allgemeinkosten:

    - allgemeine Verwaltungskosten   _____

    - Versicherungen (z.B. VBG)   _____

    - Kosten für außersportliche Veranstaltungen (z.B. Feste)   _____

5. Kapitaldienst (Zinsen, Tilgungen)   _____

6. Rückstellungen

7. Sonstige Kosten:

_____ _____

_____ _____

35. Wieviele der folgenden Einrichtungen und Anlagen werden von Ihrem Verein für den Sportbetrieb genutzt und wer ist der jeweilige Träger der Anlagen?
(Tragen Sie bitte in der Spalte mit der jeweiligen Trägerschaft die jeweilige Anzahl ein!)

		Trägerschaft			
	eigene	kommunale gegen Entgelt	kommunale ohne Entgelt	gewerbliche	sonstige gegen Entgelt	sonstige ohne Entgelt
Turn- und Sporthallen	___	___	___	___	___	___
Sportplätze (für Leichtathletik/Fußball)	___	___	___	___	___	___
Freibäder	___	___	___	___	___	___
Hallenbäder	___	___	___	___	___	___
Tennisplätze	___	___	___	___	___	___
Fitneßstudio/Kraftraum	___	___	___	___	___	___
Bootssteg, Bootshalle etc.	___	___	___	___	___	___
Vereinsheim	___	___	___	___	___	___
weitere Anlagen, und zwar:						
_____	___	___	___	___	___	___
_____	___	___	___	___	___	___

Falls Ihr Verein ein Vereinsheim hat, ist diesem ein Gastronomiebereich angegliedert?
☐ nein   ☐ ja

36. Werden in Ihrem Verein vereinseigene Anlagen bzw. Einrichtungen gegen Entgelt von Nicht-Vereinsmitgliedern stunden- bzw. tageweise genutzt?
☐ nein ☐ ja
Wenn ja, um welche Anlagen bzw. Einrichtungen handelt es sich?
☐ *Tennisplätze* ☐ *Tennishallen* ☐ *Gymnastikräume*
☐ *Fitneßstudio* ☐ *Turn- und Sporthallen* ☐ *Vereinsheim*
☐ *Sauna* ☐ *Saal, Festhalle o.ä.*
Sonstige, und zwar: _____

37. Zum Schluß möchten wir Sie noch um einige Angaben zu Ihrer Person bitten:
a) Welches Amt bzw. welche Ämter üben Sie in Ihrem Verein seit wann aus?

Amt	von	bis
_____	*19___*	*19___*
_____	*19___*	*19___*
_____	*19___*	*19___*
_____	*19___*	*19___*
_____	*19___*	*19___*

b) Haben Sie bei der Bearbeitung dieses Fragebogens zu bestimmten Punkten andere Vereinsmitglieder oder externe Fachkräfte konsultiert?
☐ nein ☐ ja
Wenn ja, wer hat Sie dabei unterstützt? (Bitte die Funktion angeben!)
_____

c) Seit wann sind Sie Mitglied dieses Vereins?
seit 19___

d) Wieviele Stunden sind Sie in der Regel wöchentlich ehrenamtlich für Ihren Verein tätig?
ca. _____ Std. pro Woche

e) Sind Sie über Ihren Sportverein hinaus in einem anderen Sportverein ehrenamtlich engagiert?
☐ nein ☐ ja, und zwar in _____ Vereinen (bitte Anzahl angeben)

f) Sind Sie in einem Sportverband (z.B. DSB, Landessportbund, Bezirks- oder Kreissportbund, Bundes- oder Landesfachverband) engagiert?
☐ nein ☐ ja, ehrenamtlich ☐ ja, hauptamtlich
Wenn ja, in wievielen? Zahl der Verbände: _____

g)	Sind Sie über Ihr ehrenamtliches Engagement im Sport hinaus in anderen Bereichen (z.B. Wohlfahrtsverbände, kulturelle, religiöse oder politische Vereinigungen) ehrenamtlich engagiert?
	☐ *nein* ☐ *ja*
	Wenn ja, in welchen Bereichen?
	_____
	_____
h)	Ihr Geschlecht:
	☐ *männlich* ☐ *weiblich*
i)	Ihr Geburtsjahr: *19___*

Wir bedanken uns für Ihre Mitarbeit!

An dieser Stelle können Sie Kritik und Anmerkungen zum Fragebogen anbringen und auf Ihrer Ansicht nach zentrale Probleme Ihres Vereins oder des Vereinssports allgemein hinweisen:

Schriftenreihe des Bundesinstituts für Sportwissenschaft

Band 1 H.-J. Müller, R Decker, F. Schilling (Red.)
Motorik im Vorschulalter 2. Aufl. 1978
Band 5 P. v. d. Schoot
Aktivierungstheoretische Perspektiven als wissenschaftliche Grundlegung für den Sportunterricht mit geistig retardierten Kindern
Band 7 Erwin Hahn, W. Preising (Red.)
Die menschliche Bewegung – Human Movement
Band 10 J. Recla, R. Timmer (Red.)
Kreative Sportinformatik
Band 12 H.-J. Müller
Avery Brundage Collection 1908–1975
Band 13 K. Feige
Leistungsentwicklung und Höchstleistungsalter von Spitzenläufern
Band 14 A. Thomas u. a.
Handlungspsychologische Analyse sportlicher Übungsprozesse
Band 15 K. Schlagenhauf
Sportvereine in der Bundesrepublik Deutschland, Teil 1
Band 17 A. Bauer
Förderung und Änderung der Leistungsmotivation geistig retardierter Kinder durch Sport
Band 18 H. Bernett
Der jüdische Sport im nationalsozialistischen Deutschland 1933–1938
Band 19 E. Hahn u. a. (Red.)
Kind und Bewegung
Band 20 A. H. Trebels u. a. (Red.)
Sportwissenschaft auf dem Weg zur Praxis
Band 21 W. Kloock (Red.)
Sportinformation in Theorie und Praxis
Band 23 W. Timm
Sportvereine in der Bundesrepublik Deutschland
Band 24 K. Willimczik, M. Grosser
Motorische Entwicklung im Kindes- und Jugendalter 2., unveränderte Auflage 1981
Band 25 W. Oberste
Sensomotorische Leistungen beim Tiefstart und Staffellauf
Band 26 H. Meusel u. a.
Dokumentationsstudie „Sport im Alter"
Band 27 G. Bäumler, E. Hahn, J. R. Nitsch
Aktuelle Probleme der Sportpsychologie
Band 28 K. Lehnertz
Berufliche Entwicklung der Amateurspitzensportler in der Bundesrepublik Deutschland

Band 29 H.-G. Sack
Zur Psychologie des jugendlichen Leistungssportlers
Band 30 A. Krüger
Das Berufsbild des Trainers im Sport
Band 31 L. Diem u. a.
Längsschnittuntersuchung
Band 32 R. Ballreich, A. Kuhlow
Beiträge zur Biomechanik des Sports
Band 35 W. Kleine
Leistungsmotiv-Schulung im Grundschulsport
Band 36 H. Haag (Red.)
Sporterziehung und Evaluation
Band 37 K.-A. Jochheim, P. v. d. Schoot
Behindertensport und Rehabilitation Teil I
Band 38 K.-A. Jochheim, P. v. d. Schoot
Behindertensport und Rehabilitation Teil I
Band 41 D. Kayser, W. Preising
Aspekte der Unterrichtsforschung im Sport
Band 43 J. Winkler, R.-R. Karhausen
Verbände im Sport
Band 44 U. Göhner (Red.)
Verletzungsrisiken und Belastungen im Kunstturnen
Band 46 H. Lenk (Hrsg.)
Aktuelle Probleme der Sportphilosophie Topical Problems of Sport Philosophie
Band 47 K. Carl
Training und Trainingslehre in Deutschland
Band 48 U. Nickel
Angewandte Bewegungslehre
Band 50 H. Rieder, K. Bös, H. Mechling
Motorik- und Bewegungsforschung
Band 51 W. Kuhn
Motorisches Gedächtnis
Band 53 I. Bausenwein
Sport mit Zerebralparetikern
Band 54 G. Kaminski, R. Mayer, B. A. Ruoff
Kinder und Jugendliche im Hochleistungssport
Band 55 H. Rieder, R. Kuchenbecker
Motorische Entwicklung, Haltungsschwächen und Sozialisationsbedingungen
Band 57 K.-H. Bette, F. Neidhardt
Förderungseinrichtungen im Hochleistungssport
Band 59 E. D. Rossmann
Verhaltenskonzepte für das sportliche Training von Jugendlichen
Band 60 E. Hahn u. a.
Fanverhalten, Massenmedien und Gewalt im Sport
Band 61 J. Winkler
Das Ehrenamt

Band 62 R. Prohl, P. Röthig, V. Scheid
Sportstudium und Fachliteratur
Band 63 D. Hackfort, J. R. Nitsch
Das Sportangst-Deutungsverfahren (SAD)
Testmappe (Broschüre vergriffen)
Band 64 W. Schlicht
Einzelfallanalysen im Hochleistungssport
Band 67 D. Mummendey, R. Mielke
Die Selbstdarstellung des Sportlers
Band 68 H. Oberbeck
**Seitigkeitsphänomene und
Seitigkeitstypologie im Sport**
Band 69 K. Roth
Taktik im Sportspiel
Band 70 R. Wadsack
Sportliche und außersportliche Jugendarbeit
Band 71 J. Perl
Sport und Informatik
Band 72 M. Bührle, M. Schurr
**Leistungssport: Herausforderung für
die Sportwissenschaft**
Band 73 J. Baur
Nachwuchsarbeit in Sportorganisationen
Band 74 D. Hackfort (Hrsg.)
Funktionen von Emotionen im Sport
Band 75 J. Mrazek, V. Rittner
**Übungsleiter und Trainer im Sportverein,
Band 1**
Band 76 R. Daugs u. a.
**Sportmotorisches Lernen und
Techniktraining, Band 1**
Band 77 R. Daugs u. a.
**Sportmotorisches Lernen und
Techniktraining, Band 2**
Band 78 K. Heinemann, M. Schubert
**Ehrenamtlichkeit und Hauptamtlichkeit
in Sportvereinen**
Band 79 K. Scherler, M. Schierz
Sport unterrichten   2. Auflage 1995
Band 80 K. Heinemann, M. Schubert
Der Sportverein
Band 81 W. Weber u. a.
Die wirtschaftliche Bedeutung des Sports
Band 82 K. Cachay, A. Thiel
Kindersport als Dienstleistung
Band 83 N. Olivier
**Techniktraining unter konditioneller
Belastung**
Band 84 J.-P. Janssen u. a. (Hrsg.)
Synergetik und Systeme im Sport
Band 86 M. Donike u. a.
Blut und / oder Urin zur Dopingkontrolle
Band 87 E. Kappler, R. Wadsack
**Organisationsentwicklung
für Olympiastützpunkte**

Band 88 E. Reis
Menstruationszyklusgesteuertes Krafttraining
Band 89 A. Richartz, W.-D. Brettschneider
Weltmeister werden und die Schule schaffen
Band 90 H. Zastrow
**Jugend, Schule, Sport:
Dimensionen des Begabungskonzepts**
Band 91 I. Hartmann-Tews
Sport für alle!?
Band 92 N. Fessler, H. Rieder
**Kooperation von Schule und Sportverein in
Deutschland**
Band 93 D. Hackfort, E. Emrich,
         V. Papathanassiou
Band 94 J. R. Nitsch, A. Neumaier,
         H. d. Marées, J. Mester
Techniktraining
Band 95 R. Daugs, E. Emrich, C. Igel
Kinder und Jugendliche im Leistungssport
Band 96 H.-J. Teichler, K. Reinartz
**Das Leistungssportsystem der DDR in den
80er Jahren und im Prozeß der Wende**
Band 97 G. Spitzer
Sicherungsvorgang Sport
Band 98 G. Gebauer u. a.
Die soziale Umwelt von Spitzensportlern
Band 99 O. Grupe, D. Mieth, C. Hübenthal
Lexikon der Ethik im Sport
Band 100 B. Meyer, G. Ahlert
Die ökonomischen Perspektiven des Sports
Band 101 G.-P. Brüggemann, H. Krahl,
          R. Eckardt, G. Fröhner,
          H. Lohrer, P. Theiss
**Belastungen und Risiken im weiblichen
Kunstturnen**   Teil 1
Band 102 P. Frei, I. Lüsebrink,
          D. Rottländer, J. Thiele
**Belastungen und Risiken im weiblichen
Kunstturnen**   Teil 2
Band 103 Bundesinstitut für
          Sportwissenschaft (Hrsg.)
**Leitfaden für die Sportstätten-
entwicklungsplanung**
Band 104 G. Pfister
Sport im Lebenszusammenhang von Frauen
Band 105 N. Fessler
Evaluation von Sportförderprogrammen
Band 106 E. Emrich, W. Pitsch,
          V. Papathanassiou
Die Sportvereine
Band 107 R. Daugs, E. Emrich, C. Igel,
          W. Kindermann
Aktivität und Altern

 Verlag Karl Hofmann · D-73603 Schorndorf
Postfach 1360 · Telefon (0 71 81) 402-125 · Telefax (0 71 81) 402-111